U0540833

# 浙江省文化研究工程指导委员会

**主　　任**　王　浩
**副 主 任**　彭佳学　邱启文　刘　非　赵　承
　　　　　　　胡　伟　张振丰　任少波
**成　　员**　高浩杰　朱卫江　梁　群　来颖杰
　　　　　　　陈柳裕　杜旭亮　陈春雷　尹学群
　　　　　　　吴伟斌　陈广胜　王四清　郭华巍
　　　　　　　盛世豪　程为民　余旭红　蔡袁强
　　　　　　　蒋云良　陈　浩　陈　伟　施惠芳
　　　　　　　朱重烈　高　屹　何中伟　沈铭权
　　　　　　　吴舜泽

浙江文化研究工程成果文库

宋代研究文萃丛书
包伟民 总主编

# 知宋
## 宋代之建筑

徐怡涛 主编

浙江人民出版社

图书在版编目（CIP）数据

知宋·宋代之建筑 / 徐怡涛主编． -- 杭州 ：浙江人民出版社，2025.6． -- ISBN 978-7-213-11671-1

Ⅰ．TU-092.44

中国国家版本馆CIP数据核字第2024B8L467号

## 知宋·宋代之建筑

徐怡涛　主编

出版发行：浙江人民出版社（杭州市环城北路177号　邮编　310006）
　　　　　市场部电话：(0571)85061682　85176516
丛书策划：王利波　李　信　　　　责任编辑：诸舒鹏
营销编辑：陈雯怡　张紫懿　陈芊如　责任校对：姚建国
责任印务：程　琳　　　　　　　　封面设计：毛勇梅　袁家慧
宋代研究文萃印章设计：高　阳
电脑制版：杭州天一图文制作有限公司
印　　刷：杭州钱江彩色印务有限公司
开　　本：710毫米×1000毫米　1/16　　印　张：23
字　　数：348千字　　　　　　　　　　插　页：30
版　　次：2025年6月第1版　　　　　　 印　次：2025年6月第1次印刷
书　　号：ISBN 978-7-213-11671-1
定　　价：98.00元

如发现印装质量问题，影响阅读，请与市场部联系调换。

# 宋代建筑图像史料与现存实例

一 传世绘画 002

二 其他类型图像史料 013

三 现存实例·木构建筑 019

四 现存实例·仿木构建筑 045

## 一、传世绘画

图版1　〔五代宋初〕卫贤（传）：《闸口盘车图》（上海博物馆藏）

宋代建筑图像史料与现存实例　　003

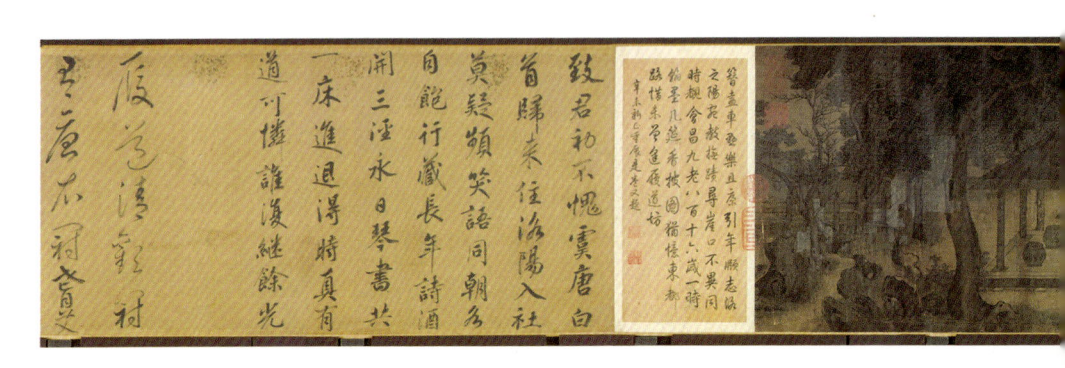

图版2 〔宋〕佚名：《会昌九老图卷》（辽宁省博物馆藏）

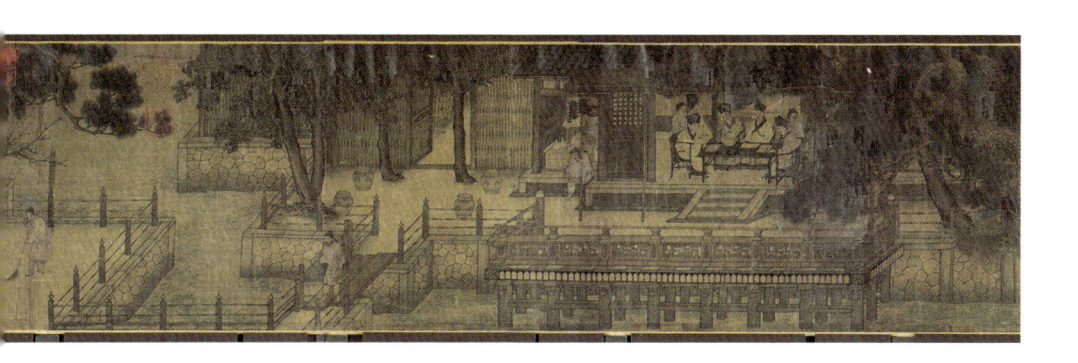

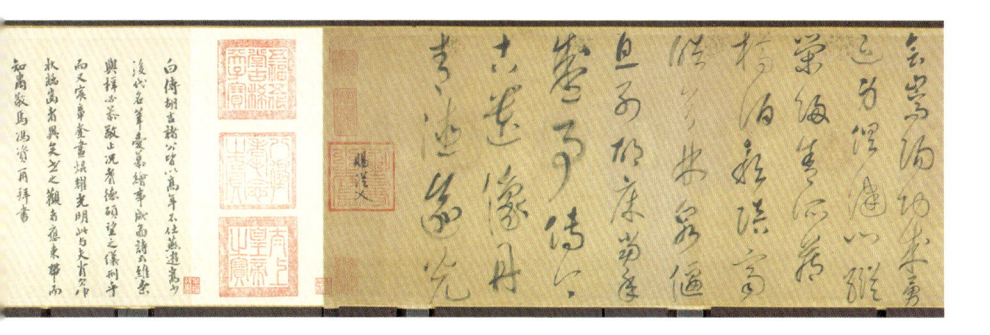

宋代建筑图像史料与现存实例　　005

006 | 知宋·宋代之建筑

图版3 〔北宋〕张择端:《清明上河图》(故宫博物院藏)

宋代建筑图像史料与现存实例　　007

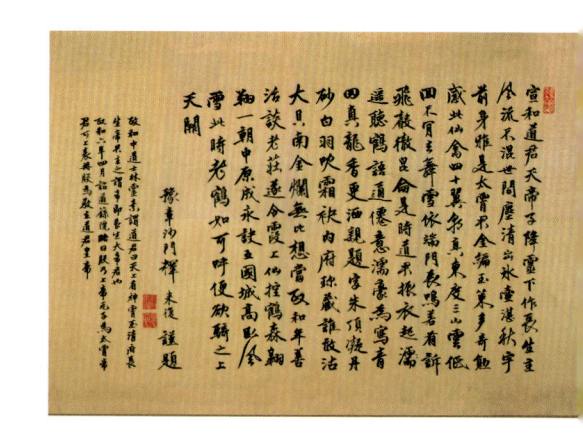

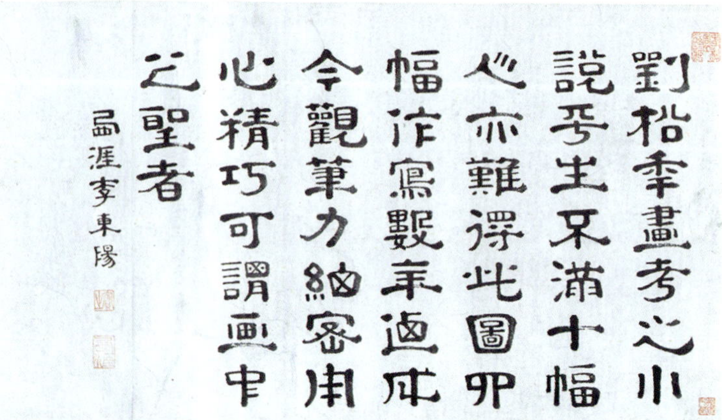

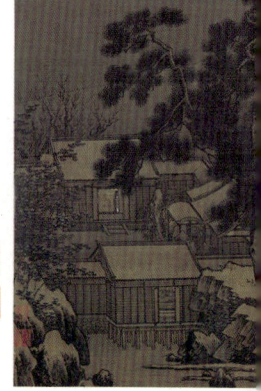

宣和道君天帝下降霊下作長生主
風流不說是世間塵清氷臺瀛港秋宇
昔身雖是太寶君金編玉燕多青鳧
咸池仙禽四十翼玄支三山雲浩低
天員吾舞雪依端門歌鳴蓋有詐
飛被微昆命長時道求振永起濡
遮聽鶴語道倦意溢處為寫青
四真龍香更酒觀題宣朱液升
沙白羽吹霜秋內府珍藏誰識治
大貝南金爛無比想當反知年善
治詠老扶送令霞工粉挂鶴泰翔
翔一朝中原成永識立國城高駐
雲此時芳鶴知可呼便砍騎之
天開
豫章沙門禪 末復 謹題

劉松年畫考之小
說吾生不滿十
心亦難得此圖卯
幅作寫數年迨成
令觀筆力纫密用
心精巧可謂畫中
之聖者
　　　茶涯李東陽

图版4 〔北宋〕赵佶:《瑞鹤图》(辽宁省博物馆藏)

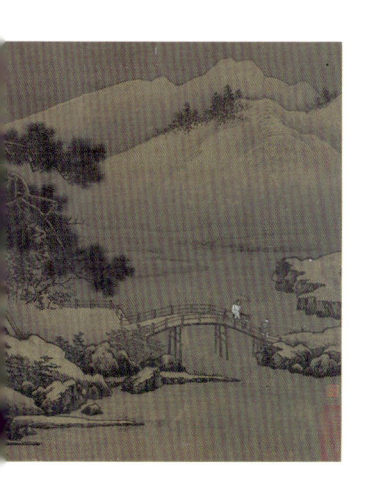

图版5 〔南宋〕刘松年:《四景山水图卷》(故宫博物院藏)

图版6　〔南宋〕佚名：《中兴瑞应图卷》（大都会艺术博物馆）

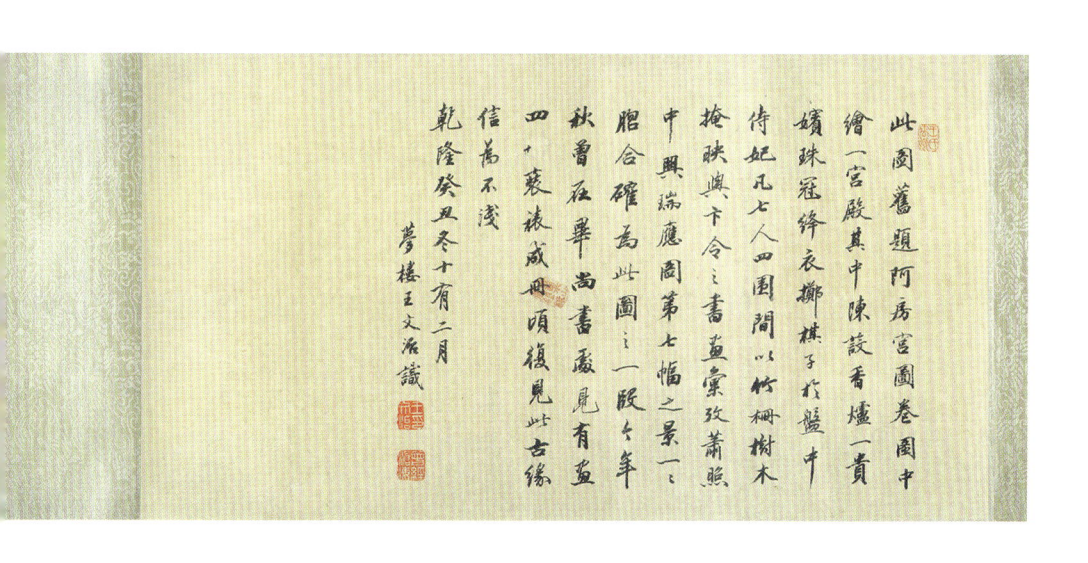

此圖舊題阿房宮圖卷圖中
繪一宮殿其中陳設香爐一貴
嬪珠冠絳衣擲棋子於盤中
侍妃凡七人四圍間以竹柵樹木
掩映與卞令之畫棠致蕭照
中興瑞應圖第七幅之景一之
胎合確為此圖之一殿七年
秋曾在畢尚書處見有畫
四幅裝裱咸冊頁復見此古緣
信為不淺
乾隆癸丑冬十有二月
　　夢樓王文治識

图版7 〔南宋〕李嵩:《水殿招凉图》(台北故宫博物院藏)

图版8 〔南宋〕佚名:《筑建图》(上海龙美术馆藏)

## 二、其他类型图像史料

图版9 《平江图》拓片（美国国会图书馆藏）

图版10 《五台山图》局部（莫高窟第61窟壁画）

图版11 《流水长者子品》之二（莫高窟第55窟壁画）

图版12　《弥勒来会》（榆林窟第20窟壁画）

宋代建筑图像史料与现存实例　　017

图版13　重庆市大足石刻南山三清洞楼阁建筑形象（黎方银：《大足石刻》，江苏凤凰美术出版社2022年版，第116—117页）

华严洞石刻楼阁建筑形象

华严洞华严三圣窟右壁造像

华严洞华严三圣窟左壁

华严洞华严三圣窟右壁

图版14　四川省资阳市安岳县华严洞石刻（刘长久：《安岳石窟》，电子科技大学出版社2021年版，第94—95、108—109、116—117页）

## 三、现存实例·木构建筑

大殿南立面图

北立面图

梁架

柱头铺作

转角铺作

图版15　山西省晋城市高平市崇明寺（作者资料）

020 | 知宋·宋代之建筑

大殿立面图

前檐铺作 　　　　　　　　　　　梁架

藻井 　　　　　　　　　　　　　草架

图版16　浙江省宁波市保国寺（作者资料）

宋代建筑图像史料与现存实例　　021

三清殿立面图

梁架 　　　　　　　　　　　　　　　梁架

前檐补间铺作 　　　　　　　　　　　铺作后尾

图版17　福建省莆田市元妙观三清殿（作者资料）

022 | 知宋·宋代之建筑

千佛殿立面图

转角铺作 　　　　　　　　　　　　转角铺作

柱头铺作 　　　　　　　　　　　　柱头铺作

图版18　山西省长治市长子县崇庆寺（作者资料）

宋代建筑图像史料与现存实例　　023

大殿立面图

前檐柱头铺作 　　　　　　　　前檐转角铺作

前檐铺作后尾 　　　　　　　　后檐铺作

图版19　山西省运城市万荣县稷王庙（作者资料）

024 | 知宋·宋代之建筑

大殿南立面图

大殿北立面图

当心间补间铺作

转角铺作

铺作里转

图版20　山西省晋城市陵川县南吉祥寺（作者资料）

宋代建筑图像史料与现存实例　　025

圣母殿立面图

上檐铺作正立面图 　　　　　　下檐柱头铺作

上檐转角铺作 　　　　　　盘龙柱

图版21　山西省太原市晋祠（作者资料）

026 | 知宋·宋代之建筑

摩尼殿正立面图

摩尼殿侧立面图 　　　　　　转角铺作

柱头铺作 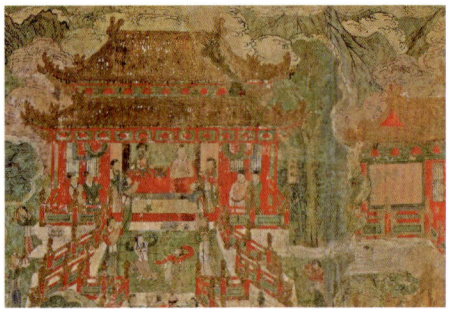　　　　　　壁画

图版22　河北省石家庄市隆兴寺（作者资料）

宋代建筑图像史料与现存实例

北立面图

梁架

转角铺作

前檐当心间补间铺作

仙庙柱头铺作

图版23　山西省晋城市陵川县小会岭二仙庙（作者资料）

毗卢殿南立面图

转角铺作 　　　　　　　柱头铺作

补间铺作 　　　　　　　铺作里转

图版24　山西省晋城市高平市游仙寺（作者资料）

宋代建筑图像史料与现存实例　　029

大殿南立面图

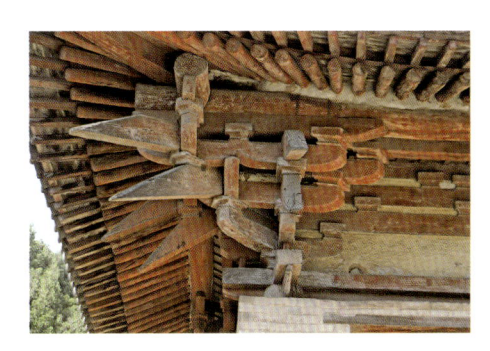

转角铺作 　　　　　　　　　柱头铺作

后檐柱头铺作 　　　　　　　柱础

图版25　山西省晋城市高平市开化寺（作者资料）

030 | 知宋·宋代之建筑

大殿南立面图

梁架

柱头铺作

转角铺作

枋上隐刻栱

图版26　山西省晋城市高平市资圣寺（作者资料）

宋代建筑图像史料与现存实例　　031

大殿立面图

梁架 　　　　　　　　　　　　　　　　梁架

柱头铺作 　　　　　　　　　　　　　　柱头铺作里转

图版25　山西省长治市长子县小张村碧云寺（作者资料）

大殿南立面图

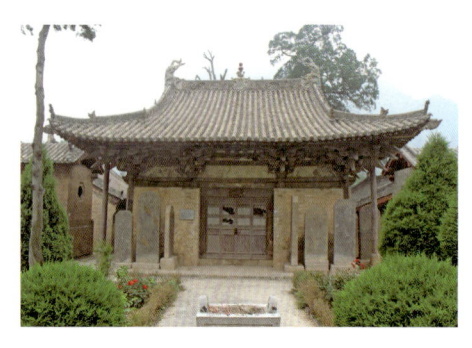

大殿北立面图 　　　　　　　　　　梁架

转角铺作 　　　　　　　　　　柱头铺作

图版28　山西省长治市平顺县龙门寺（作者资料）

宋代建筑图像史料与现存实例　　033

大殿立面图

转角铺作 　　　　　　　　　　　　　　柱头铺作

转角铺作 　　　　　　　　　　　　　　山面铺作

图版29　山西省晋城市泽州县青莲上寺（作者资料）

大殿外观

柱头铺作 　　　　　　　　　柱头铺作

转角铺作 　　　　　　　　　后檐铺作

图版30　山西省晋城市泽州县小南村二仙庙（作者资料）

宋代建筑图像史料与现存实例　　035

山门立面图

梁架 　　　　　　　　　　　　　　　转角铺作

平坐转角铺作 　　　　　　　　　　　柱头铺作里转

图版31　山西省晋城市陵川县崔府君庙（作者资料）

释迦殿南立面图

梁架 　　　　　　　　　　　　　转角铺作

柱头铺作 　　　　　　　　　　　铺作里转

图版32　山西省晋城市高平市崇寿寺（作者资料）

宋代建筑图像史料与现存实例　　037

大殿北立面图

转角铺作 　　　　　　　　补间铺作

台基 　　　　　　　　　石柱题记

图版33　河南省郑州市初祖庵（作者资料）

038 | 知宋·宋代之建筑

大殿立面图

大殿山面图 　　　　　　　　　大殿梁架图

柱头铺作 　　　　　　　　　　转角铺作

图版34　山西省长治市长子县慈林镇布村玉皇庙（作者资料）

宋代建筑图像史料与现存实例　　039

大殿外观

转角铺作 　　　　　　　　　　　　　柱头铺作

柱头铺作 　　　　　　　　　　　　　转角铺作

图版35　山西省长治市潞城区原起寺（作者资料）

040 | 知宋·宋代之建筑

寺外观

大殿立面图 　　　　　　　　梁架

柱头铺作 　　　　　　　　　后檐柱头

图版36　山西省长治市平顺县回龙寺（作者资料）

宋代建筑图像史料与现存实例　　041

大殿南立面图

大殿北立面图 　　　　　　　　　　　转角铺作

柱头铺作 　　　　　　　　　　　　室内斗栱

图版37　山东省东营市广饶县关帝庙（作者资料）

三清殿立面图

梁架 　　　　　　　　　　　　下檐转角铺作

上檐转角铺作 　　　　　　　　上檐柱头铺作

图版38　江苏省苏州市玄妙观（作者资料）

宋代建筑图像史料与现存实例　　043

飞天藏殿外观

飞天藏殿山面图

江油云岩寺飞天藏

上檐转角铺作

下檐柱头铺作

图版39　四川省江油云岩寺（作者资料）

044 | 知宋·宋代之建筑

宫外观

梁架

补间铺作

柱头铺作

里转铺作

图版40　福建省福州市陈太尉宫（作者资料）

## 四、现存实例·仿木构建筑

外立面图

转角做法

塔外观

题记之一

题记之二

图版41　陕西省延安市柏山寺（作者资料）

046 | 知宋·宋代之建筑

塔外观

细部做法之一

细部做法之二

转角做法

铺作

图版42　江苏省苏州市云岩寺塔（作者资料）

宋代建筑图像史料与现存实例　　047

砖雕壁画墓门

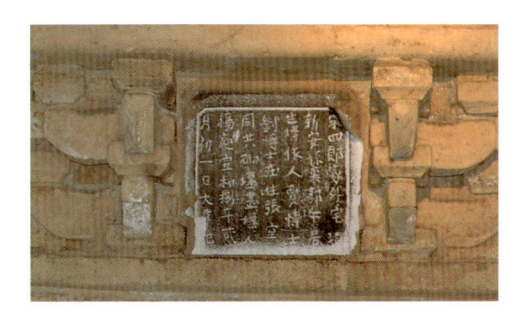

壁画墓题记

壁画墓壁面

壁画墓斗栱

壁画墓券顶

图版43　河南省洛阳市宋四郎墓（作者资料）

墓外立面

墓壁面

墓志

南面持箭武士

西面持弓武士

图版44　贵州省尊义市杨粲墓（作者资料）

# "浙江文化研究工程成果文库"总序

有人将文化比作一条来自老祖宗而又流向未来的河,这是说文化的传统,通过纵向传承和横向传递,生生不息地影响和引领着人们的生存与发展;有人说文化是人类的思想、智慧、信仰、情感和生活的载体、方式和方法,这是将文化作为人们代代相传的生活方式的整体。我们说,文化为群体生活提供规范、方式与环境,文化通过传承为社会进步发挥基础作用,文化会促进或制约经济乃至整个社会的发展。文化的力量,已经深深熔铸在民族的生命力、创造力和凝聚力之中。

在人类文化演化的进程中,各种文化都在其内部生成众多的元素、层次与类型,由此决定了文化的多样性与复杂性。

中国文化的博大精深,来源于其内部生成的多姿多彩;中国文化的历久弥新,取决于其变迁过程中各种元素、层次、类型在内容和结构上通过碰撞、解构、融合而产生的革故鼎新的强大动力。

中国土地广袤、疆域辽阔,不同区域间因自然环境、经济环境、社会环境等诸多方面的差异,建构了不同的区域文化。区域文化如同百川归海,共同汇聚成中国文化的大传统,这种大传统如同春风化雨,渗透于各种区域文化之中。在这个过程中,区域文化如同清溪山泉潺潺不息,在中国文化的共同价值取向下,以自己的独特个性支撑着、引领着本地经济社会的发展。

从区域文化入手,对一地文化的历史与现状展开全面、系统、扎实、有序的研究,一方面可以借此梳理和弘扬当地的历史传统和文化资源,繁荣和丰富当代的先进文化建设活动,规划和指导未来的文化发展蓝图,增强文化软实力，为全面建设小康社会、加快推进社会主义现代化提供思想保证、精神动力、智力支持和舆论力量；另一方面，这也是深入了解中国文化、研究中国文化、发展中国文化、创新中国文化的重要途径之一。如今，区域文化研究日益受到各地重视，成为我国文化研究走向深入的一个重要标志。我们今天实施浙江文化研究工程，其目的和意义也在于此。

千百年来，浙江人民积淀和传承了一个底蕴深厚的文化传统。这种文化传统的独特性，正在于它令人惊叹的富于创造力的智慧和力量。

浙江文化中富于创造力的基因，早早地出现在其历史的源头。在浙江新石器时代最为著名的跨湖桥、河姆渡、马家浜和良渚的考古文化中，浙江先民们都以不同凡响的作为，在中华民族的文明之源留下了创造和进步的印记。

浙江人民在与时俱进的历史轨迹上一路走来，秉承富于创造力的文化传统，这深深地融汇在一代代浙江人民的血液中，体现在浙江人民的行为上，也在浙江历史上众多杰出人物身上得到充分展示。从大禹的因势利导、敬业治水，到勾践的卧薪尝胆、励精图治；从钱氏的保境安民、纳土归宋，到胡则的为官一任、造福一方；从岳飞、于谦的精忠报国、清白一生，到方孝孺、张苍水的刚正不阿、以身殉国；从沈括的博学多识、精研深究，到竺可桢的科学救国、求是一生；无论是陈亮、叶适的经世致用，还是黄宗羲的工商皆本；无论是王充、王阳明的批判、自觉，还是龚自珍、蔡元培的开明、开放，等等，都展示了浙江深厚的文化底蕴，凝聚了浙江人民求真务实的创造精神。

代代相传的文化创造的作为和精神，从观念、态度、行为方式和价值取向上，孕育、形成和发展了渊源有自的浙江地域文化传统和与时俱进的浙江文化精神，她滋育着浙江的生命力、催生着浙江的凝聚力、激发着浙江的创造力、培植着浙江的竞争力，激励着浙江人民永不自满、永不停息，在各个不同的历史时期不断地超越自我、创业奋进。

悠久深厚、意韵丰富的浙江文化传统，是历史赐予我们的宝贵财富，也是我们开拓未来的丰富资源和不竭动力。党的十六大以来推进浙江新发展的实践，使我们越来越深刻地认识到，与国家实施改革开放大政方针相伴随的浙江经济社会持续快速健康发展的深层原因，就在于浙江深厚的文化底蕴和文化传统与当今时代精神的有机结合，就在于发展先进生产力与发展先进文化的有机结合。今后一个时期浙江能否在全面建设小康社会、加快社会主义现代化建设进程中继续走在前列，很大程度上取决于我们对文化力量的深刻认识、对发展先进文化的高度自觉和对加快建设文化大省的工作力度。我们应该看到，文化的力量最终可以转化为物质的力量，文化的软实力最终可以转化为经济的硬实力。文化要素是综合竞争力的核心要素，文化资源是经济社会发展的重要资源，文化素质是领导者和劳动者的首要素质。因此，研究浙江文化的历史与现状，增强文化软实力，为浙江的现代化建设服务，是浙江人民的共同事业，也是浙江各级党委、政府的重要使命和责任。

2005年7月召开的中共浙江省委十一届八次全会，作出《关于加快建设文化大省的决定》，提出要从增强先进文化凝聚力、解放和发展生产力、增强社会公共服务能力入手，大力实施文明素质工程、文化精品工程、文化研究工程、文化保护工程、文化产业促进工程、文化阵地工程、文化传播工程、文化人才工程等"八项工程"，实施科教兴国和人才强国战略，加快建设教育、科技、卫生、体育等"四个强省"。作为文化建设"八项工程"之一的文化研究工程，其任务就是系统研究浙江文化的历史成就和当代发展，深入挖掘浙江文化底蕴、研究浙江现象、总结浙江经验、指导浙江未来的发展。

浙江文化研究工程将重点研究"今、古、人、文"四个方面，即围绕浙江当代发展问题研究、浙江历史文化专题研究、浙江名人研究、浙江历史文献整理四大板块，开展系统研究，出版系列丛书。在研究内容上，深入挖掘浙江文化底蕴，系统梳理和分析浙江历史文化的内部结构、变化规律和地域特色，坚持和发展浙江精神；研究浙江文化与其他地域文化的异同，厘清浙江文化在中国文化中的地位和相互影响的关系；围绕浙江生动的当代实践，深入解读浙江现象，总结浙江经验，指导浙江发展。在研究力量上，通过课题组织、出版资助、重点研究基地建设、加强省内外大院名校合作、整合各地各部门力量等途径，形成上下联动、学界互动的整体合力。在成果运用上，注重研究成果的学术价值和应用价值，充分发挥其认识世界、传承文明、创新理论、咨政育人、服务社会的重要作用。

我们希望通过实施浙江文化研究工程，努力用浙江历史教育浙江人民、用浙江文化熏陶浙江人民、用浙江精神鼓舞浙江人民、用浙江经验引领浙江人民，进一步激发浙江人民的无穷智慧和伟大创造能力，推动浙江实现又快又好发展。

今天，我们踏着来自历史的河流，受着一方百姓的期许，理应负起使命，至诚奉献，让我们的文化绵延不绝，让我们的创造生生不息。

2006年5月30日于杭州

# 引言：认识一个时代

我们这一套"知宋"丛书，旨在为有一定文史基础并有兴趣进一步了解两宋历史的读者，提供一个方便学习的门径。

中华民族五千多年文明史的各个发展阶段，都有其独特的历史地位，两宋时期尤其如此。历史的演进，如长河奔流，不舍昼夜，平缓湍急，变化百态，然而必有关键河段，决定着下游走向。如长江之出三峡、黄河之过龙门，终于一泻千里，奔腾入海。由唐入宋，正是这样一个关键节点。不同解释体系，从各自视角出发，截取的起讫时间往往并不一致：陈寅恪先生观察古代文化史流变，以唐代中后期的韩愈为"唐代文化学术史上承先启后转旧为新关捩点之人物"；近数十年来，不少欧美学者从社会阶层演变入手分析，多视两宋之际为转变节点。国内学界更多视唐（五代）宋之际为转折点，除了由于改朝换代具有天然的标识意义外，还因为国家制度大多随着新政权的建立而更新。对这一历史转折的定性，无论视之为"变革"，还是"中国封建社会从前期向后期的演进"，总之可以肯定的是，自南宋以降，我国传统农业社会进入发展后期，从唐末到南宋三四百年间则是它的调整转折时期。前贤曾论今日中国"为宋人之所造就"，就是指自南宋以降奠定了我国传统社会后期基本格局这一点而言的，所以南宋尤其值得重视。

但是，想要全面地认识一个时代，并不容易。人类社会现象之错综复杂，无论怎样强调都不为过。如果说自然界最复杂的事物是宇宙，那么与之相对应的人类社会中最为复杂的事物就是社会本身了。对于我们生于此、长于此的现实世界，且不说域外他国，即便身边的人与事，人们也不免常有孤陋寡闻之叹；更何况对千百年前的历史世界，存世的资料总是那么的零散与片面，想要接近真实就更难了。

具体就10—13世纪的中国历史而言，在传统正史体系中，除《宋史》外，同时有《辽史》《金史》并存。还有其他未能列入正史的民族政权，例如西北的西夏、西南的大理国；更往西或西南，包括青藏高原，都存在众多地方性的族群与统治力量。赵宋政权尽管占据了以黄河与长江两大流域为主的核心经济区，历时也最久，但毕竟不过是几个主要政权中的一个而已。在某些重要方面，例如对西北地域的经略以及国家政治的走向等，赵宋甚至难说代表着一般的发展趋势。

这套文萃选编以两宋为中心，有一定的局限性，并不能等同于10—13世纪全部的中国历史。选编共列出了政治制度、君臣、法律、科举、军事、城市与乡村、货币、交通、科技、儒学、文学、书画艺术、建筑等专题，每题一册，试图尽可能涵盖目前史学研究中关于两宋历史的核心议题，但难免仍有欠缺。出于各种原因，还有其他一些重要议题，例如经济生产、人口性别、社会生活、考古文物等，都暂未能列入。即便是已经列入的这些议题，今人既有的认识——假设它们准确无误，对于极其丰富的真实历史生活而言，恐怕也不过是浮光掠影而已。这既有我们当下的认识能力尚有不足的原因，也因史文有缺，造物主吝于向我们展现先人生活的全貌。总之，我们必须直面历史知识不得不大量留白之憾，切不可为既有的史学成就而沾沾自喜。

但是，人们认识先人生活的努力从未懈怠。自20世纪80年代以来，中国史学成绩斐然，两宋史领域也不例外。可以说，举凡存世资料相对充分、足以展开讨论的议题，差不多都已经有学者撰写了专书，更不必说数量无法统计的专文了。近半个世纪以来，在两宋史领域，每一个知识点基本上都得到了更新与拓展。在许多议题上，学者们更是相互讨论辩难，意见纷呈，远未取得相对一致的"共识"。那么，在这样先天不足、后天失调的前提之下，以每册区区20余万字的篇幅，来反映目前史学界对宋史领域相关议题的研究成果，又有什么意义呢？或者说，我们将如何坦然面对挂一漏万之讥，以使选编工作对读者，同时也对选编者都能呈现一定的价值呢？

　　首先必须指出，每一专题对于相关研究文献的择取，都出于选编者自身的理解，具有一定的主观性。也可以说，选编工作本身就体现了对相关专题的某种认识思路，这自然毋庸讳言。

　　其次，我们请每册主编都撰写了一篇导言，以尽可能客观地总结各不同专题的学术史概况。这既是对每册字数容量有限之憾的弥补，也是对每个专题学术史展开的基本路径的梳理，以供读者参考。也正因此，在尽可能选择最新研究成果的前提之下，选编者还会择取少量发表时间稍早、但在学术史上具有重要地位、迄今仍具有相当影响力的专文。

　　最后，本套文萃选编的目的不是试图提供关于各个专题的"全面"的知识框架，而是借几篇研究精品，向读者展示本领域研究者如何利用可能获取的历史信息，在大胆假设与小心求证之间驰骋智力，以求重现先人生活某一侧面之点滴的过程与成果。因此，本丛书除了对相关史学领域的初学者在了解两宋历史时提供一些帮助外，相信还能使更广大的资深文史爱好者开卷有益。

　　以上就是我们出版这一套文萃选编的基本设想，谨此说明。

总主编　包伟民

2023 年 10 月

# 目 录

导　论　⋯⋯⋯ 徐怡涛 / 001

引　言　何为中国建筑？⋯⋯⋯ 徐怡涛 / 004

## 第一编　宋代建筑之制度

### 第一章　唐宋建筑的等级制度

唐《营缮令》第宅禁限条文辨析与释读 ⋯⋯⋯ 张十庆 / 015

冲突与妥协：建筑环境中的唐宋城市——以《营缮令》第宅制度为中心 ⋯⋯⋯ 牛来颖 / 039

### 第二章　宋代建筑的大木作制度

《营造法式》斗拱型制解疑、探微 ⋯⋯⋯ 徐伯安 / 053

### 第三章　宋代建筑的造型设计

宋代建筑的剖面、立面设计 ⋯⋯⋯ 潘谷西 / 72

### 第四章　宋代建筑的小木作制度

《营造法式》"转轮经藏"制度的设计技术及尺度规律——兼谈《营造法式》小木作建筑的设计特征 ⋯⋯⋯ 俞莉娜 / 87

## 第二编　图像中的宋代建筑

### 第一章　传世绘画所见宋代建筑——以《明皇避暑宫图》为例

论宋元界画"真实性"的多重维度——从《明皇避暑宫图》轴的创作理性说起 ⋯⋯⋯ 喻梦哲　李　超　陈斯亮 / 109

### 第二章　寺观壁画所见宋代建筑——以高平开化寺壁画为例

高平开化寺北宋壁画兜率天宫建筑图像解读

⋯⋯⋯ 杨怡菲　李路珂　赵令杰 / 127

## 第三章　碑刻所见宋代建筑——以《后土祠庙貌碑》为例
记后土祠庙貌碑 ········ 王世仁 / 160

# 第三编　现存的宋代建筑实例
## 第一章　现存唯一宋代庑殿顶建筑——万荣稷王庙大殿
万荣稷王庙大殿研究 ········ 徐怡涛　徐新云　彭明浩　俞莉娜 / 175
## 第二章　现存最早副阶周匝建筑——太原晋祠圣母殿
晋祠圣母殿研究 ········ 祁英涛 / 205
## 第三章　江南地区现存最早木构建筑——宁波保国寺大殿
宁波保国寺大殿 ········ 张十庆 / 233
## 第四章　河南地区最接近《营造法式》制度的木构建筑——登封初祖庵大殿
中国古代建筑史之宋、辽、金、西夏建筑 ········ 郭黛姮 / 259

# 第四编　宋代建筑的源流与回响
## 第一章　宋代建筑在中国境内的渊源流变
公元七至十四世纪中国扶壁栱形制流变研究 ········ 徐怡涛 / 277
两宋时期屋木画所见建筑地域性 ········ 王书林 / 297
唐宋建筑转型的切片——以10—12世纪晋中地区地方建筑外檐斗栱配置方式演变为线索 ········ 周　淼 / 315
闽浙宋元建筑遗存所见的《营造法式》中若干特殊铺作
········ 朱永春 / 335
## 第二章　宋代建筑对日韩的影响
东亚建筑的技术源流与样式谱系 ········ 张十庆 / 344

# 后　记 ········ 355

# 导　论

徐怡涛

在中国历史上，宋代是一个虽评价多元，却任谁都绕不过去、无法忽视的存在。史学家有评价其为积贫积弱的，也有认为中国文化造极于赵宋的。宋代是中国古代极尊重文化，人民生活极为自由，极具创造力的时代，是一个婉约与豪放共存、屈辱与坚强并峙的时代，是一个后人思之神往、识之感伤的时代。传世的宋代文物，无论书画、典籍，抑或器物、建筑，都被后人视为文化和艺术的经典。

本书选择了一批从建筑形制、制度、艺术等角度阐释宋代建筑的当代研究成果，为读者开启领略宋代建筑意蕴的学术门径。同时，读者也可从中一窥我国数代建筑史学学人对宋代建筑孜孜以求的研究历程。

如果我们沿着时间的脉络，以人生的不同阶段比拟中国古代建筑的发展，则可将中国古代建筑分为四个阶段，即初生期、青年期、壮年期和暮年期。其中，宋代建筑即处于人生的壮年期。与同处壮年期的唐代相比，宋代虽在政治和军事上较为柔弱，未能实现如汉唐般的"大一统"，但在文化、经济、工程和科学创新上，绝不逊色。

具体到建筑上，宋代建筑比之唐代建筑，虽略输"大漠孤烟直"般的豪迈沧桑，但胜在更精致的造型和更绚烂的色彩，恰如宋词，婉约的同时也不失厚重。宋代是个富有创新和活力的时代，开放夜禁和沿街设市极大地改变了城市的形态、景观和文化；北宋将作监李诫编修的《营造法式》，用文字记录下宋代建筑的规制、匠思和非凡成就，深刻影响了后世建筑的演变，成为新一代建筑规范的经典。

中国传统建筑根植于中国延续数千年的农耕文明、人本社会和礼制文化。基于农耕文明和人本社会都有的建筑工程需快速完工的要求，我国古代发展出以木材为主要建材的建筑框架结构，通过建筑构件预制加工、榫卯连接和高效的装配施工等技术，完美实现了建筑工程的快速营造，由此形成的以木构建筑为核心的东方建筑体系，即梁思成先生所说的"独特纯粹之木构系统"，"随我民族足迹所至，树立文化表志"。而身处中国古代建筑技术巅峰的五代、宋、辽、金时期的木构建筑，即是人类农耕文明所能达到的建筑成就的最高峰，无愧为世界级的宝贵文化遗产。

目前，国内已知五代、宋、辽、金时期的木构建筑遗存约200座，其中北宋木构建筑约占四分之一，其珍稀程度可谓百万中存一，每一座都饱含着光阴的痕迹和史料的信息，是宋代从官式到民间各层级文化可观、可触、可感的重要历史见证，具体实例如：山西省太原市晋祠圣母殿、山西省高平市南赵庄二仙庙大殿、广东省肇庆市梅庵大殿、浙江省宁波市保国寺大殿、山西省运城市万荣县稷王庙大殿、福建省莆田市元妙观三清殿、山西省长子县崇庆寺千佛殿、河北省正定县隆兴寺摩尼殿、山西省高平市崇明寺中殿、山西省陵川县南吉祥寺中殿、山西省陵川县礼义镇崔府君庙山门、山西省晋城市小南村二仙庙大殿、山西省高平市游仙寺前殿、山西省高平市开化寺中殿、山西省长子县小张村碧云寺大殿、河南省少林寺初祖庵大殿、山西省晋城市郜村崇寿寺毗卢殿、山西省长子县布村玉皇庙中殿等。

与北宋同期的契丹族政权辽，其建筑延续了当地唐代建筑的形制和气韵，并在中后期，又融合了宋朝建筑的风格。虽然辽代木构建筑存世不到10座，但其中多存巨构，展现了10—12世纪中国领先于世界的建筑技术成就，如现存最高的木构建筑——应县木塔，现存面积最大的早期建筑——义县奉国寺大殿，以及最具唐风的楼阁建筑——蓟州区独乐寺观音阁等。

已知南宋和金朝的木构建筑遗存有100多座。南宋建筑延续了北宋的建筑传统，《营造法式》在南宋绍兴年间再版，对南宋建筑产生了显著影响。与南宋同时代的女真族政权金，其建筑也深受宋朝北方建筑风格和《营造法式》的影响，实例如大同上华严寺大殿、大同善化寺三圣殿、朔州崇福寺大殿、山西平遥文庙大成殿等。金代建筑的形制与宋代建筑的趋近，生动地体现出我国统一多民族国家民族融合的深度、广度和进度。

总之，五代、宋、辽和金代建筑，直接或间接地继承发展了唐代以来的建筑文化和建筑技术，共同建构了中国建筑波澜壮阔、引人入胜的壮年时期。

# 引言　何为中国建筑？

徐怡涛

## 一、建筑史学家的名言

要了解什么是中国建筑，首先请让我们回顾20世纪上半叶，几位长期致力于中国建筑研究的知名学者的论述。

中国建筑史学的重要开创者梁思成先生在《中国建筑史》中认为："中国建筑乃一独立之结构系统……一贯以其独特纯粹之木构系统，随我民族足迹所至，树立文化表志……中国建筑之个性乃即我民族之性格，即我艺术及思想特殊之一部，非但在其结构本身之材质方法而已。"

对于中国建筑的艺术价值，著名文学家、建筑史学家林徽因先生在《清式营造则例·绪论》中指出，中国建筑具有绝不矫揉造作的真实之美，"建筑的'美'却不能脱离适当的，有机的，有作用的结构而独立。中国建筑的美就是合于这原则；其轮廓的和谐，权衡的俊秀伟丽，大部分是有机、有用的结构所直接产生的结果"。

基于求索、研究日本建筑文化的根源，日本学者早在一百多年前即开始长期研究中国建筑。日本建筑史学奠基人伊东忠太先生在他的《中国建筑史》中称：中国之建筑居东洋三大体系之一（中国建筑、印度建筑、伊斯教建筑），"以中原地区为中心，向南延伸至安南、交趾地区，向北延伸至蒙古，向西延伸至新疆，向东延伸并进入了日本……在那隐秘深奥的历史长河中，中国建筑艺术萌生而出，发展演进，承古迎新，源源不断，继而成为建筑界的一束恢宏之光,令所有人赞叹不已"①。

以上三位著名学者的论述,高度概括了中国建筑的总体特征以及历史、文化与艺术价值。半个多世纪以来,他们的论述并未湮没于现代纷繁的最新研究成果之中,反而历久弥新,成为值得今人反复研读、深刻体味的经典,是我们从总体上认识和把握中国建筑精髓的指南。

## 二、解读中国建筑的三要素

从19世纪末至今,中外学者对中国古代建筑的研究已经持续了100多年,学者们呕心沥血地探索、研究,建立了关于中国古代建筑庞大而又深入的知识体系。徜徉其中,想要更好地领悟中国建筑的博大精深,我们需要一定的线索。通常来说,我们可以从时代、类型以及文化三个基本维度来认知具体的中国传统建筑,即任何一处中国传统建筑,都至少具有三个最基本的属性——时代、类型和文化。

"时代"是指建筑的建造以及存续的年代,包括建筑的始建、后续使用、修缮与重建的历程,即一部具体建筑的编年史。从中我们可以梳理出这处建筑的兴衰更替,知道其创造者、使用者,感受它曾经的辉煌与落寞。

"类型"是指中国建筑按功能、结构和材料区分成的不同类别。根据建筑的使用功能,中国建筑可以分为城市、宫殿、坛庙、衙署、园林、住宅、陵墓、寺庙、学校与工坊等主要功能类型,其中,大多数建筑类型又可根据使用者的不同分为不同的亚型。例如,园林可以分为皇家园林、文人园林、商人园林与寺庙园林;寺庙根据信徒所属宗教,可以分为佛教寺院、道教庙宇、伊斯兰教清真寺与民间信仰庙宇等。根据建筑结构形式,中国建筑可分为框架结构、墙体承重结构、拱券结构与穹窿结构等;根据建筑材料,中国建筑又可分为木构建筑、砖石建筑与砖木混合建筑等。以上单一分类再经排列组合,就形成了异常丰富的建筑类型,它们适用于中

---

① [日]伊东忠太:《中国建筑史》,杜堃译,沈阳出版社2021年版,第3—4页。

国古代社会各类人群的社会行为和身心需求，反映了中国建筑灵活多样的空间形态和外观造型，以及卓越的建筑结构技术。

"文化"是指隐藏于中国建筑客观物质形体之下的主观精神。每一个时代、每一种类型的建筑，一经人工建造和使用，就必然打上历史、地域和社会的烙印，具有"文化性"。建筑凝固了人类的智慧和劳动，成为人类社会的一种文化载体，成为我们认识已经逝去的时代的物质"读本"。所以，先哲将建筑比喻为"史书"。

每一种人类文明都有属于自己的文化特征，中国建筑的文化特征与中国文化的特征相对应。例如，自古以来，中国文化强调维持社会各阶层之间的等级和秩序，以达成社会的和谐稳定。因此，对"等级和秩序"的建构和表现也就成为中国建筑的显著母题。它体现在建筑的总体布局、单体体量、装饰题材等诸多方面。中国建筑对"等级和秩序"的体现并非一成不变，而是随着中国文化的变化而变化。例如，在周王室衰落而诸侯国争霸的春秋时代，有实力的诸侯国在营建城市和宫殿时，其规模突破了西周礼制的等级束缚。于是，中国大地上出现了如齐临淄、赵邯郸等宏阔壮丽的地方中心城市，出现了诸侯们炫耀国力和权威的"高台榭、美宫室"。在孔子哀叹"礼乐崩坏"之际，中国建筑迎来了第一个发展高峰。

唐宋时代，皇权在政治制度上受到一定程度的制衡。反映到建筑上，唐宋建筑所受的等级制约就明显比崇尚绝对皇权的明清时代要简约得多。唐宋建筑疏朗雄阔，在艺术和技术上都达到了中国建筑的巅峰，这与唐宋时期宽松而鼎盛的文化氛围与文化成就密不可分。反观明清时期，等级象征深入建筑的各个细节之上，仿佛那个时代越织越细的"文网"，使建筑整体上都被赋予了一种精致而紧促的气质。相比于明代，清代建筑的这一气质更为明显。

虽然时代有其宏观精神，但具体现实永远复杂多样，不会千人一面。我们必须注意到，在时代大背景的笼罩下，地域、类型和文化的差异也足以使建筑产生明显的差异，而差异又为融合带来了可能。正是地域、类型间文化的交流与融合所产生的创新，推动了建筑的发展演变。

例如，明清时期，中国南方的文人城市与园林建筑，追求在寸山尺水间雕琢曲折精雅的画意，成为一时的经典；而清代南方巨商大贾们所建的园林，则在附庸文人风雅的同时不忘表达他们的富有与世俗情怀；中国北方多皇家贵戚的园林，皇家园林运用大尺度的真实山水体现帝王对国家的统驭，同时，经过皇家建筑师提炼的雅致的南方文人意趣，被植入北方的苍茫天地之间，构成了另一番园林景象。文人、商人、皇家，南方与北方，不同的人和不同的地域，综合而成中国明清时代的园林建筑景观。从中我们既可以看到差异，也可以看到交融，还可以看到属于同一时代的风格。

时代、类型和文化，这三个要素谱成了中国建筑的华美乐章，是我们深入感知中国建筑的基本要素。从对它们的分析研究之中，可知中国建筑的共性与差异、影响与变迁。不同时期、不同地域的中国文化，也可由物见人。

同时，中国文化的其他构成要素，例如，政治、经济、思想、伦理、宗教、文学、绘画、音乐等，也都有助于我们深入认识中国建筑的内涵和外延。因为，文化体系的各个组成部分之间必然存在着普遍而广泛的关联。如同人体，在各个器官外在的差异背后，是内在统一的血脉。

简而言之，何为中国建筑？中国建筑即"中国人"。解读中国建筑，就是读出蕴含于建筑中的"人"。"以今知古"是我们解读中国建筑的基本方法，即利用现代科学的技术和方法研究中国建筑，发现并保护建筑遗存。而解读中国建筑的意义在于"以古维今"，即以所知的中国建筑的光辉成就及其在历史上的广泛传播与影响，增强民族凝聚力、自信心和自豪感，促进创新，在国际上正本清源，维护中华民族的尊严与安全。

## 三、中国建筑的发展阶段

中国建筑是如何伴随中国人共同度过五六千年漫长的岁月的呢？

我们沿着时间顺序梳理，与中国历史的发展相谐，则中国建筑大略可以分为四个发展阶段：初生期、青年期、壮年期与暮年期。

(一)中国建筑的初生期：新石器时代至商周时代（约前6000—前771）

中国古代传说，有巢氏发明了建筑，"上古皆穴处，有圣人出，教之巢居"。现有考古资料显示，距今约八千年到四千年前的新石器时代，在中国大地上生活的先民们根据不同地域的特点，选择并发展建筑技术，营造可以遮挡风雨、躲避野兽侵害的空间，使人类得以脱离原始山林、洞穴的庇护，从而进入更广阔的天地发展文明。

当时常见的建筑可分为地穴、半地穴、地面建筑和干栏式建筑等多种类型。按地域划分，则黄河流域的仰韶文化、大汶口文化、龙山文化等新石器文化，多建地穴、半地穴和地面建筑，发展了以土为主的建筑技术，如夯土、木骨泥墙、石灰抹面等；长江流域的新石器文明，如河姆渡文化、良渚文化等新石器文化，多用干栏式建筑，发展了以木为主的建筑技术，如木屋架、榫卯等；而中国北部的红山文化，出现了积石建筑。中国建筑的主要材料——土、木、石，在这一时期均已被采用。后世中国称建筑为"土木"，当源于此。

新石器时期后期出现了规模较大的聚落和城池。夏、商、周时期，"国家"逐渐确立，国家和社会的发展，地域间更为密切的交流，都促进了建筑的发展，城市规模的扩大，出现了诸如宫殿和坛庙等象征着国家统治的重要建筑类型。这时的建筑在功能、技术、规模和外观等方面，相比新石器时代都有了质的提升。这一时期建筑上的主要成就，有木构建筑体系得以确立，形成了如廊院、四合院等长期影响后世的建筑组群模式，建筑上出现了强调等级差别的礼制思想，运用了砖、瓦等新建筑材料等。总之，经过约四千年的发展，中国建筑在技术、类型和文化上已粗具规模。在世界东方的地平线上，闪耀出独特的建筑文化之光。

(二)中国建筑的青年期：春秋至秦汉时期（前770—220）

青年人洋溢着无穷的生命力和创造力，充满了冲动和变化，有时也难免夸张怪诞。人如此，建筑亦有相似之处。

经过商、周时期的发展，中国建筑虽已粗具轮廓，但仍远未完善。春秋战国时期，诸侯国在不断兼并之中壮大，城市规模日益扩大，宏伟的高台建筑和多层木楼阁建筑的出现，显示了当时建筑技术的巨大进步，皇家或王室大力建造离宫苑囿，促进了园林建筑的发展。这一时期的建筑充满了想象力和创造力，例如，秦始皇灭六国后，在秦首都咸阳复建六国的宫殿。秦统一六国后，同时展开了阿房宫、骊山陵、万里长城等大型建筑工程，耗尽了民力。秦始皇这位伟大而冲动的帝王，创造了前无古人的建筑奇迹，为此付出了帝国迅速灭亡的代价，但收获则是直到今天仍然深深烙印在中国人心灵之上的建筑图腾——长城。长城成了一个伟大民族的象征。

汉代建筑继承了秦代的成就并有所发展。汉长安城是当时世界上最繁华壮丽的都市。汉代杰出的帝王汉武帝，热衷于开疆拓土，打通了东西方交通，同时他思慕神仙，期望长生不老。汉武帝在上林苑建章宫中营造太液池，模仿传说中海上三座仙山的迷幻景观，创造了后世园林建筑长盛不衰的主题。试想一下，当通过建章宫数十米高的壁门，攀上高逾百米的井干楼，俯瞰建章宫中金玉装饰的雄伟殿堂和那栋宇连甍、飞阁相属、九市通达、一望无际的长安城时，我们将被这个年轻民族蓬勃的想象力和无穷的创造力所震撼。汉，之所以成为一个伟大民族的徽号，正因为那是这个民族在精神上充满自信、勇于挑战极限的时代，是她充满激情和活力、值得永远怀念的青春岁月。

**（三）中国建筑的壮年期：魏晋至唐宋时期（220—1279）**

三十而立，四十而不惑，五十而知天命。这是孔子自述的人生轨迹，也成为中国人追求的一种人生境界。

经历秦汉的兴盛之后，中国建筑在魏晋南北朝的乱世中并未沉沦，虽然这一时期国家分裂，战乱频仍，国力远逊汉代，但中国人的精神尚存，所以在建筑的各个领域仍不乏创造。例如，规划布局严整的城市、宫廷主殿太极殿的创制、佛教塔庙石窟寺的兴盛、陵寝中神道制度的出现、日趋完善的木作技术、玄学和寄情山水的文人意境与园林艺术的结合等，都是这一时期足以称道并垂范后世的成就。魏晋南北朝时期的建筑，承上启下，为隋唐两宋时期中国建筑的全盛奠定了基础。

　　唐宋时期，中华文明达到了高峰，中国建筑也达到了最辉煌的顶点。隋唐长安城是当时世界上规模最大最繁荣的都市，壮丽的大明宫、巍峨的雁塔、美丽的曲江池，这里不但生活着上百万唐朝市民，还有数以万计的来自世界各地的商旅、使团、僧侣和学生。他们在此领略大唐的繁盛与辉煌，倾心学习中华文化。长安的文化乃至整个城市建筑，都被渤海、朝鲜半岛、日本等地区与国家奉为圭臬，依样传习。时值今日，唐代传入日本的建筑仍被日本视为国宝而备受尊崇。因遗构数量多于中国，日本人为比中国更多地保存了唐代文化而深感自豪。唐代建筑的巨大魅力，源自其成熟自信与恢宏大度，如同一位外表温润而内心坚强的君子，庄重典雅，蕴含着令人崇敬的力量。

　　宋代相比唐代，在政治和军事上比较柔弱，但是在文化、经济和科学创新上绝不逊色。宋代建筑比之唐代建筑少了如唐太宗"天可汗"般的豪迈之气，多了精巧的造型和绚烂的色彩，恰如宋词的婉约，同时又不乏厚重之气。宋代是个创新和变革的时代，开放夜禁和沿街设市极大地改变了中国城市的形态、文化和景观；官方编修的《营造法式》折射出中国古代建筑的非凡成就，记录了唐宋时期珍贵的建筑历史信息，对后代建筑的发展产生了深远影响。国内现存的40余座北宋木构建筑，如山西晋祠的圣母殿、河北正定隆兴寺摩尼殿、浙江宁波保国寺大殿、山西运城万荣稷王庙大殿、河南少林寺的初祖庵、高平崇明寺中殿、高平开化寺大雄宝殿、晋城小南村二仙庙大殿、长子县崇庆寺大殿、长子县布村玉皇庙中殿、长子县小张村碧云寺大殿等，是那个时代珍贵的遗存。

　　与北宋同期的契丹族政权辽，延续了唐代建筑的气象，在中后期又融合了宋代建筑的风格。辽代建筑，如山西应县木塔、天津蓟州区独乐寺山门和观音阁、辽宁义县奉国寺大殿、保定高碑店开善寺大殿、涞源阁院寺文殊殿等，都是唐宋建筑风格的典范。与南宋同时代的女真族政权金，其建筑深受宋代北方建筑风格和《营造法式》的影响，大同上华严寺大殿、大同善化寺三圣殿、朔州崇福寺大殿、山西平遥文庙大成殿等，代表了金代木构建筑的水平。

总之，宋、辽和金代建筑，直接或间接地继承与发展了唐代以来的建筑文化和建筑技术，共同走完了中国建筑的壮年时期。

### （四）中国建筑的暮年期：元明清时期（1279—1911）

元代，工匠纳入匠籍，必须世代为官府廉价劳作。相比宋代具有人身自由的雇佣劳动制，元代的匠籍制度无疑是一种倒退，不利于激发工匠的积极性和创造性。在当时的政治环境下，在不合理的劳动制度下，元朝不到百年即被风起云涌的起义所推翻。从现存建筑实例看，相比宋金时期，中国北方地区的民间建筑在元代有明显的衰败迹象，这可能反映了当时民间社会的苦难与凋敝。但元代较高等级的建筑仍保持了一定水平，如山西芮城的永乐宫是元代木构建筑的精华。元代东西交通发达，长期以藏传佛教为国教，西方的文化因素和藏传佛教塔庙得以广泛传播，丰富了建筑文化。元代最大的建筑成就当属都城建设，尤其是元大都的城市、宫苑和水系建设。元大都在当时世界上享有极高声誉，被欧洲人视作天堂般美丽富庶的城市。元大都的建设更直接为明清北京城打下了基础，遗泽被于当代。

明清建筑比之唐宋建筑，华丽有余而生动不足，其在约600年间的发展亦显凝滞，这与社会文化背景息息相关。明、清是中国传统社会的后期，都强调绝对皇权，清朝更是增强了"文字狱"等对文化思想的压制。但明、清两朝毕竟都是享国长久的统一王朝，积累了大量财富，加上传统文化的惯性作用，其在建筑上亦多有作为。例如，明代的长城、明南京城、北京的故宫和坛庙建筑、明十三陵、江南私家园林、皖南民居等。而清代在全面继承了明代建筑文化的基础上，又在园林方面有所成就，如建造了圆明园、颐和园、避暑山庄、清代江南私家园林等。

辉煌终将过去，这是大自然每天都在上演的规律。但是在经历了千年辉煌之后，中国古代建筑强大的惯性亦足以使它在暮年时期完成美丽的谢幕，正所谓，"夕阳无限好，只是近黄昏"。

## 四、结语

目前列入世界文化遗产的中国古代建筑，除石窟寺外，均为明清建筑。所以，当国人或世界其他国家的游人了解中国建筑时，往往首先看到的是这些著名的明清建筑。这些建筑所具备的历史、文化和科学艺术价值，无愧于世界文化遗产的称号，但是，我们应该明确的是，在中国建筑自身的发展历程中，这些建筑所取得的成就已是落日式的辉煌。汉唐两宋时期的建筑，虽然还有少数遗存，但即使其中最优秀者，如现存世界最高的木构建筑——应县木塔，亦无法代表当时建筑的最高成就。

所以，我们要领略中国建筑的全貌，只能通过整合现存建筑实例、考古证据、文献依据，以及历史文化背景，辅以合理的推断，才能一窥那些已经消失的建筑经典和文明巅峰，这无疑是浩大而艰难的工作。值得欣慰的是，90余年来，一辈辈学人筚路蓝缕、薪火相传，正是在前人的研究基础上，我们才能通过中国建筑触摸真实的历史，"究天人之际，通古今之变"，以建筑见证文明，感受中国建筑中所蕴含的历史脉动和文明精神。

# 第一编
## 宋代建筑之制度

本编着眼宋代建筑之制度，精选六篇文章。这六篇文章分为三个部分，分别介绍唐宋时期建筑等级、宋代建筑大木作制度、造型设计和小木作制度。

其中张十庆的《唐〈营缮令〉第宅禁限条文辨析与释读》与牛来颖的《冲突与妥协：建筑环境中的唐宋城市——以〈营缮令〉第宅制度为中心》二文，均从《营缮令》条文入手，分别关注唐宋第宅制度与其随时代变化产生的妥协，从两个不同的面向对唐宋住宅等级予以解读。

徐伯安的《〈营造法式〉斗栱型制解疑、探微》一文，扎根《营造法式》文本，对斗栱这一古代建筑大木构架中重要的部分予以释读。

潘谷西的《宋代建筑的剖面、立面设计》一文，从《营造法式》规定入手，对宋代建筑剖立面的设计原则予以整理，形成宋代建筑比例设计的整体性解读。

俞莉娜的《〈营造法式〉"转轮经藏"制度的设计技术及尺度规律——兼谈〈营造法式〉小木作建筑的设计特征》一文，通过对《营造法式》转轮经藏制度的深入分析，提炼其设计技术特征，并通过与其他小木作建筑规定横向对比，探讨了转轮经藏设计的共性与个性。

# 第一章　唐宋建筑的等级制度

## 唐《营缮令》第宅禁限条文辨析与释读

张十庆

### 一、关于唐《营缮令》

#### （一）背景、性质、意义

令是中国古代法律体系的一个重要组成部分，是有关国家制度的法律规范。唐法典形式有四，曰律、令、格、式，《旧唐书》卷五〇《刑法志》引唐高宗言："律令格式，天下通规。"《唐会要》卷三九《定格令》引唐睿宗文明元年（684）四月敕文："律令格式，为政之本。"唐朝一切政务皆遵令、格、式的规范而行，违者以律断。《营缮令》是唐代法典"令"之一，作为唐代法律关于土木营缮的制度规范，是认识唐代营缮制度最重要的文献。

《新唐书》卷五六《刑法志》谓："令者，尊卑贵贱之等数，国家之制度也；式者，其所常守之法也。"在性质上，"令"相当于行政法规，"式"则是"令"所规定制度的具体实行细则。然留存至今的唐式唯有一部《水部式》，余皆不存。《水部式》的条文规定十分具体详尽，表现为具体施行细则类的技术性内容。相应于《营缮令》大纲性的制度规定，唐代应也制定有"式"的具体施行细则，以使令之制度与式之细则相衔接。①

在营缮相关的唐式不存的情况下，现存《营缮令》条文，是唐代营缮制度仅有的少数直接史料。从建筑研究的角度而言，《营缮令》为唐代及东亚建筑史研究，提供了重要的史料和研究线索。

唐代编纂的令典主要有《武德令》（31卷）、《贞观令》（27卷）、《永徽令》（30卷），以及《开元七年令》（30卷）和《开元二十五年令》（30卷）等；其中《开元二十五年令》是唐代最后正式修订和颁布的最成熟完整的令典。目前学术界关于唐令的研究，如《唐令拾遗》，即主要以《开元二十五年令》为本。又据令典篇目分析，隋《开皇令》（30卷），尚无《营缮令》专卷内容，而唐自《贞观令》始见《营缮令》专卷。《贞观令》卷二十五《营缮令》，或是营缮令典的最早者。在唐令篇目上，从《贞观令》到《开元二十五年令》，始终都是27篇正篇目，前后诸令篇目一脉相承，《营缮令》位列第二十五篇。②然目前所能见到的《营缮令》遗文，应主要是《开元七年令》和《开元二十五年令》，而其前各令中的《营缮令》内容已无法得知。

**（二）《营缮令》的研究**

关于唐令研究，中外学界已有诸多成果。其中日本学者仁井田陞著《唐令拾遗》及池田温编《唐令拾遗补》是关于唐令条文复原考证最重要和全面的成果。③近年，天一阁博物馆、中国社会科学院历史研究所的

---

① 关于相应于《营缮令》的"式"的施行细则，其存在可从以下两点推测：其一，根据令与式的对应关系；其二，唐"式"以官府名的形式出现，而日本恰有与《营缮令》衔接并以官府名形式出现的《木工寮式》。
② 戴建国：《试论宋〈天圣令〉的学术价值》，载张伯元主编：《法律文献整理与研究》，北京大学出版社2005年版。《唐六典》所列唐令27篇篇目，通常被认为是《开元七年令》的篇目。今本《天圣令》的发现，验证了《养老令》所列篇目为唐令，同时也证实了《开元二十五年令》与《开元七年令》《永徽令》的篇目是一脉相承的。
③ ［日］仁井田陞：《唐令拾遗》，东京文化学院东京研究所1933年刊。此书国内有编译本，栗劲等编译：《唐令拾遗》，长春出版社1989年版。［日］仁井田陞：《唐令拾遗补》，［日］池田温补编，东京大学出版会1997年版。

《天一阁藏明钞天圣令校证》，则是另一重要成果。[①]

《营缮令》是与建筑史相关的重要史料。然迄今学界唐令复原研究上，关于《营缮令》条文的研究，多限于一般文史层面上的释读与考证，而涉及专业技术层面的内容，则未深入，某些内容或有误读。建筑史专业背景的缺乏，有可能影响令文专业内容的正确释读与复原。故在《营缮令》条文研究上，建筑史专业的视角与释读实有必要[②]，且可成为《营缮令》复原研究的重要补充线索。加之，近年《天圣营缮令》的发现，为唐令研究提供了新的史料。因此，唐令有可能在新史料和新视角下，作进一步释读与研究。

### （三）现存条文及内容

唐令完整原本不传，但部分佚文散见于相关引录文献中，其主要者如《唐会要》《唐律疏议》《唐六典》《通典》《新唐书》《册府元龟》以及日本相关文献，是唐令复原的重要依据。近年发现的北宋初《天圣令》，是以唐开元令为蓝本，在唐旧令的框架内修改增补而成，故《天圣令》为复原唐《营缮令》，提供了重要的新史料。

由于日本《养老令》是在唐令基础上修成的，故《养老令》作为关系密切的域外汉籍史料，是唐令复原的重要依据。此外，日本其他文献对唐令条文的引录内容，也可作为复原参考。

《营缮令》为唐开元27篇令之一，排序靠后，在《丧葬令》《杂令》之前，列《天圣令》第二十五篇，第二十八卷。《唐六典》记《开元七年令》条数为1546条[③]，仁井田陞《唐令拾遗》复原了715条，约占其半。[④] 然关于《营缮令》，仅复原唐令8条，在诸令中是复原条数最少的。《唐令

---

[①] 天一阁博物馆、中国社会科学院历史研究所：《天一阁藏明钞本天圣令校证》，中华书局2006年版。
[②] 在建筑史研究上，关于《营缮令》内容，有傅熹年《中国古代建筑史》第二卷第三章中的相关讨论。傅熹年主编：《中国古代建筑史（第二卷）》第三章第十三节"工程管理机构和工官、工匠"，中国建筑工业出版社2001年版，第673—676页。
[③]《唐六典》卷六"刑部郎中、员外郎"条记开元七年令1546条。
[④]《唐令拾遗》为对散逸唐令的复原研究，书中收集唐令遗文，并复原考证了现存唐令条文。

拾遗》之后增补的《唐令拾遗补》，其目标一是对复原的条文作可能的修正，二是补充新发现的唐令遗文。[①]然在《营缮令》部分，未有多少推进。

据《天一阁藏明钞本天圣令校证》的唐令复原研究，唐开元《营缮令》条数计30余条。《天圣令》30卷，现存10卷中，卷第二十八《营缮令》正在其中。《天圣营缮令》的内容，分宋令与唐令两部分，共计32条；其中因唐令旧文，新制参定的宋令28条，附录不行用的唐令4条。《天一阁藏明钞本天圣令校证》据此列唐《营缮令》32条，具体复原25条，7条存疑。

虽《天圣令》抄本的诸令中，《营缮令》内容是较混乱的，但由于对唐令条文较完整地保存，故《天一阁藏明钞本天圣令校证》关于营缮令的复原，较此前的《唐令拾遗》有了很大的推进，应是诸研究中最完整和最接近原令文的，或可以说，大致复原了《开元营缮令》的主要内容。

## 二、《营缮令》第宅禁限内容释读

### （一）堂舍与门屋之制

《营缮令》第宅禁限，主要通过控制正堂与门屋的形制，体现第宅的等级高下。第宅建筑构成上，正堂是性质上最重要、规模上最高大的中心建筑，而门屋则是位置最显眼和具象征意义的建筑，第宅贱贵，主要以正堂和门屋表现，从而有见其门堂而知其贵贱的功效。营缮第宅禁限以此二构为目标，是十分恰当和便于控制的。

第宅正堂的等级禁限，主要在间架规模和屋顶形式这两个方面。正堂等级从三品以上的五间九架厦两头，到庶民的三间四架两厦；门屋的等级禁限，主要在间架规模上，门屋等级从最高的三间五架两厦，到最小的一间三架两厦。

第宅正堂根据禁限等级，不仅有间架的递变，还有屋顶形式的变化。高等级的为厦两头形式，次之为两厦形式。厦两头形制是品官堂舍的高级

---

[①] ［日］仁井田陞：《唐令拾遗补·序》，［日］池田温补编，东京大学出版会1997年版，第2页。

做法和等级标志,故设为等级禁限。令文中注明听厦两头者,可用;未注者则禁用厦两头,根据令文规定,五品以上第宅堂舍听用厦两头,六品以下第宅堂舍皆禁用厦两头。

门屋屋顶皆为两厦形式,禁厦两头。门屋等级由间架多少区分。此外,又有乌头大门,限五品以上第宅院门使用。

比较唐以后第宅禁限,可见唐代的影响及其变化。唐代第宅堂舍、门屋规制,宋代一脉相承:"六品以上宅舍,许作乌头门。父祖舍宅有者,子孙许仍之,凡民庶家,不得施重栱藻井及五色文采为饰,仍不得四铺飞檐。庶人舍屋许五架,门一间两厦而已。"[①]此可谓第宅禁限的唐制宋版,然其中仍有几点变化:一是第宅乌头门禁限,由五品降为六品;二是庶人舍屋架数由四架增为五架,且相信完全承袭了唐令的宋代第宅禁限,其架义仍是沿用了唐之榑架,即庶人舍屋进深规模为五榑四椽;三是重栱藻井装饰,由王公以下禁用,降为品官以下庶民禁用。总体而言,宋代较唐代降低了第宅等级禁限。

明代尤重第宅等级制度,其禁限规制的内容与格式,多踏袭唐制,且其严格、周密的程度更过之。如明代对第宅前厅、中堂及后堂都分别有禁限规定[②],对装饰的禁限也更为细致和严格。

(二)间架的等级序列

1.规模与等级

唐代以来,随着中国古代建筑的兴盛发展,建筑间架形制高度成熟和定型化,并成为等级制度的一个重要标志。间架技术的本意在于构架形制与建筑规模,其外在表现为规模体量的大小与高低。在以高、大为贵的社

---

① 《宋史》卷一五四《舆服志·第一〇七》。
② 《大明会典》卷六二《房屋器用等第》:"公侯,前厅七间或五间,两厦九架造;中堂七间九架;后堂七间七架。"

会环境下,第宅"多用间架,务为高大"成为求贵和显贵的手段。[①]基于这一特色,间架构成被赋予等级意义,形成相应的间架等级序列,这典型地表现了中国古代技术要素等级化的特色。

间架是中国古代建筑结构构成的重要特征,以面阔间数和进深架数表示建筑规模的间架术语表记,自唐以后成为习用的方法。建筑规模的间架表记,简洁、概括和明确,替代了图纸及繁复的文字描述,从而为法律性的营缮令文所采用。

唐代第宅等级以间架多寡为重要标志,而以数表示尊卑高下,是最直观明了的。《营缮令》第宅等级禁限,以间架为核心,作为"明贵贱,辨等级"的主要手段,通过间架多寡及屋顶形式变化,区分和形成从王公至庶民的第宅等级序列,正如《唐六典》所谓:"凡宫室之制,自天子至于士庶,各有等差。"[②]而所谓"等差",在单体建筑上,最重要的就是间架数的递变,即自天子至品官、庶民,住宅间架数渐次减杀,以示身份地位的高下贵贱。

除间架之外,应还有辅助性的等级指标,如造型、尺度、装饰等,《营缮令》中即对造型、装饰也作有相应的等级规定。

2.秩品与间架等级

间架等差的等级意义对应的是宅主的身份等级,由"天子至于士庶",身份等级有别,则第宅间架不同。而其身份等级则以秩品为标识,如《营缮令》关于王公、品官及庶人第宅间架的规定。

所谓秩品,是中国古代官僚等级制度中官吏地位及俸禄的标志,秩为俸禄,品为等级。曹魏始用九品制,秩品并行。南北朝后"秩"渐废,专以"品"表示官僚等级高下,然仍习惯于将"秩品"并称。唐代官制复杂,官制秩品一至九品除有正从之分外,四品以下更有上下之别,计九品

---

① 《明代律例汇编》卷一二《礼律二·仪制》:"官员品级房舍式样彩色,及军民房舍俱有旧制。其日前违式盖造,许令改正。今后违式盖造及过用斗栱彩色雕饰,多用间架,务为高大者,事发,俱问违制罪名。"

② 《唐六典》卷二三《左校署条》。

三十阶，构成等级森严的官阶制度。

秩品是用以划分高下的等级。抽象的官品是以职事官、散（阶）官、勋官、爵号等为载体的，如"勋"用以叙功，多指军功；"爵"是用以封赐贵族与功臣的名位，是可世袭的地位和待遇的等级尊号。唐代爵位等级较多，如有王、公、侯、伯、子、男等诸等。《营缮令》中的"王公"，即唐代爵位的王爵与公爵，或也指显贵的爵位。"职"为职事，随才录用，有实际的职位权责；"阶"即散阶，是从属于个人的位阶。

职事与散阶的关系，相当于官职与官阶之不同。职事随才录用，迁徙不定，而散阶则按部就班升级。故每一职事官都带有一个散阶，也称作"本品"，以此表示个人的位阶。[1]如《营缮令》所谓"勋官各依本品"，其"本品"即指勋官各人的位阶（散位）。

秩品制中，品是核心和最主要的标志，其他的职、爵、勋、阶序列皆依"品"为高下标准。如爵位等级即是与品挂钩的，唐代王、公爵位对应的秩品大致是正一品至从二品，是《营缮令》第宅规制中秩品最高者。而职事与散位也都是以九品三十阶来确定高下的，不同的是，职品区分的是职位高下，而阶品（本品）标识的是个人地位高下。某官的职品与阶品二者不一定相同，而其舆服第宅一类的等级待遇，以阶品高下定。故营缮第宅禁限中的品，应指阶品而非职品。也就是说，决定唐代官员第宅等级的应是其散（阶）官品。[2]如《营缮令》规定的"勋官各依本品"[3]，即表示无实职的勋官第宅间架禁限，各依其个人散位阶品等级。勋官是唐代授予有功者的称号，无实际职务。唐代定勋官为十二等，其等级最高者为正

---

[1] 《旧唐书》卷四二《职官志一》："凡九品已上职事，皆带散位，谓之本品。职事则随才录用，或从闲入剧，或去高就卑，迁徙出入，参差不定。散位则一切以门荫结品，然后劳考进叙。"
[2] 唐代确定第宅等级待遇的标准，应同于车舆、服色一类，即依散（阶）官品而定，而非职事官品。宋代王楙《野客丛书》卷二七："唐制服色不视职事官，而视阶官之品。"明代胡震亨《唐音癸签》卷十八引宋人蔡宽夫语云："唐百官服色视阶官之品，宋视职事官，此为异。"清代钱大昕《十驾斋养新录》卷十："唐时臣僚章服，不论职事官之崇卑，唯论散官之品秩。"
[3] 勋官属散官，是从属于个人的位阶，也称"本品"。唐代百官群僚都拥有着一个"散位"，以此"本品"来标志其个人身份。

二品。

《营缮令》中又有关于常参官的规定，所谓常参官，即每日朝参的职事官，其人数少而级别高，一般是五品以上职事要重者。[1]因而，常参官第宅等级较高，故有《营缮令》规定非常参官的第宅禁限："非常参官，不得造轴心舍及施悬鱼、对凤、瓦兽、通栿乳梁装饰。"

唐太宗即位之初，即规定"自王公已下，第宅、车服、婚嫁、丧葬，准品秩不合服用者，宜一切禁断"[2]。就第宅而言，唐之百官秩品有别，间架及装饰亦不同。《营缮令》统一依秩品作相应的禁限规定，形成与秩品相对应的第宅间架等级序列。

3.间架等级序列

《营缮令》以间架及屋顶形式等诸要素的组合，形成第宅堂舍与门屋的等级序列。各级差等第之间的关系和原则是"上得兼下，下不得僭上"，[3]故《营缮令》的禁限行文方式，只规定"不得过"的上限，以禁僭越。分析《唐会要》引《营缮令》的间架及屋顶形式禁限内容以及其他相关唐令遗文，并据"上得兼下，下不得僭上"的原则，唐代第宅禁限的等级序列，"自天子至于士庶"，以上限形式排列如下：

  天　子：正殿四阿，施鸱尾，重栱藻井　　　　　　（令之天子）
  王　公：堂九架厦两头　　　　　　　　　　　　　（令之王公）
  一品至三品：堂五间九架厦两头，门三间五架两厦　（令之三品已上）
  四品至五品：堂五间七架厦两头，门三间五架两厦　（令之五品已上）

---

[1]《唐六典》卷四《礼部》："凡京司文武职事九品已上，每朔、望朝参；五品已上及供奉官、员外郎、监察御史、太常博士，每日朝参。"《新唐书》卷四八《志第三八·百官三》："文官五品以上及两省供奉官、监察御史、员外郎、太常博士，日参，号常参官。"

[2]《贞观政要》卷六《俭约第十八》。

[3] 第宅与车舆、服饰的等级禁制原则相同。《大唐开元礼》卷第三："凡王公以下及妇人服饰等级，上得兼下，下不得僭上。"《新唐书》卷二四《志第一四·舆服志》：唐武德四年（621）"始著车舆、衣服之令，上得兼下，下不得拟上。"明制承唐，《大明会典》卷六二《房屋器用等第》："因初著令，凡官民服色、冠带、房舍、鞍马，贵贱各有等第。上可以兼下，下不可以僭上。"

六品至九品：堂三间五架两厦，门一间三架两厦　　（令之六品已下）
庶　　人：堂三间四架两厦，门一间三架两厦　　（令之庶人、士庶）

上述禁限等级序列中，居首的天子宫室和王公府第的间架等级形制不明，以下根据相关史料作推析弥补。

如前节分析，《唐会要》引《营缮令》的第宅禁限内容不仅是取意性的，也是不完整的。

根据《唐六典》所记"凡宫室之制，自天子至于士庶，各有等差"，《营缮令》中所规定的第宅等级序列，应是上自天子宫室，下至士庶宅舍。在此序列上，以天子宫室为最高等级形式，王公、品官、庶民次之。然《唐会要》所引《营缮令》内容，仅限王公以下第宅禁限内容，而无天子宫室及王公府第的间架等级形式。关于宫室等级形式，据其他唐令遗文，仅见如下几条，一是《唐六典》引唐令关于宫殿皆施重栱、藻井条，二是日本文献引唐令关于宫殿四阿施鸱尾条，无间架等级形式。而关于次于宫室的王府，其等级特征也仅为不过九架厦两头，"间"之禁限不明。

分析《唐会要》引述《营缮令》的背景，唐文宗为遏制当时社会上严重的奢华逾制之风，于太和六年（832）六月敕书引《营缮令》相关内容，重申营缮禁令，其申令的对象是有针对性的，即所谓"百官士族"。留存至今的《营缮令》相关内容，即是此敕书节引的《营缮令》内容。

《营缮令》中的宫室制度内容，其意义在于规定不可逾越的最高等级形式。由文献的比较分析，关于宫室制度内容，《唐六典》所引较《唐会要》详细，但仍未涉及核心的间架内容。然分析唐代相关文献，有一个现象值得注意，即在禁限等级上，庙制与宅制互为对应，相同一致，甚至格式、用语也都相同。因此，庙制与宅制之间应有关联，或可以之弥补第宅等级序列上的缺项或不明之处。

庙制有太庙与家庙之分，太庙大殿之规模大、等级高，主要表现在间架数之上。

唐僖宗时，宗庙被焚，告享无所，遂议立太庙，盈孙献议太庙规制，此事有多篇文献记载，论及太庙架数。

《唐会要·庙灾变》："太庙大殿十一室，二十三间，十一架。"①

《旧唐书·殷侑传》："盈孙献议曰：太庙制度。历代参详，皆符典经，难议损益。谨按旧制，十一室，二十三间，十一架。垣墉广袤之度，堂室浅深之规，阶陛等级之差，栋宇崇低之则，前古所谓奢不能侈，俭不能逾者也。"②

《新唐书·殷侑传》：盈孙"议曰：故庙十一室，二十三楹，楹十一梁，垣墉广袤称之"。③

比较上述三篇记载，《唐会要》与《旧唐书》关于太庙规制，皆作"十一室，二十三间，十一架"，而《新唐书》则作"十一室，二十三楹，楹十一梁"。古人指称上梁、槫（檩）时有不分，《新唐书》的"十一梁"，即《唐会要》及《旧唐书》的"十一架"。二者正相印证，其架指槫。

《演繁露》"屋楹数"，则释之更详，谓："据盈孙此议，则以柱之一列为一楹也。"④"楹十一梁"，即指进深上的十一架槫数。

"十一架"表现了唐代太庙"架"的两个特色，一是最高等级的架数，二是架的槫所指。根据太庙的形制等级，其梁架无疑是对称规则形式，与四阿（庑殿）相配。故唐代太庙制度之"架"义与《营缮令》第宅制度相同，都指槫架，太庙正殿为十一架槫屋的四阿大殿，相当于宋式十架椽屋形式。推测唐太庙大殿等级规模或应以面阔十一间、进深十一架槫屋的四阿大殿作为一个基准，太庙的等级性质对应于宫室，二者等级相当。以唐令为本的北宋《天圣营缮令》，在等级规定上，也将太庙与宫殿并举："太庙及宫殿皆四阿，施鸱尾"，唐制当亦如此。再以唐代宫殿遗址比较，相

---

① 《唐会要》卷十七《庙灾变》。
② 《旧唐书》卷一六五《列传第一一五》。
③ 《新唐书·殷侑传》卷一六四《列传第八九》。
④ 《演繁露》卷十《屋楹数》："僖宗还蜀，议立太庙，盈孙议曰，故庙十一室，二十三楹，楹十一梁，垣墉广袤称之。礼记两楹知其为两柱之间矣，然楹者柱也，自其奠庙之所而言两楹，则间于庙两柱之中于义易晓。后人记屋室，以若干楹言之，其将通数一柱为一楹耶，抑以柱之一列为一楹也，此无辨者，据盈孙此议，则以柱之一列为一楹也。"

信"十一间十一架"表现的是唐代最高等级的间架数。九至十一间应是天子宫殿的规模范围，而最高等级的天子宫室正殿应为十一间十一架的四阿大殿。

宫殿正殿十一间的最高等级形式，在唐长安大明宫含元殿、麟德殿以及与唐同时代的渤海国上京龙泉府宫殿、日本平安宫大极殿上，都有表现；次之的九间形式亦多见，如日本平城宫太极殿等。唐以后历代宫室，也多以十一间形式为正殿规模，如金中都宫殿正殿大安殿面阔十一间，元代宫殿正殿大内大明殿面阔十一间。在架数规模上，十一槫架应是唐宫殿太庙的高等级形式。如唐大明宫含元殿，根据新发表的考古发掘报告推测，其间架规模有可能表现的是至尊无上的间架等级，即四阿十三间十三槫架的规模形式。[①]宋代最高等级间架形式也达十三槫架规模（宋之十二椽架）。

与宫室、太庙大殿的等级相比照，王公府第正堂，规制应下天子一等，其间架应在九间十一架之下，也即"七间九架厦两头"的形式。唐代王、公爵位对应的秩品大致是正一品至从二品，而《营缮令》规定"三品已上"正堂不过"五间九架厦两头"，故唐代王府正堂面阔应为七间，高"三品已上"正堂一级，进深则同为九架。

关于王府等级规制，明代制度或值得比较。明代是继唐之后尤重等级规制的时代，第宅规制踏袭唐制，其禁限内容与格式，近于唐代制度，可

---

[①] 参见中国社会科学院考古研究所西安唐城工作队：《唐大明宫含元殿遗址1995—1996年发掘报告》，《考古学报》1997年第3期。从间架等级的角度来看，以往大明宫含元殿复原的九架槫形式，或不符合唐代间架等级规制，1995—1996含元殿遗址发掘报告，进一步探明和确认了大殿的平面柱网形式，其进深规模至少为十一槫架形式。

作为唐令复原的一个参照依据。①明代第宅制度前后变化复杂，文献记载不一，分析比较明初洪武年间王府与品官第宅制度，其间架规制大致是，公侯中堂七间九架，一品二品厅堂五间九架，三至五品厅堂五间七架等等，②与唐制甚似。明中期弘治八年（1495）定亲王府制："承运门五间，前殿七间"；天顺四年（1460）定郡王府制，下亲王府一等："前门楼三间五架，中门楼一间五架，前厅房五间七架"③，由此推知亲王府门、殿架数上限，一般为正门五间七架，正殿七间九架。

另一方面，明代王公府第的间架形式，也有拟上、逾制的现象。如明初公主府第及燕王府的间架等级甚高，或十一间，或十一架，可当天子宫室间架等级。④根据史料分析比较，明初亲王府主殿或以九间为一般规制，至弘治八年（1495）将主殿定为七间九架。综上分析，明代王府规制或可作为推析唐代王公府第正堂不过"七间九架厦两头"的一个线索。

再回至庙制与宅制比较上，关于唐品官家庙，据《唐会要》卷一九

---

① 《明史》卷六五《舆服志一》："唐武德间著车舆、衣服之制，上得兼下，下不得拟上。末初，衮冕不缀珠玉。政和中诏修车辂，并建旗常，议礼局所厘定，用为成宪。元制，郊祀则驾玉辂，服衮冕；巡幸，或乘象轿，四时质孙之服，各随其宜。明太祖甫有天下，考定邦礼，车服尚质。酌古通今，合乎礼意。……明初俭德开基，宫殿落成，不用文石甃地。以此坊民，武臣犹有饰金龙于床幔，马厩用九五间数，而豪民亦或熔金为酒器，饰以玉珠。太祖皆重惩其弊。乃命儒臣稽古讲礼，定官民服舍器用制度，历代守之，递有禁例。兹更以朝家册宝、中外符信及宫室器用之等差，附叙于后焉。"明初定官世服舍器用制度，是遵依唐宋之制而成的。
② 据《大明会典》卷六二《房屋器用等第》，洪武二十六年（1393）定制的间架等级如下：
　　公侯，中堂七间九架，门屋三间五架。
　　一品二品，厅堂五间九架。门屋三间五架。
　　三品至五品，厅堂五间七架。正门三间三架。
　　六品至九品，厅堂三间七架。正门一间三架。
　　庶民房舍，不过三间五架。
③ 《大明会典》卷一八一《营造一》。
④ 《明史》卷六八《舆服志四》："公主府第。洪武五年，礼部言：唐、宋公主视正一品，府第并用正一品制度。今拟公主第，厅堂九间十一架，……正门五间七架。"明初燕王府的间架等级亦高，据《明太祖实录》卷一二七记载：其"中曰承运殿，十一间，后为圜殿，次曰存心殿，各九间"。但诸多史料表明燕王府逾制，不可视作明王府之制。参见白颖：《燕王府位置新考》，《故宫博物院院刊》2008年第2期。

《百官家庙》"三品以上，不得过九架，并厦两头"[①]，这与《营缮令》第宅禁限规定完全相同，家庙与第宅禁限比较，二者对应相当，即同一等级品官第宅与家庙的正堂，其形制及规模相同，如三品以上者，其第宅、家庙的正堂同为五间九架厦两头形式。这也进一步印证了上述关于宫殿等级形制与太庙对应和关联的推析。

关于唐代王公以上间架及装饰，据营缮令文分析推知，凡七间九架以上、四阿、鸱尾及重栱、藻井皆宫殿所独用，为最高等级，自王公至品官、庶人皆不得采用。根据上述关于宫室、府第间架等级的分析，姑且推定唐代王公以上间架上限的等级形式如下，以补《唐会要》等引《营缮令》的间架等级序列之缺。天子：殿十一间十一架，四阿，施鸱尾，重栱藻井；王公：堂七间九架厦两头。

4.九品分等及与间架的对应

《营缮令》中具体规定了秩品与间架的禁限关系，然间架等差的有限分级，不足以与九品逐一分列，更不用说三十阶，故令文以九品分档设等的形式，对应间架的等差递变。这种九品分档设等的方法，在服饰、乘舆等的等级规定上，亦有相同的表现。

在等级序列上，首先是最贵的天子，其次是王公，唐代王爵及公爵对应的秩品大致是正一品至从二品，但位居于前，列品官之上，明制亦如此。而在九品序列中，又划分出三个等级的高下尊卑，即"三品已上""五品已上"及"六品已下"这三个等级。五品是唐代官品高下的分界，"三品已上"为最重要的高官，"五品已上"次之，故有三品以上为贵，五

---

[①]《唐会要》卷一九《百官家庙》。关于臣庙之制，另见《新唐书》卷一三《志第三》《礼乐志三》："庙之制，三品以上九架，厦两旁。三庙者五间，中为三室，左右厦一间，前后虚之，无重栱、藻井。"

品以上通贵之称。①《营缮令》第宅禁限，也表现有以五品为分界的特点，如五品以上得制乌头门，常参官（五品以上职事要重者）可用造轴心舍，及施悬鱼、对凤、瓦兽、通栿乳梁装饰。也就是说，五品是第宅等级高下的一个显著分界。

九品分档中，"三品已上"，即一至三品，"五品已上"即四、五品，"六品已下"即六至九品。又有将"六品已下"再分作二档，即六、七品和八、九品，成为四个档次。唐贞观年间章服品第等级之设，即分作此四档："三品以上服紫，四品五品以上服绯，六品七品以绿，八品九品以青。"②

唐《营缮令》九品与间架之间的关系及特色在于，九品分等与间架等差之间，形成对应关系，并以"上得兼下"的形式，形成兼下的适用范围，所需遵守的是"下不得僭上"原则。唐时品官未必都会因升品而另择新宅，且也有以陋居示俭德者，故"上得兼下，下不得僭上"的原则是一条适用而有弹性的等级原则。

在间架等级序列上，居首的应是至尊的十一架宫室，次之的是象征高品贵位的九架第宅。依品级高下，间架差异甚大。王公贵臣第宅正堂，间阔架深，宽敞宏大，而庶人堂舍仅三间四架。然品官第宅，下至六、七品，间架等级已近于庶民，其门制一如庶民，唯堂多一架（槫架）而已。③而八、九品卑微小官，于令文中未提及，其第宅间架禁限或已大致同于庶民。

---

① 九品分作三等的形式，《唐会要》与《唐六典》所录《营缮令》的表述虽略有不同，但内容相同，且尤以《唐六典》的表述明确和清断。《唐六典》卷二三《左校令条注》："天子之宫殿，皆施重栱、藻井。王公诸臣三品已上九架，五品已上七架，并厅厦两头；六品已下五架。其门舍，三品已上五架三间，五品已上三间两厦，六品已下及庶人一间两厦。五品已上得制乌头门。"

② 《唐会要》卷三一《章服品第》："贞观四年八月十四日，诏曰冠冕制度，以备令文寻常服饰未为差等于是。三品以上服紫，四品五品以上服绯，六品七品以绿，八品九品以青。"

③ 《新唐书》卷二四《车服志》："六品七品，堂三间五架，庶人四架，而门皆一间两架"。《唐令拾遗》将六品七品官与庶人的堂舍、门舍制度相混淆，应有误。参见《天一阁藏明钞本天圣令校证（下册）》，中华书局2006年版，第662页。

在建筑等级序列上，间架多寡具有超越功能和技术的等级意义，南宋宫殿小尺度多间架是一好例，其正殿尺度虽"仅如大郡之设厅"，但间架仍遵礼制，取最高等级的十二架（椽架），以示皇家等级。①这表明间架规模并不等同于尺度规模，间架的等级性，与尺度并无绝对的关联，而具有相对的独立性。在同样的尺度规模下，可取小架距、多架数的形式，提高建筑的等级，架数应是较尺度更重要的等级标志。

后世明代之例，进一步表明了间架的等级意义。明洪武三十年（1397）明确规定，即便增盖房屋十所、二十所，也不可违制增加间架之数。②此外，明代在间、架二者间，间的等级意义似又更大于架，如明正统十二年（1447），"令稍变通，庶民房屋架多而间少者，不在禁限"③。

### （三）等级化的第宅形制

#### 1.第宅建筑的等级意义

古代社会讲求等级秩序，在物质形态上，尤重乘舆、服饰与第宅三者，并使之成为一种鲜明的等级标志，与主人身份地位匹配。唐代令文中，除了第宅禁限外，对舆服也有严格的等级禁限规定。以第宅而言，其称谓本身就显示有等级的意义。日本平安时代《令义解·营缮令》释第宅曰："谓第者，有甲乙次第，故曰第也。"④等级成为第宅的重要社会属性。第宅形制等级化以及充满等级规定的生活环境，是统治者用以维持和强化社会尊卑等级秩序的重要手段。

《旧唐书·李义琰传》记唐高宗时，"凡人仕为丞尉，即营第宅"，可

---

① 《宋史》卷一五四《舆服志》第一〇七："其实垂拱、崇政二殿，权更其号而已。二殿虽曰大殿，其修广仅如大郡之设厅。淳熙再修，止循其旧。殿为屋五间，十二架，修六丈，广八丈四尺。……其中为殿门，三间六架。"
② 《大明会典》卷六二《房屋器用等第》："三十五年，申明军民房屋，不许盖造九五间数。一品二品，厅堂各七间。六品至九品，厅堂栋梁止用粉青刷饰。庶民所居房屋从屋，虽十所、二十所，随所宜盖，但不得过三间。"
③ 《明史》卷六八《舆服志四》。另，《大明会典》卷六二《房屋器用等第》："正统十二年令，庶民房屋架多而间少者，不在禁限。"
④ [日]清原夏野等编：《令义解》，收入"新订增补国史大系"，吉川弘文馆1980年版。

知进仕而营第宅是当时普遍的行为，而义琰"官高禄重"而不营第宅，实"非不欲之，惧获戾也"①。

在等级社会中，第宅作为个人身份地位的外在标志，犹如人的第二层服饰。以此角度而言，第宅建筑等级意义及其相应的社会功能，与服饰类同。关于服饰的等级意义和社会功能，有所谓"彰施服色，分别贵贱"②，是以"天下见其服而知贵贱"。③第宅建筑的等级意义也正在于此，即作为身份象征和等级标识的作用。

与"上可兼下，下不得僭上"并行的另一原则是"贵得同贱，贱虽富不得同贵"。宋代丧葬规制："诸丧葬不能备礼者，贵得同贱，贱虽富不得同贵。"④在尊卑等级制度下，富与贵是不能比肩的，如"富而不贵"的商人，虽富也不得同贵。在第宅制度上，当也类此。

2.规模、形制、装饰

第宅等级的外在表现，是通过具体有形的建筑手段来达到的，其首要者，当属宅基地规模。然宅基地面积因不在《营缮令》规定范围内，《营缮令》的第宅禁限，主要以如下三个层面的建筑形式来规定第宅等级：一是间架规模，二是屋顶形式，三是装饰样式。实际上，规模、形式和装饰一直是古代建筑等级规定的三个最重要方面，只不过随时代而侧重不同。唐代第宅的等级要素，应以间架规模最为重要，其次是造型与装饰。然而，后世装饰的等级作用愈趋重要，尤其是明代，对装饰等级作用的强调更甚于间架。第宅等级的主要禁限内容，渐由间架转向装饰，甚至具体至

---

① 《旧唐书》卷八十一《李义琰传》："义琰宅无正寝，弟义璲为司功参军，乃市堂材送焉。及义璲来觐，义琰谓曰：以吾为国相，岂不怀愧？更营美室，是速吾祸，此岂爱我意哉！义璲曰：凡人仕为丞尉，即营第宅，兄官高禄重，岂宜卑陋以逼下也？义琰曰：事难全遂，物不两兴。既有贵仕，又广其宇，若无令德，必受其殃。吾非不欲之，惧获戾也。竟不营构，其木为霖雨所腐而弃之。"
② 《唐会要》卷三一。
③ 〔汉〕贾谊：《新书》卷第一《服疑》。
④ 司马光的《书仪》卷七载："诸丧葬不能备礼者，贵得同贱，贱虽富不得同贵。"王溥的《五代会要》卷八载："诸丧葬不得备礼者，贵得同贱，贱不得同贵。"

门钉、油漆等装饰细节。

根据《营缮令》第宅禁限内容以及相关史料，从规模、形式和装饰这三方面，可大致勾勒出唐代第宅的等级形制及其面貌：

（1）规模：间架、尺度

第宅规模以间架为最重要的标准，间架多寡与等级高下相关联。《营缮令》虽未直接涉及尺度规定，但建筑规模的等级制约，尺度是一定包含在内的，唐代有可能将尺度作为次于间架的辅助性等级指标。宋代《营造法式》的等级规定，就极重尺度要素。

（2）形式：鸱尾、四阿、厦两头、重栱、藻井、乌头门

《营缮令》通过特定构件、造型或做法的禁限规定，赋予其相应的等级意义。其中鸱尾、四阿、重栱、藻井为宫室、太庙所独用，是最高等级的造型和做法，禁用于其他等级建筑。厦两头屋顶形式的等级次于四阿，对于第宅来说，是一个高等级形式，为"五品已上"第宅正堂所许用。乌头门亦是高等级宅院门制。

唐代赋予重栱及藻井的等级意义，远甚于后世。据《营缮令》等文献，唐代唯天子宫殿施重栱与藻井，王公以下第宅及臣庙，则皆禁用。[1] 唐之重栱，与后世所指不同。宋代重栱指上下重叠的瓜栱与慢栱，唐早期尚未出现上下叠置的重栱，令文中的重栱指铺作出跳的斗栱。明代田艺蘅《留青日札》释唐之重栱："唐之屋舍王公以下不得施重栱藻井。重栱者谓四铺作五铺作六铺七铺八铺作，即今之叠栱也。"[2]

（3）装饰：悬鱼、对凤、瓦兽、梁饰

第宅装饰种类较多，既有装饰题材的变化，又有装饰形式的不同，是体现第宅等级意义的重要方面。《营缮令》具体设定了四种装饰禁限，即

---

[1] 《唐六典》卷二三《左校署条》："凡宫室之制，自天子至于士庶，各有等差。注：天子之宫殿，皆施重栱、藻井。又，《唐律疏议》卷二六《杂律》"舍宅车服器物违令"条，中华书局1983年版，第488页，"营造舍宅者，依《营缮令》：王公已下，凡有舍屋，不得施重栱、藻井"。

[2] 〔明〕田艺蘅：《留青日札》卷一八。田艺蘅，钱塘人，生活在明嘉靖、万历年间。

悬鱼、对凤、瓦兽、梁饰,并规定唯常参官许用。非常参官虽禁施此四种装饰,其他装饰或不受禁限。而低级小吏及庶民第宅,则"不得辄施装饰"。关于梁饰,《营缮令》谓"通栿乳梁装饰",应是指各种跨度梁栿的雕刻彩绘装饰,皆在禁限之例。

在装饰形式上,唐《营缮令》虽未明言彩饰,但相信梁饰中应包括了彩饰。比较宋代第宅装饰禁限,宋代不仅装饰上有了"五色文彩"的彩饰内容,且重栱藻井及铺作飞檐这些高等级装饰,只禁庶民,不再禁品官了。①而至明代,则更是以装饰作为等级表现的主要形式了。

《营缮令》中又有关于"轴心舍"的规定:"非常参官,不得造轴心舍。"轴心舍无疑是一种高等级做法,用以五品以上第宅,然具体何指不明。明清文献中有记作"抽心舍"并释为穿廊者,即类似于工字厅的形式。②

《营缮令》对于品官至庶民的第宅制定了相应的等级禁限,依宅主身份品级而不同,等级森严。唯有一条禁限是不分官民、不分等级而一视同仁的,即里坊第宅的楼阁之禁:"其士庶公私第宅,皆不得造楼阁,临视人家。"③此条营缮令文反映了一种处理第宅间相互关系时,个人第宅无论等级高下,都不得影响他人私密的平等意识。④

---

① 《宋史》卷一五四《舆服志》第一〇七:"凡民庶家,不得施重栱藻井及五色文采为饰,仍不得四铺飞檐。"
② 明代田艺蘅的《留青日札》卷一八载:"唐之屋舍,……非常参官不得造抽心舍,及施悬鱼瓦兽乳梁。抽心舍穿廊也。"又,洪武二十九年颁《稽古定制》也作"抽心舍"。
③ 《唐会要》卷三一《舆服上·杂录》引"营缮令"。
④ 据《旧唐书》卷六〇《河间王孝恭传附子晦传》,高宗朝雍州长史李晦"私第有楼,下临酒肆,其人尝候晦言曰:微贱之人,虽例礼所不及,然家有长幼,不欲外人窥之。家迫明公之楼,出入非便,请从此辞。晦即日毁其楼"。另,《唐会要》卷五十九《工部尚书》条:"大历十四年六月一日敕,诸坊市邸店楼屋,皆不得起楼阁,临视人家,勒百日毁拆。至九月二十日,京兆尹严郢奏,坊市邸店旧楼,请不毁。"

## 三、东亚营缮令的比较

### (一) 日本《营缮令》与第宅禁限

日本古代律令是在唐令基础上修成的。日本学者指出："现存日本令是以唐永徽令为蓝本编纂而成，除去日本独自立法的一部分条文外，其大半踏袭唐令，或由唐令部分省略改订而成。"[1] 颁行于公元752年的日本《养老令》，大部分存留至今，与唐令相比较，不但形式上一致，而且大量转录了唐令的原文，故《养老令》是唐令复原的重要依据。

日本令虽承唐极多，但也并非不加选择全部照搬，而是根据日本国情有所取舍或增改，营缮令亦是如此。比较中日营缮令文，日本仿取唐令所作《养老令·营缮令》，大致逐条取用唐令，内容及条序亦基本保持不变，然独不取唐令的第宅禁限内容，极具中国特色的等级化第宅禁限内容，似不合于日本的国情。所谓不合，或在两个方面，一是第宅等级制度差异以及等级表现形式的不同，二是间架构成形式及其相应术语的差异。

日本《养老令·营缮令》条数计十七条，然关于第宅禁限的内容仅一条，即直接取用唐《营缮令》"其士庶公私第宅，皆不得造楼阁，临视人家"这一条，其令文据日本《令义解·营缮令》："凡私第宅，皆不得起楼阁临视人家。"除此一条外，唐令的第宅间架、屋顶形式及装饰等禁限内容，日本令文则完全弃而不取。且由比较可见，仅取的一条令文中，《养老营缮令》也做了变动，即日本第宅禁限只对私第宅，而不对公第宅。然唐宋第宅禁限则包括公、私两方面。[2]

同样，唐《营缮令》中的"宫殿皆四阿，施鸱尾"条，日本令中也无，其原因或也是日本《营缮令》规定的对象不涉及和包括宫殿。在等级制度上，日本有不同于中国之处。

---

[1] [日] 仁井田陞：《唐令拾遗补·序》，[日] 池田温补编，东京大学出版会1997年版，第5页。
[2] 唐宋第宅禁限包括公、私两方面，《唐会要》作"其士庶公私第宅"，《说郛·稽古定制》作"其王公以下及庶人第宅"，《册府元龟》作"天下士庶公私第宅"，《天圣令》作"公私第宅"。

自奈良时代以后，日本寺院与宫殿采取中国古典样式，而住宅却是较多的日本传统，其构成上不合唐之间架规则，自然也就不用间架术语。以间架规制为特色的唐第宅禁限内容，无论在建筑形制上，还是建筑技术上，都难以适用于日本，更不可能照搬实施。

根据日本《养老营缮令》，日本于奈良时代及其后的平安时代，在第宅等级制度上，应未原样取用唐令的间架等级制度，然在纯属唐体系的宫殿及佛寺建筑上，日本似并未完全置身于以唐为中心的东亚等级秩序之外。至少我们可以看到奈良、平安时代宫殿及佛寺建筑的间架构成，基本吻合于唐代相应的间架等级关系。在东亚背景下，日本古代宫殿与佛寺建筑，应在一定程度上依从东亚间架等级规制，尤其是在早期。

关于日本奈良、平安时代的间架等级制度，缺乏相应的文献印证。然就目前所知，至少在奈良时代之后有过关于间架禁限的法令规定。日本已知最早的间架法令，为江户时代的住宅禁令，颁布于日本宽永二十年（1643），是以武家住宅为对象的。针对寺院建筑的间架法令则稍迟，为日本宽文八年（1668），日本称"宽文八年令"。[1]

宽文令的禁限规定，实际上是进深规制，日本称"梁间规制"，其性质相当于唐代"架"的禁限。宽文令以梁间禁限作为建筑等级规制的一个重要内容，通过建筑的梁间规制，标识和维护封建的等级身份秩序。其特色在于，宽文令的禁限规定只针对梁间规模，而面阔间数则不做禁限，这是与中土间架规制的相异之处。

### （二）《三国史记》"屋舍"条与第宅禁限

东亚朝鲜半岛古代有关住宅制度的法令文献，以《三国史记》"屋舍"条为最早者。《三国史记》是记述朝鲜半岛三国时代与统一新罗时代最早之正史。高丽仁宗二十三年（1145）大臣金富轼等以汉文编撰。

《三国史记》卷第三十三、杂志第二，记色服、车骑、器用、屋舍四项内容。作为记载王朝典章制度的《志》的内容之一，其"屋舍"条内容

---

[1] ［日］光井涉：《寺院建筑に对する梁间の规制について》，《建筑史学》（第22号），1994年。

为住宅的等级规制与禁限。关于《三国史记》"屋舍"条的性质与年代,相关研究认为,其为统一新罗兴德王(826—836)时期颁布的建筑法令,年代在834年左右。[①]也就是说,《三国史记》屋舍条的家舍禁限内容,是九世纪统一新罗时代(668—901)关于住宅规制的法令。基于东亚唐文化影响的关系,此"屋舍"条所记家舍禁制,与唐《营缮令》应有密切关系,其尊卑之制,贵贱之法,同于中华。[②]

如同日本营缮令以唐令为蓝本,或踏袭唐令,或由唐令修改而成一样,统一新罗的住宅法令,应也取仿唐令,故"屋舍"条住宅规制法令,对于唐营缮令的认识与复原,甚具意义。

就第宅制度而言,统一新罗"屋舍"条所记住宅禁限内容,具体而详细。而日本《营缮令》关于第宅禁限仅记一条,且"屋舍"条所记内容中,许多也是唐令所不见的,其原因何在,值得研究,或与当时周边诸国与唐的关系以及东亚等级秩序相关。

统一新罗屋舍制度,以身份等级(骨品)设定屋舍禁限,其形式和内涵,与唐令相似。骨品制是朝鲜半岛古代国家新罗的身份等级制度,从王族至平民,其服饰、车骑、器用及家屋,皆决定于骨品高下。真骨为新罗时代的贵族,为骨品制之最上位,其下依次为六头品、五头品、四头品、平民。"屋舍"条住宅禁限,根据身份等级,依次规定真骨、六头品、五

---

① [韩]李桢美:《〈三国史记〉"屋舍"条の"阶"に关する小考》,《日本建筑学会计画系论文集》,2007年72卷612号,第139—144页。
② [韩]金富轼:《三国史记》卷第三十三《志第二》"色服"条,吉林文史出版社2003年版。新罗之初,"尊卑之制,犹是夷俗,至真德在位二年,金春秋入唐,请袭唐仪,玄(正本以外诸本均作太)宗皇帝诏可之,兼赐衣带。遂还来施行,以夷易华。文武王在位四年,又革妇人之服。自此已后,衣冠同于中华。"

头品和四头品至百姓这四个层次相对应的住宅等级禁限。[1]

《三国史记》"屋舍"条住宅禁限内容，从规模尺度、阶基垣墙、室内陈设、飞檐藻井到覆瓦石灰、家具装饰、细部样式、材质色彩，等等，相当具体与详尽。与唐令比较，"屋舍"条第宅禁限大致有以下几个特点：

（1）关于禁限对象，《唐会要》称"堂舍"，《唐六典》称"舍屋"，《三国史记》称"屋舍"，其相互间相似而关联。

（2）与唐令禁限行文方式相同，"屋舍"条禁限，也是采用规定"不得过"的上限形式，以禁僭越。然"屋舍"条四个等级禁限内容的等级秩序和对应关系，不甚清晰，各等第之间交错混乱，似难以实施，或有错讹。

（3）"屋舍"条禁限涉及的内容多于唐令，且详尽而具体，许多内容是唐令所不见的。其中除了诸多装饰内容之外，关于帘、床、基阶、垣墙的规制内容，都是第宅禁限之重要而唐令中未见者，这部分内容应有助于对唐令的认识。如傅熹年先生关于唐第宅垣墙高度禁限的推测，在此屋舍条中可见，其垣墙高度，从六头品至四头品，由八尺递减至六尺。这一现象或提示了唐令中或有相关内容的可能。

---

[1] [韩] 金富轼：《三国史记》卷第三三《杂志第二》"屋舍"条：

真骨，室长广不得过二十四尺，不覆唐瓦，不施飞檐，不雕悬鱼，不饰以金银鍮石五彩。不磨阶石，不置三重阶，垣墙不施梁栋，不涂石灰，帘缘禁锦罽绣野草罗，屏风禁绣，床不饰玳瑁沈香。

六头品，室长广不过二十一尺，不覆唐瓦，不施飞檐、重栿、栱牙、悬鱼，不饰以金银鍮石白镴五彩，不置中阶及二重阶。阶石不磨，垣墙不过八尺，又不施梁栋，不涂石灰，帘缘禁罽绣绫，屏风禁绣，床不得饰玳瑁紫檀沈香黄杨。又禁锦荐，不置重门及四方门，厩容五马。

五头品，室长广不过十八尺，不用山榆木，不覆唐瓦，不置兽头，不施飞檐重毛叟花斗牙悬鱼，不以金银鍮石铜镴五彩为饰。不磨阶石，垣墙不过七尺，不架以梁，不涂石灰，帘缘禁锦罽绫绢絁，不作大门、四方门，厩容三马。

四头品至百姓，室长广不过十五尺，不用山榆木，不施藻井，不覆唐瓦，不置兽头、飞檐、栱牙、悬鱼，不以金银鍮石铜镴为饰，阶砌不用山石，垣墙不过六尺，又不架梁，不涂石灰，不作大门、四方门，厩容二马。

外，真村主与五品同，次村主与四品同。

（4）关于间架与屋顶形式，"屋舍"条未见直接规定，而唐令以间架及屋顶形式禁限为主要内容。

（5）关于规模禁限，唐令有间架规制而无尺度规制，"屋舍"条有尺度规制而无间架规制。其间架禁限或反映在尺度禁限中。唐令是以间架数限定住宅的规模，而"屋舍"条是以尺度限定住宅的规模。

（6）"屋舍"条禁限，尤重装饰方面。相对于唐令仅悬鱼、对凤、瓦兽、梁饰的四条禁限内容，"屋舍"条禁限，除有相同和类似的悬鱼、瓦兽、梁饰之外，还有如下几点：关于装饰材料的禁限，如"不饰以金银鍮石铜镴"；关于室内装饰的织物禁限，如"帘缘禁锦罽绣绫，屏风禁绣"；关于家具装饰的禁限，如"床不得饰玳瑁紫檀沈香黄杨。又禁锦荐"；关于石加工禁限，如"不磨阶石"。

（7）关于色彩装饰，唐令未明言彩饰，宋令有"五色文彩"的彩饰禁限。对比"屋舍"条"不饰五彩"的禁限，推测唐《营缮令》"通栿乳梁装饰"禁限中，或应包含了彩饰。

（8）相对于唐《营缮令》"通栿乳梁装饰"禁限，"屋舍"条有"重栿"禁限。

（9）"屋舍"条关于真骨等级有"不施飞檐"的禁限，推测飞檐是高等级形制，唐令中未见"飞檐"内容，宋令中有"不得四铺飞檐"（《宋史·舆服志》），推测飞檐禁限内容仍是源自唐令。

（10）与唐令"重栱、藻井"禁限相对应，"屋舍"条中有"栱牙、藻井"禁限。唐令中"重栱、藻井"是最高的等级形式，限天子宫殿所用，而"屋舍"条中的"栱牙、藻井"，则等级甚低，"四头品至百姓，不施藻井、栱牙"，其栱牙具体所指尚不清楚。

（11）关于门制，唐令中规定了间架与屋顶形式，以及乌头门禁限，而"屋舍"条则有"大门""重门"及"四方门"的禁限。

关于《三国史记》"屋舍"条内容的分析，应有助于唐令第宅禁限内容的认识，由上述比较或可推测，早期唐令第宅禁限中，似有更多详细的内容，其后规制松弛，遂"去其甚者，稍谓得中"（《旧唐书·文宗本纪》），故后世《唐会要》等文献所记内容，应仅是犹存之部分规制。而受唐影响的东亚日本及朝鲜古代第宅规制，则是自唐令以来的传承与发展，故在一定程度上可补唐令第宅规制之缺失。

## 结　语

关于唐令研究，学界成果丰富。然唐令涉及范围广泛，其关联领域研究的进展，应是推进和深化唐令研究的重要途径。以此角度而言，建筑史专业的知识背景和分析视角，对于《营缮令》的研究具有相应的意义。同时，在复原研究的基础上，对《营缮令》的建筑史专业内的进一步释读和研究，也应是建筑史研究的一个重要内容。

唐《营缮令》第宅等级禁限内容，终究只是制度，实际上未必能完全得以实行，制度与现实之间还是存有差距的。唯时人议论典章仪制时，唐《营缮令》每加推举引用，遂成一代制度典范，影响后世。历朝第宅等级法规，或由僭越逾制，或因松弛蜕变，至后期大抵名存实亡，然作为与建筑相关的营缮制度，其对于认识当时的建筑形制和等级特色，仍具有相应的意义。

（原载《中国建筑史论汇刊》第三辑，清华大学出版社2010年版，第142—163页）

# 冲突与妥协：建筑环境中的唐宋城市
## ——以《营缮令》第宅制度为中心

牛来颖

唐宋城市景观诸要素中，第宅是最丰富而重要的部分。在针对现存第一部唐代城市建设令典———《营缮令》的整理过程中，城市建筑部分引发人们对制度建设更为集中的关注度。其中制度的约束与实际社会状况形成极大的反差，对两者间的冲突和矛盾的理解，以及文本之间的差异的释读，都启发人们思考。从总体上说，唐宋时期发生在城市中林林总总的变化，最终无不是在充满矛盾与冲突的过程中完成的，而非由此及彼的简单的时间延续，是创造与突破的结果，是因循与创造的博弈。在新元素的催生与旧体制的分化中，市场的属性在延展，从市区的封闭空间向外延伸，而原有维系的标准化、单元化的棋盘格式，在内部正孕育着更张和突破，直至标志性的坊墙消失。这一切都恰逢其时，一如城市格局在有形与无形中的嬗变，宅第及其建筑也是催生变局的原因之一。人们发现，那些金科玉律的、凝固的制度规范被渐渐打破，而充满活力的、多彩的样貌在不断出现，以致游戏规则被渐次打破。在对城市发展盛况不断描述和展示的同时，回看这些制度条文，制度本身究竟约束了哪些方面，又在哪些方面被一次次修改而网开一面？其折中的艺术所在，包括从唐宋的现实状况与令典之间的距离和执行力度上、对制度约束力的整合考量等引人一探究竟。于是，文本的释读就显得非常必要。

## 一、宅第营建的等级约束

唐代公私第宅的研究在城市史中相对集中，从《两京新记》《长安志》《唐两京城坊考》，到今人阎文儒、阎万钧的《两京城坊考补》[1]，杨鸿年的《隋唐宫廷建筑考》《隋唐两京坊里谱》[2]，李健超的《增订唐两京城坊考》[3]等论著不一而足。至于文章则更不胜枚举，内容有就坊里宅第的考补，有对里坊格局和住宅面积的探究，还有对筑宅趋势、宅第内部结构等的研究[4]。诸多研究对唐代住宅的华奢趋势与整体评价的认识是一致的，即唐人对宅第制度的僭越与该制度本身的产生和发展相始终是不争之事实。然而，令典的操作性何在？如何理解在实际的履行中缘何时人对制度一再僭越？缘何典令对高官贵戚甲第豪奢的规定性记载比比皆是，而他们竟能置政令全然不理？这使人们在认识上形成疑惑。

今人屡见引述的第宅建筑的相关令文，在傅熹年主编《中国古代建筑史》第二卷"三国、两晋、南北朝、隋唐、五代建筑"部分[5]、刘致平《中国居住建筑简史——城市、住宅、园林》[6]对王公贵官宅邸与一般第宅制度的论述中，都引用《唐会要》卷三一《舆服》中唐文宗时期王涯改革礼制奏文所引录的《营缮令》。在2005年开始进行的天一阁明钞本《天圣令》的整理复原中，本人负责《营缮令》的整理复原，在《天圣令》中关于宅第及其建设规范集中在两处。

其一是《田令》唐16条：

---

[1] 阎文儒、阎万钧：《两京城坊考补》，河南人民出版社1992年版。
[2] 杨鸿年：《隋唐宫廷建筑考》，陕西人民出版社1992年版；杨鸿年：《隋唐两京坊里谱》，上海古籍出版社1999年版。
[3] 李健超：《增订唐两京城坊考》，三秦出版社1996年版。
[4] 参见黄正建：《唐朝人住房面积小考》，《陕西师范大学学报》1994年第3期；曹尔琴：《唐代长安的住宅规模》，《中国古都研究》第十三辑，山西人民出版社1995年版；雷巧玲、赵更申：《唐长安筑宅趋势探析》，《文博》2001年第6期；盛会莲：《唐五代百姓房舍的分配及相关问题之试析》，《敦煌研究》2002年第6期等。
[5] 傅熹年主编：《中国建筑史》第二卷，中国建筑工业出版社2001年版。
[6] 刘致平：《中国居住建筑简史——城市、住宅、园林》，中国建筑工业出版社2000年版。

> 诸应给园宅地者，良口三口以下给一亩，每三口加一亩，贱口五口给一亩，每五口加一亩，并不入永业、口分之限。其京城及州县郭下园宅地，不在此例。①

这是在土地收受中对田宅面积的基本授给原则，但是，在城市中不受此限制。

这就为城市中广占园宅筑宅留下了制度缺口。

其二为《营缮令》宋5条和宋6条。

1.宋5条：

> 诸王公以下，舍屋不得施重栱、藻井。三品以上不得过九架，五品以上不得过七架，并厅厦两头。六品以下不得过五架。其门舍，三品以上不得过五架三间，五品以上不得过三间两厦，六品以下及庶人不得过一间两厦。五品以上仍连作乌头大门。父、祖舍宅及门，子孙虽荫尽，仍听依旧居住。

2.宋6条：

> 诸公私第宅，皆不得起楼阁，临视人家。②

宋5、宋6两条宋令分别是宅第的规格等级以及对建筑细节的规范。在复原唐令时宋5与宋6合并为一条，依据为《唐六典》卷二三《将作监》，《唐律疏议》卷二六《杂律》，《唐会要》卷三一《舆服·杂录》，《册府元龟》卷六一《帝王部·立制度》，《说郛》卷五一并参《倭名类聚抄》，《令集解》等，最终复原为唐令如下：

> 诸王公以下，舍屋不得施重栱、藻井。三品以上不得过九架，五品以上不得过七架，并厅厦两头。六品以下不得过五架。其门舍，三

---

① 《天一阁藏明钞本天圣令校证——附唐令复原研究》，中华书局2006年版，第386页。
② 《天一阁藏明钞本天圣令校证——附唐令复原研究》，中华书局2006年版，第421页。

品以上不得过五架三间，五品以上不得过三间两厦，六品以下及庶人不得过一间两厦。五品以上仍通作乌头大门。勋官各依本品。非常参官不得造轴心舍，及施悬鱼、对凤、瓦兽、通栿乳梁装饰。父、祖舍宅及门，子孙虽荫尽，仍听依旧居住。其士庶公私第宅，皆不得起楼阁，临视人家。①

从令文来看，第一，重栱、藻井等顶部结构在第宅中不得出现，唯有殿堂才能使用。《天圣令·营缮令》宋4条："太庙及宫殿皆四阿，施鸱尾，社门、观、寺、神祠亦如之。其宫内及京城诸门、外州正牙门等，并施鸱尾。自外不合。"《营造法式》卷一八《大木作功限二》："殿阁等自八铺作至四铺作内外并重栱。"②第二，间架的约束体现在厅堂和门屋的结构上。第三，第宅不得起建楼阁，居高临下。令文中涉及诸多建筑细部的技术用语，给理解增加了难度。同时，唐令与宋令之间的文字差异，呈现的是制度上的变化，而这种变化的渐进性局限于孤立的令条是难以显现出来的。加之相关材料的匮乏，对释读造成诸多麻烦。

## 二、宋令删除的文字

依据《唐会要》《册府元龟》，唐令中的"勋官各依本品。非常参官不得造轴心舍，及施悬鱼、对凤、瓦兽、通栿乳梁装饰"一句，在宋令中被删去，涉及勋官的待遇，非常参官房舍的格局限制及装饰细节。其中的"施悬鱼、对凤、瓦兽、通栿乳梁装饰"都是针对房舍顶部栋梁的装饰。

第一，悬鱼。置于搏风板③下正中的装饰，以鱼的造型美观而富于寓意，这种艺术处理，同时起到了加固搏风板拼接合缝的实用作用。白居易

---

① 具体的文字复原和依据，参见牛来颖：《天圣营缮令复原唐令研究》，载《天一阁藏明钞本天圣令校证——附唐令复原研究》，中华书局2006年版，第662页。
② 《文渊阁四库全书》第673册，上海古籍出版社1987年版，第542页。
③ 搏风板，又称搏缝板、封山板，宋时称搏风板，用于我国古代的歇山顶和悬山顶建筑。这些建筑的屋顶两端伸出山墙之外，为防风雪，用木条钉在檩条顶端，同时起到遮挡桁（檩）头的作用，且有美观装饰作用。板下正中作悬鱼，两旁作惹草（云状装饰物），以为装饰。

在《题洛中第宅》中描写的只能展开宅图观赏而无法赋闲归园安度的"将相官"的园宅，细节中提到了悬鱼："水木谁家宅？门高占地宽。悬鱼挂青甃，行马护朱栏。"①无论是悬山顶还是歇山顶屋皆如是。

第二，瓦兽。以动物造型的陶制物置于屋上。见于李贺的诗文《潞州张大宅病酒遇江使寄上十四兄》："莎老沙鸡泣，松干瓦兽残。"

第三，轴心舍。按照推测有两种可能，其一是工字厅，见陈元龙《格致镜原》。其二即大门与厅堂同开在中轴线上。这原本是官署的营造规格。②一般的普通住宅都将门开在宅院的东南侧，如甘肃敦煌莫高窟第23窟盛唐法华经变壁画中的邸宅，其土墙环绕中的院落，门开在东南面。从其门的形制来看，是乌头门，按照令文，这是有身份的五品以上的大户邸宅，但是也未敢逾制将大门开在正中心。

第四，乳梁。即"枋上短梁"③，与通栿皆为不同的梁。栿，抑或为栋。在《营造法式》当中有各种不同规格的栿梁，梁思成在图释中也标注了各种位置的梁栿。④

以上这些都是对屋顶建筑结构和装饰物的规定，是等级与品级的直接区分标志。上述这些在唐代等级划分的标志，在宋令中被删去，揭示了制度规定的细微变化，这些变化从现存珍贵的绘画作品上得到了印证。

首先，关于轴心舍问题。借助于图像学的数据获得解释，唐代禁令中的轴心舍，在宋代较多地出现在绘画中，说明这种轴心舍的房屋布局，应该已经不再作为高品级官吏的独有特权。如北宋乔仲常《后赤壁赋图》⑤，根据苏轼《赤壁赋》创作而成，借松石茅屋和山水景色表达超尘绝俗的闲情逸致和思想意识。画面中，在树石环抱中的屋舍大门位于篱笆墙正中，

---

① 〔唐〕白居易：《白居易集》卷二五，中华书局1985年版，第568页。
② 傅熹年主编：《中国古代建筑史》第二卷，中国建筑工业出版社2001年版，第440页。
③ 〔清〕陈元龙：《格致镜原》卷二〇"宫室类"，载《文渊阁四库全书》第1031册，中华书局2006年版，第262页。
④ 梁思成：《梁思成全集》第七卷，中国建筑工业出版社2001年版。
⑤ 纸本、墨笔，293mm×5603mm，美国纳尔逊-阿特金斯艺术美术馆藏。

正对着正屋，与正屋同在中轴线上。

宋徽宗时期王希孟的青绿山水《千里江山图》，融江南水色与北方山景于一体，画卷表现了绵亘的山势，浩渺的江水，在流溪飞泉与水村野市间有渔船、桥梁、茅篷、楼阁，以及各种人物的活动。傅熹年在《王希孟〈千里江山图〉中的北宋建筑》[①]中，临摹了掩映在其中的房舍庙宇，其中工字型的住宅就有多处。除此之外，篱笆围墙，中开篱门的例子也呈现于画中。

同样，《文姬归汉图》以东汉文姬归汉的历史题材演绎，依据《胡笳十八拍》的诗意和形式展开的18幅画卷中，描绘了归途中的地域风情。而其中位于丁字街口的高门大宅，揭示的是南宋宅邸细部的真实图景。院门的门屋为单檐悬山顶三间，入门即是照壁（影壁），之后正对大门的是三开间的大堂，大门、照壁、大堂在一条中轴线上。厅堂之后隐约是穿廊通向画外，正是所谓的工字厅。

所以，轴心舍在两宋时期在使用群体和等级上显然扩大了，如前所述的高门大宅，未见得一定是官员（从其门口未列戟来推断）。而就在此画卷中，悬鱼、瓦兽等元素尽在画中建筑当中，可见，在宋代这些限制应该是取消了。当然，被取消的还有勋官的待遇，其在唐代就已经式微了。

### 三、厅堂的间架问题

《天圣令》是目前发现的唯一的保留原样貌的令典。《营缮令》中这条令文就成为唐代宅第营建的唯一法律规范，此前研究多转引自传统史籍，尤其是建筑史的论著中援引《唐会要》卷三一引录的《营缮令》。但是，《唐会要》引录的《营缮令》，与《天圣令·营缮令》不同，兹具引如下：

> 又奏："准《营缮令》，王公已下，舍屋不得施重栱、藻井。三品已上堂舍，不得过五间九架，厅厦两头，门屋不得过五间五架。五品

---

[①] 傅熹年：《王希孟〈千里江山图〉中的北宋建筑》，《故宫博物院院刊》1979年第2期。

已上堂舍，不得过五间七架，厅厦两头，门屋不得过三间两架，仍通作乌头大门。勋官各依本品。六品、七品已下堂舍，不得过三间五架，门屋不得过一间两架。非常参官，不得造轴心舍，及施悬鱼、对凤、瓦兽、通栿乳梁装饰。其祖父舍宅，门荫子孙，虽荫尽，听依仍旧居住。其士庶公私第宅，皆不得造楼阁，临视人家。近者或有不守敕文，因循制造，自今以后，伏请禁断。又庶人所造堂舍，不得过三间四架，门屋一间两架，仍不得辄施装饰。"①

此段文字后所援引的律文，即《唐律疏议》卷二六《杂律》"舍宅车服器物"条内容。这段内容是在大和六年（832）六月详度诸司制度条件的敕文内容，其中还征引了《礼部式》《少府式》《卤簿式》等，此为王涯奏文与文宗诏敕的内容。据记载，大和末，"风俗稍奢，文宗恭勤节俭，冀革其风"②，所以才有王涯重新厘定礼制之事。如鉴于散官地位的下降，在原来以散官品定服色的制度中，王涯强调了职事官品的重要；对于庶人服色的改革以及对奴婢客女的服色规定，都是现实社会阶层地位变化的反映。③王涯的礼制改革顺应了现实发展的趋势，承认并确认了既有的变化结果。不仅表现在衣服、车马制度上，在宅第建设上亦是如此。史料记载：

> 宰臣等言曰："陛下节俭省用，风俗已移，长裾大袂，渐以减损。若更令戚属绝其侈靡，不虑下不从教。"帝曰："此事亦难户晓，但去其泰甚，自以俭德化之。朕闻前时内库唯二锦袍，饰以金鸟，一袍玄宗幸温汤御之，一即与贵妃。当时贵重如此，如今奢靡，岂复贵之？料今富家往往皆有。左卫副使张元昌便用金唾壶，昨因李训已诛

---

① 〔北宋〕王溥：《唐会要》卷三一《杂录》，中华书局1955年版，第575页。〔北宋〕王钦若：《册府元龟》卷六一《帝王部·立制度二》，中华书局1960年版，第680页，内容略同。
② 〔后晋〕刘昫：《旧唐书》卷一七三《郑覃传附郎传》，中华书局1975年版，第4493页。
③ 参见黄正建：《王涯奏文与唐后期车服制度的变化》，《唐研究》第10卷，北京大学出版社2004年版，第297—328页。

之矣。"①

由此可见文宗改革对社会风俗的引导和影响的成效,在服饰上已经有所变化。当然也只是在程度上"去其泰甚"而已。具体到当时对营缮制度的改革来看,庶人房舍的规格原来与六品以下一样为五架,经王涯改革后为四架,由此限制了百姓房舍的格局,以三间四架为标准。但是,这种改革并未能贯彻执行,至宋代仍为"庶人舍屋许五架,门一间两厦",显然与《天圣令·营缮令》一样,作为最低规格的房舍规定——三间五架的基本格局此后一直未变,至明代依然如此,由《礼部志稿》卷九九所言"民间豪富之家盖造大房,不守三间五架之制"②可知。

无论如何,唐《营缮令》中在房屋建造规定上仅仅是规范了堂舍和门屋两项,并未对所有建筑作出规定,其约束来自对间架数的限制。不同的是,在《天圣令·营缮令》中,堂的建造规模约束只有架数,从三品以上、五品以上及以下分为三个级别,架数从九架、七架、五架以降序递减。而在《唐会要》所引令文中,则分别在三级别中标明了间数:五间九架、五间七架、三间五架。两个《营缮令》中对门屋的间架规定无大出入,只是王涯所引《营缮令》三品以上"五间五架"恐为"三间五架","五"与"三"形近易误所致。

这些差异能否说明两个《营缮令》是各有所本,抑或出自不同年代的令呢?

有唐一代的房舍制度的相关材料的确不多,《营缮令》的相关材料更为数寥寥。上述两件在行文顺序上就不一致,《唐会要》所引令文是依官品分类,在每一级别下分述堂舍和门屋间架。《天圣令·营缮令》则依建筑分类,在堂舍和门屋两类下分述各品级(间)架。援引《营缮令》的王涯不排除在奏文里重新组织文字的可能。两者究竟有何不同,令文中关键的间数是否真的能够说明问题? 按照《营造法式》的分类,主体建筑中有

---

① 〔后晋〕刘昫等撰:《旧唐书》卷一七三《郑覃传附郎传》,中华书局1975年版,第4493页。
② 《文渊阁四库全书》第598册,中华书局2006年版,第782页。

殿堂、厅堂等不同类型，此处是对厅堂的约束。在柱高、间广、屋深几大关键性尺寸上，"原书缺乏这些规定，似乎是一项重大遗漏"[1]，引起建筑史方面的研究者不断深入地探索横纵之间的比例模数关系，发现有规律可循。有鉴于此，是否可以根据厅堂建造中架数的约束，间接地达到对间数的限制？同时，进深与面阔之间的关系在于，面阔长于进深，这是审美约束和建筑要求的结合；其次，按照一间两架或三架的关系，也能有所结果。何况殿堂的界定是间，而厅堂的等级是"椽"而非"间"。那么一定要说王洺引据的《营缮令》是经《开元营缮令》修改过后增加了间数约束的内容，似乎还需要进一步的证明。

《营造法式》卷四《大木作制度》："凡构屋之制，皆以材为祖，材有八等，度屋之大小因而用之。"[2]按照殿堂与厅堂在用材上的制度，可以看到彼此的关系：

  一等  殿堂九到十一间

  二等  殿堂五到七间

  三等  殿堂三到五间  厅堂七间

  四等  殿堂三间  厅堂五间

  五等  殿堂小三间  厅堂大三间

  六等  小厅堂

殿堂的级别从三间至十一间，结合《营缮令》从间数上看，百官厅堂的最高级别相当于殿堂的最低级别，百官厅堂包括了官廨与私宅在内。在对房屋营建的限制中，《营缮令》对间架的约束首先仅针对堂和门屋，而并非对全部宅舍格局和细部的规定，突出了两者在区分官吏等级和士庶身份上的突出地位。

殿堂包括庙堂、殿堂、朝堂、明堂等，建筑规格最高。具体到作为私

---

[1] 陈明达：《营造法式大木作制度研究》，文物出版社1981年版。
[2]《文渊阁四库全书》第673册，中华书局2006年版，第428页。

人空间的宅第，唯一的公共空间是堂，用来接待和宴请宾客，也用作婚丧礼仪的场所，其中主体建筑为中堂（正厅）。据张载《经学理窟》记载："凡人家正厅，似所谓庙也，犹天子之受正朔之殿。人不可常居，以为祭祀吉凶冠婚之事于此行之。"[1]史书中形容堂舍之豪奢的"华堂""崇堂"皆指此。堂的建造是经济实力与政治势力的集中体现。在面阔与进深的间架约束以外，建筑构件上也有区别，殿堂所用的比如筒瓦，一般在官吏的厅堂是不合用的。如开宝三年（970），郭进建造屋舍时，"厅堂悉用瓪瓦"，有司谏言"惟亲王、公主始得用此"，因太祖恩宠，得以逾制。[2]按照《营造法式》卷一三《瓦作制度》："结瓦屋宇之制有二等。一曰瓪瓦，施之于殿阁厅堂亭榭等……二曰瓪瓦，施之于厅堂及常行屋舍等。"[3]

在尺度的约束以外，"堂材"的材质决定着大堂的豪奢，在木料的选择上，上品以沉香、文柏[4]为多。如宗楚客新宅"皆是文柏为梁，沉香和红粉以泥壁，开门则香气蓬勃。磨文石为阶砌及地"。[5]张易之"初造一大堂甚壮丽，计用数百万。红粉泥壁，文柏帖柱，琉璃沉香为饰"。[6]同样，《太平广记》卷一六中的张家庄"其堂沉香为梁，玳瑁帖门，碧玉窗，珍珠箔，阶砌皆冷滑碧色，不辨其物"。[7]玄宗朝每建造一堂用费超过千万的杨氏姊妹兄弟五家"甲第洞开，僭拟宫掖，车马仆御，照耀京邑，递相夸尚"。[8]开元中李龟年"于东都大起第宅，僭侈之制，踰于公侯。宅在东都

---

[1] 〔北宋〕张载：《张子全书》卷八，《文渊阁四库全书》第697册，中华书局2006年版，第182页。
[2] 〔南宋〕李焘：《续资治通鉴长编》卷一一开宝三年（970）八月，中华书局2004年版，第249页。
[3] 〔北宋〕李诫：《营造法式》卷一三《瓦作制度》，《文渊阁四库全书》第673册，中华书局2006年版，第500页。
[4] 有纹路的柏木，以此贴梁柱，是一种装饰手法，以凸显原木之花纹。白居易《文柏床》称其"刮削露节目，拂拭生辉光"，由此"以其多奇文，宜升君子堂。"
[5] 〔唐〕张鷟：《朝野佥载》卷三，中华书局1997年版，第70页。
[6] 〔唐〕张鷟：《朝野佥载》卷六，中华书局1997年版，第146页。
[7] 〔北宋〕李昉等编：《太平广记会校》卷一六《张老》，张国凤校注，北京燕山出版社2011年版，第217页。
[8] 〔后晋〕刘昫等撰：《旧唐书》卷五一《后妃》上，中华书局1975年版，第2179页。

通远里，中堂制度，甲于都下"。①又穆宗长庆四年（824）敬宗即位，九月，"波斯大商李苏沙进沉香亭子材"，拾遗李汉谏言说"沉香为亭子，不异瑶台、琼室"。②从土贡上看，沉香来自驩州。沉香以外，白居易诗句中的"杏为梁，桂为柱"，也皆为名贵材质。③在高官的厅堂之上，稀世珍玩也在在述说着主人的华奢与讲求。④

《封氏闻见记》对唐代第宅建造的风尚和趋势的看法，是"自则天以后，王侯妃主，京城第宅，日加崇丽"。⑤但《册府元龟》卷一六〇《帝王部》革弊二的总体评价有所不同："自天宝中，京师堂寝，已极弘丽，而第宅未甚逾制。"⑥按《册府元龟》的说法，唐代在天宝以前的第宅尚未逾制，前述诸多华丽装潢并非属于逾制，故不在禁限之列。《旧唐书》卷一五二《马璘传》也有相似的记载："天宝中，贵戚勋家，已务奢靡，而垣屋犹存制度。"⑦由此推断，即使是豪奢至极的第宅，在基本结构和规制上亦当有所顾及，因为有营缮制度的约束。而马璘则借久将边军，"国家倚为屏翰"的恩崇，"积聚家财，不知纪极。在京师治第舍，尤为宏侈"，"璘之第，经始中堂，费钱二十万贯，他室降等无几"。所以在他身死后，德宗即位即"条举格令，第舍不得踰制，仍诏毁璘中堂及内官刘忠翼之第，璘之家园，进属官司。自后公卿赐宴，多于璘之山池"。⑧马璘中堂被拆毁，当是因为逾制，这是朝廷以儆效尤而采取措施、维护令典规制的例证。

营缮制度在宋代发生关键性变化是由于官品等级差别的改变。在《营

---

① 〔唐〕郑处诲：《明皇杂录》卷下，中华书局1997年版，第27页。
② 〔后晋〕刘昫等撰：《旧唐书》卷一七上《敬宗纪》，中华书局1975年版，第512页。
③ 杏木为梁，见于汉司马相如《长门赋》："刻木兰以为榱兮，饰文杏以为梁。"
④ 参见〔美〕唐晓山：《私人领域的变形——唐宋诗歌中的园林与玩好》，江苏人民出版社2009年版。
⑤ 〔唐〕封演：《封氏闻见记校注》卷五，赵贞信校注，中华书局2005年版，第44页。
⑥ 〔北宋〕王钦若等编：《册府元龟》卷一六〇《帝王部》，中华书局1960年版，第1928页。
⑦ 〔后晋〕刘昫等撰：《旧唐书》卷一五二《马璘传》，中华书局1975年版，第4067页。
⑧ 〔后晋〕刘昫等撰：《旧唐书》卷一五二《马璘传》，中华书局1975年版，第4066—4067页。

造法式》卷二乌头门引《唐六典》："六品以上仍通用乌头大门。"事实上，《唐六典》卷二三南宋本此卷已经亡佚，不得其详，现正德本"六品"为"五品"，显然为唐制，《营造法式》所本或为宋人所改。因为在《宋史》卷一五四《舆服志》中已经改为"六品以上宅舍许作乌头门"[1]。在唐代三品以上为贵，五品以上为通贵，通为高级官吏，在等级的划分上唐代是依据三品以上、五品以上及六品以下的三种等级序列分别给予不等的待遇。宋代在继承前朝制度的同时不断调整和变化，这种变化趋势从品官界限的改变细节中表露出来。这不仅是营缮制度上的变化，也是社会现实中观念的转变与官吏制度变化的反映。在等级待遇和限制上，《营缮令》中三品、五品的界限在宋令中没有明确区分而被模糊和含混，其次是从五品向六品的延伸下移，以及三品向四品官的下移现象，这趋势在丧葬制度中待遇的划分上已比较明显。[2]

### 四、楼阁与铺作

唐《营缮令》规定"其士庶公私第宅，皆不得起楼阁，临视人家"，但是，实际中起造楼阁的记载屡见不鲜。最有代表性的有，唐高宗朝"（许）敬宗营第舍华侈，至造连楼，使诸妓走马其上，纵酒奏乐自娱"[3]。中宗之女长宁公主"取西京高士廉第、左金吾卫故营合为宅，右属都城，左俯大道，作三重楼以冯观，筑山浚池"[4]。在笔记小说之中，记载更多。日本《作庭记》卷下《杂部》也记载："唐人居家，必有楼阁。高楼者，自不待言，大致檐短者曰楼，檐长者曰阁。楼以眺月，阁以纳凉。"[5]经考证《作庭记》的作者是橘俊纲（1028—1094），生活于平安时代中后

---

[1]〔明〕陶宗仪：《说郛》卷五一《稽古定制·宋制》，见《说郛三种》第五册，上海古籍出版社1988年版，第2371页。
[2] 参见吴丽娱：《从天圣〈丧葬令〉的职官标准看唐宋社会的变迁》，《第一届中日学者中国古代史论坛文集》，中国社会科学出版社2010年版，第260—279页。
[3]〔宋〕欧阳修：《新唐书》卷二二三《奸臣传》，中华书局1975年版，第6338页。
[4]〔宋〕欧阳修：《新唐书》卷八三《诸帝公主传》，中华书局1975年版，第3653页。
[5] 引自张十庆：《〈作庭记〉译注与研究》，天津大学出版社2004年版，第124页。

期，正是宅第庭园兴造成熟的时代，书中是生活于北宋时代的日本人对唐朝楼阁建造的认识，说明楼阁在唐代是相对普遍的，并非禁令所能限。

到《清明上河图》卷中，临街的酒楼店肆也说明起造楼阁已经是司空见惯的事，并成为宋代发展空间高度的亮点所在。《宋史·仪卫志二》规定："凡车驾经历去处，若有楼阁，并不得垂帘障蔽，及止绝士庶不许临高瞰下，止于街两傍立观，即不得夹路喧呼驰走。"[1]车驾既能如此，比起唐代河间王孝恭次子"晦私第有楼，下临酒肆"，因为被人指称："微贱之人，虽则礼所不及，然家有长幼，不欲外人窥之。家迫明公之楼，出入非便"，而"即日毁其楼"，[2]已经相当宽松了。

《宋史·舆服志》中有两处关于房舍营建的规定，其一是景祐三年（1036）诏，[3]提及"又屋宇非邸店、楼阁临街市之处，毋得为四铺作闹斗八；非品官毋得起门屋；非宫室、寺观毋得彩绘栋宇及朱黝漆梁柱窗牖、雕镂柱础"。[4]在这条材料的理解上，针对"屋宇非邸店、楼阁临街市之处"的理解，究竟应该是指非邸店、楼阁、临街市三种情况的房屋，还是指不临街市的邸店和楼阁？我推测应该以是否临街为标准，以凸显街面装潢之需要，更多恐怕是从商业经营的考虑，为装饰店面招徕客人的需要。这里的"四铺作闹斗八"是顶部的建筑细则，前者为斗栱的高级组合形式，后者为藻井。联系到前述斗栱藻井的限制得知，建筑中使用藻井、斗栱的范围已经从唐代宫庙向宋代官吏第宅扩展，[5]到景祐三年诏书中则再

---

[1]〔元〕脱脱：《宋史》卷一四四，中华书局1977年版，第3389页。
[2]〔后晋〕刘昫：《旧唐书》卷六〇《宗室传》，中华书局1975年版，第2350页。
[3] 诏书又见〔宋〕李焘：《续资治通鉴长编》卷一一九仁宗景祐三年（1036）八月己酉诏，中华书局2004年版，第2798页。
[4]〔元〕脱脱：《宋史》卷一五三《舆服志》五，中华书局1977年版，第3575页。
[5]〔元〕脱脱：《宋史》卷一五四《舆服志》六，中华书局1977年版，第3600页。按此处一段"凡公宇，栋施瓦兽，门设梐枑。诸州正牙门及城门，并施鸱尾，不得施拒鹊。六品以上宅舍，许作乌头门。父祖舍宅有者，子孙许仍之。凡民庶家，不得施重栱、藻井及五色文采为饰，仍不得四铺飞檐。庶人舍屋，许五架，门一间两厦而已"。《说郛》卷五一下《稽古定制·宋制》记载相同，《说郛》此前引唐制并列，恰为《营缮令》，所以，推测此条内容应该同样是宋代某时期《营缮令》的内容。

次将使用范围扩展至一般商用房，究其原因，或是建筑发展的趋势使然，是技术进步发展的结果，抑或是建筑行为和风尚的作用。使用铺作，更多是出于拓展建筑空间的考虑，因为随着铺作的增加，可以改变跳出后的空间环境，在增加结构整体性的同时，也可以增大室内空间，满足一般材木无法满足的体量需求，运用这种办法以加大结构高度和跨度，弥补自然木材在尺度上的不足。

和唐代相比较，宋代一般百姓的门屋限制趋严。唐令中普通百姓与六七品以下官一样，许造门屋，至宋代发展到景祐三年（1036）诏的"非品官毋得起门屋"，门屋只能是官吏的特权，从《清明上河图》上有门屋的都是官吏的住宅，可以证明制度的贯彻实施。百姓禁用门屋，似乎与建筑技术的成熟、阶层等级的提高等趋势并不吻合，究其原因，或许是因为在封闭的里坊中门屋的标志性尚不曾如此重要，而当坊墙倒塌以后，在一种开放的居住形态中，官民混杂，临街面市的第宅，一眼望去，门屋的突出和醒目便成为士庶区分的显著标志了。

城市居住空间既是地理空间，同时也是社会空间，第宅建筑与居住制度是社会等级结构的外在表现，筑宅行为、规模的变化，映象出社会群体间关系的升降消长以及经济发展、技术进步水平。现实状况在与制度的整合当中，伴随着冲突和妥协的过程，在建筑的视野中，演绎出丰富多彩的城市画卷。城市地理学的著名学者拉采尔曾经提出，城市是指地处交通方便环境的，覆盖有一定面积的人群和房屋的密集结合体。作为城市景观中重要的元素之一，在唐宋时期制度的演进和嬗替中，围绕宅第的营缮等一系列制度的探讨，也是城市史研究的一个重要方面。

（原载《隋唐辽宋金元史论丛》第3辑，上海古籍出版社2013年版，第67—78页）

# 第二章　宋代建筑的大木作制度

## 《营造法式》斗栱型制解疑、探微

徐伯安

《营造法式》用了整整一卷篇幅来说明斗栱的型制，足见它的重要程度和李明仲对它的重视程度。尽管如此，其中仍有许多疏漏、阙谬和令人费解的地方。比如，为什么说"出一跳谓之四铺作"？"出跳"指的是什么？"铺作"的定义又是什么？等等，都没有交代清楚，或者根本没有交代。这对我们深入认识《营造法式》的斗栱型制，自然带来一些困难。因此，有必要做一番解疑、探微的工作，以为疏证、补阙。

### 一、铺、铺作、出跳和铺作次序

斗和栱是组成一组斗栱必要的两个分件。少了这两个分件就不成其为斗栱了。有些斗栱组合中还有昂，所以人们又把昂也列为必要的分件之一。不论有昂还是没有昂的斗栱组合，都还有一些必不可少的其他分件。诸如罗汉方、柱头方、撩檐方、算桯方、耍头木和衬方头等。由这些分件组成的斗栱，在《营造法式》卷四"大木作制度一"中被统称之为"铺作"。如柱头铺作、补间铺作和转角铺作一类。

但是，李明仲在《营造法式》卷一"总释上·铺作"条中，列举了北宋以前7则古文献里有关描写斗栱的文字，为铺作一词又下了另一个定义。他在援引何晏《景福殿赋》"栌梧复叠,势合形离"之后说"栌梧,斗拱也。皆重叠而施,其势或合或离"。在援引李华《含元殿赋》"悬栌骈凑"之后又说"今以斗拱层数相叠出跳多寡次序谓之铺作"。李明仲的这两条小注,不仅说明了斗拱由若干斗和拱相叠骈凑(组合)而成的构造特征,也说明了如何根据斗拱相叠层数的多少来排列它们的大小次序。这种构造做法,这个次序就叫作铺作。这里并没有说铺作就是斗拱的另一称谓。那种简单地把斗拱同铺作一词等同起来的做法,显然是不对的。

铺作一词不见于宋以前各有关典籍和文学作品中,也不见于宋以后建筑技术专著和公文、札记中。铺作一词很可能是当时工匠中的一种口头俗称,把斗拱做法和标志斗拱大小次序的称谓,当作了斗拱的代称。这样的代称是不确切的,就像把垒砌当作砖石阶基一样的不确切。李明仲在编写《营造法式》卷四"斗拱型制"时,沿用了这种口头俗称,在概念上混淆了铺作和斗拱二者的内涵。

李明仲以铺作一词代替斗拱的称谓,是同他自己给铺作下的定义相违背的。这是他的失误。

今天人们习惯把铺作当作斗拱的同义语,是对铺作一词定义未作深究因袭其误的结果。严格地、正确地称呼出一跳的斗拱,应该是"四铺作斗拱",而不是"四铺作"。"四铺作"指的是它的大小次序。同样,称呼柱头上的斗拱,应该是"柱头铺作斗拱",而不是"柱头铺作"。"柱头铺作"指的是它所使用的部位和构造做法。这种概念上的区分,如同"四阿顶"(四面凹曲的屋顶)不能简单地说成是四坡屋顶一样,是十分必要的。它有助于我们理解为什么说"出一跳谓之四铺作",有助于我们认识斗拱在唐、宋时期木构建筑中所起的结构作用。

铺作的定义清楚了。但是,如何凭借这一定义去解释卷四"总铺作次序"条里:

> 出一跳谓之四铺作;出两跳谓之五铺作;出三跳谓之六铺作;出四跳谓之七铺作;出五跳谓之八铺作。

关于这个问题，我们的解释是：

根据李明仲在《营造法式》卷一中对铺作所下的定义，可以认为所谓"铺"，就是铺叠、累叠、相叠的意思；所谓"作"，就是做法、构造、骈凑的意思。那么，在斗拱组合中，每铺叠一层方木，就应叫作一"铺"。李明仲对这个概念用得还是十分准确的。"凡楼阁上屋铺作，或减下屋一铺；其副阶缠腰铺作不得过殿身，或减殿身一铺"里的"铺"指的就是铺叠一层的"铺"。减一铺，就是少铺叠一层方木的意思。

除"铺"的概念外，这里还要引入一个"传跳"的概念。《营造法式》卷四"总铺作次序之制"规定："凡铺作自柱头上栌斗口内，出一拱或一昂，皆谓之一跳；传至五跳止。"这个"传跳"的定义是十分含混的。从字面上看，"自柱头上栌斗口内"挑出的"一拱或一昂"，叫作一跳；华拱头或昂头上，挑出的"一拱或一昂"，叫不叫作一跳呢？没有说。实际上，一般情况下，也应该叫作一跳。这已是众所周知的了。所以，"传跳"的定义应该改作："凡铺作自柱头上栌斗，或华拱头、昂头上交互斗口内，出一拱或一昂，皆谓之一跳。"不过，"出一拱或一昂，皆谓之一跳"，并非任何情况下都是成立的。有些实例，如山西五台山佛光寺文殊殿、山西榆次永寿寺雨花宫柱头铺作斗拱上，都把耍头木做成昂头形式（图1、图2），这绝不能叫作一跳。又如福建福州华林寺大殿柱头和补间铺作斗拱中，耍头木被改做成真昂形式（图3），这也绝不能叫作一跳。因为它们虽是昂头或真昂形式，却没有起传跳（向前伸挑一段距离）的作用。所以"传跳"的定义又应该进一步改作："凡铺作自柱头上栌斗，或华拱头、昂头上交互斗口内，出一拱或一昂，并向前伸挑一段距离者，皆谓之一跳，传至五跳止。"

现在，再让我们看看"铺"与"传跳"是怎样的关系。

一种情形；"铺"与"传跳"的关系，有如砖叠涩一样做法。一层一层往上铺叠，同时一段一段向前伸跳。铺叠多少层，便传跳多少段，两者成正比关系，比值恒等于1也就是说每增加一跳，就增加一铺；减少一跳，就减少一铺。"铺"与"传跳"是一对一的关系（图4）。出一跳，就

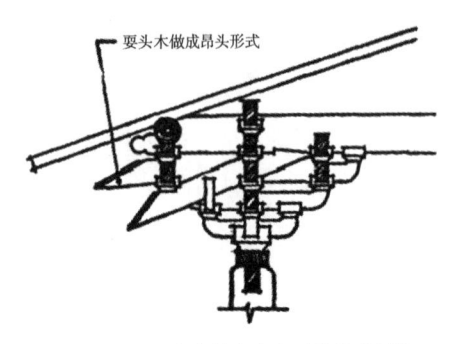

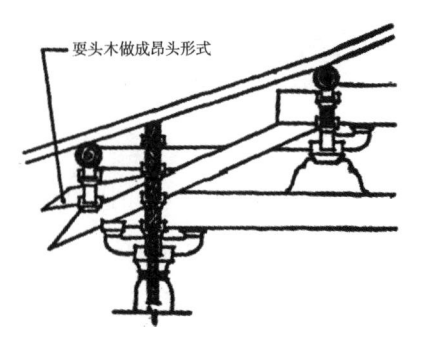

图1 山西五台山佛光寺文殊殿柱头铺作斗拱（金）

图2 山西榆次永寿寺雨花宫柱头铺作斗拱（北宋）

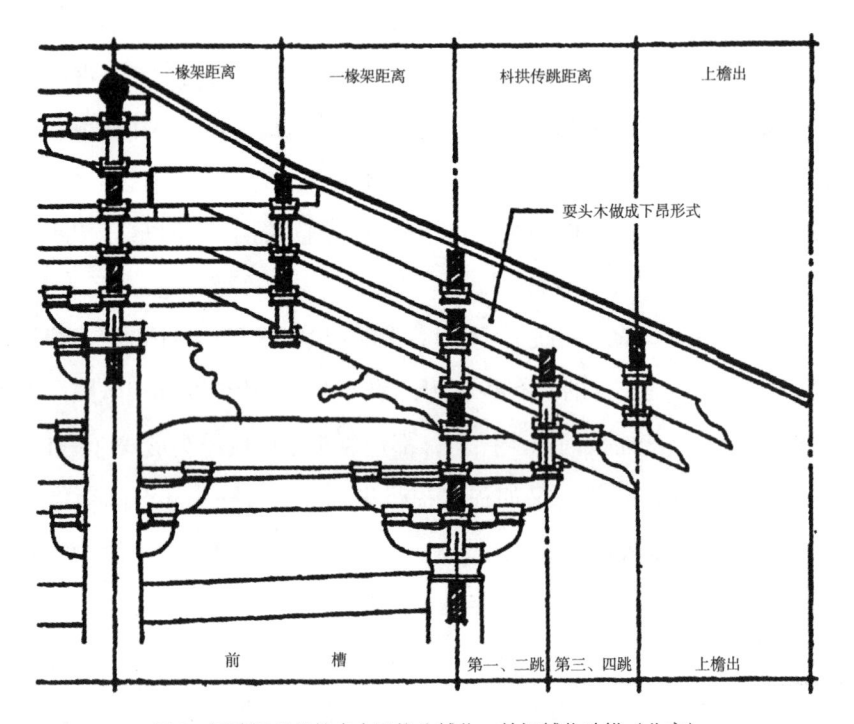

图3 福建福州华林寺大殿柱头铺作、补间铺作斗拱（北宋）

是铺叠一层华拱或一昂；出两跳，就是铺叠两层华拱或一层华拱一层下昂；出三跳，就是铺叠三层华拱或一层华拱二层下昂；出四跳，就是铺叠四层华拱或两层华拱两层下昂；出五跳，就是铺叠五层华拱或两层华拱三层下昂。《营造法式》中提到的"减铺"和实例中的"减铺""加铺"，实际上就是减跳、加跳的同义词。那种笼统地认为"铺"与"传跳"没有关

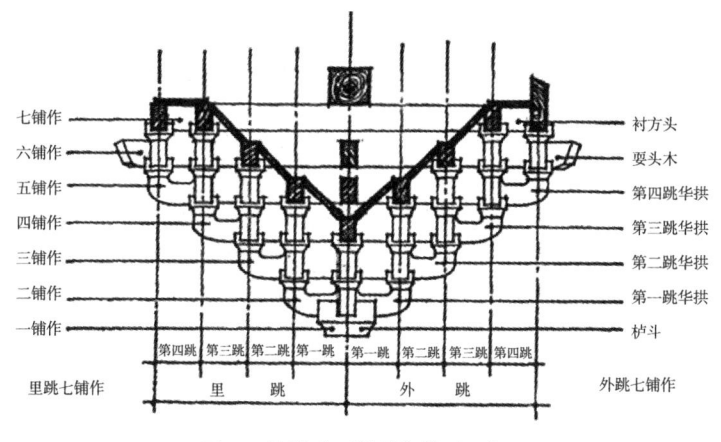

图4 "铺"与"传跳"关系示意图

系的论证，是没有根据的。

另一种情形："铺"与"传跳"确实没有关系。如栌斗、耍头木和衬方头，只铺叠并不传跳。这可以看作是"铺"与"传跳"间关系的一种特例。

一组斗拱，不论出一跳，还是两跳、三跳，乃至四跳、五跳，一般情况下，都少不了承托整组斗拱，并与柱头相连接的栌斗；少不了用来固定令拱与令拱垂直相交的耍头木；也少不了支撑撩檐方与撩檐方丁字形相接的衬方头。我们已经论述了在斗拱组合中，每铺叠一层方木，叫作一铺。栌斗、耍头木和衬方头铺叠了三层，就应该叫作三铺。既然这三个分件是任何一组斗拱都有的（李明仲在《营造法式》制度中，就是这样规定的），那么，这铺叠的三层方木，就可以看作是一个常数项。

这个结论很重要。它使我们从"出一跳谓之四铺作；出两跳谓之五铺作；出三跳谓之六铺作；出四跳谓之七铺作；出五跳谓之八铺作"规定中，所直观看出来的出跳数加上3就是铺作数的现象，得到解释。也就是数学式（$n=x+3$）中，铺作数$n$等于出跳数$x$加常数项3中的常数项得到了解释。

常数项3的内涵清楚了，出跳数与铺作数的关系也就清楚了。我们试着运用这个结论，解释《营造法式》卷三十列举的全部斗拱，看看是否成立。

第一组，"四铺作里外并一杪卷头"，就是里、外各出一跳华拱，也就是铺叠一层方木。这一层方木连同栌斗、耍头木和衬方头三层方木，恰好四层。

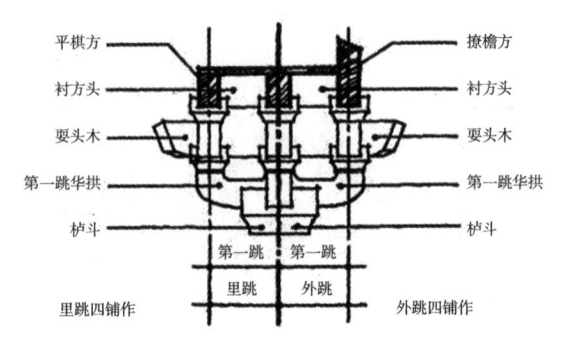

图5 四铺作里外并一杪卷头壁内用重拱

用公式表述，即 $x=1$，则 $n=1+3=4$。

所以，这类组合的斗拱就叫作四铺作斗拱。它的铺作次序就叫作四铺作。

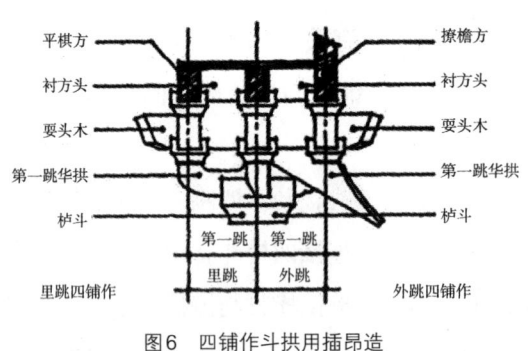

图6 四铺作斗拱用插昂造

又如，外跳出一层插昂时（图6），栌斗、耍头木和衬方头算三铺是没有疑义的，里跳算四铺也是没有疑义的，但外跳插昂下露出里跳一层华拱的出头——华头子，算不算外跳多铺叠了一层方木呢？

不算。因为它既不属于常数项中的一种，又不起传跳的作用，所以不能把它看作是外跳多铺叠的一层方木，只能把它看作和插昂是同一层铺叠的方木。这样，外跳出跳数 $x$ 仍旧等于1，外跳的总铺作数仍旧是4。

第二组，"五铺作重拱出单杪单下昂，里转五铺作重拱出两杪，并计心"（图7）；"六铺作重拱出单杪双下昂，里转五铺作重拱出两杪，并计心"（图8）；"七铺作重拱出双杪双下昂，里转六铺作重拱出三杪，并计心"（图9）和"八铺作重拱出双杪三下昂，里转六铺作重拱出三杪，并计心"（图10），一共四种组合形式。它们都因有下昂斜贯里、外跳，使人不能一眼看清楚拱、昂彼此铺叠的关系。如果我们把相同跳位（同是第一跳、同是第二跳……）的外跳下昂和里跳华拱或耍头木，看作是同一层铺

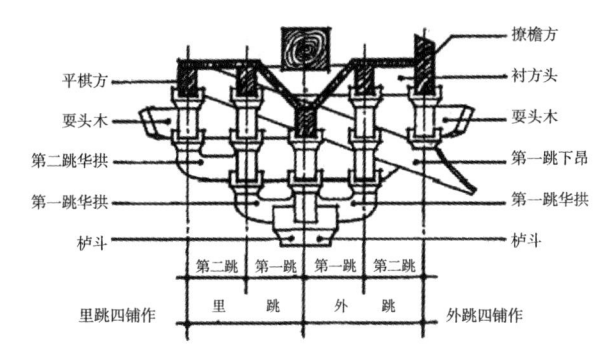

图7 五铺作重栱出单杪单下昂,里转五铺作重栱出两杪,并计心

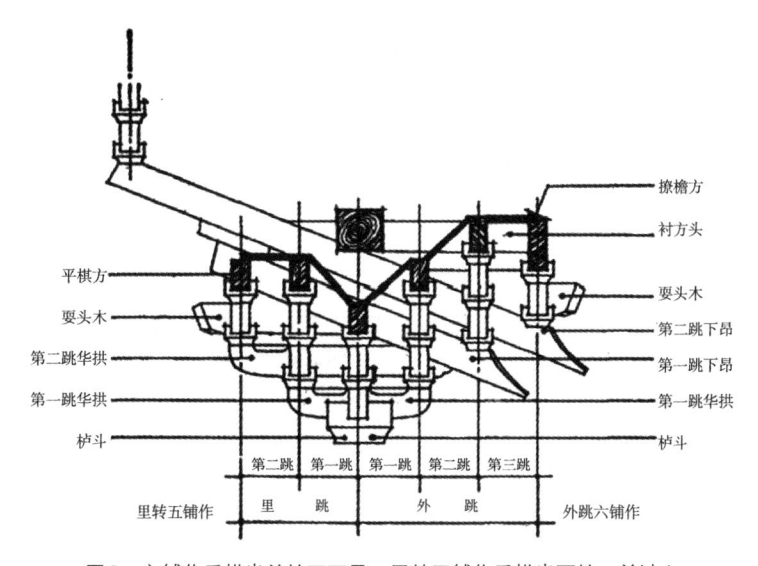

图8 六铺作重栱出单杪双下昂,里转五铺作重栱出两杪,并计心

叠的方木,那么,它们彼此铺叠的层数还是十分清楚的。

它们的外跳铺作数,计数起来完全正确。用公式表述,分别为:

$n_1$=2(出一层华栱和一层下昂)+3=5;

$n_2$=3(出一层华栱和两层下昂)+3=6;

$n_3$=4(出两层华栱和两层下昂)+3=7;

$n_4$=5(出两层华栱和三层下昂)+3=8。

它们的里跳铺作数,计数起来就有些困难了,关键是常数项内涵出了问题。由于昂身的斜贯,耍头木上的衬方头或者被挤掉,或者成了一小块

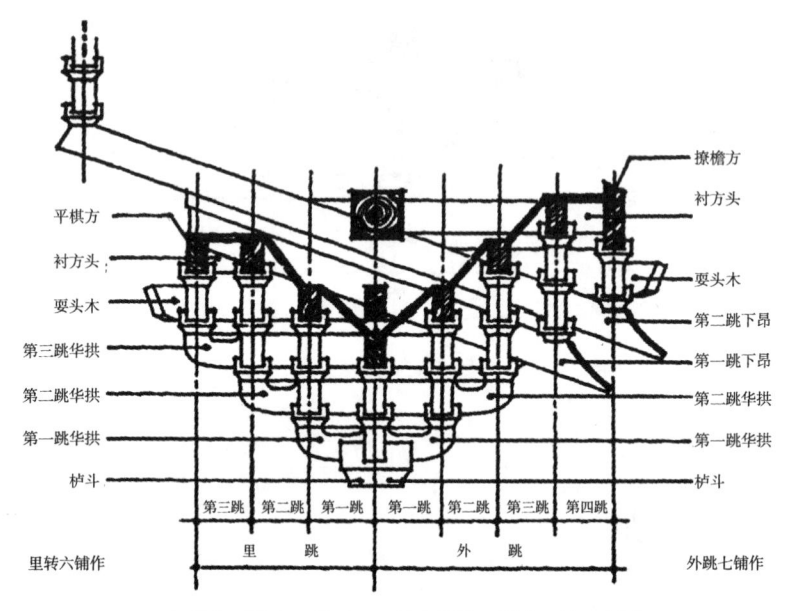

图9　七铺作重拱出双杪昂，里转六铺作重拱出三杪，并计心

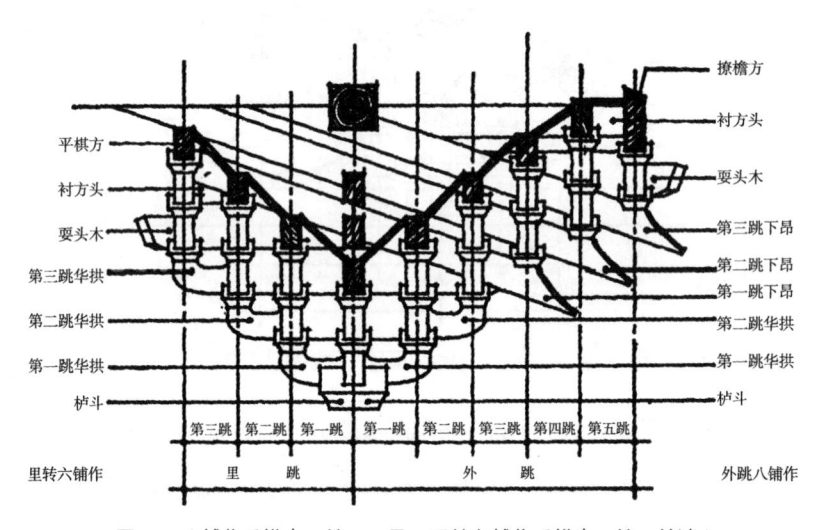

图10　八铺作重拱出双杪三下昂，里转六铺作重拱出三杪，并计心

垫木。这算不算仍旧铺叠了一层方木呢？算，问题当然就解决了；不算，那就要另作解释了。倘若不算，最合理的解释应该是李明仲提出的铺作计数原则，是以一组完整的典型的斗拱的外跳铺叠、伸挑的层数为依据的，并据此得出《营造法式》卷四的总铺作次序。有了这个总铺作次序之后，用它去计数斗拱时，只需看它出几跳，就可以断定这组斗拱应在的次序，

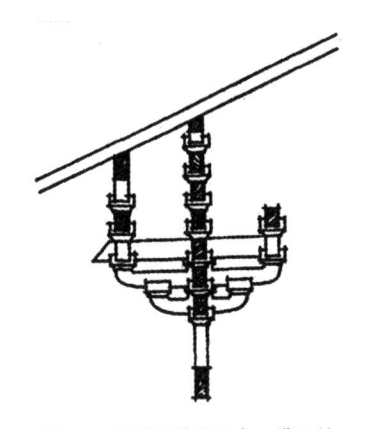

图11 山西平遥镇国寺万佛殿补间铺作斗拱（北汉）

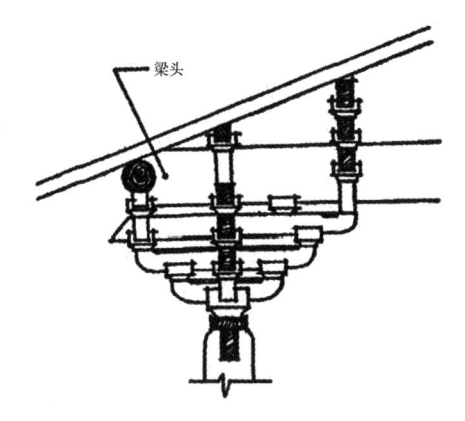

图12 山西平顺大云院大佛殿柱头铺作斗拱（后唐）

即几铺作。不管它铺叠了几层，或有没有衬方头。这样分析是符合实际的。实例中的斗拱由于结构上或建筑艺术上的要求，它们的组合总是千变万化的。里跳如此，外跳也是这样。山西平遥镇国寺万佛殿补间铺作斗拱就没有衬方头，只铺叠了四层方木。我们并不能因此叫它做四铺作斗拱，因为它出了两跳华拱，所以，仍旧应该叫它做五铺作斗拱（图11）。

同样，山西平顺大云院大佛殿和五台山佛光寺文殊殿柱头铺作斗拱，外跳上也没有衬方头，而代以梁头。从形式上看，它们虽然都铺叠了五层，同五铺次序也是吻合的。然而，第五层的梁头，不是斗拱的组成部分，而是斗拱支承的构件。因此，对斗拱本身来说实际上只铺叠了四层。不过，我们还是根据出跳的数量，把它们叫作五铺作斗拱（图1、图12）。

没有衬方头的斗拱组合，可以认为把衬方头给省略掉了。公式 $n=x+3$ 中常数项3的内涵仍旧可以认为包括着衬方头在内。

有人对此提出异议，提出了另一种计数方法，即常数项不包括衬方头，外跳换成撩檐方，里跳换成算桯方或平棋方。常数项仍旧是3。这种计数方法，可以说明《营造法式》卷三十列举的所有斗拱的里跳和外跳（图5—图10），可以说明某些没有衬方头的斗拱实例（图1、图3、图11、图12），也可以计数卷十七提到的斗口跳斗拱（图13）和把头绞项作斗拱（图14），很有特点。可惜，这些都是在偷换概念的前提下，得到自圆其说的。第一，它计数的方木，不都是顺着出跳同一方向铺叠的。违背了卷四"总铺作次序"条，把铺作数同出跳联系在一起的原则。第二，这种方法算了撩檐方和算桯方或平棋方，不算素方和柱头方，在逻辑上缺乏一致性。多少使人感到有些拼凑的意味。第三，把组成斗拱的分件，同斗拱支承的构件混为一谈，于理不通（如图13、图14说明所示）。所以，这个计数方法是不能成立的。

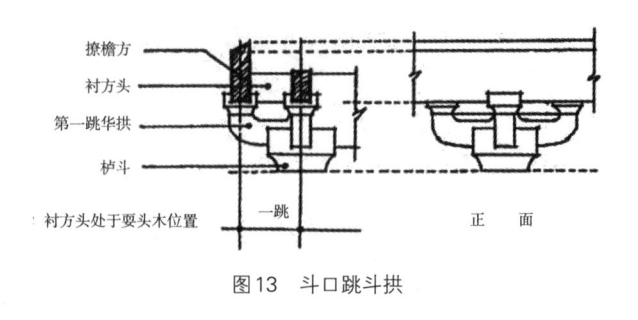

图13 斗口跳斗拱

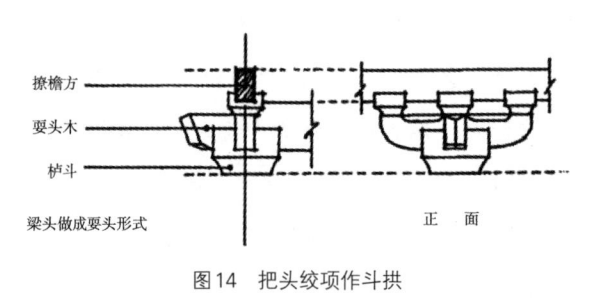

图14 把头绞项作斗拱

还有一种计算方法，常数项内涵全部换成柱缝上的方木；泥道拱（单拱造时用栌斗）、慢拱（单拱造时用令拱）和罗汉方。当斗拱每出一跳，便把跳头上的素方算作一铺；公式n=x+3仍旧适用。它虽没有纵横木件混合计数的弊病，但最后一跳跳头上的素方或撩檐方与前一跳的素方在同一标高上，不是上下铺叠的关系，同铺作定义不符。所以，这个计数方法也是不能成立的。

第三组，"五铺作重拱出上昂，并计心"（图15）；"六铺作重拱出上昂偷心，跳内当中施骑斗拱"（图16），"七铺作重拱出上昂偷心，跳内当中施骑斗拱"（图17）和"八铺作重拱出上昂偷心，跳内当中施骑斗拱"（图18），也是四种组合形式。

同样，计数这类斗拱组合的次序，首先要把同跳位一侧的上昂和另一侧的华拱，看作是同一层铺叠的方木（上昂下方的鞾楔不是常数项的一种，也不起传跳作用，不能算作一铺）。然后再去判别它们彼此铺叠的关系，就十分清楚了。这里还必须指出的是出华拱的一侧，因为用了上昂多

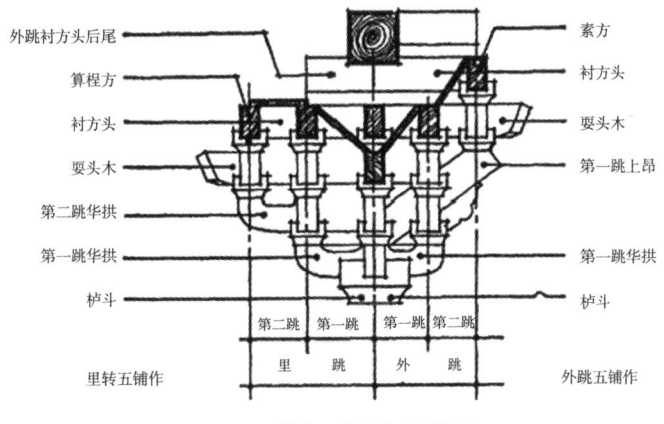

图15 五铺作重拱出上昂并计心

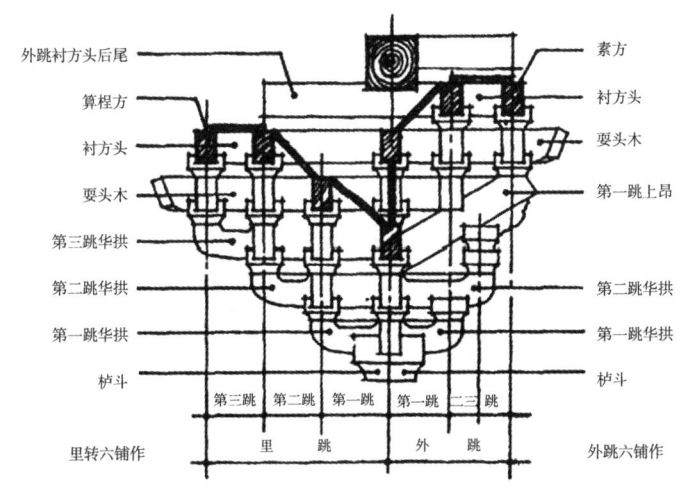

图16 六铺作重拱出上昂偷心，跳内当中施骑斗拱

出几层铺叠。图15出华拱的一侧，出两杪竟有六层铺叠，多出一铺；图16出华拱的一侧，出三杪竟有七层铺叠，也多出一铺；图17、图18出华拱的一侧，都是三杪，它们的铺叠竟有七层或八层之多，多出一层或二层。

其实，多出的铺叠层数是上昂一侧某些铺叠的后尾。这些铺叠的后尾，从构造上看与华拱的一侧，没有什么必然的有机联系。可以说是长短无碍，有它没它无妨。因此，可以不予计算在出华拱一侧的铺作数内。这样里、外跳铺作的计数就都没有问题了，都从栌斗数至各自一侧的衬方

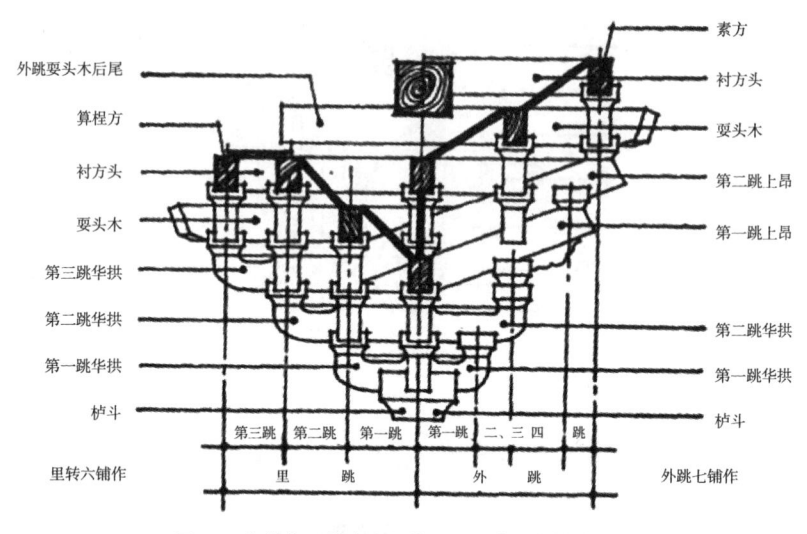

图17　七铺作重拱出上昂偷心，跳内当中施骑斗拱

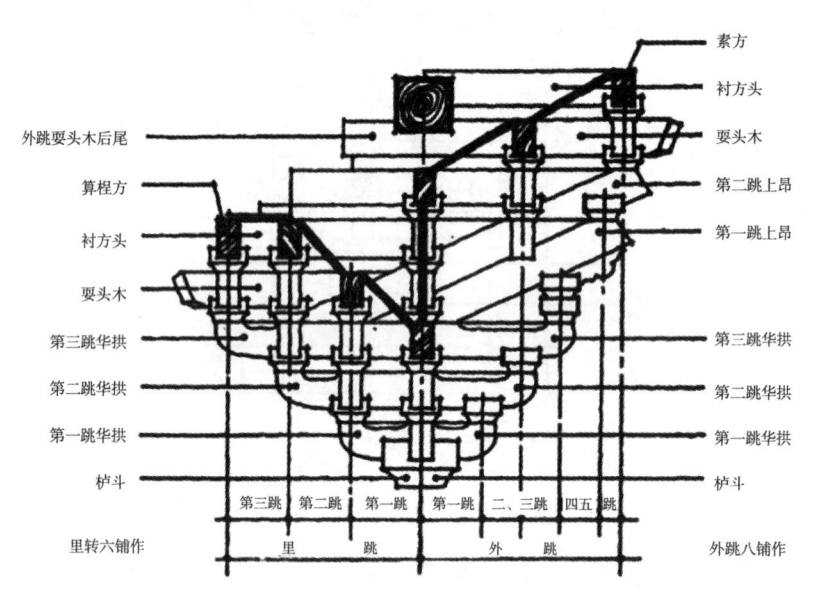

图18　八铺作重拱出上昂偷心，跳内当中施骑斗拱

头止。

　　《营造法式》卷三十列举的三组十个斗拱组合的例子，至此都得到了圆满的解释。我们对常数项3内涵的分析，是完全可以成立的。

## 二、斗、拱、昂的组合，铺作层与分槽图

《营造法式》卷四"总铺作次序"条，对斗、拱、昂的组合有七段文字：

一、"凡铺作逐跳上（下昂之上亦同）安拱，谓之计心；若逐跳上不安拱而再出跳，或出昂者，谓之偷心"。

二、"凡铺作逐跳计心，每跳令拱上，只用素方一重，谓之单拱（素方在泥道拱上者，谓之柱头方；在跳头上者谓之罗汉方。方上斜安遮椽板），即每跳上安两材一栔（令拱素方为两材，令拱上斗为一栔）。"

三、"若每跳瓜子拱上（至撩檐方下用令拱）施慢拱。慢拱上用素方，谓之重拱（方上斜施遮椽板）；即每跳上安三材两栔（瓜子拱、慢拱、素方为三材，瓜子拱上斗、慢拱上斗为两栔）。"

四、"凡铺作并外跳出昂，里跳及平坐只用卷头。若铺作数多，里跳恐太远，即里跳减一铺，或两铺；或平棋低，即于平棋方下，更加慢拱。"

五、"凡转角铺作，须与补间铺作勿令相犯，或梢间近者，须连拱交隐（补间铺作不可移远，恐间内不匀）；或于次角补间近角处，从上减一跳。"

六、"凡铺作当柱头壁拱，谓之影拱（又谓之扶壁拱）。

"如铺作重拱全计心造，则于泥道重拱上施素方（方上斜安遮椽板）。

"五铺作一杪一昂，若下一杪偷心，则泥道重拱上施素方。方上又施令拱，拱上施承椽方。

"单拱七铺作两杪两昂及六铺作一杪两昂，或两杪一昂，若下一杪偷心，则于栌斗之上施两令拱两素方（方上平铺遮椽板）。"

七、"凡楼阁上屋铺作，或减下屋一铺。其副阶缠腰铺作不得过殿身，或减殿身一铺。"

这七段文字恰好说明了七个问题：

一、说明了斗拱的两种基本组合形式，计心与偷心。

二、说明了横拱的两种不同的铺叠做法，重拱与单拱。

三、说明了华拱和昂的各种组合搭配的可能性。

四、说明了斗、拱、昂在各种组合、铺叠的情况下，与素方支承的关系。

五、说明了斗拱里跳可以减跳的原因。

六、说明了转角铺作斗拱与近角处补间铺作斗拱的特殊处理。

七、也是最后一个问题，说明了楼阁上、下层斗拱减铺的规定。

这七个问题，有些李明仲说得很清楚；有些参考《营造法式》卷三十斗拱插图和卷十七、十八各类斗拱的功限记载之后，也能弄得比较清楚；有些就不那么清楚了，甚至行文间还有矛盾的地方。

其中，关于什么是计心，什么是偷心，就有矛盾。第一段文字分明指出："凡铺作逐跳上安拱"，即每一跳头上都用横拱的斗拱组合，叫作计心；"若逐跳上不安拱而再出跳，或出昂者"，即每一跳头上都不用横拱的斗拱组合，叫作偷心。关键在一个"逐"字或"都"字上。但是，紧接着的以下几段文字又说："凡铺作逐跳计心""如铺作重拱全计心造""若下一杪偷心"和"下两杪偷心"，等等。所谓"逐跳计心"，就是每一跳都计心的意思。这里的"计心"显然是跳头上用横拱的同义词，即任何一跳的跳头上，只要有横拱，那么这一跳就叫作"计心"。所谓"下一杪偷心"和"下两杪偷心"，指的是在斗拱组合中第一或第二跳华拱头上，不用横拱的意思。同样，这里的"偷心"则是跳头上不用横拱的同义词；也就是说哪一跳不用横拱，哪一跳就叫作"偷心"。

这里，同是"计心"一词，同是"偷心"一词，却有着完全不同的含义。第一段文字里的"计心""偷心"是就斗拱组合的整体而言的；其他各段文字里的"计心""偷心"是就每一跳来说的。如果在称谓上不加区别，就会引起概念上的混乱。例如，《营造法式》卷三十"铺作转角正样第九"，同样是每一跳跳头上都用横拱的斗拱，有的叫作"并计心"，有的叫作"逐跳计心"。"并计心"的"计心"是第一种说法中的计心，"逐跳计心"的"计心"是第二种说法中的"计心"。这不能不说是李明仲的又一个失误。

图19　全计心造斗拱　　　图20　全偷心造斗拱

为了把这两种概念科学地区分开来，有必要增加两组称谓。

一组是关于每一跳都用横拱或不用横拱的称谓。我们认为"如铺作重拱全计心造"中的"全计心造"一词的使用很有启发，可以用它代替这类组合形式的斗拱的称谓，即可以用它代替"凡铺作逐跳上安横拱，谓之计心"的"计心"一词的称谓（图19）；同理，也可以用"全偷心造"代替"若逐跳上不安拱而再出跳，或出昂者，谓之偷心"的"偷心"一词的称谓（图20）。

另一组是关于有的跳头上用横拱，有的跳头上不用横拱的斗拱组合的称谓。为了区别于前者，就叫它们做："计心造"和"偷心造"斗拱（图21）。

这样，原来的"计心""偷心"两词，专门用来指跳头上有无横拱的特定称谓，如"逐跳计心""下一杪偷心"和"下两杪偷心"一类。

图21　第一跳第三跳偷心，第二跳计心（福建福州华林寺大殿外檐斗拱）

斗拱组合的两种基本形式，并非一开始就同时存在的。从斗拱发展史看，先有全偷心造，后有全计心造斗拱。在一朵斗拱组合中既有计心，又有偷心的做法，则是一种过渡形式。

全偷心造向全计心造斗拱发展的过程，是斗拱由低级向高级阶段推进的过程；是斗拱由孤立地发挥其结构效益向整体性发挥其结构作用的演化过程。

关于这一论述，我在《中国古代木构建筑》一文中，作过初步分析：

偷心造斗拱可能起源于挑梁。随着建筑规模的扩大，悬挑距离的增加，较短小的梁已经不适应这个新的课题的要求了。如果单纯增加挑梁的长度，它的断面尺寸势必很大，用料很不经济。在寻求新的屋檐支承结构的各种努力中，人们终于找到了全偷心造斗拱这一合理形式。它可以利用相对说来较小的木料获得较大的悬挑距离。同时，根部断面也得到显著加强。

全偷心造斗拱实质上是用小料通过榫卯咬合而成的组合悬臂梁。它的断面变化的部位，恰好同悬臂梁的弯矩图形相吻合（图22）。古代工匠未必真正了解它的应力分布情况，但针对挑梁的破坏情况，采取了这一合理的改进措施，说明工匠们还是有着相当丰富的直观的力学知识的。正是由于工匠们在长期实践中，不断改进斗拱的受力状况，使之日臻合理与完善，从而造就了中国古代木构建筑中这一独放异彩的结构形式。

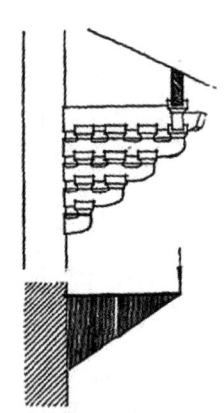

图22 全偷心造斗拱组合的形式与悬臂梁弯矩图形比较图

计心造斗拱的出现，使斗拱这一悬挑结构形式趋于成熟。它加强了整个檐下的横向联系，使柱头上的斗拱彼此相依相扶，共同作用。特别是在补间铺作斗拱出现以后，这种共同作用的性质，就更加明确了。它们在一幢房屋上，构成一个水平方向的空间网架性质的环形悬挑结构层。这一结构形式，既加强了斗拱的整体性，又提高了它的悬挑能力。

过去，那种孤立地把柱头铺作斗拱和柱子连在一起，当作所谓"中国柱式"来研究斗拱演变的做法，无疑是不恰当的。其所以不恰当，在于持这种看法的人对斗拱的结构特征，缺乏真正认识的缘故。他们没有认识到斗拱中计心造和补间铺作斗拱的出现，不单纯是量变的结果，而更重要的是质的转化的产儿。关于这个问题，陈明达先生也提出了类似的观点，认为有一个铺作层的存在。这是对斗拱研究的重大突破，或者是重大的再发现。

这个铺作层可以看作是一个组合式圈梁。它对建筑物柱顶以上屋顶结构的整体性，起着决定性的作用。也有人从现代抗震理论出发，对这种由数以万计的"细小"构件，通过榫卯组合而成的铺作层的结构特性，作了充分的肯定。认为它在吸收水平地震力的能量方面，有着巨大的潜力和阻尼作用。因此，斗拱作为一种奇妙的结构形式，越来越多地受到国内外学者和专家们的注目。这一点可能是中国古代工匠们完全没想到的吧？

斗拱的形成虽说是一种不自觉的经验行为的产物，但是，我们从今天的认识出发，去挖掘古代技术蕴藏中合理的内核时，这类不自觉的经验行为，也是至为重要的。它们迸发出来的智慧之光能给我们以启迪，有助于我们在古人已取得的技术成就基础上，去加速现代技术发展的进程。

如果我们前边阐述的计心造和偷心造斗拱，是单朵斗拱的基本组合形式的话，那么，这个铺作层就是斗拱的整体组合形式了。李明仲虽然在《营造法式》卷四"大木作制度一"中，对铺作层没有作任何叙述，但是从卷三十一"大木作制度图样下·殿阁地盘分槽等第十"中，列举的四种分槽图样分析，说明他完全意识到了斗拱的整体组合的重要性，也完全意识到了铺作层的存在。

李明仲所列举的四种分槽图样是：

一、"殿阁身地盘九间，身内分心斗底槽"（图23）；

二、"殿阁地盘殿身七间，副阶周匝各两架椽，身内金厢斗底槽"（图24）；

三、"殿阁地盘殿身七间，副阶周匝各两架椽，身内单槽"（图25）；

四、"殿阁地盘殿身七间，副阶周匝各两架椽，身内双槽"（图26）。

这四个分槽图样，基本上概括了铺作层的主要组合形式。从中我们可以认识到当斗拱发展到宋代，对大型木构建筑来说，它已不是孤立的一朵一朵地各自起着支撑巨大屋檐的悬挑结构物了，而是作为一个独立的，近

图23 分心斗底槽举例

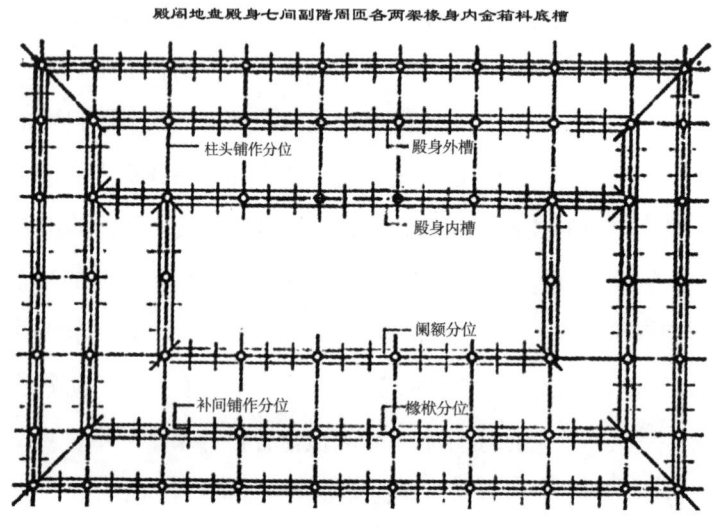

图24 金厢斗底槽举例

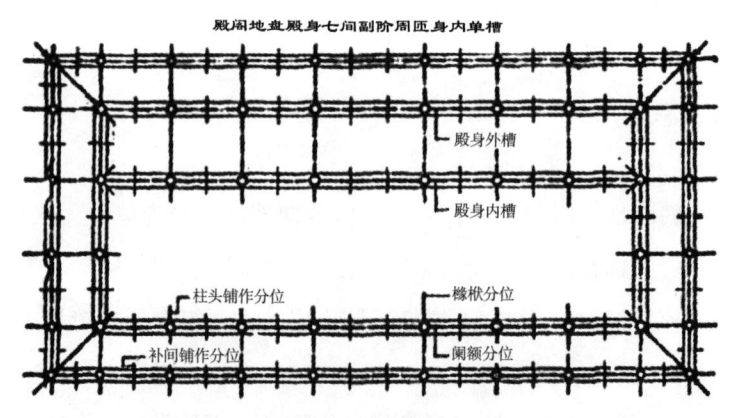

图25 身内单槽举例

图26　身内双槽举例

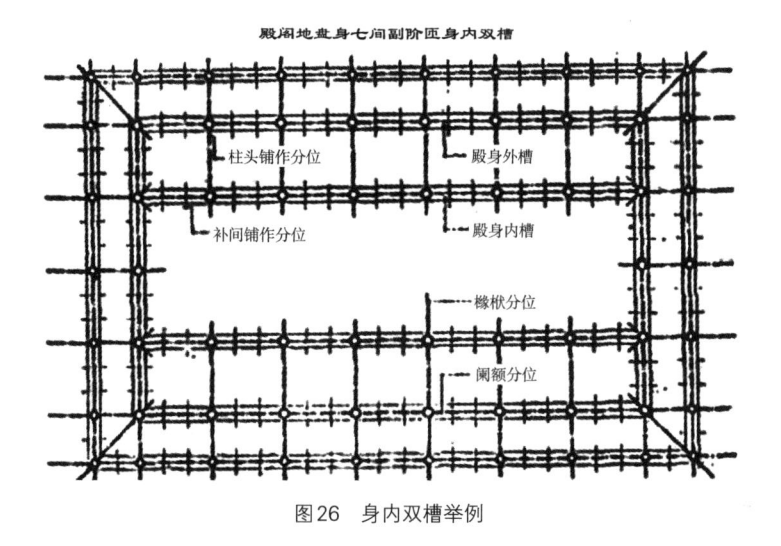

似空间网架环的铺作层，发挥着它的结构效益。过去，只重视外檐斗拱的研究，不重视内槽斗拱探讨的倾向，随着对铺作层的深刻认识，将会得到改变。

偷心造斗拱、计心造斗拱和铺作层，既是斗拱不同性质的组合形式，又是斗拱发展过程中的不同的质的阶段。这些在《营造法式》中都有所反映，说明我国古代木构建筑发展到北宋时期，已达完全成熟的境地；斗拱也发展到了它的顶峰的高度。

（选自徐伯安：《〈营造法式〉研究札记》第六章，原载《建筑史论文集（第7辑）》，未出版）

# 第三章　宋代建筑的造型设计

## 宋代建筑的剖面、立面设计

潘谷西

### 一、再谈定侧样中的架深

中国古代木架建筑设计中最关键的尺度之一是房屋的进深，而进深的大小又维系于椽数多少和椽距（架深）大小。《营造法式》（下文简称《法式》）对架深作了极限值规定，即"椽每架平不过六尺，若殿阁或加五寸至一尺五寸"。（卷五"用椽之制"条）。这是一个既有限制又有灵活性的规定。根据这个规定，可分别求得：殿阁架深≤125分°；厅堂架深≤120分°，并由此而求得整个房屋的进深。[1]但迄今为止，对于架深值的认识仍存在着分歧[2]，故拟在此作进一步的探讨：

为了检验上述数据，下面根据《法式》卷三十一"殿堂等八铺作（副阶六铺作）双槽（斗底槽准此）草架侧样"作三种不同架深的殿堂剖面图，以资比较（图1、图2、图3）。采用的数值是：架深为125分°、100

---

[1] 详见潘谷西：《〈营造法式〉探初（一）》，《南京工学院学报》1980年第4期；《〈营造法式〉初探（二）》，《南京工学院学报》1981年第2期。
[2]《营造法式》卷二十六《诸作料例·大木作》："补柱长三十尺，径三尺五寸至二尺五寸。充五间八架椽以上殿柱"。

分°、150分°；材等为殿身用第一等，副阶用第二等；殿身柱高为30尺——《法式》大木作料例所提供的最长柱材"。

将这三种图和现存宋代殿堂中规模较大的实例——晋祠圣母殿和正定隆兴寺摩尼殿比较，可以发现采用125分°与100分°的架深作殿堂，其内部空间的高、深比例与实例颇为接近，空间也比较适合于殿堂宏伟轩昂的要求。不过以上所举圣母殿和摩尼殿，都是八架椽屋，为了增加图与实例之间的可比性，试将图中殿堂也改用八架椽来核算。空间比率（用柱高与进深相比）见表1。

表1 空间比率

| 类别 | 屋深（八椽） | 角柱高 | 柱高/屋深 |
| --- | --- | --- | --- |
| 晋祠圣母殿殿身 | 14.96米 | 8.03米 | 1/1.86 |
| 隆兴寺摩尼殿殿身 | 18.32米 | 8.72米 | 1/2.1 |
| 架深100分° | 48尺 | 30尺 | 1/1.6 |
| 架深125分° | 60尺 | 30尺 | 1/2 |
| 架深150分° | 72尺 | 30尺 | 1/2.4 |

注：角柱在诸柱中最高，故一律取角柱柱高值。

其中采用125分°时所得比值最接近圣母殿和摩尼殿，证明采用这一架深是符合实际的。假若再以《法式》规定的极限值来检验150分°方案，用一等材时，架深=150×0.06=9尺，超过了殿阁7.5尺的限度，可见这种方案并不符合《法式》大木作制度，和实物也有差距。

这里还有一个问题需要讨论，即卷十七"殿阁外檐补间铺作用栱、斗等数"一项载有："下昂，八铺作三只（一只身长三百分°，一只身长二百七十分°，一只身长一百七十分°），七铺作二只（一只身长二百七十分°……），六铺作二只（一只身长二百四十分°……），其中八铺作300分°一只、七铺作270分°一只、六铺作240分°一只，其昂尾支于下平槫下，因此有人认为：减去这些昂的外跳部分，所剩的里跳长度就等于架深值，

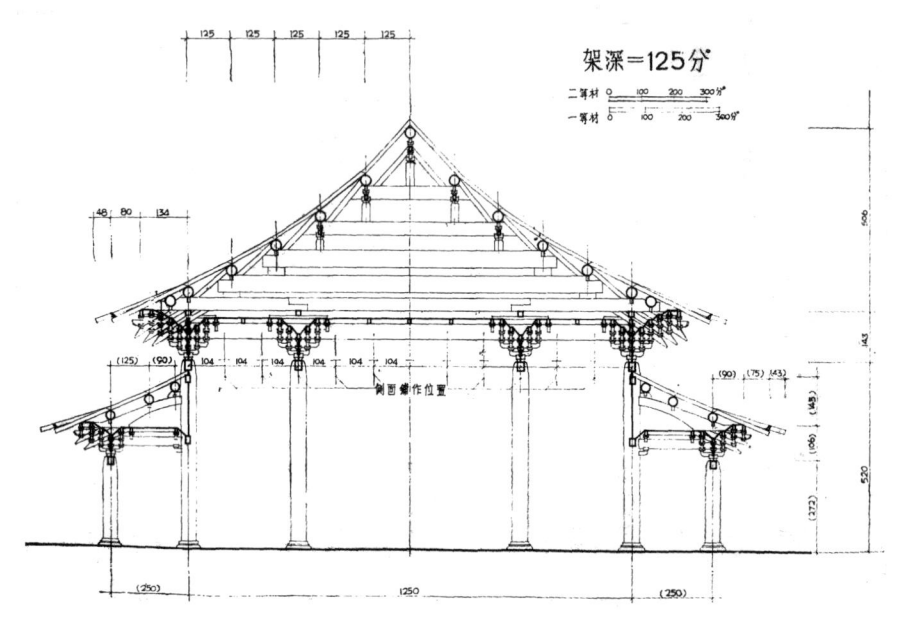

图1 架深用125分°时，殿内空间比例较适当，和实际情况也能吻合
（殿身用一等材，副阶用二等材，材份值用括号内数字表示）

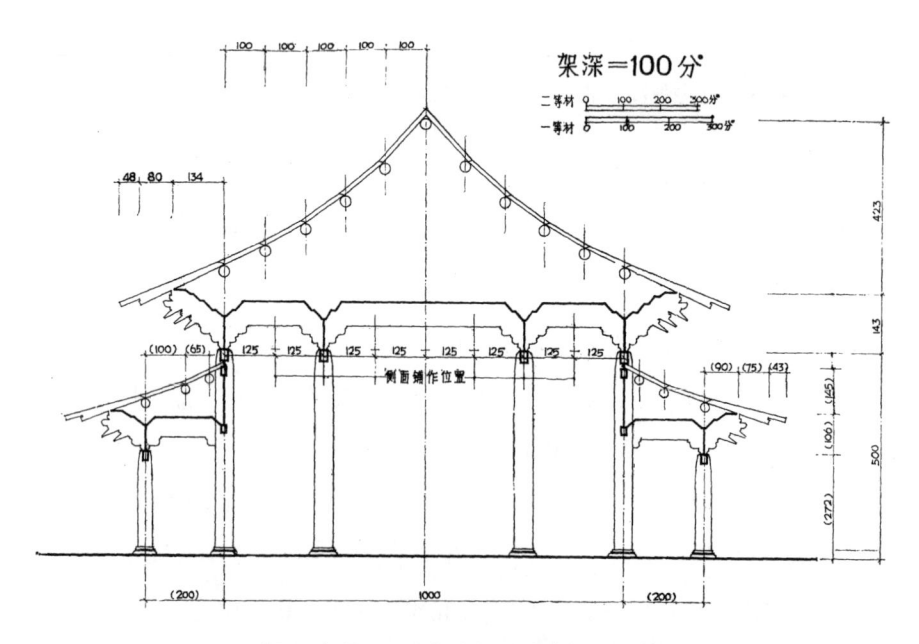

图2 架深用100分°时，殿内空间比例稍高

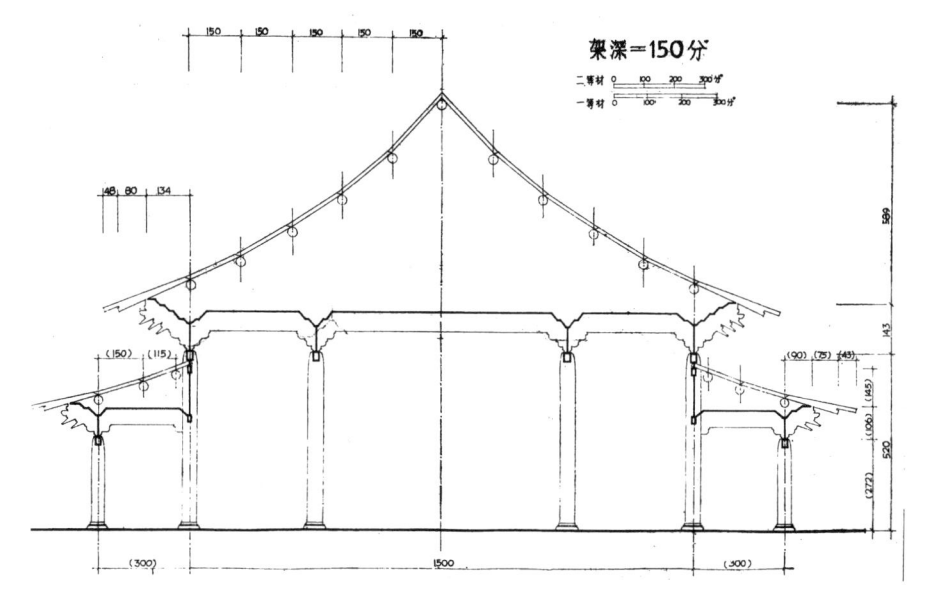

图3 架深用150分° 时，殿内空间显得压抑，比例不佳

即150分°。但是，验算表明，实际上是不能得到这种结果的，请看第一种验算法：按《法式》用词习惯，"身长"是指昂身实长（即下昂全长减去昂尖的长度），实长换算为平长，用cos20°10′相乘（下昂与水平面夹角约20°10′），则三昂平长分别为：281分°（八铺作上用）；253分°（七铺作上用）；225分°（六铺作上用）。减去外跳长度（分别是134分°、108分°、90分°）所剩里跳为：147分°、145分°、135分°。

第二种验算方法：把"身长"解释为水平长度，（虽不符《法式》用词习惯，姑且存此一说）分别减去外跳134分°、108分°、90分°后，所剩里跳为：166分°、162分°、150分°。

在这里，不论采用何种算法，下昂里跳都不是划一的数值，因此也不可能得到一个确切的统一的例如150分°之类的架深值。如何来解释这种现象呢？这里试作这样的推论：《法式》卷十七所用的下昂长度分°值，只是为了说明该昂所处状态而使用的略数；或者，可能性更大的是在制作下昂时有意留出备用长度，以便在上架安装时能和下平槫相衔接，不致因昂尾长度不够而造成重大返工。因为由《法式》卷十七、卷二十八可知，铺作制作分为两步：第一步是分别制成昂、栱、斗等部件；第二步是组装上架，即"安勘、绞割、展拽"工作。两道工序是分开的（分别计算工额），在安装中出现误差是可想而知的，尤其是昂与榑的斜交，误差可能更大，昂尾留出备用长度，看来对调整这种误差是十分必要的。这和大角梁施工中经常出现误差而需临时调整是同样的情况。因此可以认为，大木作功限中注出的下昂身长——300分°、270分°、240分°，只是第一步另件加工时应遵守的尺寸；而第二步按架深≤125°分组装上架时，还须根据架深将昂的后尾绞割调整，才能与下平榑衔接对齐，一旦安装完毕，前面所说的300、270、240三个数字也就不再有什么意义。如果这个推断是正确的，那么对于上述验算中所得下昂里跳长度参差不齐的状况也就不足为怪了。

## 二、木构架的"正样"——立面设计

决定房屋立面的主导尺度是间数和屋高。但是中国古代建筑有个特点，就是立面和剖面不可分割，这是因为屋顶在立面上起着很大作用，而屋顶的高度又必须根据屋深和举高来确定。所以房屋的宽、深、高三者都直接影响立面。按照《法式》大木作制度，这三者又可剖析为八个因素：

**建筑类别**　属于殿阁类，还是厅堂类、余屋类？前者高大，后者依次卑小。

**正面间数**　由一间到十三间。一间是门屋、亭子；十三间是十一间的殿身周围加副阶周匝，在《法式》中，有时称"殿身十一间"，有时称"十三间殿堂"。这里"殿身"专指重檐建筑上檐屋顶所覆盖的部分。

间数和建筑物的类别是有联系的：殿堂由三间至十三间；厅堂由三间至七间；余屋、廊屋，都是殿阁和厅堂的配房，间数根据需要决定。

**间广**　就是每间的宽度，《法式》对此未作规定，仅以举例的方式提到三种间广与补间铺作朵数之间的关系，而远非全部情况：第一、如各间都用两朵补间，则间广相同；第二、如中间一间用二朵，其余各间用一朵，则间广为3∶2；第三、若逐间大小不一：各间都用一朵补间铺作时，间广相差不能超过一尺；都用二朵补间铺作时，相差不能超过三尺。

**檐柱高度**　《法式》对此未作规定，只能从唐宋建筑遗例中归纳得出柱径与柱高之比为1/7—1/10，再按《法式》卷五用柱之制推算出柱高，酌情选定尺寸，例如，殿阁柱径为42—45分°，故柱高=294—450分°；厅堂柱径为36分°，故柱高=252—360分°。事实上，殿阁柱的比例应比厅堂柱粗壮。

**屋深**　见前两节求架深之法，各架深之和为屋深。并由此求得屋顶举高。

**屋顶式样**　宋代还未规定用屋顶形式表示房屋等级高低，但实际上存在以下次序：第一，最隆重的屋顶是重檐四阿殿和九脊殿。重檐在宋代已盛行，故《法式》用材制度中最高一档材（1—4等）都适用于重檐的殿堂。卷三十一四幅殿阁侧样中有三例是重檐。第二，四阿殿（庑殿），适用于殿或殿身五到十一间。第三，九脊殿（歇山），适用于殿阁三到十一间。第四，厦两头造（歇山），适用于厅堂三到七间和亭榭。第五，不厦两头造（悬山），适用于厅堂三到七间。第六，撮尖（攒尖），适用于四角、八角亭子。

其中，四阿殿为了保证正脊有足够的长度，平面以接近2∶1的矩形为好，其正面间数和椽数的关系以下面的数值较适当：五间——用6架；七间——用8架；九间——用10架；十一间——用10—12架。

如椽数增加，宜将正脊两端向外增出，使之加长，以免产生脊短局促之感，这就是《法式》制定"脊槫增出"制度的原因。

九脊殿和厦两头造，宜于方形与矩形平面，适应性大，形象也比较丰富，能用于各类建筑。在唐代，这原是王公以下居第和厅堂上使用的一种屋顶，把它用到殿阁上，就称为九脊殿，式样也稍有不同。

不厦两头造就是中国古代最基本、最常见的两坡顶，但反而没有一个能反映其特色的名称，仅和厦两头造对应而称谓，表明它是一种两头没有旁厦的房屋而已。

宋代还没有硬山建筑的迸例和文献资料，《法式》也未提及，说明硬山在宋代还未形成一种定型的屋顶形式，原因是受墙体材料限制。在宋代,墙体以土为主(包括版筑、土墼、竹笆墙——即"编竹造"),为了保护山墙免受雨水冲蚀,屋顶必须悬出,做成"不厦两头造"。直到明代砖墙普及之后,硬山顶才成为普遍使用的一种既经济又适用的屋顶形式。

**铺作** 铺作在建筑立面上是极有性格的装饰化结构部件,又因其出跳而为屋檐增加深度,使建筑加强了体量和明暗对比。到宋代,铺作已成为表现建筑物等级高低的一种重要手段,它的布置方式、式样繁简、用料大小、出跳多少,都和建筑类别与房屋大小有密切联系。一般是:殿阁用四到八铺作,计心造,多用上、下昂,用材大;厅堂用斗口跳至六铺作,多不用昂,用材稍小;余屋用柱梁作、单斗只替及斗口跳等较简单的斗栱。

**材等** 由《法式》用材制度可知,决定选用何种材等的根据主要有二:一是房屋类别,如果是殿堂类房屋,用材就大,如是厅堂余屋类,用材就小;二是房屋正面的间数,如果间数多,用材就大,反之则小(见表2)。可见研究《法式》用材等级和材分°值,不能离开这两个前提条件去孤立地观察,否则必然会走入歧途。

(一)关于间广和柱高

本文第一、二篇及上节已经指出,《法式》对间广和柱高都未作具体规定,设计时可以根据实际需要与可能,灵活掌握。推想这是《法式》作者客观地反映了当时建筑业的状况——没有统一的计算间广和柱高的标准;或者是故意不在条文上定死,以免造成实际工作中的困难。但决不会由于疏忽而遗漏了这么两个重要的尺度。在卷五"平棊枋""阑额""襻间""槫"各条中都有"长随间广"的条文,可见《法式》作者深知间广牵连着许多重要部件,是工程中一项关键性尺寸,绝不会掉以轻心。对于柱高,卷五"柱"条也订出了副阶柱"长不越间之广"、厅堂内柱"皆随举势定其长短,以下檐柱为则"以及详尽的角柱升起的数值,卷二十六甚至还列出了多长的柱料用于多大的殿堂,而唯独没有订出下檐柱高的尺寸和分°值。因此,如果今天我们一定要为《法式》制订一项统一的、标准的间广和柱高尺寸,那是不符合当时的历史情况的,或者说是违背《法

表2 《法式》大木作制度间数、椽数、铺作数、材等相互关系表

| 类别 | 三间 |  |  | 五间 |  |  | 七间 |  |  | 九间 |  |  | 十一间 |  | 十三间 |
|---|---|---|---|---|---|---|---|---|---|---|---|---|---|---|---|
|  | 亭榭 | 门屋 | 厅堂 | 殿 | 厅堂 | 殿身（三间） | 殿 | 厅堂 | 殿身（五间） | 殿 | 厅堂 | 殿身（七间） | 殿 | 殿身（九间） | 殿身（十一间） |
| 两椽 |  |  |  |  |  |  |  |  |  |  |  |  |  |  |  |
| 四椽 |  | ○ |  | ● |  | ◎ |  |  |  |  |  |  |  |  |  |
| 六椽 |  |  |  | ● |  | ◎ |  | ○ | ◎ |  |  |  |  |  |  |
| 八椽 |  |  | ○ | ●̲ |  | ◎ | ● | ○ | ◎ | ● |  | ◎ |  |  |  |
| 十椽 |  |  |  | ● | ○̲ | ◎̲ | ●̲ | ○ | ◎̲ | ● | ○遗例 | ◎ | ●̲ | ◎ | ◎ |
| 十二椽 |  |  |  |  |  |  |  |  |  |  |  |  | ●̲ | ◎ | ◎ |
| 使用铺作情况 | 斗口跳一五铺 | 斗口跳一四铺 |  |  | 斗口跳一六铺 |  |  |  |  | 殿阁用四到八铺作 |  |  |  |  |  |
| 用材等级 | 7—8 | 5—6 | 4—5 | 3 | 4 | 3 | 2 | 3 | 2 | 2 | 实例1—2 | 2 | 1 | 1 | 1 |

说明：1.表列○、●、◎分别代表厅堂、殿、殿身的的一间数与椽数在《法式》中曾述及，或有遗例存在。
2. ● 表示此椽数系推断得来；● 表示此间数系推断得来；◎ 表示此间数、椽数全系推断得来。
3.一间两椽门屋见《清明上河图》。
4. ●̲ 代表四椽四阿殿脊槫增出3尺的间数、架数。

式》作者原来意图的。

对于铺作之间的距离,《法式》也未订出标准。但是有人认为卷四"总铺作次序"条的一项数字——"如只心间用双补间者,假如心间用一丈五尺,则次间用一丈之类",是指六等材的房屋而言,因此从中可以算出铺作的间距=125分°,并据此定出各类建筑物的面阔。我们究竟应该如何来理解这项数字呢?为了弄清《法式》作者的原意,必须对大木作制度中几处同类型的叙述方法——"假如……之类"的用法作一番考察:

卷四"栱",关于华栱有"交角内外,皆随铺作数,斜出跳一缝(栱谓之角栱,昂谓之角昂)其华栱则以斜长加之(假如跳头长五寸,则加二寸五厘之类……)。"按华栱跳长为30分°计算,五寸可折合每分°=0.167寸,和八等材中任何一等材无关,而且是除不尽的数值。足证作者只是为了说明角栱与华栱之间的关系而任意选择的一个简单整数——五寸,并非专指某一材等华栱的出跳尺寸;

又如卷五"举折"条,关于举屋之法有"如殿阁楼台,先量前后撩檐枋心相去远近,分为三份……从撩檐枋背至脊槫背举起一份(如屋深三丈,即举起一丈之类)"。若把这"屋深三丈"(包括铺作出跳)折成椽架数,大致是不超过6架椽,对于殿阁来说,这样的屋深偏小,无代表性。可见"三丈"也是为了说明三份中举起一份而随意列举的一个简单整数,并非根据某种材等的殿阁屋深而来。

还可以举出其他例子。不过这已足够说明作者在这类叙述方式中使用的数值都是任意简单整数,目的是说明正文中的概念,并非指具体某一材等的某种实际尺寸。因此,上述"假如心间用一丈五尺,则次间用一丈之类",也应属于这种情况,我们也就不能由此得出结论,认为这一丈五尺和一丈就是六等材房屋的间广;当然也不能以此为根据,得出铺作间距的分°值。

对于"总铺作次序"条:"或间广不匀,即补间铺作一朵,不得过一尺。"所规定的"一尺"这个极限值,也可以有两种理解:一种理解认为作者是在限制间广不匀;另一种理解则认为是在限制铺作分布不匀。这两

第一编　宋代建筑之制度 | 081

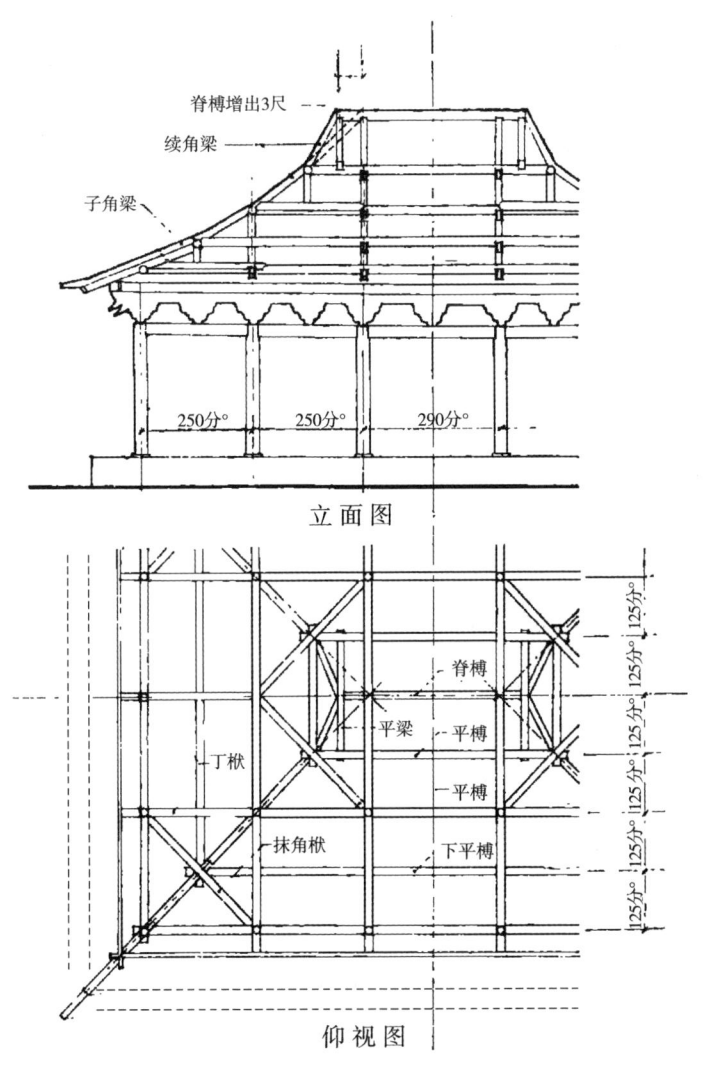

说明：假设三等材，五铺作。

图4　四阿殿木架举例

种情况都有可能，如按前者计算，则补间铺作用一朵时，各间之广相差不超过一尺，补间用二朵时，各间之广相差不超过二尺；如用后一种理解计算，则补间用一朵时，各间之广相差不超过二尺，补间用二朵时，各间之广相差不超过三尺。但从文意分析，这段注文主要是在说明间广不匀的问题，故以前者的可能性为大。当然，这里所指的"一尺"，对各种材等的建筑都适用，因此也就没有必要再去找出这"一尺"等于多少材份。

关于角柱生起，卷五"柱"条规定"至角，则随间数生起角柱。若十三间殿堂，则角柱比平柱生高一尺二寸（平柱谓当心间两柱也。自平柱叠进向角，渐次生起，令势圆和。如逐间大小不同，即随宜加减。他皆仿此），十一间生高一尺，九间生高八寸，七间生高六寸，五间生高四寸，三间生高二寸。"这里已明确规定生起值"随间数"，而不随材等，即上述规定适用所有材等，而非专指哪一等。间数和材等之间诚然是有联系的（见表2），例如，六等材不可能用于13间殿堂，一等材也不会用于三间殿堂。但把角柱生起值和材等大小直接联系起来，显然不符《法式》的规定。

**（二）屋顶端部处理**

1. 四阿殿脊槫增出（图4）

《法式》卷五《造角梁之制》有："凡造四阿殿……如八椽五间至十椽七间，并两头增出脊槫各三尺（随所殿脊槫尽处，别施角梁一重，俗谓之吴殿，亦曰五脊殿）。"为何脊槫增出三尺的规定，局限于以上少数几种椽数和间数的房屋？原因很明显：五间四椽、五间六椽、七间八椽、九间十椽、十一间十椽、十一间十二椽的四阿殿，平面接近2∶1，正脊有足够的长度，不必增出。唯有上述两种情况，既属常用，又感正脊局促，因此《法式》才制定了脊槫增出之法。（参阅表1所列间数与椽数的关系）。

从这里可以看出：在宋代，脊槫增出还没有发展到清式庑殿推山那样成为通例，即不管何类间数、檩数，一律都做推山。

2. 不厦两头造屋顶的出际

"出际"是指屋顶悬出于两侧山面柱头之外的部分，其作用是保护山墙和山面梁架免受雨水侵蚀。因此，出际的长度和房屋进深、山尖高度有直接关系：房屋深，山墙宽，则山尖高，出际也应该长；房屋浅，山墙窄，山尖低，则出际也可以短。法式。根据这一原则，制订了一个简便易行的出际制度（只根据椽数定出际之长，和间数、材等无关）：两椽屋，出际2—2.5尺；四椽屋，出际3—3.5尺；六椽屋，出际3.5—4尺；八椽、十椽屋，出际4.5—5尺。

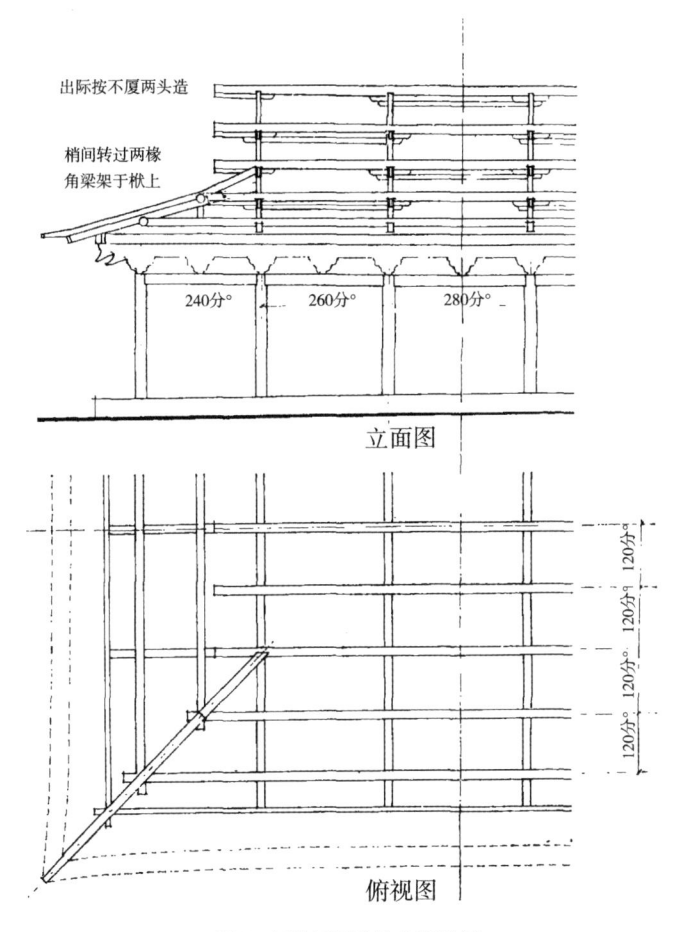

图5 厅堂厦两头造木架举例

这个规定当然主要针对不厦两头造的厅堂、余屋类建筑，厦两头造厅堂、亭榭的出际做法也应包括在内，对此将在下一节加以讨论。

3.厦两头造与九脊殿（图5、图6、图7）

厦两头造用于厅堂及余屋，九脊殿用于殿阁。二者形式相似，而构造有区别。

厦两头造系由不厦两头造发展而成，就是把两坡顶房屋的两梢间加上披檐成为两厦，所以称之为"厦两头"。按《法式》卷五造角梁之制："凡厅堂并厦两头造，则两梢间用角梁，转过两椽（亭榭之类转一椽。今亦用此制为殿阁者，俗谓之曹殿，又曰汉殿，亦曰九脊殿）"。可知厅堂梢间

084 | 知宋·宋代之建筑

立面图

俯视图

图6 亭榭厦两头造木架举例

出际按不厦两头造（四椽）
120分° 300分° 120分°
120分°
120分°

出际随架
夹际柱子
阑头栿
125分° 125分° 100分° 350分° 350分°

说明：假设三等材，七铺作。

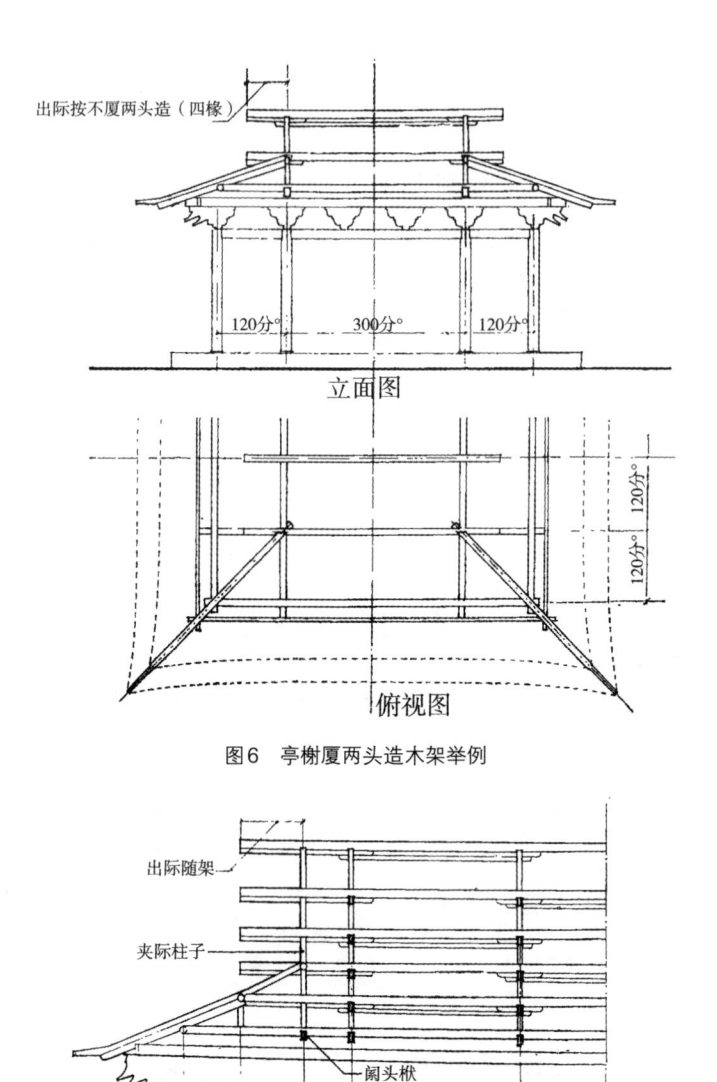

图7 九脊殿木架举例

两厦，其深为二椽，即包括檐柱缝至中平榑缝的范围，中平榑以上部分仍按两坡顶做法（图5）。对此《法式》未另立出际制度，应可按不厦两头造办理。亭榭建筑规模小，不可能转过二椽，故只转过一椽，即山面两厦范围自檐柱缝至下平榑缝止，深一架椽（图6）。

九脊殿做法比较复杂。《法式》卷五出际之制："若殿阁转角造即出际长随架（于丁栿上随架立夹际柱子以柱榑梢，或更于丁栿背方添系（头栿）。"这里"出际长随架"和夹际柱子、系头栿如何具体结合？因原文过于简略而无法深究。这里可作两种推想：一种是梢间之广大于二椽，须于丁栿上立系头栿、夹际柱，柱上承榑、榑梢出际长一架椽（图7）；第二种是梢间广等于二椽，即于山面的下平榑位置施系头栿，立夹际柱，柱上承榑，榑梢出际按不厦两头造制度。在唐宋遗例中，还有殿堂按厅堂厦两头做法的例子（如正定隆兴寺摩尼殿）。

### （三）转角做法

四阿殿、九脊殿、厦两头造、撮尖亭榭四类屋顶都有转角造——即屋顶转角做法。其关键是如何布置角梁和角椽。角梁包括大角梁、子角梁、隐角梁和四阿殿屋角连接大角梁而上的续角梁（清式称为由戗）。子角梁和隐角梁都安在大角梁背上（清式将二者合一而为子角梁）。

大角梁担负着转角出檐部分的重量，是屋角结构的主干，它的前部支点在撩檐枋和牛脊榑，后尾支点则在下平榑。对于如何处理大角梁后尾支承点的结构，《法式》并未阐明，在唐宋遗例中可以看到四种办法：一、抹角栿——在丁栿上或铺作上安45°斜梁承角梁尾；二、檼衬角栿——在大角梁之下，其平面投影与大角梁重合，外端支于转角铺作上，里端支于草栿上（清式称递角梁）；三、丁栿——在房屋山面（丁头）所作顺身方向的梁，草栿、明栿均可（清式称顺梁、扒梁）；四、铺作后尾——由转角铺作及近角两朵补间铺作昂尾（或里跳华栱）从三个方向共同承托大角梁尾。其中抹角栿、檼衬角栿、丁栿都曾在《法式》大木作制度中提到，但做法未详。

从屋角自重分布情况来分析，如果把角梁分成前后两段，中间主要支点在撩檐枋缝上，那么角梁前段与后段所受荷载（屋面自重）相差并不悬殊，也就是说大角梁后尾加于支座上的作用力并不太大，一些依靠斗栱里跳来作支承点、或是把大角梁后尾压在下平槫之上的遗例，都能持久地保留至今，也可证明这一点。不过，考虑到地震、风雪等突发性破坏因素，把大角梁后尾压在槫下较为稳妥、安全。因此，从唐到清，绝大多数遗例采用这种办法。

《法式》指出，隐角梁压在大角梁之上，而隐角梁又须和檐椽取平以承版栈（即望板），可知大角梁后尾位置低于椽子，应该是压在槫下的。隐角梁两面各隐入一椽份位，以容纳角椽后尾。其他续角梁也隐一椽份，以容转角各架的椽头。但山西一带宋金建筑大角梁后尾位置甚低，致使屋角起翘高于明清官式做法，与《法式》不符，当属地方手法。

（选自潘谷西：《〈营造法式〉初探（三）》，原载《南京工学院学报》1985年第1期，第1—12页）

# 第四章　宋代建筑的小木作制度

## 《营造法式》"转轮经藏"制度的设计技术及尺度规律
——兼谈《营造法式》小木作建筑的设计特征

俞莉娜

　　《营造法式》小木作制度中，记载了六种建筑室内的像龛、藏经小木作建筑。其中，《营造法式》卷第十一"小木作制度六"中见有"转轮经藏制度"条，为记录我国古代转轮经藏结构特征、建筑技法和设计手法的唯一史料。《营造法式》所规定的转轮经藏，其结构在平面上分为里外二槽，在立面上分为帐坐、帐身、腰檐、帐头、平坐、天宫楼阁等多个部分（图1）。

　　前人研究中，已见有对"转轮经藏"制度的原文释读。但其规定中所体现的设计手法、设计理念及尺度规律，尚未见有系统的分析及研究。本文将根据《营造法式》卷十一"转轮经藏制度"的原文规定，提炼出转轮经藏设计过程中所使用的各类设计手法，通过分析各类设计手法的主从、联动关系，总结出转轮经藏制度所体现的设计技术特征。此外，通过与《营造法式》所规定的其他小木作建筑的横向对比，探讨转轮经藏的设计技术在《营造法式》小木作制度中的共性与特性。

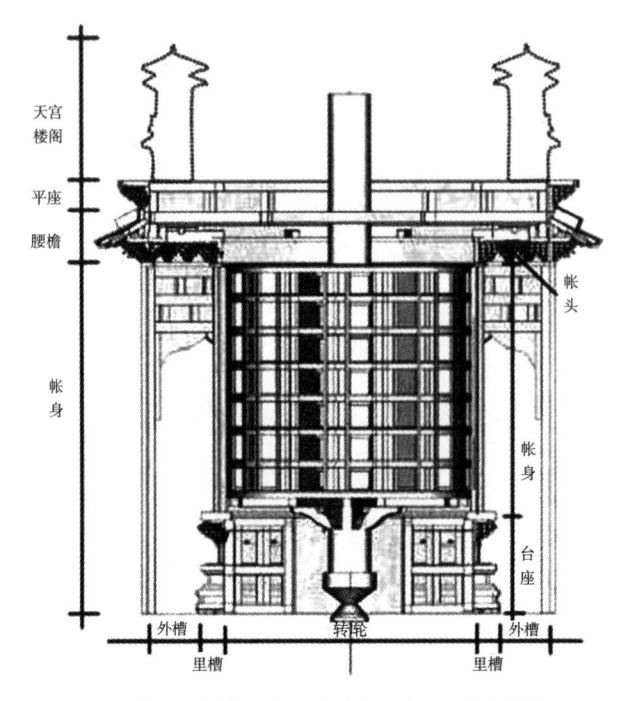

图1 《营造法式》转轮经藏结构示意图（作者自绘）

## 一、基本设计基准——高度比例设计法

《营造法式》卷十一小木作制度六"转轮经藏"条开篇总述部分即见有如下说明：

> 八面制度并同，其名件广厚，皆随逐层每尺之高积而为法。

根据原文中对于转轮经藏各构造部门的规定，此处"逐层"当指外槽的帐身、腰檐、平坐及天宫楼阁，里槽的里槽坐、帐身及帐头，以及核心部分的转轮。各部分下的细部构件尺寸，根据"以寸为尺，以分为寸"的1/10的比例关系，全部以相对当层高度的比例系数呈现。因此各构件条目中的规定"尺寸"，实是相对于"一尺"的比例系数。如构件规定"一分"，则采用"实际尺寸=构件单元总高×0.01"的公式计算。本文将这种设计法命名为"高度比例设计法"。

以高度作为设计基准的比例控制法在《营造法式》制度规定中并不鲜见。除卷四、五大木作制度普遍强调了材份制度的模数设计法之外，高度比例设计法在石作、壕寨及小木作等制度中被普遍使用。尤其是"转轮经藏"所在的《营造法式》卷六之十一小木作制度规定，几乎所有条目都在开篇标明"随每尺之高积而为法"，说明在《营造法式》刊行之时，高度比例设计法当为小木作营造时的通行制度。

北宋笔记《玉壶清话》中对画家郭忠恕有如下描写："郭忠恕画殿阁重复之状，梓人较之，毫厘无差。太宗闻其名，诏授监丞。将建开宝寺塔，浙匠喻皓料一十三层，郭以所造小样末底一级折而计之，至上层余一尺五寸，杀，收不得。谓皓曰：'宜审之。'皓因数夕不寐，以尺较之，果如其言。黎明，叩其门，长跪以谢。"[①]此处"以所造小样末底一级折而计之"反映了以底层柱高作为全塔立面设计模数的设计技法，可窥得以特定构件尺度为基准的高度比例控制，在北宋前期的建筑设计活动中已经使用。

有关《营造法式》小木作制度的高度控制，前辈学者已经有所关注。陈涛曾指出，《营造法式》小木作制度中所强调的水平分层的比例控制方法，可上溯至《木经》中三分法的规定。同时陈涛也指出，工艺复杂的小木作帐藏建筑之所以采用了水平分层的高度规定法，一是为了防止比例系数过于细碎，二是为了方便工匠的分层加工。

此外，傅熹年、王贵祥等前辈学者，以现存唐宋时期木构建筑遗构为分析对象，认为在唐宋木构建筑遗构上反映出了平柱柱高与开间、平柱柱高与举高尺度存在一定的比例关系，也进一步说明了高度控制在古代建筑设计中的重要性。

为了考察"转轮经藏"制度中高度比例设计法的性质和特征，以下提炼出《营造法式》卷九至卷十一中小木作建筑的共通性规定，以探求高度比例设计法在各类小木作建筑规定中的异同。

---

① 〔宋〕文莹：《湘山野录 续录 玉壶清话》，中华书局2007年版。

首先，从水平分层的比例关系来看，各小木作建筑都可分为坐、帐身、帐头（或腰檐）三个部分，各部分尺寸及比例关系见表1。

表1 《营造法式》小木作建筑各构造部门的高度尺寸与比例

| 类别 | | | 佛道帐 | 牙脚帐 | 九脊小帐 | 转轮经藏（外槽） | 转轮经藏（里槽） | 壁藏 |
|---|---|---|---|---|---|---|---|---|
| 实际尺寸（寸） | 坐 | | 45 | 25 | 25 | — | 35 | 30 |
| | 帐身 | | 125 | 90 | 65 | 120 | 85 | 80 |
| | 帐头 | 腰檐 | 30 | 35 | 30 | 20 | 10 | 10 |
| | | 平坐 | 18 | | | 10 | — | 10 |
| | 总高 | | 218 | 150 | 120 | 150 | 130 | 130 |
| 比例 | 坐：帐身 | | 0.36 | 0.28 | 0.38 | — | 0.41 | 0.38 |
| | 帐头：帐身 | | 0.24 | 0.39 | 0.46 | 0.25 | 0.12 | 0.25 |
| | 坐：帐头 | | 0.94 | 0.71 | 0.83 | — | 3.50 | 1.50 |
| | 坐：总高 | | 0.21 | 0.17 | 0.21 | — | 0.27 | 0.23 |
| | 帐身：总高 | | 0.57 | 0.60 | 0.54 | 0.80 | 0.65 | 0.62 |
| | 帐头：总高 | | 0.22 | 0.23 | 0.25 | 0.20 | 0.08 | 0.15 |

从上述的六对比例关系可以看出，《营造法式》小木作帐藏建筑的立面构成中，比例值最为接近的为帐坐与帐身和帐坐与总高的比例关系，五组数据中除牙脚帐采用了较为低矮的帐坐形式外，其余几例帐坐占帐身比例在0.36—0.41、帐坐占总高比例在0.21—0.27。其次为帐身与总高之比例，除转轮经藏外槽因不用帐坐而比例明显偏高之外，其余几例的帐身比例均在0.6上下。然而，帐头的相关比例则体现出较大的起伏，这与各小木作建筑的檐部做法差异相关。[1]转轮经藏由于外槽无基座，而里槽仅有帐头斗栱，因此外槽帐头与帐身之比，以及里槽帐头的相关比例系数与其

---

[1] 例如佛道帐、转轮经藏和壁藏的帐头构造由腰槽和平坐构成，平座上置有天宫楼阁、山花蕉叶的装饰。牙脚帐则不做出屋檐形象，直接在斗栱之上施山花蕉叶装饰。九脊小帐则为几例中对大木作建筑最真实模仿的一例，斗栱之上为完整的歇山屋顶。

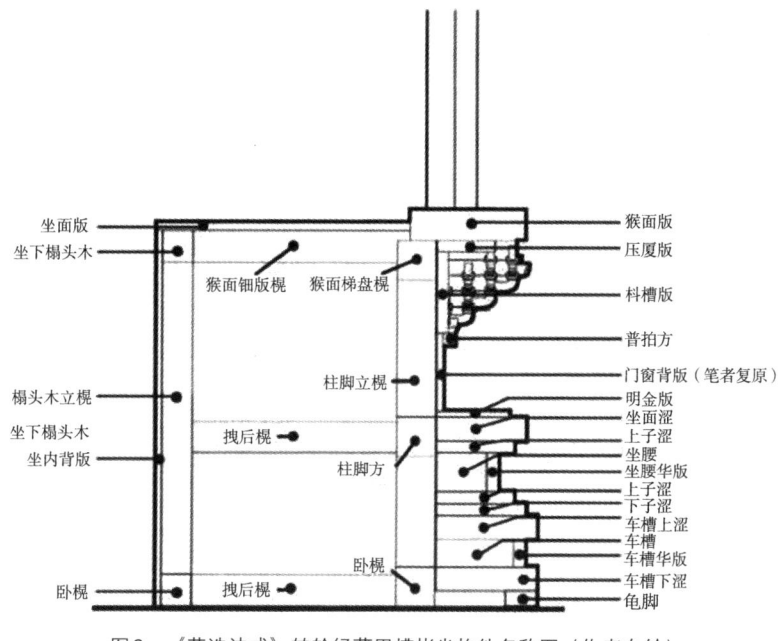

图2 《营造法式》转轮经藏里槽帐坐构件名称图（作者自绘）

他小木作建筑差别较大。

由此可见，小木作建筑在立面比例方面，其帐坐和帐身的比例关系较为固定，帐头则因各小木作建筑外观形象之不同而存在不同的尺度设定。值得注意的是，转轮经藏和壁藏的各类比例系数相似度较高，可窥得两者同作为仿木构书架建筑，在设计思路上存在一定的共性；也从而证明了，《营造法式》对小木作建筑存在一定的立面比例控制，这是采用高度比例设计法的前提所在（图2）。

然而，在立面尺度比例保持一定相似度的前提下，各小木作建筑中所使用的细部构件也保持了相似的比例关系吗？或是采用了相近的实际尺寸？

以下以帐坐的外表面装饰构件及内部骨架构件为例，对《营造法式》各小木作建筑所用共通构件的比例和实寸进行对比分析（表2）。

表2　《营造法式》小木作建筑帐坐装饰构件的规定比例与尺寸

| 构件名称 | 佛道帐(45)[1] 比例 | 佛道帐(45)[1] 实寸(寸) | 转轮经藏(35) 比例 | 转轮经藏(35) 实寸(寸) | 壁藏(30) 比例 | 壁藏(30) 实寸(寸) |
|---|---|---|---|---|---|---|
| 龟脚 | 0.05[2] | 2.25 | 0.04 | 1.4 | 0.05 | 1.5 |
| 车槽上下涩 | 0.065 | 2.925 | 0.06 | 2.1 | 0.065 | 1.95 |
| 车槽 | 0.08 | 3.6 | 0.07 | 2.45 | 0.07 | 2.1 |
| 上子涩 | 0.025 | 1.125 | 0.03 | 1.05 | 0.03 | 0.9 |
| 下子涩 | 0.025 | 1.125 | 0.03 | 1.05 | 0.03 | 0.9 |
| 坐腰 | 0.1 | 4.5 | 0.1 | 3.5 | 0.1 | 3 |
| 坐面涩 | 0.065 | 2.925 | 0.06 | 2.1 | 0.065 | 1.95 |
| 猴面版 | 0.067 | 3.015 | 0.06 | 2.1 | 0.07 | 2.1 |
| 总计 | 0.477 | 21.465 | 0.45 | 15.75 | 0.48 | 14.4 |

注：1.括号内为帐坐总高，单位为寸；2.加框项为比例或实寸一致或接近的项目。

上表将转轮经藏及与之帐坐构造相同的佛道帐和壁藏进行对比。[1]可以发现，帐坐各装饰构件的高度尺寸，其比例上的接近程度高于实际尺寸，各构件总高占帐坐整体的比例也均在45%—48%。可见，虽然帐坐总高的尺寸有异，三者在帐坐各外部装饰构件的高度上，也实现了一定程度的比例控制，以维持立面之协调性。

此外，小木作建筑制度规定中对于帐坐内部骨架构件的尺寸规定也值得关注（表3）。

---

① 《营造法式》小木作建筑的帐坐形制可分为两类：一类如佛道帐、转轮经藏和壁藏，采用车槽及坐腰结合的帐坐形制，并在帐坐部分使用斗栱；另一类如牙脚帐和九脊小帐，采用牙脚坐的形制。

表3 《营造法式》小木作建筑帐坐骨架构件的规定比例与尺寸

| 构件名称 | 佛道帐(45)[1] 比例 | 佛道帐(45)[1] 实寸 | 牙脚帐(35) 比例 | 牙脚帐(35) 实寸 | 九脊小帐(25) 比例 | 九脊小帐(25) 实寸 | 转轮经藏(35) 比例 | 转轮经藏(35) 实寸 | 壁藏(30) 比例 | 壁藏(30) 实寸 |
|---|---|---|---|---|---|---|---|---|---|---|
| 猴面榥 | 0.08 | 3.6 | | | | | 0.1 | 3.5 | 0.11 | 3.3 |
| 猴面钿版榥 | | | | | | | 0.1 | 3.5 | | |
| 榻头木 | 0.08 | 3.6 | | | | | 0.1 | 3.5 | 0.11 | 3.3 |
| 立榥 | 0.08 | 3.6 | 0.1[2] | 3.5 | 0.1 | 2.5 | 0.1 | 3.5 | 0.11 | 3.3 |
| 拽后榥 | 0.06 | 2.7 | | | | | 0.1 | 3.5 | 0.1 | 3 |
| 柱脚方 | 0.1 | 4.5 | | | | | 0.1 | 3.5 | 0.12 | 3.6 |
| 卧榥 | 0.08 | 3.6 | | | | | 0.1 | 3.5 | 0.11 | 3.3 |
| 连梯榥 | | | 0.1 | 3.5 | 0.1 | 2.5 | | | | |
| 梯盘榥 | | | 0.1 | 3.5 | 0.1 | 2.5 | | | | |
| 罗文榥 | 0.08 | 3.6 | | | | | | | 0.1 | 3 |

注：1.括号内为帐坐总高，单位为寸；2.加框项为比例或实寸一致或接近的项目。

  帐坐内部的榥、方类构件均为断面方形的形式，其断面边长的比例系数在五例小木作建筑中呈现出两类组合。牙脚帐、九脊小帐、转轮经藏属第一类，帐坐内部骨架构件的断面边长系数均为"一寸"，即边长为帐坐总高之0.1，特别是转轮经藏，其7类骨架构件采用完全相同的尺寸，体现了制作加工的高度统一。壁藏和佛道帐则属第二类，体现出了"柱脚方＞一般榥类构件＞卧榥"的阶梯性尺度差异。然而，从实际尺寸来看，除九脊小帐所用构件尺度较小以外，[①]其余四例小木作建筑的帐坐榥类构件尺度十分接近。转轮经藏及牙脚帐中比例系数为0.1的一般榥类构件，在帐坐尺度较大的佛道帐内规定为0.08，而在尺度较小的壁藏中规定为0.11，使得各小木作建筑的榥类构件断面边长均在3.5寸上下。参考《营造法式》

---

① 其原因当是九脊小帐整体体量小于其他四例小木作建筑，帐坐承重负担较小。

卷二十六"诸作料例"的规定，尺度最小的方料——方八子方为"长一丈五尺至一丈二尺，广七寸至五寸，厚五寸至四寸"，若方料广7寸，恰好可并排加工两根3.5寸见方的榥类构件，或可侧面说明此处3.5寸尺度规定之由来。可见，与外部装饰构件侧重于维持立面比例的原则不同，对于外观不可见的骨架构件，《营造法式》倾向于使用统一尺寸的标准化构件。

在"高度比例设计法"之外，根据规定对象的形状特征，《营造法式》"转轮经藏"制度中还存在以平面方向的直径尺寸为基准的比例规定方式，如里槽坐之猴面梯盘榥、坐下榻头木及卧榥、后拽榥、柱脚方及卧榥的长度尺寸，均以帐坐料槽径为比例基准。里槽帐头的角栿、算程方、转轮的内外网、托桄等构件的长度尺寸，也以直径为基准进行比例计算。这些构件均为水平方向延伸的细长型构件，其长度尺寸受到转轮经藏水平方向尺寸的制约，因此采用了"高度比例设计法"之外的比例规定方式。

## 二、其他设计手法

### （一）"瓣"模数设计法

除用各层高度作为基准长度的设计法之外，"转轮经藏"制度的规定中还见有多处使用"瓣"作为基准长度或计数基准的记述。本文将此命名为"'瓣'模数设计法"。

纵观全文，《营造法式》"转轮经藏"制度中的"瓣"存在两层含义。

第一层含义为：八角形平面的一边。这一用法同见于小木作制度卷八"斗八藻井"和"小斗八藻井"条，可知用"瓣"作边的指称仅限于《营造法式》中多边形平面的建筑。转轮经藏制度中具有这一含义的"瓣"见有如下几处：

（1）外槽帐柱之规定："帐身外槽柱：长视高，广四分六厘，厚四分。归瓣造。"此处用小字注释的"归瓣造"即指的是转轮经藏外槽柱的外侧边缘依八角轮廓而定，即帐柱平面为顶端内角135°的五边形（图3）。

（2）部件长度之规定。如，①普拍方的长度："长随每瓣之广。绞头在外。"②车槽上下涩："长随每瓣之广。加长一寸。"这两处规定的构件

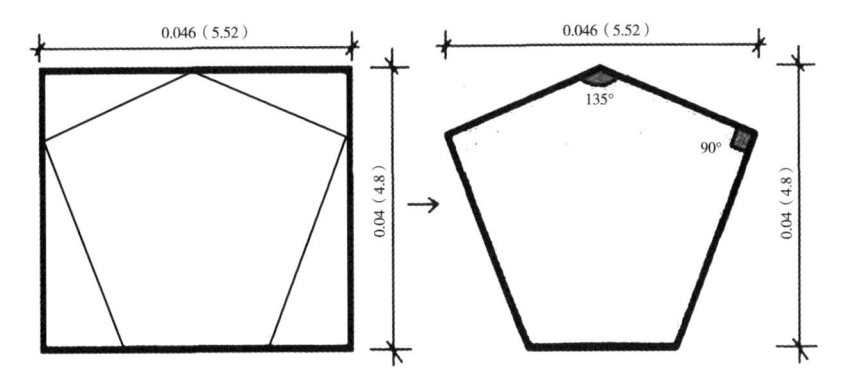

图3 转轮经藏外槽帐柱"归瓣造"示意（作者自绘）（尺寸标注括号外为原文规定系数，括号内为实际尺寸，单位为寸）

长度均与转轮经藏每边之长相等。

（3）部件数量之规定。如，①斗栱的配置。如腰檐、里槽坐与里槽柱上帐头规定："每瓣用补间铺作五朵。"外槽平坐则规定："每瓣用补间铺作九朵。"②槏方类构件的数量。用"瓣"来规定构件的数量，以实现构件在每边的均匀分布。

第二层含义为：帐坐单件芙蓉瓣的长度。《营造法式》小木作建筑中，佛道帐、转轮经藏、壁藏的帐坐部分均作"芙蓉瓣造"。

根据佛道帐制度中的描述"自龟脚之上，每涩至上勾阑，逐层并作芙蓉瓣造"。芙蓉瓣为贴络于帐坐各层涩板表面的莲花瓣装饰。陈涛文中指出，此处的芙蓉瓣长度在6.6—12寸之间，合公尺长度约为20—38厘米，其形象并非小型莲花瓣，而是如小南村二仙庙佛龛基座一样的大尺度莲瓣形象。然而，参考现存的宋金仿木构砖室墓遗存，其墓室壁面底部也见有做出莲瓣装饰的台座形象，例如，山西稷山马村金墓，其台座各层涩版见有小型宝装莲瓣与大尺度莲瓣的间隔布置，以避免装饰显得单调。《营造法式》小木作帐坐或也使用了多样的芙蓉瓣贴络装饰，制度规定中的芙蓉瓣长，或可能是大尺度芙蓉瓣的一瓣之长，也或许可能是几个莲瓣并排的单位组件的长度（图4）。

小木作建筑制度规定的末尾均明确说明了帐坐芙蓉瓣的作用，如佛道帐规定，"凡佛道帐芙蓉瓣，每瓣长一尺二寸，随瓣用龟脚。上对铺作"，

图4　现存遗物所见台座莲瓣装饰（左：晋城南村二仙庙佛龛；右：稷山马村金墓M1北壁）
（作者自摄）

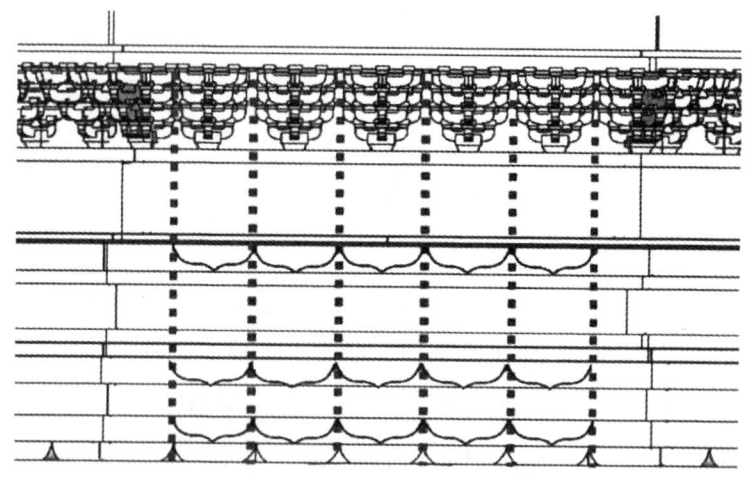

图5　《营造法式》转轮经藏里槽帐坐芙蓉瓣与龟脚、斗栱的对应关系（作者自绘）

转轮经藏规定，"凡经藏坐芙蓉瓣，长六寸六分，下施龟脚。上对铺作"。牙脚帐和九脊小帐则采用了施有壸门装饰的帐坐，壸门也为"下施龟脚，合对铺作"的布置。由此可见，芙蓉瓣这一帐坐装饰构件的长度，成了小木作建筑立面控制的基准尺度，通过芙蓉瓣和龟脚、斗栱的上下对齐关系，使得小木作建筑在立面上表现出了相当的整合性（图5）。

转轮经藏制度中具有这一层含义的"瓣"见于天宫楼阁的相关规定，即用瓣作为单位长度确定天宫楼阁各部分的面阔尺度。

　　天宫楼阁：三层，共高五尺，深一尺。下层副阶内角楼子长一

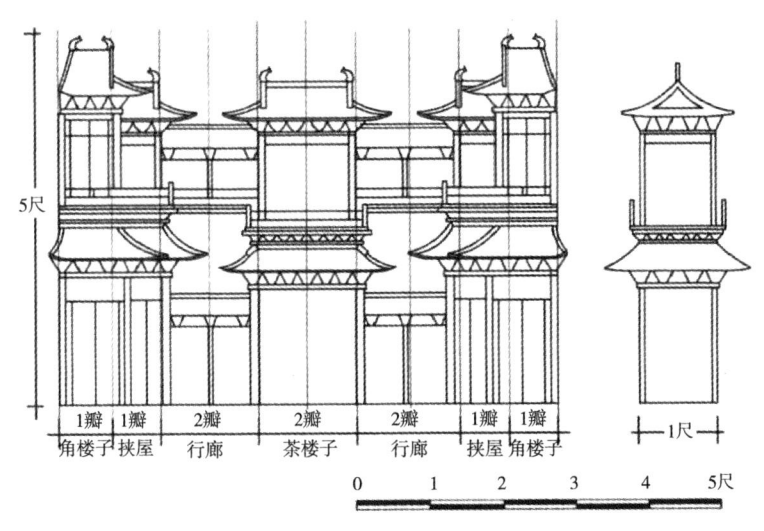

图6 《营造法式》转轮经藏天宫楼阁立面示意图（作者自绘）

瓣，六铺作单抄重昂。角楼挟屋长一瓣，茶楼子长二瓣，亦五铺作单抄单昂。行廊长二瓣，分心。四铺作。（以上并成单栱或重栱造。）材广五分，厚三分三厘。每瓣用补间铺作两朵。其中层平坐上安单勾栏，高四寸。（枓子蜀柱造。其勾栏准佛道帐制度。）铺作并用卷头，与上层楼阁所用铺作之数并准下层之制。（其结瓦名件准腰檐制度，量所宜减之。）

因转轮经藏外槽每边长6.6尺，则每边角楼、挟屋、茶楼子、行廊应当总长10瓣，根据制度规定的描述，其组合应当为"角楼1瓣+挟屋1瓣+行廊2瓣+茶楼子2瓣+行廊2瓣+挟屋1瓣+角楼1瓣"（图6）。

联系小木作制度的其他帐藏建筑，可见上述"瓣"之第二层含义在小木作建筑中为共通，而第一层含义则是因特殊的八角平面而为转轮经藏独有。在其他方形平面的小木作建筑中，因面阔方向尺度很长，斗栱布置、构件的数量配置等规定均以芙蓉瓣长为单位基准，以实现正立面的对齐效果和骨架结构的均齐配置。"转轮经藏"制度中以每边为"一瓣"的基准设定应是由上述配置方式演化而来。

因此，"瓣"模数所涵盖的设计思想在《营造法式》小木作制度中体现出了统一和变容并存的特点。芙蓉瓣原本作为帐坐的装饰构件，以其具有模块构件的特性，发展成为控制立面整合性以及调整构件配置的设计基准单位。而转轮经藏因其特殊的八角形平面，将"瓣"的定义衍生为"八角形的一边"，丰富了"瓣"模数设计法的含义。

### （二）材份制

材份制作为《营造法式》大木作制度中最具有特点的设计技术，也施用于小木作建筑的规定之中。陈涛曾关注了小木作帐藏建筑中所见的斗栱间距100份的规定，通过计算和分析认为，《营造法式》小木作帐藏建筑中见有以铺作中距100份为基础模数而控制整体规模的设计方法，从而表明材份制度在《营造法式》小木作制度中存在隐藏的对于整体尺度的支配作用。

转轮经藏制度中使用了两类材等。一类为转轮经藏外槽腰檐、平座，及里槽帐坐、帐头的斗栱用材，为材广1寸、材厚0.66寸。另一类为天宫楼阁各处斗栱的用材，为材广0.5寸，材厚0.33寸，合前者的一半。在《营造法式》小木作帐藏建筑中，转轮经藏与壁藏用材相等，小于其他几类小木作建筑（表4）。

表4　《营造法式》小木作建筑的材份规定

| 类别 | 材广（寸） | 材厚（寸） | 瓣/壼门（寸） | 瓣/壼门（份） | 斗栱间距（份） | 天宫楼阁材份（寸） |
| --- | --- | --- | --- | --- | --- | --- |
| 佛道帐 | 1.8 | 1.2 | 120 | 100 | 100 | 0.6×0.4 |
| 牙脚帐 | 1.5 | 1 | 100 | 100 | 102.6 | |
| 九脊小帐 | 1.2 | 0.8 | 100 | 100 | 正：108.3；侧：95 | |
| 壁帐 | 1.2 | 0.8 | | 100 | 96.5 | |
| 转轮经藏 | 1 | 0.66 | 66 | 100 | 外槽腰檐：106.7；外槽平坐：100；里槽帐坐：103.1；里槽帐头：103.1 | 0.5×0.33 |
| 壁藏 | 1 | 0.66 | 66 | 100 | 100 | 0.5×0.33 |

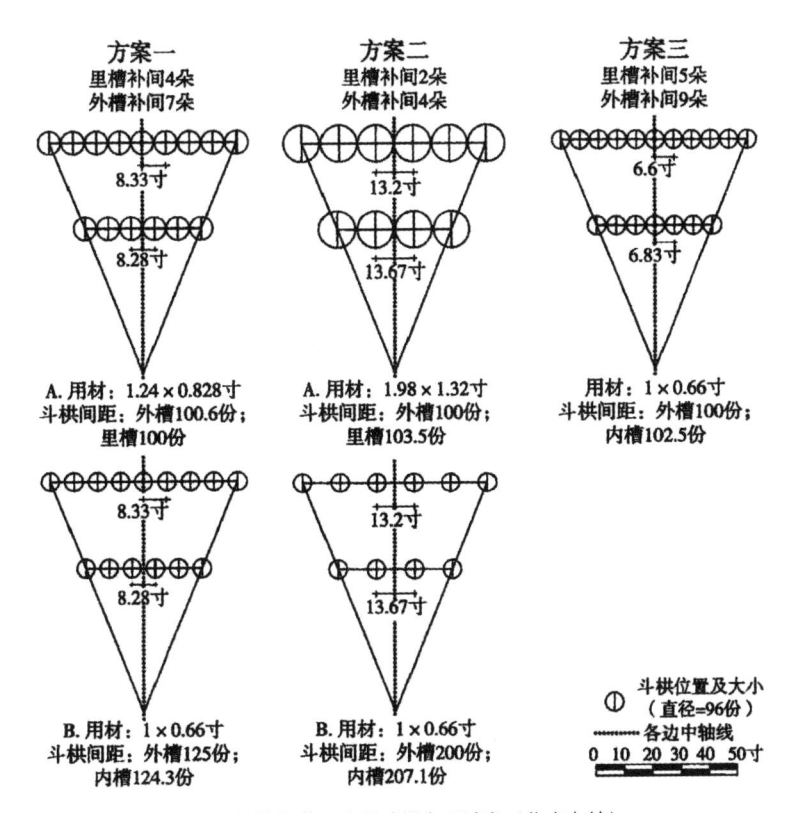

图7 转轮经藏里外槽斗栱布置试案（作者自绘）

根据上文对于"瓣"的第二层含义之分析，在平面方形的小木作帐藏建筑中，确有明确的"100份=1芙蓉瓣长=斗栱间距"的对应关系。本文进一步认为，转轮经藏作为八角形平面的建筑，其规模尺度需要经过直径及边长的双重计算。因此还需要进一步探讨材份数值和规模尺度的相互数值关系。

从转轮经藏的规模尺寸来看，外槽直径1.6丈，里槽1丈，里外槽边长之比为5:8即0.625。若要使里外槽补间斗栱间距一致，则最理想的状态是契合5:8比例的，里槽帐头补间4朵、外槽平坐补间7朵的布置方式。然而，若要保持里外槽的对应关系，外槽腰檐需与里槽帐头使用同样数量的补间斗栱，则外槽腰檐与平坐形成了补间铺作数量奇偶不同的状态，导致外观立面出现了不整齐的排列（图7方案一）。

若是考虑到每边24份的栌斗底减长，按照枓槽径来计算，则外槽边长为6.6尺，里槽边长为4.1尺，更接近了3∶5的比例关系。若依照3∶5的比例关系，采用里槽帐头2朵、外槽平坐4朵的补间斗栱配置，此时斗栱间距为外槽13.2寸，里槽13.67寸。如仍要保证斗栱100份间距的密集配置，则需采用1.98×1.32寸的用材，从立面上则需增加枓槽版的高度，使得斗栱、联动帐坐芙蓉瓣和龟脚体量都需增大，无法体现出密集配置的效果。其次，这种配置使得外槽立面腰檐和平座当心为斗栱空当，并非整然的均齐配置（图7方案二）。

若保存3∶5的比例关系、将补间斗栱布置为里槽帐头5朵、外槽平坐9朵，一方面将斗栱和帐坐装饰的单元构件控制在一定的体量范围内，另一方面也保证了平坐与腰檐斗栱的上下对应关系。在这种情况下，采用的1×0.66寸的用材，既实现了斗栱间距100份的整数取值，又保证了设计时的计算便利。且此时里外槽斗栱间距分别为6.83寸和6.6寸，误差率仅为2%（图7方案三）。

### （三）定法

除以上的设计手法之外，转轮经藏制度中还见有对构件尺度的直接规定，原文则多标注以"以……为定法"的句式。如：

> 白版：长同山版，加长一尺。广三寸五分。以厚五分为定法。
>
> 庆瓦版：长同山版，加长一尺。广五寸。以厚五分为定法。
>
> 坐内背版：每枓槽径一尺，则长二寸五分，广随坐高，以厚六分为定法。

在转轮经藏制度中，以定法来规定的构件尺寸有坐内背版的厚度、门子的厚度、平棋背版和护缝的厚度、转轮钿面版、格版、后壁格版、泥道版的厚度，以及经匣的长宽高尺寸。除经匣以外，转轮经藏本体采用"定法"规定的多为板状构件的厚度尺寸。由于厚度尺寸过小，若仍按照高度折算，将会出现极小的比例系数，所以直接采用实寸规定。从实寸来看，版类构件的厚度见有5分、6分、8分三种尺寸，采用了相对统一的加工规格。

## 三、《营造法式》"转轮经藏"的尺度规律分析

在对设计手法的讨论基础上，本节试图就其中体现的数学比例规律进行探讨。

首先是平面尺度。转轮经藏外槽直径1丈6尺，里槽直径1丈。按照看详中的八角边长计算方式，则外槽边长6.66尺，里槽边长4.166尺，里外槽整体形成5∶8的比例关系，回归到几何图像上，即里外槽每边所形成的平面为5∶8的相似三角形关系，里槽与里外槽间距则形成5∶3之比例关系。

前文对材份制度的推论已涉及，斗栱布置调整了原本5∶8之比例关系，借用了数值相近的3∶5的比例系数，形成了里槽补间5朵、外槽补间9朵的布置关系。从这两者所蕴含的数学思维来看，3∶5与5∶8的比例恰为最接近黄金分割比0.618的简单分数比。从《营造法式》文本内的数学计算法则来看，古代对于由平面几何图形所引申的数学认识，大多以方便计算和记忆的分数比例来呈现[①]，而现代数学所通行的小数标记未得到使用。

从绝对数值来看，外槽直径所采用的1丈6尺的数值，在大木作建筑的空间设计中也被频繁使用。参考现存唐宋时期的木构遗存，其当心间为1丈6尺的实例不在少数。[②]转轮经藏作为摆放于建筑室内的小木作建筑，其外径尺寸当与所在藏殿的平面空间尺寸有所对应。此外，1丈6尺也经常作为佛寺殿内佛像高度的尺寸，因此此尺寸长度当为古代工匠所熟悉的建造尺度。在此基础上，通过上述的比值计算，并考虑到计算的简化程度，里槽则采用了简练的1丈直径。

---

[①]《营造法式》"看详"中对于几何平面的算法有如下的规定："圆径七，其圆二十有二；方一百，其斜一百四十有一；八棱径六十，每面二十有五，其斜六十有五；六棱径八十有七，每面五十，其斜一百。"

[②] 唐宋建筑遗构中，心间尺寸接近1丈6尺的遗构有：南禅寺大殿、榆次雨花宫大殿、万荣稷王庙大殿、晋祠圣母殿、正定隆兴寺转轮藏殿等。

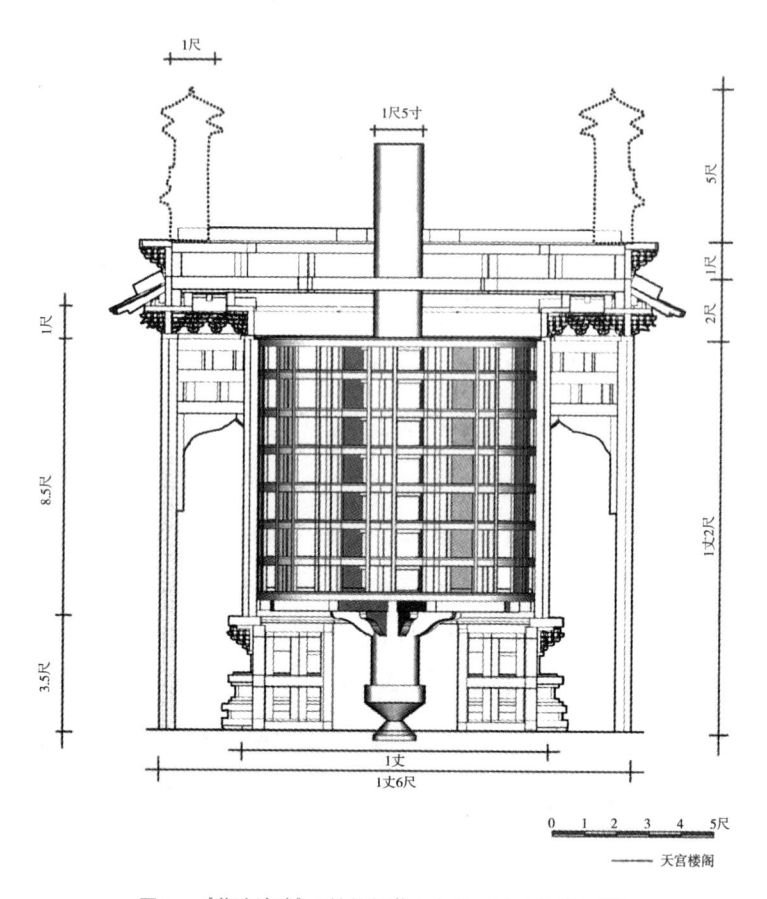

图8 《营造法式》"转轮经藏"各部尺寸（作者自绘）

其次为高度尺寸。外槽帐身立面各层高度的相互比例都为简单的比值关系，如外槽立面以平坐上皮为界形成了1∶3的比例关系，腰檐平座之和与帐身形成1∶4之比例关系，帐身与总高之比为3∶5，与上述平面内外径的比例相同。从高度与平面尺度的关系来看，外径和内径与轮藏总高之比分别为4∶5和1∶2，均为简洁的比例关系（图8）。

从以上的对平面和高度尺度的分析来看，《营造法式》转轮经藏制度在确定高宽的规模尺寸时，在考虑到藏殿建筑内部空间尺度的基础上，尽可能地采用了方便换算的整数尺寸，各规模尺寸间也采用了简洁的比例关系。由此，可以推测出《营造法式》转轮经藏的尺度确定顺序：一、在考虑到与藏殿建筑的空间协调的同时，确定了轮藏外径1.6丈和总高2丈的尺寸。然后在接近黄金比例和简化计算的前提下确定了内径1丈的比值，在简练的比例系数内确定了轮藏外槽的立面分层高度。通过"看详"中所提及的八边形计算法，计算出了外槽6.66尺及里槽4.166尺的尺度。二、在里外槽斗栱分配之时，为了实现里外槽斗栱间距一致、斗栱密集布置、外槽腰檐斗栱和平座斗栱上下均齐等效果，并考虑到转轮经藏与方形平面的小木作建筑——佛道帐等的一致性关系，斗栱布置被设定为外檐9朵、里槽5朵，契合了里外槽直径所创造的接近于黄金比的比例关系。三、设定用材为1×0.66寸，这一材份值也正好暗含于里槽直径和外槽边长的比例关系之中。而后以用材100份作为帐坐芙蓉瓣之长度，以保证芙蓉瓣与斗栱的上下对应。四、在确立了这些作为设计基准的单位长度后，对各类型的细部构件尺度和排列进行规定。

## 四、小结

综上，通过对"转轮经藏"规定原文的释读以及与小木作制度其他建筑规定的对比分析，可以对转轮经藏的设计手法在《营造法式》中的共性和特性进行总结。

从设计思想的共通性来看，本文所提及的四类设计手法，均为《营造法式》的小木作建筑所共有。

首先，转轮经藏采用比例设计法为基础设计手法。绝大部分的构件以所在结构单元的高度尺寸为基准，通过比例系数的规定计算得出构件的实际长、广、厚尺寸。另有一小部分的构件，因其安装方式的特殊性，在比例计算时以直径等平面尺寸为基准。

在其他三类设计手法中，"瓣"模数设计法与材份制度，均为设定基准单位长来规定构件尺寸的模数设计法。芙蓉瓣长、材份值，以及转轮经藏的平面规模尺度存在着一定的联动关系。

另外，对于某些厚度尺寸较小的构件，制度规定中直接用绝对尺寸表示（图9）。

《营造法式》各小木作建筑的各部比例虽并非完全相同，但在帐坐帐

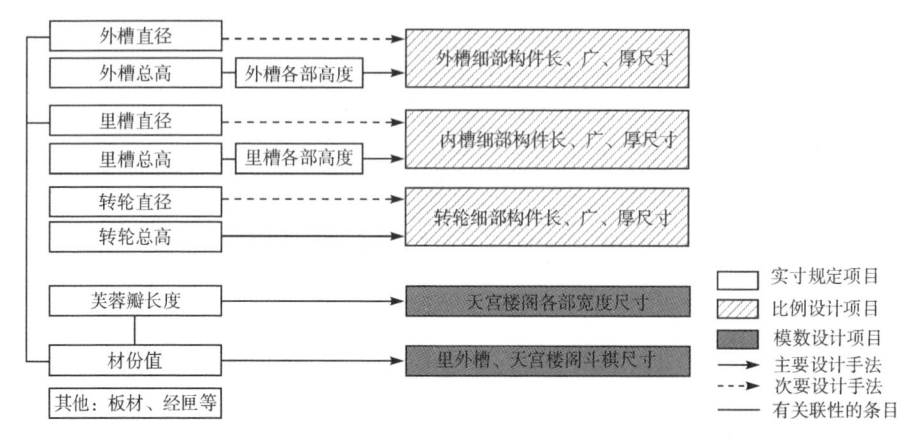

图9 《营造法式》"转轮经藏"制度设计手法模式图（作者自绘）

身的比例系数接近，推测存在某种程度上的定式设计。部分在各类小木作建筑中共通的构件，或采用了相似的比例系数，或使用了接近的绝对尺寸，体现了《营造法式》小木作建筑设计技术上的统一性。

另一方面，转轮经藏作为八角形平面建筑，其特殊的平面形式蕴含了与其他方形平面建筑所不同的设计思路。

首先，根据对转轮经藏各类设计手法的分析，可推测出《营造法式》转轮经藏制度所包含的从整体至局部的设计顺序。与其他几例方形平面的小木作建筑依靠建筑一边墙体的放置方式不同，转轮经藏安置于藏殿的中心位置，其整体的高宽尺度受到来自外部建筑空间尺度的制约性更强。在规定时，转轮经藏的外径和总高被首先确定，内径和立面的各部分尺度则以简练的比值关系算出。在各部比例关系的制约下确立了材份用值，并同时确立了帐坐芙蓉瓣的尺度。

反观其他几例小木作帐藏建筑，佛道帐和壁帐在制度原文中不见有对间广规模尺寸的规定，只在功限部分说明，其间广尺寸并非整数，通过换算可知此尺寸为配合了斗栱和帐坐装饰构件的布置而确定。牙脚帐、九脊小帐、壁藏在制度中将面阔数值规定为整尺，并通过与斗栱用材的换算可知此整尺数值与100份的斗栱间距大致契合。在方形平面下，面阔进深尺寸无须如转轮经藏边长那样进行二重计算，在整体和局部尺度的设计方面，更易实现"材份—瓣—整体尺度"的整合关系，在这种情况下，先确定材份数值，再以100份为基准实现斗栱配置并调整面阔进深的数值的设计顺序则成为可能。而转轮经藏因存在其规模尺度的二重计算关系，在吸收了以佛道帐为首的其他小木作建筑的设计理念后，以调整里外槽比例的手法实现了整体规模尺度和材份数值的整合关系，体现出古代建筑工匠的数学智慧。

此外，转轮经藏发展了《营造法式》中"瓣"字的含义。在其他小木作建筑中，"瓣"字仅有帐坐芙蓉瓣一义，转轮经藏中则还含有八角形一边的意义。从使用方法看，佛道帐等方形平面建筑中以"瓣"作为控制构件数量和排列的基准单位，转轮经藏中因芙蓉瓣长度过短，转而以八角形一边之"瓣"为基准对构件的数量和排列进行控制，使"瓣"之含义的外延得到扩张。

在斗栱布置方面，与方形平面的建筑所不同，转轮经藏需要考虑到因八角形平面所造成的里外槽间的尺度缩减，为了保证里外槽斗栱尽可能接近理想的100份间距，又因腰檐斗栱与里槽相对而需使用与里槽相同的斗栱数量，因此外槽腰檐与平坐斗栱数量和间距不等。在这种情况下，为了立面的整齐效果，最终采用了里外槽径5∶8、材等1×0.66寸的组合配置，以达到转轮经藏理想设计的最优解。又因在此情况下腰檐斗栱间距较其他小木作建筑更广，在布椽配置上也需进行更为复杂的计算，再一次体现出了八角形建筑在设计技术上的复杂性。

（原载《建筑史》2019年第1期，第29—40页）

# 第二编
## 图像中的宋代建筑

本编着眼图像中的宋代建筑，精选三篇文章，分别从传世绘画、壁画和碑刻中探索宋代建筑的特征。

喻梦哲等的《论宋元界画"真实性"的多重维度——从〈明皇避暑宫图〉轴的创作理性说起》一文，关注《明皇避暑图》绘画中表现的建筑物与景观，对界画中各要素分布趋势、建筑中物形控制方法进行整理分析，探索图轴所展现绘画中的"真实性"与其时代绘画的价值体系。

杨怡菲的《高平开化寺北宋壁画兜率天宫建筑图像解读》一文，从壁画入手，对北壁东侧建筑图像予以图形和色彩复原，分析建筑形制特点与构图规律，并探讨了兜率天宫的叙事意图。

王世仁的《碑刻所见宋代建筑——以〈后土祠庙貌碑〉为例》一文则从碑刻出发，对碑文内容和图像予以考证分析，讨论北宋祠庙建筑的功能与特征。

# 第一章 传世绘画所见宋代建筑——以《明皇避暑宫图》为例

## 论宋元界画"真实性"的多重维度
——从《明皇避暑宫图》轴的创作理性说起

喻梦哲 李 超 陈斯亮

### 一、引言

中国传统绘画中以屋木楼台为对象的门类被称作"界画"①,是唯一因绘制工具而得名者。传世界画多为珍贵文物,颇具"以图证史"的价值,同时,界画的创作技法又受画家师承、游踪等因素影响,能够映射出不同区期和匠系的营造技术、样式信息,至于绘画中"真实性"的具体所指则值得深入探讨。

人们在欣赏界画时,总会先入为主地将"像不像"(与真实建筑形象、格局、构造、尺度的相近程度)当成评判画作优劣的标准。②虽然苏轼认

---

① 魏晋以前只以描摹对象命名,称作"台阁""屋木""宫室"之类,如晋代顾恺之《画评》曰:"台榭一定器耳,难成而易好……"南宋后才因其特殊的绘制工具(界尺,即平行线尺)而易名,如宋邓椿《画继》"屋木舟车"条记:"郭待诏(郭忠恕),赵州人,每以界画自矜",元代汤垕《画论》称:"世俗论画,必曰画有十三科,山水打头,界画打底。"
② 参见过晓:《论作为中国传统绘画美学概念的"似"》,南京艺术学院2010年博士学位论文。

为"论画以形似,见与儿童邻",但界画的性质却决定了画家需要"咸取砖木诸匠本法,略不相背"①,以此证明笔下崔巍壮丽的宫观楼阁其来有自。古人在评述界画时,也多以图像经过折算后能够与真实建筑"毫厘不差"者为佳②,甚至出现了画家指导、审核匠师设计工作的传闻③。

南唐、后蜀等国的统治者皆重视书画艺术,入宋后的宫廷画师更是倾尽心力以求观察入微(如黄荃、崔白之虫鸟几可用作博物图典),这时的画论中也多有围绕"华与实""似与真"等概念的探讨。④当然,画家谋求的"真"已不局限于物形之酷肖,而是更强调谋篇布局的情理之真、皴擦笔法的格致之真、循规蹈矩的法度之真……李凇在《艺术如何"真实"——理解中国艺术"真实性"的七个视角》讲座中详细分述了视觉的、物理的、心理的、历史的、解释的、虚拟的、"正确的"七种真实,可谓切中肯綮。

就界画来说,伏藏在形似与否背后的其实是人们关于"真实性"的思考,主要依托三方面的内容展开:一是创作与传播过程是否清晰,即作品的真赝问题,涉及画作的文化和经济价值;二是建筑的样式原型能否与实

---

① 宋代刘道醇《圣朝名画评》"屋木门"论郭忠恕语,《邵氏闻见后录》也称"郭忠恕先画重楼复阁,间见叠出,善木工料之,无一不合规矩"。
② 如宋代黄修复《益州名画录》记:"赵忠义者,德玄子也。……蜀王知忠义妙于鬼神屋木,遂令画《关将军起玉泉寺图》。于是忠义画自运材斫基,以致丹楹刻桷,皆役鬼神叠拱、下昂、地架一座。佛殿将欲起立。蜀王令内作都料看此画图,枋拱有准否?都料对曰:'此画复较一座,分明无欠。'其妙如此。"
③ 如宋代释文莹《玉壶清话》记:"郭忠恕画殿阁重复之状,梓人较之,毫厘无差。太宗闻其名,诏授监丞。将建开宝寺塔,浙匠喻皓料一十三层,郭以所造小样木底一级折而计之,至上层余一尺五寸,杀收不得,谓皓曰:'宜审之。'皓因数夕不寐,以尺较之,果如其言。黎明,叩其门,长跪以谢。"
④ 如五代荆浩《笔法记》称:"曰,何以为似?何以为真?叟曰,似者,得其形遗其气,真者,气质俱盛。凡气传于华,遗于象,象之死也。"

例——对照[①]，即采撷的是直接还是间接素材，体现画作的历史和社会价值；三是能否借助辅助线制图等手段来解明画法，即考掘画家的数学知识来揭示匠心，关乎其科学与艺术价值。本文主要围绕第三方面展开讨论。

## 二、界画创作及其"真实性"评判

画家在创作界画时，既应知晓营造本法，严格遵循建构逻辑安排线条，又要妥善植入故事情节、山水环境，赋予图画情感甚至伦理价值，这就决定了"真实性"中的知性和感性要素互为表里，当前者处在支配地位时，便可粗略认为存在特定的"创作理性"[②]。当然，理性真实未必总能符合客观事实，譬如，画家为了强调人物神态和动作细节，往往在借用工匠模数思维的同时，刻意混淆网格单元的含义，通过压缩朵当份数、加塞过多铺作、夸大斗栱而削弱柱额等手段，达成视觉欺骗的目的。此时建筑自身的比例谐和，但人物填满开间后与柱高关系失衡，却又因门窗、勾阑、瓦脊等物件都按照扩放后的人体尺度相应加大，而使违和感得到及时、有效的修正。这种以小亭榭空间"凑借"大殿阁样式的伎俩十分常见，整体上符合人们关于身体与构件比例的视觉经验，但拼装在一起后完全违背了正常的空间体量，偏偏普通观众未曾受过专门训练，对于尺度关系不够敏感，不经提醒往往难以识破其间"猫腻"。这说明界画的"真实性"是相对的，其内容绝非一成不变，含蕴其间的"客观真实"[③]和"视觉真实"总是此消彼长。

---

[①] 这又分三种情况，一是尝试再现真实建筑，如前蜀李升、宋代范宽、赵伯驹、元代夏永，明代谢时臣、安正文、龚贤等人所作的《岳阳楼图》，但各个版本具体是写生、传摹还是新创，则因人而异；二是附会历史意向，如各类托名"汉宫""仙馆"的图卷，虽是撷取当时真正的建筑做法后攒成，组织关系与环境格局却是虚构的；三是完全采取风格式画法重组不同建筑要素，此时往往借用符号语汇强调作者个性，如袁江、袁耀常用的重檐十字盝顶形象。

[②] 亚里士多德将整个认识过程分为感性、被动理性（知性）、主动理性三个阶段，知性是与感性知觉相关联的理性，它具有处理感性材料的职能，却不能离开感性而自存。

[③] 界画的"客观真实"主要针对建筑的样式、构造、比例信息而言，重点考察画中是否具有与实际营造相通的模数网格、与投影技法相关的几何辅助线等要素。

对于画家、工匠和观众来说，"真实性"的维度与所指是不同的。作为"能主之人"的画家在"再造"图像时拥有最为充分的主动权，他熟于调度观众的视觉经验，擅长活用各种变形手段来摆脱现实世界对于建造行为的种种约束，甚至在借鉴成熟的建筑模数方法（如材栔格线）来生成物形控制网格[1]时，也有按需调节的余裕（如在画幅巨大、景深幽远的宫苑类立轴中，为符合透视规律而刻意分区，每区采用不同大小的网格单元，以此明确组群中各个建筑的主次、崇卑关系）。由于建筑要素（如材料、色质、尺度、空间等）在转化成二维图像后难免有所遗落、变形，借界画传递营造信息时就更需厘清"真实性"的种属与层级，下节以《明皇避暑宫图》轴为例展开具体讨论。

### 三、《明皇避暑宫图》轴反映的创作理性问题

宋代郭忠恕[2]的作品中有相当一部分以唐代避暑离宫为主题，按《宣和画谱》记载，郭氏"喜画楼观台榭，皆高古。……今御府所藏三十有四：……明皇避暑宫图四，避暑宫殿图四，山阴避暑宫图四……行宫图二……"，其中的一幅《避暑宫图》（有宋徽宗"丁亥御笔"题跋），及元代佚名氏据之仿作的《明皇避暑宫图》、元代李容瑾的《汉苑图》共同留存至今，三者构图类似、繁简有差，当是据同一母本作出，其中尤以《明皇避暑宫图》保存完好、细节清晰、笔法严谨、比例精当，整体框架极富规律性，故据其展开作图分析。玄宗所幸离宫中，华清宫一般用于冬、春

---

[1] 往往以单、足材广，柱径，棋端间距、避风眷格眼或瓦垄宽等大量重复性出现的数值作为边距生成单元格，再在格网中厘定建筑各部比例与位置关系。

[2] 宋代刘道醇的《圣朝名画评》记郭忠恕："字恕先，无棣商河人。有艺文……尤能丹青，为屋木楼观，一时之绝也。……其气势高爽，户牖深秘，尽合唐格，尤有所观。凡唐画屋宇，柱头坐门，飞檐直插。今之画者，先取折势，翻檐竦壮，更加琥珀枋，及于柱头添铺矣。凡欲画，多与王士元对手。而忠恕于人物不深留意，往往自为屋木，假士元写人物于中，以成全美。"

汤沐①，结合考古资料与郭氏行迹可知，画作表达的泰半是九成宫②（图1）。九成避暑的创作母题历久不衰③，但宫观形象多出自画家想象，未能与真实的地形地貌契合，唯有宋代郭忠恕的《避暑宫图》及其两个子本反映出的山水格局颇能与考古遗址相互映照④，故受到美术史、建筑史界的较多关注⑤。然而，五代宋初时九成宫早已荒圮，郭忠恕至多是临古迹而发幽思⑥，其笔下"冠山抗殿，绝壑为池，跨水架楹，分岩竦阙。高阁周建，长廊四起。栋宇胶葛，台榭参差"⑦的堂皇之貌绝非写实，到了元人据之改绘《明皇避暑宫图》轴时，刻画的山岩突兀之势就更加夸张，且因强调避暑意趣而刻意裁撤壁体、门扉的建筑形象也已脱离隋唐时期的营造传统，为追求舒展平澹的气氛导致开间过大、观之已与使用大檐额的元代山陕建筑差相仿佛，这些都是有悖于历史真实、但却符合时人共同文化想象的。即或如此，《明皇避暑宫图》轴中仍不乏构成"视觉真实"的理性

---

① 如《旧唐书》卷七"本纪第七"："冬十月……癸卯，皇帝幸新丰之温汤，校猎于渭川。"又卷八"本纪第八"："冬十一月甲申，幸新丰之温汤。癸卯，讲武于骊山。……乙巳，至自温汤。"
② 元代王恽《秋涧先生大全集》叙及该图时称："宫观随势作三层覆压，华清居上，方殿四围垂帘，宫人隐见帘隙，类望远而外窥者。中腰楼阁参差，冠山跨壑，半为宫柳蔽亏。其下水榭极峻，内人上下杂沓无数，疑供帐也。波间鱼郎舣艇、持纲罟延佇者非一。驾自阁道，乘腰舆，拥仗将升榭而观渔乐者"，这种多层台地叠落与水流汇聚成湖的地貌特征与麟游九成宫遗址相符，而临潼夏秋濡热，华清宫从来都不是避暑佳选，更缺乏文献支撑，故所谓"华清居上"实无凭据。
③ 传世作品中较知名者包括南宋赵伯驹的《九成宫图》，疑宋人伪托的李思训的《九成避暑图页》，明代仇英的《九成宫图卷》，清代孙祜的《仿赵千里九成宫图》，清代冯宁、蒋懋德的《九成宫图册》，清代袁江的《九成宫图》，清代袁耀的《九成宫图十二屏》等。
④ 参见中国社会科学院考古研究所：《隋仁寿宫·唐九成宫考古发掘报告》，科学出版社2008年版。
⑤ 参见赵启斌：《画阁朱楼设翠榆，银床冰簟上流苏——〈明皇避暑宫图〉赏析》，《文物鉴定与鉴赏》2014年第2期；刘文辉：《传北宋郭忠恕〈明皇避暑宫图〉品读与实践研究》，中国美术学院2019年硕士学位论文；李思洋：《〈避暑宫图〉时代属性再探》，南京艺术学院学报（美术与设计）》2018年第1期；徐腾：《界画复原研究方法初探——以〈明皇避暑宫图〉为例》，《建筑史学刊》2022年第2期。
⑥ 钱建状：《北宋书画家郭忠恕、李建中、黄伯思生平仕履订补》，《新美术》2013年第3期。
⑦ 唐代贞观六年（632）魏徵撰文，欧阳询书丹《九成宫醴泉铭》。

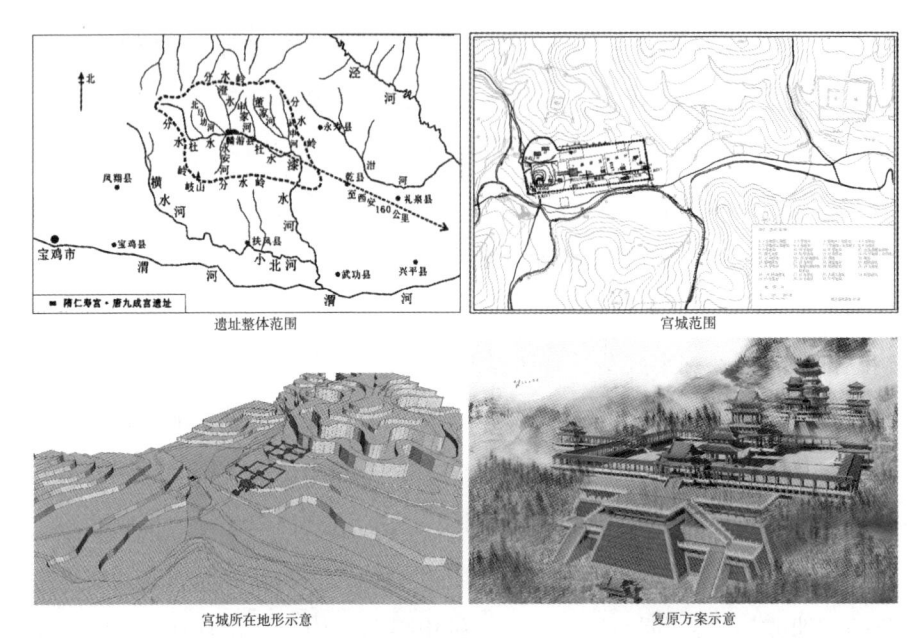

图1　隋仁寿宫（唐九成宫）遗址现状及复原示意（作者资料）
（底图引自中国社会科学院考古研究所：《隋仁寿宫·唐九成宫考古发掘报告》，科学出版社2008年版，模型为作者自建）

要素，以下试从图面经营、物形控制、比例关联三方面展开图示与量化分析，借之拆解画家的构图"理法"、认识界画创作中"真实性"的多重维度。

首先考察图中各类景观要素的分布趋势。《明皇避暑宫图》轴予人的直观感受是各处山、水、云、树皆环绕建筑向心布置，若选择殿宇及其周遭景物的关键拐点拟合成圆，其圆心常与建筑的立面形心重合[1]，成为控制整个区域的视觉焦点，且更外缘的山石萦回折曲之势也能与圆弧呼应（笔者并不认为画家直接使用辅助线生成了景物形廓，但这种相互迎合的趋势仍值得注意）；反过来，若从心间中点放出同心圆，也能同时覆盖建筑的鸱吻、翼角、台基或平坐边缘等多处重要特征点，这应非偶然。画家

---

[1] 由于画中的亭台楼阁普遍具有较高耸的台基和遭到刻意压缩的屋面，因此立面形象大体都是沿着铺作层上下对称布置，连接当心间两平柱的柱头、柱脚，"X"线的交点基本就是建筑形心所在，且常在此处安放人物形象加以强调。

图2　《明皇避暑宫图》中建筑、景观团组的"拟圆"倾向及其编号（作者自绘）

正是利用了这种简易的辅助线构图法则，有效控制了建筑单体、群组与环境间的相对关系，充分迎合了人眼自动完形的生理特性，赋予图像内在的视觉秩序，是对知觉规律的因势利导（图2）。

其次观察画中建筑的物形控制方法。界画创作的灵魂在于"折算"，即在两类自成体系的对象（绘画与建筑）间建立转化规则，这种"转译"既可以表现为类同的构造逻辑，也可以是相对明确的尺度换算关系，它当然是存在层次差异的，除了显性的样式问题外，隐性的工法、空间等内容也同样可以迁移。界画中的物形是否准确，取决于"基准""比例""尺度""模数"四个要素，其中："基准"用于定位几何体块的空间关系，为图画提供了坐标系[1]；"比例"描述的是图像中各种形状间的相对大小关系（按《辞海》的解释是"将物体绘成图样时在长度上缩小或放大的倍数"）；"尺度"将各种事物的尺寸与人体锚定，使之能被直观度量，便于

---

[1] 《说文》释"基，墙始也""准，平也"，即用于规范块、面的抽象线性参照系。

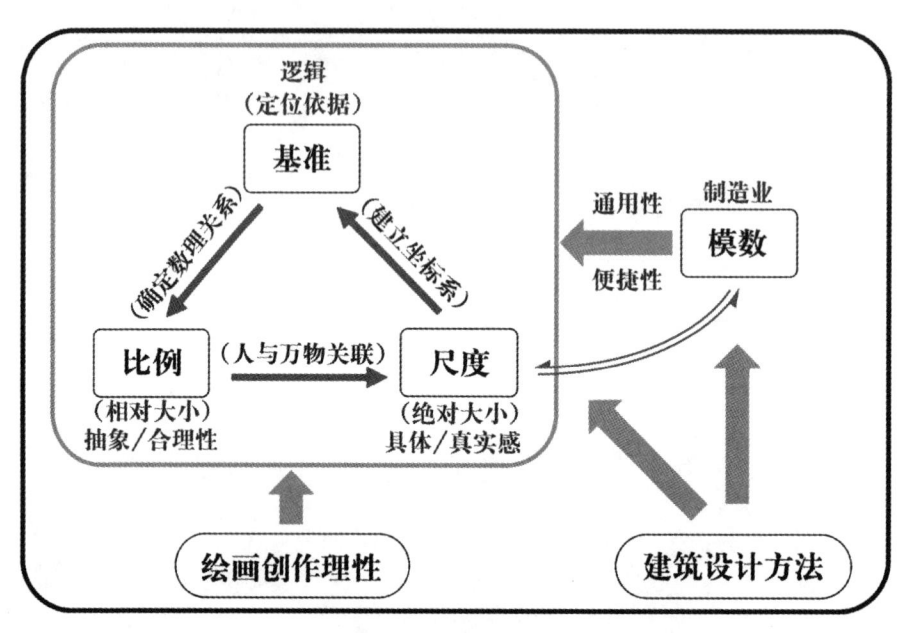

图3 影响物形控制诸要素的关系示意（作者自绘）

评价是否合理，是判断画作"真实感"的重要指标；"模数"则是以上三组概念的综合，是工匠为了因应设计任务（如建筑间架规模、用材等第、构架形式）的变化、确保生产实践能按同一规则分级执行而采用的一整套便捷折算办法，是整个行业共同遵照执行的法定规范，画家在创作时往往也借鉴其基本原则[1]，以求与摹写对象的设计思维"暗合"。详细来说，就是先借助"基准"确定物形位置，再赋予各组殿宇恰当"比例"，然后利用人物、配景明确真实"尺度"，最后在绘画与建筑的"模数"单元（如材广、柱径、椽距等）间建立换算规则，便可折出图像内涵的营造信息，使之还原成具有详细数值的设计方案。这四个概念无疑为我们评判一幅画作是否准确、传神提供了抓手，也使得画中"似是而非"之处无可遁形，令折算细节水落石出（图3）。

一般认为，建筑构件的长、宽、高数据既要满足正常使用的需求，也

---

[1] 譬如界画的打底网格就大多采用画中建筑的足材广作为基准单元的边长，这和《营造法式》"以材为祖"的规训是一致的。

要兼顾经济性、安全性和等级意义，前者表现为循杆件延展出的"适度"空间，后者则与模数制度紧密关联。①画家在挥毫时常常叠压两者，又因纸上作画无须考虑实现问题，故而绘图规则总是相对简单的，只需坚持以"人为万物之尺度"②，将主要构件约简成"标准人高"（基本取整尺）的整倍数或整分数，再以之作为基本单元重复组合，即可在建筑与人体间形成便捷的换算关系。实际上，当下的一些复原研究也正是依据这一原则展开的。③

在《明皇避暑宫图》轴中，由于画家以位置高低来表达景深远近，导致不同群组的网格单元也是渐变的。试将画中近、中、远处的人物抽象成标尺，发现其高度自下向上依次按24毫米、21毫米、20毫米（分别合8分、7分、6分）递减，且每组建筑中的人像高都被用作建筑的竖向扩大模度（如山花、屋面、铺作、柱框等均可折作其整倍数），而横向扩大模度则以单扇避风沓宽充任（自下而上按15毫米、14毫米、9毫米即5分、4分、3分渐变）④，至于斗栱则受到间距2—2.4毫米的单、足材网格控

---

① 喻梦哲：《从材栔到材分°——再论唐宋模数制度的发展演替过程》，《建筑师》2023年第1期。
② 如彭一刚在《建筑空间组合论》中提道："凡是和人有关系的物品，都存在着尺度问题。例如供人使用的劳动工具、生活日用品、家具等，为了便于使用都必须和人体保持着相应的大小和尺寸关系。日长天久，这种大小和尺寸与它所具有的形式，便统一为一体而铸入人们的记忆，从而形成一种正常的尺度观念。"画作受幅面限制，在以人为中心向外围扩散时，常呈现出越远离则比例越失衡（景物、建筑偏小）的倾向。参见彭一刚：《建筑空间组合论》，中国建筑工业出版社2008年版。
③ 如张筱晶在复原宋代城楼建筑时即是利用界画中的人物高度逆推出建筑真实丈尺（采取的方法包括"透视法"和"等比法"），参见张筱晶：《基于宋〈营造法式〉的城楼建筑研究》，北京建筑大学2018年硕士学位论文。
④ 以避风沓为模度的现象仅在左侧三组建筑中成立：位于画面左下端的①号水殿契合度最佳（其上檐斗栱亦完全受网格控制），而其上方的④号楼阁和⑦号亭台仅在大关系（如柱额定位、开间分划）上符合网格，更细微的斗栱分布已与避风沓宽无关了。

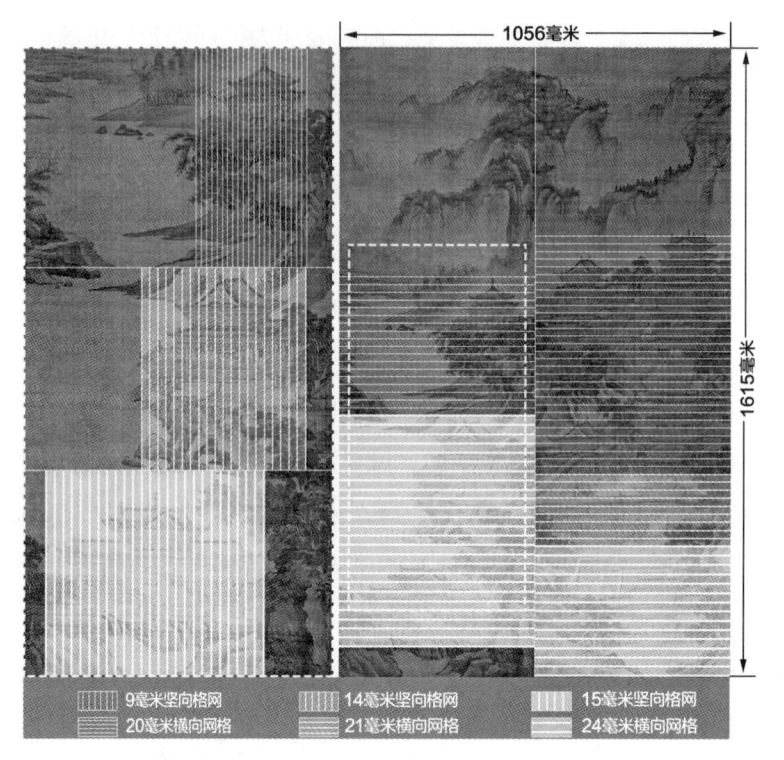

图4 《明皇避暑宫图》轴中不同单元网格分布情况示意（作者自绘）

制①（大概取相应位置人高的1/10），铺作总高多在15—24毫米之间（与横向的避风沓宽相当）。从画家按画面远近关系分设不同网格、控制各个群组的做法可知，其在布局时必已胸有丘壑，遂能令拼得的图像自然天成，全无僵硬失措之处（图4）。

最后统计图中人物高度与建筑部件间的比例。先看左下方的近景水殿（图5①），其总高（自平台下斗栱底算至鸱尾顶）约合四倍檐高a，且a=2b（b为人高）=4c（c为勾阑高），将a放平后，量得其通面阔为6a，心间广与其左、右的三间广各占2a（次、梢间广平均为2/3a），两种开间的高

---

① 大量等距排列的辅助线段被用作上、下层的斗、栱、耍头、阑额等构件边缘线，且相邻构件间的连线未被擦去，可知网格是真实存在的（虽然乍看有过于细密之嫌）。从图中量得的数据看，最高的人像与最大的七铺作高皆为23.8毫米（最小的五铺作高14.9毫米、最小七铺作高14.4毫米），自近及远的单材广分别取2.4毫米、2.1毫米、1.45毫米，足材广则是3.3毫米、2.9毫米、2.0毫米，七铺作总高的上下限正对应于单材广上下限的十倍。

宽比分别为1∶2和3∶2，便于画家记忆、度量。再看右下方宫门（图5②），设以左端角柱高为a、人物高为b，量得a∶b=3∶2，建筑总高（自台基底量至鸱尾顶）为5a（台基高1a），横向仅两侧梢间取1a，心间不受a控制，高宽比约为1∶$\sqrt{2}$。若以下方近处第二座宫门（图5③）的下层檐高为a，则其总高（含台基在内）约为3a（台基高0.5a），且a=2b=3c，心间高宽比为1∶1.3。中部左侧的楼阁（图5④）含台基在内总高4a（台基高1a），a=2b=4c，心间高宽比为1∶1.5，且总面阔∶心间广∶次间广约合4∶2∶1。中段居中的主楼（图5⑤）含台基在内高3.5a（台基高0.5a），a=2.5b=4c。其右侧的组群（图5⑥）分作前殿、后楼两个部分，由于此处未画出人物，故以铺作高为b、以柱高为a，量得殿宇通高3.5a，檐高、铺作高与勾阑高之比大约为8∶6∶3，取值较为特异，且楼上心间的高宽比近似于1.2∶1，是画中唯二两处"柱高越间广"的情况，可算一个不大不小的"错漏"。远处左侧亭台（图5⑦）通高3.5a（台基高0.5a），仍保持a=2b=4c的倍增关系，心间高宽比近似1∶1.2。远处中央楼阁（图5⑧）总高约为6a（台基高可忽略不计），a、b、c再次取到4∶2∶1的关系（全图第四次）。远处右一楼阁（图5⑨）以檐高为a，总高5a（台基高0.5a），量出的结果是3a=6b=10c，勾阑与人高、檐高比例不整，其一层心间高宽比近似1，二层则讹大到1.2∶1。最后看右上方的楼阁（图5⑩），其总高10a（台基高1a），2a=3b=6c，二层心间的高宽比取1∶1.6，次间化简为1（表1）。

统计后发现：（1）各组建筑内部均存在确定的比例关系，但取值依据不一。（2）相较于实例，图像普遍拉宽了心间广（以便于彰显人物活动、强化中心式构图）、拉大了铺作高（以"仰画飞檐"之法展示构造细节，但屋架总高未变，因此等效于压缩了屋面），这种先框定合理的整体比例，再在其中灵活分配各个局部的做法决定了，一旦画家着意夸饰建筑的某一部分，就必然削弱与之相邻的其他部分，损益之后差异将愈发明显，但轮廓大形却不再随动，也不失为一种有效的抓大放小之法。（3）基准长a（取檐高或柱高）的绝对尺度在全图中呈现出从左到右、从下至上逐渐变

表1 《明皇避暑宫图》各局部扩大模数间的比例关系

| 编号 | 建筑位置 | a∶b∶c | 建筑高度 含合基 | 建筑高度 不含合基 | 心间广∶柱高 | 檐高∶柱高 |
|---|---|---|---|---|---|---|
| ① | 近处（下方）左侧水殿 | 4∶2∶1 | 4a | 3a | >1（接近2） | — |
| ② | 近处（下方）右一宫门 | 3∶2（a∶b） | 5a | 4a | >1 | >√2 |
| ③ | 近处（下方）右二院门 | 3∶2∶1 | 约3.5a | 约2.5a | ≈1 | — |
| ④ | 中部左侧楼阁 | 4∶2∶1 | 约4a | 3a | >1 | — |
| ⑤ | 中部中心楼阁 | 4∶2∶1 | 约3.5a | 3a | — | — |
| ⑥ | 中部右侧楼阁 | 8∶6∶3 前院主殿 / 前院主楼 | — / — | — / 约3.5a | — / <1 | — / — |
| ⑦ | 远处（上方）左侧亭台 | 4∶1（a∶c） | 约3.5a | 3a | >1 | — |
| ⑧ | 远处（上方）中心楼阁 | 4∶2∶1 | 约6a | 约6a | >1（二层） | — |
| ⑨ | 远处（上方）右一楼阁 | 10∶6∶3 | 约4.5a | 约4a | ≈1（一层）<br><1（二层） | — |
| ⑩ | 远处（上方）右二楼阁 | 6∶3∶2 | 后院主楼 | 约10a | 约9a | >1（二层） |

注：除了②⑥两组建筑中的a代表柱高外，其余均为檐高；除⑥中的b代表铺作高外，其余均为人高；c均为勾阑高。

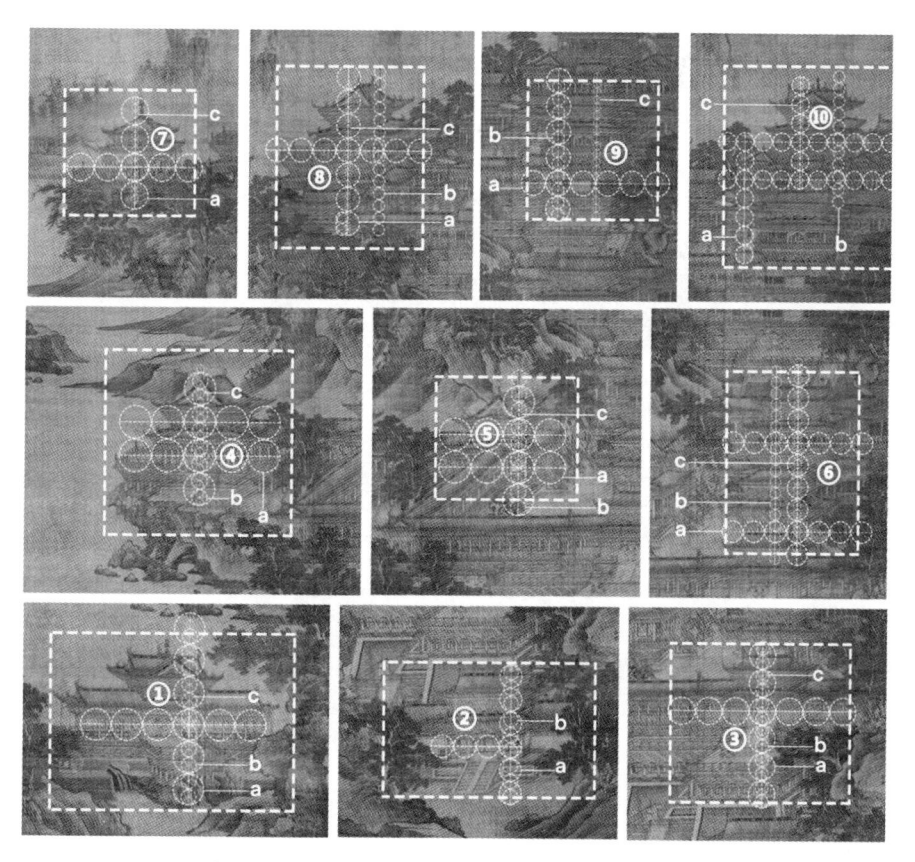

图5 《明皇避暑宫图》中各组建筑的比例构成方式示意（作者自绘）

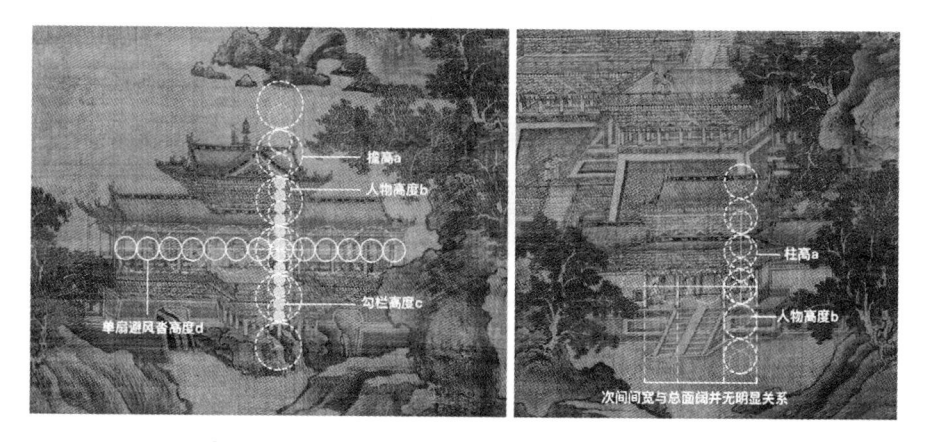

图6 《明皇避暑宫图》下方水殿、宫门部分比例关系示意（作者自绘）

小的趋势，但其与相应建筑的总高，以及与细分模度b（人物高度）、c（勾阑高度）间的比例关系始终保持稳定（图6）。

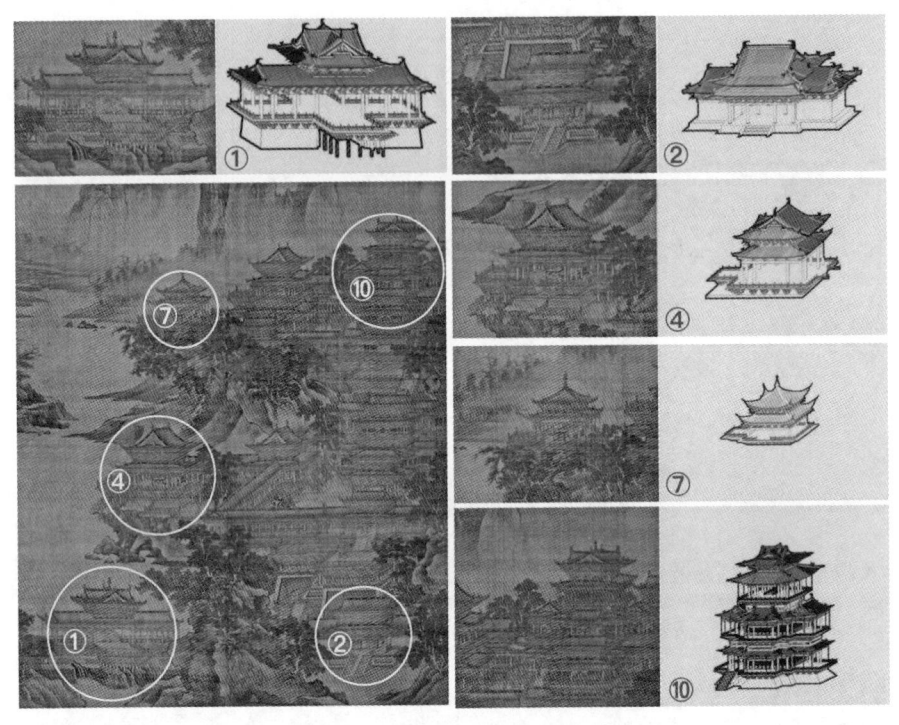

图7 《明皇避暑宫图》原始图像与复原方案叠合示意（作者自绘）

最后将若干组据《营造法式》推得的建筑复原方案直接覆压到原图相应位置，以便直观比较绘画与设计的近似程度。以前宫门为例，依据其基本信息（如上、下檐铺作配置，间广架深及梁柱组合关系等），按五等材、朵当125分°、柱檐高度比1：等原则搭建模型，并将视角调至与原图相同（近似斜二轴测画法）[①]、彼此叠合后发现（图7）：两者轮廓基本吻合，但为了解决斗栱被屋檐遮挡的问题，画家在描绘檐下时故意压低了视点，将水平投影得到的铺作层拼嵌进按照俯视角画出的房屋体块中，同时调窄屋面（通过压缩深向斜线角度实现）来维系合宜的整体高宽比，这种上下扫描的观看方式并不符合日常的视觉经验，它更像是把"神游"中的观者变成一只低冲高翔的飞鸟，振翅间便将帧帧影像凝于脑海。古人言及宫室

---

[①] 李义娜认为："界画采用一种类似轴侧图的绘制方式表现建筑单体，使其呈现出基本准确的长宽高比例关系和符合视觉感受的局部构件，但是仍非透视理论下的'比例准确'。"参见李义娜：《论界画建筑空间关系的表现》，《艺术学界》2010年第1期。

时常取"俯仰"二字，既是赞叹煌煌殿阁，也含着讽古喻今的训诫意味，如《九成宫醴泉铭》里就有"仰视则迢递百寻，下临则峥嵘千仞""仰观壮丽，可作鉴于既往，俯察卑俭，足垂训于后昆"之类的句子，可知前述俯仰相继的"观法"完全符合古人的思维习惯，也就完全合乎知觉真实。

### 四、辩证看待界画创作的"真实性"问题

《明皇避暑宫图》轴中存在着不同分区、不同规格的模数网络，它们控制着由远及近、从下到上的复杂群组，其相互间的定位关系由若干种几何辅助线（如组团的外接圆）决定，网格单元则构成了建筑自身的权衡基准，而人物、柱檐、勾阑间的换算关系更进一步明确了空间的尺度感。由于图像是依循统一的定位规则和数量关系被创作出来的，必然内嵌着丰富的理性要素，拥有自成体系的、可被完整揭示和复盘的画法。

当然，图形操作的系统性不能取代真实的营造法则，它展示出的是一种自性具足的视觉秩序，是以设计理性"说服"观者、唤醒其认知经验（其中夹杂着大量记忆偏差和错觉）的结果。郭忠恕从未见过唐代的九成宫，元人模仿郭氏旧图时更未必到访过麟游县，画家"传移"的仅仅是自己的想象。何况南宋以后不设画学①，习画者再也无缘系统接触建筑知识，虽有粉本可供辗转传抄，对于"营造工法"的理解却变得粗疏，即便如夏永等著名画师也都惯于借用平行线组来粗略"示意"铺作的存在，连斗、栱形状都不再如实描画。元明界画总被时人讥嘲为"都鄙有匠气"，实则并未严格遵循匠门工法，画家按照自己的理解组织线条，简化或异化构造关系，借由"形式自律"重构过的建筑形象虽含有一定的数理逻辑，但这种创作理性却不能代表真实的营造技艺。另一方面，画家在模糊空间尺度、拿捏建筑体量上却是颇有心得，这种经营幻象的技艺正是其有别于工匠的独特能力。在一幅界画中，无论建筑的整体比例多么合益，也无论样式细节多么惟妙惟肖，一旦植入人物，矛盾就无可避免地产生了：只要画

---

① 参见杨勇：《两宋画院教育研究》，上海大学2012年博士学位论文。

家还试图在有限的画幅内平衡建筑信息和人物情态，就势必要偷梁换柱，将人像极度放大；同时，为了避免视觉关系被过分扭曲，人物与其直接关联的建筑部品（如尺度相对固定的格子门、勾阑等）间的约束关系是不能轻易解除的，这意味着整个建筑图象"分裂"成真实度迥异的上下两个部分：下部的台基、阶梯、勾阑完全适配于人像，成为遮掩破绽的道具；上部的柱额、斗栱却经历了双重缩小（构件尺度小幅压缩、空间距离大幅压缩），画家尝试重新定义局部和整体间的权衡方式，他刻意省并了补间铺作朵数、减小了斗栱间距，使得间广、柱高远远小于正常值，成为仅能围合人物的"景框"（更像是祠庙中遮围神像的帐龛），又或者是将柱子、阑额的宽度大幅折减成单材广[1]，缩小后的柱径一定会连带套出更低矮的柱高（柱子高径比仍维持正常取值），而由于间广受柱高限定，屋檐与柱高成倍比例[2]，屋架高与檐柱高正相关[3]，进深又与屋架高成比例（按"举折"之制，瓦屋三分、苇屋四分，或殿阁三分举一、厅堂四分举一）……在此连锁反应之下，一开始便被代入"错误"赋值的推导过程必然"一错再错"，导致建筑体量有悖于客观真实，但却形成了一种含化了创作意志、经过刻意重构且自成体系的视觉真实。

由此产生了两种极端情状：其一是人物成为凌驾于建筑之上的主导线索，其活动为静态的画面注入了时间因素，使得观者对画面的理解趋于多元，如宋代赵伯驹《汉宫观潮图》中，衣着、形态完全相同的一组人物反复出现在不同建筑局部中，这促使我们反思，画家到底是在表现"延时摄影"般的多场景定格？还是在表达连环画式的分镜头拼贴？长卷中的汉宫到底是固定视角下的一组建筑，还是对同一建筑"步移景异"后不同视面

---

[1] 按《营造法式》规定，不同构架类型的柱径从一材一栔到三材两栔不等，界画绘制的多是高级殿阁或楼阁，应不小于两材一栔，由此看来，画中刻意缩减柱径是普遍现象。
[2] 参见王贵祥：《唐宋单檐木构建筑平面与立面比例规律的探讨》，《北京建筑工程学院学报》1989年第2期。
[3] 参见傅熹年：《中国古代城市规划、建筑群布局及建筑设计方法研究》，中国建筑工业出版社2001年版。

的叠合？其二是人物完全消隐，如传为元代王振鹏所作的《广寒宫图》，全图为彰示清虚之意，除却一株桂树外，千门万户间并无半点人物踪迹，但槅扇、台阶、阑版、吻兽等构件仍在时刻暗示着建筑与人体的比例关系，秩序只是被隐藏，并未缺席。

## 五、结论

画家对于"真实性"的考虑越全面，画法中蕴含的创作理性就越丰沛、操作手段也就越圆熟，而这些"真实性"总是相对的，并不总能同时符合感官经验和物理法则。例如，画家在同幅作品中灵活选用中心投影、平行投影、透视、轴侧等方式表达建筑的不同看面，这在现实世界中是无法实现的，但却完全符合书画欣赏的"卧游"传统。建筑的营造做法不以人的主观意志为转移，材料的物化性能、结构的受力状态、空间与行为的契合方式都是有法可循的，但在画中，只要比例相对合理，诸如构件截面偏小、空间尺度不足之类的问题却很容易被忽略，违背知性真实的同时未必不能满足感性真实。"真实性"在不同情境下具有不同的层次和内容，画家在创作界画时综合匠学与视学知识并加以变通，用其理、度其情、游骋其间而不为所困。因此，画中建筑与复原方案乍看虽相似，却各有其必须遵照的理性原则，图像被制作出来是为了"成人伦、助教化"[1]，而营造殿宇是为了获取实用空间，画家借鉴工匠的设计工具（即前述基准、尺度、比例、模数等概念）后，又植入了诸多调控变形幅度的手段来处置建筑形象，谙于其事者固然洞若观火，若不一一点破却难辨其间秘辛。

《明皇避暑宫图》轴大概正处在界画发展的一个关键节点上，两宋"格物致知"的价值观已彻底变质，越来越多的画家不再将忠实再现物情世态当作终极诉求，而是拿一身技艺博取进身之阶，无怪乎为文人主导的画坛所不取。但事物总有两面性，元人较宋人立意"堕落"的反面，却是

---

[1] 参见〔唐〕张彦远：《历代名画记》，章宏伟编，朱和平注，中州古籍出版社2016年版。

画家创造力的充分解放和理性思维的日趋成熟[①]，掌握一门突破物理规则、再造视觉秩序的"手法"绝非易事，较之郭忠恕相对克制的《避暑宫图》，《明皇避暑宫图》轴和《汉苑图》展现的是一种更符合元人想象的"千门万户"之貌，一种化繁为简、"以人为本"的尺度调谐实验，一种蕴方圆轨迹于山水树石间、借工具理性"经营位置""应物象形"的全新创举。

（原载《西安建筑科技大学学报（社会科学版）》2024年第4期，第84—92页）

---

[①] 参见李晨辉：《元代绘画风格与画家身份、心态研究》，《艺术探索》2022年第9期。

# 第二章 寺观壁画所见宋代建筑——以高平开化寺壁画为例

## 高平开化寺北宋壁画兜率天宫建筑图像解读

杨怡菲　李路珂　赵令杰

### 一、引言

开化寺位于山西省高平市东北舍利山南麓，其中大雄宝殿主体为北宋遗构，殿内东、西、北三面存有精美的佛教壁画。大殿于北宋熙宁六年（1073）经历了一次重建，殿内壁画绘制于约20年后的元祐壬申年（1092）正月至绍圣丙子年（1096）九月间①，其中西壁的主要绘制者为画匠郭发②。寺中大观四年（1110）《泽州舍利山开化寺修功德记》碑记载了壁画的主要内容："其东序曰华严，扆壁曰尚生；其西序曰报恩，□壁曰

---

① 开化寺大殿当心间前檐两柱上留有"熙宁六年岁次癸丑三月甲辰朔十八日辛酉"的纪年题记。"大观"碑（现存于大雄宝殿内）记载："姑以元祐壬申正月初吉，绘修佛殿功德，迄于绍圣丙子重九，灿然功已。"
② 大殿当心间后檐柱内侧留有两条壁画完工时的题记，题记文字现已模糊不清，题记内容由潘絜兹、丁明夷先生在较早时抄录记载于《开化寺北宋壁画》一书中："丙子六月十五日粉此西壁，画匠郭发记"，"丙子年十月十五日下手搭彀立，至十一月初六日描讫，待来年春上采，画匠郭发记并照壁"，所记内容与"大观"碑相吻合。参见山西省古建筑保护研究所编：《开化寺宋代壁画》，文物出版社1983年版。

观音"①。近40年来，多位学者对壁画的内容进行了研究②，其中较早确认的是西壁和北壁西侧为大方便佛报恩经变，东壁为华严经变，北壁东侧的经变画较难辨识，近几年才由谷东方先生考证为弥勒上生经变的内容③（图1）。这幅上生经变分为中堂部分和两侧条屏部分，其中中堂部分表现弥勒菩萨在兜率天宫说法，条屏部分表现弥勒上生经中的两次释迦牟尼说法，并通过释迦牟尼的说法描述兜率天宫的场景④。本文将主要关注画面中部的兜率天宫图像。该图像描绘兜率天宫建筑院落，是一幅典型的北宋界画。画面宽约1.8米，高约2.6米，体量宏大，表现了多种多样的建筑形制、复杂的空间和丰富的色彩与装饰。从建筑学的角度来看，该图像既为诸多已消逝的北宋建筑做法保存了珍贵的形象资料，也是中国古代建筑画中视觉表达和空间塑造方法的珍贵例证。

　　清华大学建筑学院李路珂老师团队于2015—2017年间对高平开化寺

---

① 贾珺：《山西高平开化寺营建历史考略》，王贵祥、贺从容、李菁主编：《中国建筑史论汇刊》（第18辑），中国建筑工业出版社2019年，第22—56页。
② 对这幅经变画的研究始于20世纪80年代，研究多专注于对壁画所表现的佛经内容的阐释。梁济海先生、潘絜兹先生都曾对开化寺壁画进行过调查研究，但未能深入探讨北壁东的经变题材。柴泽俊先生根据"大观"碑"扆壁曰尚生、□壁曰观音"的语句，将北壁东所绘经变相解读为观音经变，认为该建筑场景表现了观世音菩萨在普陀山成道时举行法会的盛况。参见梁济海：《开化寺的壁画艺术》，山西省古建筑保护研究所编：《开化寺宋代壁画》，文物出版社1983年版；柴泽俊：《山西寺观壁画》，文物出版社1997年版，第19—39页。
③ 谷东方：《高平开化寺北宋上生经变和华严经变壁画内容解读》，《焦作师范高等专科学校学报》2015年第3期，第13—34页。2015年，谷东方先生进行了更深入的解读。他通过与南朝宋沮渠京声译《佛说观弥勒菩萨上生兜率天经》对比，认为北壁东所绘应为弥勒菩萨上生兜率天经变，画面为中堂式布局，中部为弥勒菩萨在兜率天宫中说法的场面，两侧为相关的情节性图像。2021年，阮晋逸博士在论文中着重解读了壁面两侧片段化的场景内容，提出两侧中部图像为《上生经》中两次释迦说法的场景，与中部弥勒说法"共三个'场域'为整个净土经变增加了时间上延展的可能性"，同时在谷东方研究的基础上进一步辨识了"六事法"图像的内容。参见谷东方的《高平开化寺北宋上生经变和华严经变壁画内容解读》，阮晋逸的《北宋兜率净土的图景——高平开化寺弥勒上生经变考释》。
④ 阮晋逸：《北宋兜率净土的图景——高平开化寺弥勒上生经变考释》，《美术大观》2021年第5期，第44—48页。

进行测绘和勘查,其后进行了一系列制图和研究工作[①]。本文是该系列成果之一,通过对北壁东侧弥勒上生经变中的建筑图像进行图形和色彩的复原性制图,分析图像中的建筑形制特点、画面构图规律,并从建筑图像的角度探讨开化寺壁画中兜率天宫的观看方式和叙事意图。

## 二、开化寺弥勒上生经变：作为符号与场景的建筑图像

经变这一形式自六朝时期传入中国,在隋唐之际发展出大型的经变画,最初是变相卷轴画,后多由画家或画师绘制于寺观石窟当中[②]。经变是一种依照特定经文绘制的佛教故事画,将佛经中的故事绘制成图像,通过最直观的方式将深奥的义理传达出来,是对经文内容的场景化阐释和再创作。开化寺北壁东侧《弥勒上生经变》所据为南朝宋沮渠京声译《佛说观弥勒菩萨上生兜率天经》[③]（下文简称《上生经》）,将经文中的讲经场面与天宫建筑具象化,成为图像中可视的建筑和空间。该图像缩小了主尊佛的尺度、去除了华盖等常见的烘托要素,以建筑组群构成画面的主体。在表达人们对兜率天宫想象的同时也必然取材于作画者所熟知的建筑形象。画面中大量运用建筑形象,生动地塑造了《上生经》所描述的弥勒佛化现和说法过程的空间场景,让观者产生身临其境的感受。画师巨细靡遗地描绘了大量的建筑形制特征,显示出丰富的建筑知识和很高的写实技巧。若从建筑学视角解读,可辨识出诸多已消逝的北宋建筑做法的珍贵形

---

[①] 此系列研究已完成发表或录用待刊的文章4篇,参见贾珺的《山西高平开化寺营建历史考略》、蒋雨彤等的《山西高平开化寺大雄宝殿内檐彩画复原研究》、丁文灏的《高平开化寺壁画中的宋代建筑复原研究》以及刘梦雨等录用待刊的文章《高平开化寺大雄宝殿壁画及建筑彩画材料工艺初探》。

[②] 关于隋代大型经变画的记载有董伯仁绘弥勒变相图、展子虔法华变相等；唐代画家尉迟乙僧、吴道子等均有在寺观中做经变画的记录。参见唐代张彦远的《历代名画记》,裴孝源的《贞观公私画史》。

[③] 谷东方:《高平开化寺北宋上生经变和华严经变壁画内容解读》,《焦作师范高等专科学校学报》2015年第3期,第13—34页。《佛说观弥勒菩萨上生兜率天经》,〔南朝宋〕沮渠京声译,《大正新修大藏经》14—17"经集部",河北省佛教协会2009年内部编印。

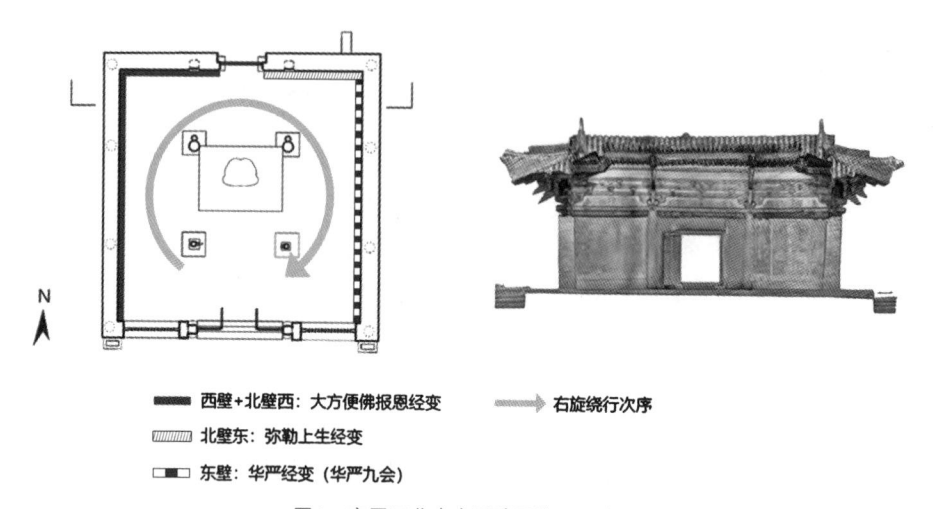

■ 西壁+北壁西：大方便佛报恩经变　➡ 右旋绕行次序
▨ 北壁东：弥勒上生经变
▧ 东壁：华严经变（华严九会）

图1　高平开化寺大殿壁画位置示意图
（杨怡菲根据测绘图及正射影像改制[①]）

象，而从地域、类型和等级诸方面，也可读出画面建筑场景中隐藏的诸多符号学内涵。

鉴于此，下文结合佛教经文和建筑学知识，分别从"场景塑造"与"建筑形制"两个方面，对该幅图像的建筑信息进行逐一辨识和解读。

（一）图像对《上生经》空间场景的塑造

这幅说法图准确地再现了《上生经》中描述的兜率天宫的生成过程，画面由下至上展开，下半部分是一座城楼，上半部分是一组以水池为中心的院落，分别对应了经文中两次宫殿化现的过程。第一次化现在兜率陀天上，由"五百万亿天子脱宝冠以天福力化作五百万亿宝宫"，这些宝宫中被着重描述的建筑要素是高大的城墙，"宝宫有七重垣，垣七宝所成……垣墙高六十二由旬，厚十四由旬"[②]，壁画中以一座城楼来代表宝宫中的七重垣，城楼之下有宝树、龙王环绕，也与经文相合（图2，表1）。

---

[①] 测绘工作由李路珂主持完成，正射影像由广州慕光科技有限公司采集制作，许通达对正射影像采制工作亦有贡献。
[②] 《佛说观弥勒菩萨上生兜率天经》，〔南朝宋〕沮渠京声译，《大正新修大藏经》14—17"经集部"，河北省佛教协会2009年内部编印。

第二编　图像中的宋代建筑 | 131

正射影像
(广州慕光科技有限公司制作)

建筑图像线描图
(杨怡菲绘①)

G 正殿善法堂
H 大师子座

C 四十九重微妙宝宫
D 栏杆
E 宝柱+楼阁
F 八色琉璃渠
(5.五大神)
(6.弥勒菩萨)
(7.天女)

(3.牢度跋提大神)
(4.五百亿天子)

A 五百万亿宝宫
B 城垣/城楼
(1.五百亿天子)
(2.龙王)

图 2　开化寺大殿北壁东兜率天宫图像

第二次化现对应画面上半部分的内容，在外层的五百万亿宝宫之内，一名为牢度跋提的大神以摩尼光化四十九重微妙宝宫，即《观弥勒上生兜率天经赞》（下文简称《上生经赞》）中所说的法堂内院，院中有弥勒菩萨所在的善法堂。壁画中用一进完整的院落来代表法堂内院②，即画面上半部分的建筑群，最上方三开间的正殿为善法堂，殿中弥勒菩萨端坐于须弥座上。院中左右两侧有两座二层楼阁相对，楼阁边上有宝柱，对应经文中"持宫四角，有四宝柱……有百千楼阁，梵摩尼珠，以为绞络"③的描述；院落正中有一座"凹"字形的水池，水面上有莲花升起，有天女立于

---

① 李路珂主持了本次测绘工作，马晨浩、赵书婕、李秋容等参与了该图初稿的绘制，辛惠园博士、朴沼衍博士对本次测绘亦有贡献。
② 〔唐〕窥基：《观弥勒上生兜率天经赞》，《大正新修大藏经》33—39"经疏部"，河北省佛教协会 2009 年内部编印。
③ 《佛说观弥勒菩萨上生兜率天经》，〔南朝宋〕沮渠京声译，《大正新修大藏经》14—17"经集部"，河北省佛教协会 2009 年内部编印。

表1　经文与开化寺大殿北壁东经变画关键内容对照表

| 《佛说观弥勒菩萨上生兜率天经》 ||| 《观弥勒上生兜率天经赞》 | 开化寺大殿壁画中对应内容 |
|---|---|---|---|---|
| 宫殿化现过程 | 关于建筑空间的描述 | 关于人物的描述 | 补充描述 | |
| 五百万亿宝宫：尔时，兜率陀天上，有五百万亿天子……各各脱身栴檀摩尼宝冠……化作五百万亿宝宫（A） | — | 五百万亿天子，以天福力造作宫殿 | 初五百亿天子造外众宝宫 | 天子（1） |
| ^ | 宝宫有七重垣，垣七宝所成……垣墙，高六十二由旬，厚十四由旬 | — | 第四广垣，垣谓围墉。高六十二由旬者，显生彼者逾破六十二见故，厚十四由旬者，御摧十四不可记事故 | 城垣/城楼（B） |
| ^ | — | 五百亿七宝行树，五百亿诸天宝女，住立树下 | — | 七宝行树 |
| ^ | — | 五百亿龙王围绕此垣，雨五百亿七宝行树 | 造宫之中下第三段龙王守护有三 | 龙王（2） |
| 四十九重微妙宝宫：尔时，此宫有一大神，名牢度跋提……此摩尼光回旋空中，化为四十九重微妙宝宫（C） | — | 牢度跋提大神 | 次一大神造法堂内院……明外果中次下第二明大神为造法堂，慈氏内院也。以堂为主名造法堂，据实而言，具造内院 | 牢度跋提大神（3）[①] |
| ^ | 四十九重微妙宝宫 | — | 此作宫也，四十九重者，持戒坚牢宫遂重密 | 院落 |
| ^ | — | — | 若我福德应为弥勒菩萨造善法堂，令我额上自然出珠，正明发愿，宣妙义舍名善法堂 | 正殿善法殿（G）弥勒菩萨（6） |

---

① 谷东方先生认为牢度跋提大神是图中编号为3的人物，正音声大神是画面正中编号为5的人物；阮晋逸博士在论文中提出牢度跋提与五大神中正音声的形象存在"图像与文本的错位"。本文不拟探讨经变中表现的人物形象，仅依照谷东方先生的辨识标注人物位置。

续表

| 《佛说观弥勒菩萨上生兜率天经》 ||| 《观弥勒上生兜率天经赞》 | 开化寺大殿壁画中对应内容 |
|---|---|---|---|---|
| 宫殿化现过程 | 关于建筑空间的描述 | 关于人物的描述 | 补充描述 | |
| | 栏楯，万亿梵摩尼宝所共合成 | — | — | 栏杆（D） |
| | — | 诸栏楯间，自然化生九亿天子五百亿天女，乐舞 | — | 天女 |
| | 时诸园中，有八色琉璃渠……渠中，有八味水，八色具足，其水上涌，游梁栋间，于四门外化生四华 | — | 第二大段愿遂中一大神作园……一八色渠八色渠者，青黄赤白红紫碧绿，二宝珠合成，三八味水即前八色皆悉具足 | 八色琉璃渠（F）莲华 |
| | — | 华上，有二十四天女 | — | 天女（7） |
| | 七宝大师子座，高四由旬，阎浮檀金，座四角头，生四莲华 | — | — | 大师子座（H）（形制与经文有差异） |
| | 化为五百亿众宝杂华，庄严宝帐 | — | — | 有 |
| | — | 百千梵王，小梵王，百千无数天子天女眷属，五百亿宝女 | — | 无 |
| | 持宫四角，有四宝柱……有百千楼阁，梵摩尼珠，以为绞络 | — | 第四大段愿遂中大神造柱 | 宝柱×2（E） |
| | — | 时诸阁间，有百千天女 | — | 楼阁（E） |
| | — | 时兜率天宫有五大神，名曰宝幢、华德、香音、喜乐、正音声 | 后五大神于此二宫种严饰 | 五大神（5） |

莲花之上，对应了"时诸园中，有八色琉璃渠，……渠中，有八味水，八色具足，其水上涌，游梁栋间，于四门外化生四华……华上，有二十四天女"①的描述；画面中还表现了很多栏杆，栏杆柱头上也装饰莲花，对此也有经文依据："栏楯，万亿梵摩尼宝所共合成。"②北壁东的壁画很大程度上还原了经文里想象中的兜率天宫，虽然只展现了一座城楼和一组院落，但汇集了经文中描述的主要建筑要素，是兜率天万亿重宫阙的一个缩影。画面在竖直方向充满整幅壁面，水平方向上左右被两束由莲花发出的光束截断，使人联想到在画面之外还有重重宝宫楼阁存在。整幅壁画以一组代表性的建筑片段展现了宏大的兜率天宫。

弥勒上生信仰中，弥勒曾为佛弟子，先佛入灭，上生至兜率天宫中为补处菩萨，五十六万亿年后下生成佛。弥勒上生的信仰者希望死后往生兜率天净土，与弥勒菩萨一起，再五十六万亿年后下生到已经是净土的娑婆世界③。《上生经》以佛与优波离的对话预言了弥勒菩萨往生兜率天后的场景，使用大量篇幅来描绘兜率天宫中的建筑，言其院落重重、装饰繁复。为了凸显兜率天宫是一处令人向往的所在，佛教导信仰者兜率天是"十善报应胜妙福处"，若要往生兜率天则需要持戒精进、勤修善法，"思惟兜率陀天上上妙快乐"④。华美的建筑最能直观展现兜率天宫的美好，北壁东上生经变的宏大建筑群具象地把经文中对天宫的描述传达出来，使观者对往生兜率天产生向往，从而达到传播佛法、劝人向善的目的。

---

①②《佛说观弥勒菩萨上生兜率天经》，〔南朝宋〕沮渠京声译，《大正新修大藏经》14—17"经集部"，河北省佛教协会2009年内部编印。
③ 敦煌研究院编：《敦煌石窟全集6弥勒经画卷》，商务印书馆（香港）2002年版。
④"此名兜率陀天，十善报应胜妙福处。……若有比丘及一切大众，不厌生死乐生天者，爱敬无上菩提心者，欲为弥勒作弟子者，当作是观，作是观者，应持五戒八斋具足戒，身心精进，不求断结，修十善法，——思惟兜率陀天上上妙快乐，作是观者名为正观，若他观者名为邪观。"参见沮渠京声译《佛说观弥勒菩萨上生兜率天经》。

## （二）图像中的建筑形制

### 1.院落组群

开化寺北壁东兜率天宫图像由一条横向的连廊分成上下两组建筑群，画面上方表现的是一组完整的院落，弥勒菩萨在正殿善法堂正中说法。主殿三开间，单檐歇山顶，正殿左右有连廊或挟屋。殿前院中有一座水池，水面呈"凹"字形，四周有栏杆围绕，水面上出荷花，并有天女在其上跳舞。水池两侧对称布置两座二层楼阁，楼阁半架在水面之上，为3×3间的方形平面，单檐歇山顶，两座楼阁檐面相对（图3）。在主要殿堂前对称峙立两座楼阁的寺院格局在唐宋时期十分常见，两座楼阁多为钟楼与藏经阁，如唐释道宣《戒坛图经》中描绘的钟、经二台，又如文献中记载的北宋兴国寺内双阁等[1]。现存实例中此类双阁对峙的格局也不胜枚举。北宋隆兴寺中转轮藏殿和慈氏阁相对[2]，而辽代的善化寺中，大雄宝殿之前是普贤、文殊二阁相对，大雄宝殿两侧配有朵殿，与壁画中更为相近（图4）。

上述实例与北壁东画面最大的差异是院落中央的水池，经变画中弥勒

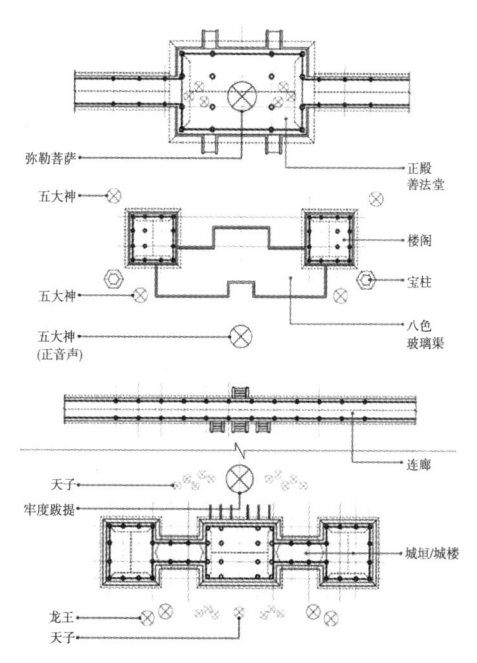

图3 开化寺大殿北壁东兜率天宫平面格局示意图
（杨怡菲绘）

---

[1] 王贵祥：《中国汉传佛教建筑史：佛寺的建造、分布与寺院格局、建筑类型及其变迁》（中卷），清华大学出版社2016年版，第1484—1530页。
[2] 两阁均为双层、三开间单檐歇山顶，二层平坐层之上有一圈栏杆，与壁画中的双阁十分相似，两阁均比壁画中多出一道前廊；但隆兴寺中双阁所在院落的中轴线上为大悲阁，与壁画中的正殿有所不同。

开化寺大殿北壁东壁画中的双阁（杨怡菲绘）

正定隆兴寺双阁鸟瞰（雷博文摄）

图4 壁画及建筑中的"双阁"布局

菩萨说法所在的院落以水池为中心展开，经文中也有大量关于水渠和渠中八味水的描述："一八色渠，八色渠者，青黄赤白红紫碧绿，二宝珠合成，三八味水，即前八色皆悉具足。"①水的元素也经常出现在其他弥勒经变和西方净土变的建筑场景中②，可见水池是构建天宫的重要元素。

2.城楼

画面下方的城楼规模宏大，中央为城楼，两侧有朵楼，朵楼与城楼之间通过廊道相连（图5）。正中的城墩有三条门道，中央门道比两侧稍宽。城门道为木框架结构，左右立柱，上方承托横向过梁，过梁上立短柱，形制与《营造法式》中所载的城门道一致，唐代敦煌第148窟中的城楼、《清明上河图》中描绘的北宋东京上善门、

---

① 〔唐〕窥基：《观弥勒上生兜率天经赞》，《大正新修大藏经》33—39"经疏部"，河北省佛教协会2009年内部编印。
② 敦煌净土变中有大量对水或水池的表现，如莫高窟148窟、174窟、323窟等，宁波保国寺大殿前也有一座方形的净土池，参见敦煌研究院编：《敦煌石窟全集6弥勒经画卷》，商务印书馆（香港）2002年版。

泰安市岱庙大门等均为此种做法①。

壁画中央城楼为单檐歇山顶，面阔三开间，在城墩顶上架设木平坐层，平坐层上再建城楼。中央城楼两侧另有两座朵楼，之间以连廊相连，朵楼同样为单檐歇山顶，面阔三开间，山面朝前。该组城楼与朵楼的形式与北宋东京皇城南面的宣德门有一定的相似之处，但建筑等级及复杂程度有所降低。此外，该处城楼在平面布局方面与宣德门亦有明显的不同：开化寺壁画城楼与两朵楼呈"一"字型布局，而宣德门与朵楼则呈"凹"字型布局②。同样呈"一"字型布局的还有唐宋时期位于洛阳城郭城南面正中的定鼎门，定鼎门遗址同样是一门三道、两侧配有朵楼、没有阙楼（图6）③，有可能为开化寺壁画"天宫城楼"图像创作的蓝本。

3.建筑细部

画面中详细地表现了大量的建筑细部，细部形制大多可以与《营造法式》中的记载相吻合，是典型的北宋官式建筑做法。北宋时期的小木作、装饰实例很难保存至今，这幅壁画中的细部做法可以作为理解《营造法式》的例证。

画面上方大殿前设置左右两条辇道，辇道上装饰红色卷成华文。各殿台基和平坐层上均设置栏杆，为华版式单勾阑，由枓子蜀柱承托寻杖，盆唇与地栿之间安置华版，华版上绘制铺地卷成华文装饰，勾阑尽头、转角

---

① 傅熹年先生在《唐长安大明宫玄武门及重玄门复原研究》中绘制了《营造法式》城门道构造示意图，是唐宋时期木框架城门道的典型做法，参见傅熹年：《傅熹年建筑史论文集》，文物出版社1998年版，第207—229页。丁文灏在毕业论文中展示了开化寺北壁东城楼的复原成果，参见丁文灏的《高平开化寺壁画中的宋代建筑复原研究》。

② 宋徽宗《瑞鹤图》和北宋大晟府铜钟线刻描绘的东京宣德门城墩有门道五条，城墩上设平坐，平坐层上再建城楼。城楼为庑殿顶、面阔九开间，两侧朵楼有斜廊相连，朵楼为歇山顶、面阔三开间，在朵楼之前另设有阙楼，参见傅熹年的《中国古代的建筑画》。

③ 发掘报告显示，从盛唐早期直至唐宋之交定鼎门都保持了相近的平面形式，有墩台、门道、东西飞廊、东西两阙和马道。有关定鼎门格局的复原研究参见范韬的《隋唐东都洛阳城定鼎门复原研究》。

138 | 知宋·宋代之建筑

开化寺大殿北壁东壁画中的城楼（杨怡菲绘） 　　开化寺大殿壁画城楼复原模型①

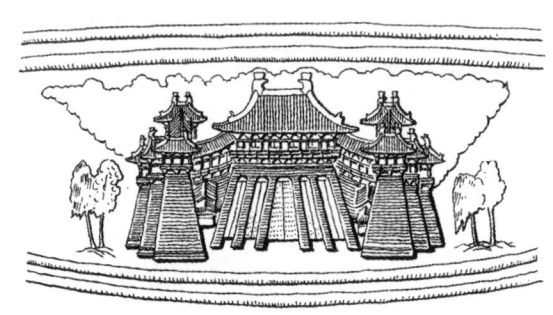

辽宁省博物馆藏北宋铜钟上的宣德门图摹本② 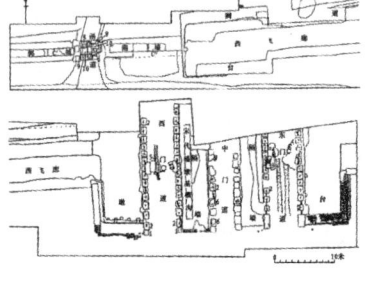　　洛阳定鼎门遗址平面图③

图5　开化寺大殿壁画城楼与相近的城门实例

处设置望柱，望柱柱头呈莲花状。④城门道内使用板门，城楼上使用牙头护缝软门，上半部分为龟背文格子，中间使用腰串，下半部分障水板用牙

---

① 丁文瀚：《高平开化寺壁画中的宋代建筑复原研究》，清华大学2018年版。
② 傅熹年：《中国古代的建筑画》，《文物》1998年第3期，第75—94页。
③ 陈良伟、李永强、石自社等：《定鼎门遗址发掘报告》，《考古学报》2004年第1期，第87—130、147—154页。
④ 勾阑的样式与《营造法式》小木作卷中的描述相合："造楼阁殿亭勾阑之制有二：一曰重台勾阑……二曰单勾阑……。若转角则用望柱。其望柱头破瓣仰覆莲。如有慢道，即计阶之高下，随其峻势，令斜高与勾阑身齐……"在开化寺大殿的其他壁面中，还有诸多不同类型的勾阑及其构件出现，如西壁出现的直棂式、寻杖式钩阑，四斜方格或六角龟文形式的华版，以及鼓式、宝柱式的望柱等。参见梁思成：《梁思成全集》（第七卷），中国建筑工业出版社2001年版，第220—222页。

第二编　图像中的宋代建筑 | 139

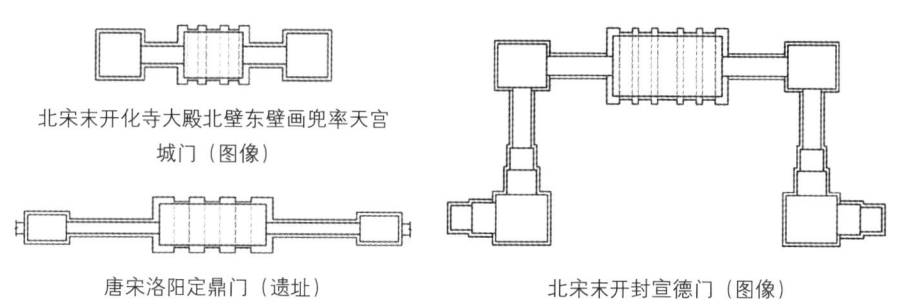

北宋末开化寺大殿北壁东壁画兜率天宫
城门（图像）

唐宋洛阳定鼎门（遗址）

北宋末开封宣德门（图像）

图6　开化寺大殿壁画城楼与其他城门实例平面形式示意图（杨怡菲绘）

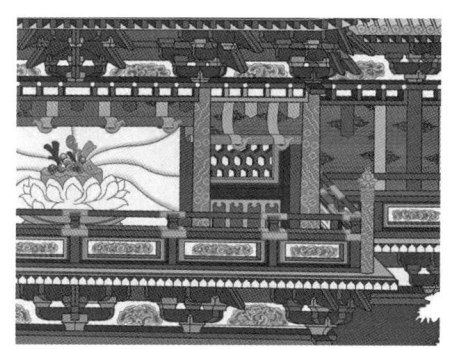

斗栱、平坐勾阑、格子门、窗帘　　　　　　瓜棱柱

图7　开化寺大殿北壁东图像建筑细部色彩复原图（杨怡菲绘）

头护缝。檐下有软帘垂下，并以金色的帘钩卷起（图7）[①]，勾阑、门窗的做法都与《营造法式》小木作的做法相符，是理解《营造法式》做法的重要图像参照。在画面中部的连廊中可以清晰地看到棱柱的柱头卷杀，顶部的三开间大殿使用了瓜棱柱（图7）[②]，均为现实中北宋建筑立柱的重要特征。兜率天宫的几座主体建筑中还体现了重楣加蜀柱的做法，此形式常见于唐代建筑[③]，在现存的北宋木构中十分少见。这幅壁画里重楣与普

---

[①] 门窗的做法也与《营造法式》中描述的格子门形式相吻合，《营造法式》中"格子门"一节没有提及龟背文，但在平棊背版中描述了"龟背"，形式与开化寺壁画中的图像一致。大殿其余壁面还有直棂窗、四斜方格窗等多种做法。参见梁思成：《梁思成全集》（第七卷），中国建筑工业出版社2001年版，第165—174页。

[②] 瓜棱柱又称束竹柱或八混柱，另见于宁波保国寺大殿等实例。

[③] 典型的重楣实例见于西安大雁塔门楣石刻佛殿图。参见刘敦桢：《中国古代建筑史》，中国建筑工业出版社1984年版，第130页。

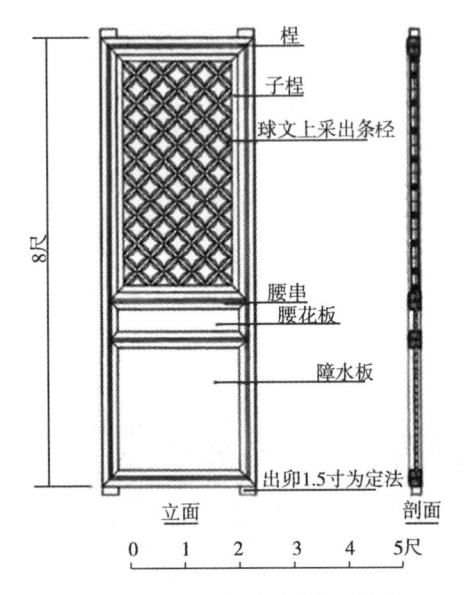

《营造法式》四斜挑白球纹格眼做法  《营造法式》龟背文原书图样

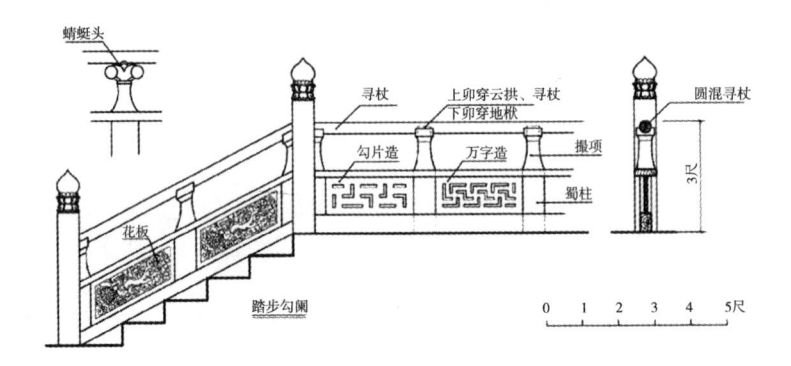

《营造法式》单勾阑做法

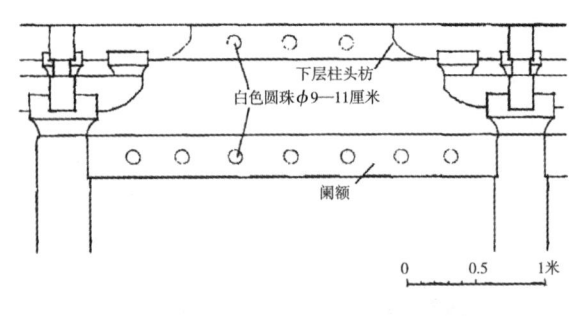

大雁塔门楣石刻上的重楣  南禅寺大殿阑额与柱头枋内侧白色圆点装饰

图8 《营造法式》与其他案例中的相似做法

拍枋同时存在，普拍枋上还饰有均匀分布的白色圆点作为彩画纹样，类似的纹样同时见于南禅寺大殿阑额与柱头枋内侧（图8）。画面中的斗栱用四铺作卷头造，或五铺作单杪单下昂、耍头做昂形，五铺作斗栱形制与开化寺大殿外

图9　开化寺大殿外檐斗栱（苏天宇摄）

檐斗栱相似，体现出建筑画对现实中建筑的模仿（图9）。值得注意的是明间正中补间铺作左右出45度斜栱，使得较宽的明间位置显得更加饱满①。

画面中的建筑以青、绿、红三色为主，大面积的红色用于城墩、台基、柱额等构件，青、绿二色多用于地面和屋面，瓦件、栏杆望柱及蜀柱的位置多用沥粉贴金，细部如斗栱、栏杆华版等相间使用青绿二色。主要施色方式为单色平涂，栱眼壁彩画和栏杆华版的彩画中使用叠晕，彩画风格与开化寺大殿内檐栱眼壁相似，均为五彩遍装铺地卷成，但卷成的样式和叠晕层数有所简化。

### 三、开化寺大殿弥勒上生经变图像的构图控制方法

开化寺大殿北壁东兜率天宫图像是一幅典型的建筑界画，图像高约2.6米，宽约1.8米，建筑体量庞大、院落空间复杂。通过分析构图规律可以更好地理解其如何铺展巨大的画幅、再现复杂的建筑空间。

在以往的研究中，对中国建筑画表现方式的认识大致可以概括为两个方面：一为运用正交网格控制画面布局；二为运用平行或放射的成组斜线

---

① 斜栱常见于辽金建筑和佛塔中，在北宋木构中较少使用。一个重要的实例是北宋隆兴寺摩尼殿的抱厦及下檐的斜栱。斜栱位于抱厦的柱头铺作和殿身下檐的补间铺作，五铺作单杪单下昂，殿身斗栱耍头做昂形，形制与开化寺壁画中的斜栱十分相似。可见开化寺壁画中的斗栱能够在一定程度上反映真实建筑的形制，是北宋建筑斜栱使用情况的重要图像例证。

来创造画面进深。

运用正交网格控制画面布局的方法，在早期文献中可见于《画继》对郭忠恕的描述："郭待诏，赵州人，每以界画自矜云：置方卓令众工纵横画之，往往不知向背尺度，真所谓良工心独苦也。不记名"，其中"置方卓"即指以方格控制线来统筹画面①。这一控制方法在近年的宋元壁画研究中得到了印证。王卉娟博士发现永乐宫纯阳殿壁画中可能运用了37厘米×44厘米的控制画格②。王赞教授也在开化寺西壁上发现了46厘米×46厘米的网格控制线，并有画面底层赭石色的线痕作为佐证③。

运用成组的斜线来表达空间进深的方法，在北宋画论中可见两种不同的表述。郭若虚在《图画见闻志》中记述"画屋木者，折算无亏，笔画匀壮，深远透空，一去百斜……画楼阁多见四角，其斗栱逐铺作为之，向背分明，不失绳墨"④，而刘道醇在《圣朝名画评》中则写"为屋木楼观一时之绝也，上折下算，一斜百随"。"一去百斜"和"一斜百随"均应为描述控制建筑侧面斜线的方法，但这两个词所指代的绘画方法是否相同、有何关联，目前并不明确。傅熹年先生曾提出"一去百斜"可能是指对透视线斜度的控制，并在敦煌净土变、北宋绘画等多个实例中找到印证，如《清明上河图》中，城墩和城楼的延长线交于画面外的一点，有意表现近大远小的透视关系⑤。吴葱先生则用"正面—平行法"来解释建筑空间的

---

① 吴葱：《在投影之外：文化视野下的建筑图学研究》，天津大学出版社2004年版。
② 王卉娟：《元代永乐宫纯阳殿建筑壁画线描：楼阁建筑的绘制方法》，文物出版社2013年版。
③ 王赞：《高平开化寺壁画〈清凉图〉研究》，《新美术》2021年第1期，第203—230页。王赞教授在开化寺西壁发现了一些"原始放稿留下的赭石色线痕迹"，并通过这些痕迹发现了西壁46厘米×46厘米（1.5尺）的网格控制线，他认为这些格线是按照"传移模写"的法则将画稿放大绘制到墙面上的手段。
④〔北宋〕郭若虚：《图画见闻志》，黄苗子点校，人民美术出版社2003年版。
⑤ 傅熹年先生的研究还包括对唐代敦煌净土变、墓葬壁画、北宋绘画等图像的探讨，认为"古代画透视点斜度变化都较小，实即把灭点放在尽量远处，景物就更容易协调"。此外王卉娟博士也在永乐宫壁画中发现了"侧面控制点"的存在，用以控制建筑物进深方向的斜线。这些控制点落在控制网格上，但建筑同一侧存在多个控制点来灵活调节画面的构图，参见王卉娟：《元代永乐宫纯阳殿建筑壁画线描：楼阁建筑的绘制方法》，文物出版社2013年版。

表达,即建筑主立面以正样方式表达,建筑侧面发生变形、倾斜,但斜线仍保留真实空间中的平行关系[①]。

基于以上认识,本文拟从"网格"和"斜线"两方面探索开化寺大殿北壁东兜率天宫建筑画的构图和空间表达方式。

(一)网格控制

基于数字化采集的高清正射影像作图,本文发现开化寺兜率天宫图像的较多关键要素吻合于以306毫米为基本模数的控制网格。该模数若按大殿大木作尺度所推算的营造尺折算[②],恰为1尺整(图10)。

具体而言,画面自墙基至墙壁上缘通高8.5尺(2600毫米),其中最下方有一条装饰带宽1/2尺,其余壁面高度恰为8尺,以1尺为模数恰好可以被等分为8格。网格控制画面比例,将画面分成上中下三部分,其中下部的城楼占据下方3格,中部的连廊占据1格,上部的"善法堂"院落占据最上方4格。画面中重要的建筑结构线均由这组1尺模数来控制:城楼的屋脊脊兽、大殿的屋脊脊兽、大殿的柱顶、两侧楼阁的平坐层、中部连廊的屋脊分别与网格线重合,画面中央大小两个题榜框上沿也与网格线平齐。1尺的网格可以扩展到北壁东两侧的条屏,最左侧装饰带宽1/2尺,左右两侧条屏各宽2尺整,片段化的建筑场景均布置在1尺×2尺或2尺×2尺的网格中(图11)。除了整尺的主要控制模数外,画面中还使用了1/2尺、1/3尺两种辅助网格线来确定细部的位置,如画面正中两个题榜框,分别高1/2尺和1/3尺,恰好位于整尺线和1/2尺、1/3尺线之间;城楼的城墩、平坐层、二层楼阁的首层、平坐层、中央连廊下的云气等重要的水平向建筑结构线也都落在这些网格线上,说明水平方向上的网格参考线对确定整

---

[①] 吴葱:《在投影之外:文化视野下的建筑图学研究》,天津大学出版社2004年版。吴葱先生引用鲁道夫·阿恩海姆(Rudolf Arnheim)的立方体概念提出了"正面—平行法"用以解释中国建筑画的空间再现方式,并结合凯文·福赛斯(Kevin Forseth)归纳的"飞鸟投影法"概念来解释画面中视点的改变。

[②] 张博远、刘畅、刘梦雨:《高平开化寺大雄宝殿大木尺度设计初探》,贾珺:《建筑史》第32辑,清华大学出版社2013年版,第70—83页。

幅壁画的构图至关重要。

同时，1尺、1/2尺、1/3尺的尺度还被用来控制画面中重要的人物尺度，如正中弥勒菩萨的背光与头光高度之和为1尺，左右两侧释迦说法图也高1尺，牢度跋提大神的头光直径为1/3尺。善法堂内弥勒菩萨像的尺度与控制网格一致，或者说主尊佛的尺度与这幅壁画的布局有直接的关联。主尊佛虽然只占据画面上方很小的幅面，但壁画图像尺度的控制仍体现了其作为经变画中最重要的元素的地位。

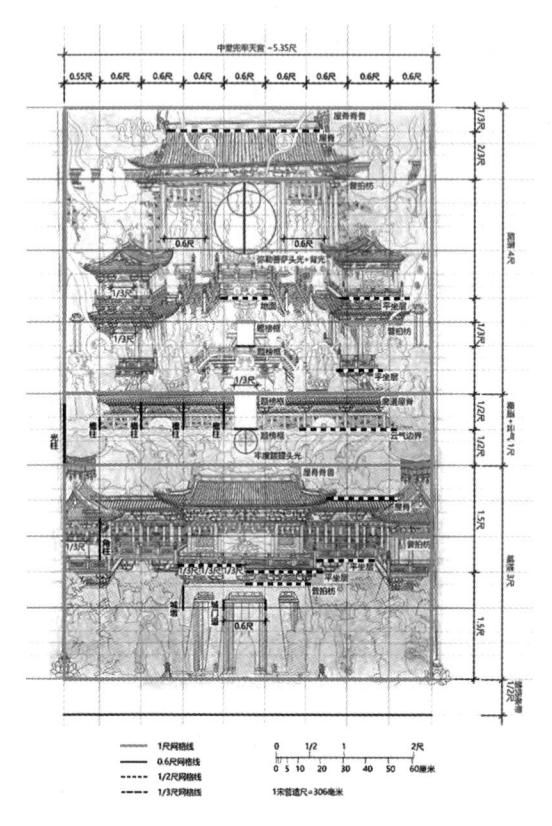

图10　开化寺大殿北壁东壁画方网格控制线示意图
（杨怡菲绘）

竖直方向上，中堂兜率天宫使用0.6尺/6寸的网格统筹结构要素。墙面减去条屏和装饰带后宽约5.35尺（1640毫米），无法沿用1尺的网格。画面被分成9份，其中最左侧一格稍窄，约为5.5寸，其余八格均为6寸整。这应是受到画面宽度的限制，采用了从右向左按照固定模数划分网格并在最左一格做出调整的处理方法。格线契合了大部分重要的竖向建筑结构线。如中部连廊共七开间、每间均与网格线对应。下部城楼城墩宽3格，正中城门道宽1格。上方三开间大殿占5格，殿前踏道各占1格，左右稍间各宽6寸。

壁画中以1尺模数为主的网格系统与大殿大木结构存在直接关联。大殿东次间柱顶高3405毫米，减去墙基后高为9.5尺，墙壁上沿至柱顶距离为1尺，进而有了墙面高8尺整的画幅，说明开化寺大殿可能在大木作设计建造之初，就已经考虑到了墙壁画面的统筹安排。整尺和半尺的模数也

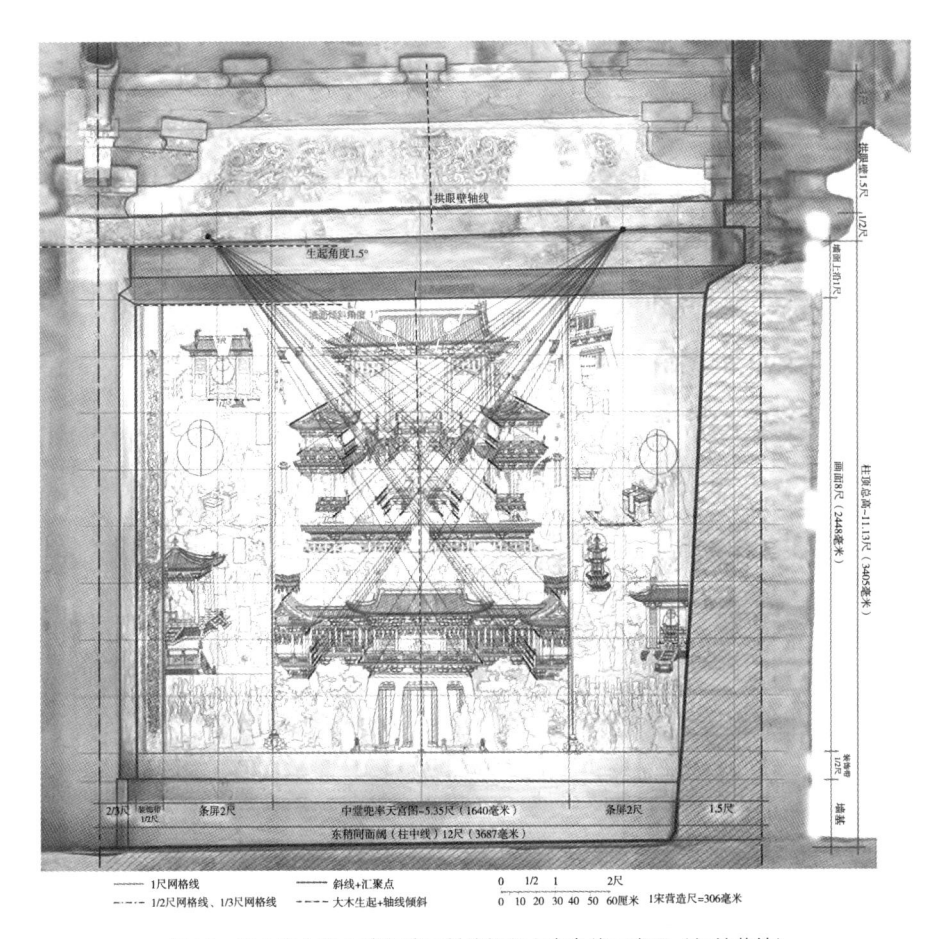

图11　开化寺大殿北壁东壁画斜线控制点参考线示意图（杨怡菲绘）

同时适用于墙面上方的斗栱和栱眼壁。竖直方向上则在大木尺寸完全确定之后再进行网格划分，东次间柱间距合12尺整，墙面距左侧柱轴线为2/3尺，距右侧为1.5尺，剩余墙面不足10尺，不能被1尺的模数等分，所以产生了另一种网格来控制中堂部分的画面。

王赞教授在对大殿西壁的调查中发现了对应1.5尺（460毫米）网格的赭石色墨线，从物质层面上证明了开化寺壁画绘制过程中网格线的存在

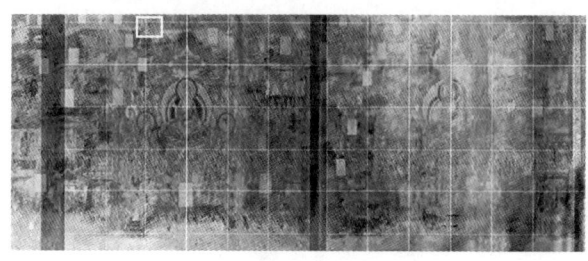

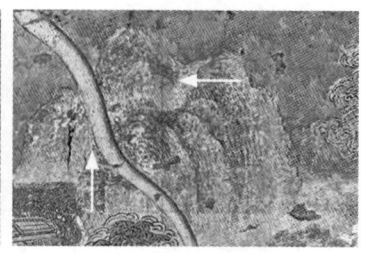

西壁1.5尺网格①　　　　　　　　　　　　　赭色网格线痕迹（广州慕光科技有
　　　　　　　　　　　　　　　　　　　　　　限公司制作正射影像）

图12　开化寺大殿西壁中的网格

（图12），但1.5尺的网格似乎并不适用于北壁东。②③1尺网格在北壁东侧既顾及了大木的整体尺度，也考虑了画面中建筑的结构控制线，具有高度的整体性。这说明北壁东和西壁可能使用了不同的网格控制体系，也从侧面佐证了大殿内壁画由多个不同的绘制团队完成。④

综上，北壁东这幅经变画的布局和建筑正立面的绘制由严格的网格控制，网格的布置方式与建筑大木密切相关。由此可以想象出画匠绘制时"置方卓，纵横绘之"的场景：他们简单高效地布置画面构图，甚至将已有的画样粉本模写到墙面上。

（二）斜线控制与斜线交会点

网格控制了这幅经变画的整体构图和建筑立面，图像空间的进深则是

---

①② 王赞：《高平开化寺壁画〈清凉图〉研究》，《新美术》2021年第1期，第203—230页。
③ 王赞教授在对北壁东和东壁的分析中也提出了以墙面中线为基准的横向放稿格线，并且认为北壁东和东壁没有采用竖向的放稿格线，他指出横向线条间距68厘米，是两尺的长度。王赞教授提出的放稿格线由中间横向线条向上下放线，与东壁题榜框位置、各建筑要素可以产生一些关联，但是墙面中线的定位并不明确，放稿格线与整体墙面的关系不甚清晰，68厘米与实际的开化寺大殿营造尺也有出入。在本文的研究中，1尺和0.6尺的网格及画面框架，与大木构造产生了更多关联，并与大木营造尺相吻合，是对北壁东画面控制方法的另一种可能解读。
④ 此前多位学者根据画面的绘图风格、用色特征等提出，大殿西壁与东壁可能由不同的画匠团队绘制而成。大殿当心间后檐柱内侧题记记载，西壁及北壁西侧由画匠郭发完成，而北壁东和东壁的画匠不详。王赞在对东壁的调查中发现壁面上有"王大然"字样，认为"王大然"即为东壁的画师。

由建筑的侧面来表现的。画面以表现建筑正立面为主，同时用倾斜的侧面表达进深关系，中轴两侧的斜线设置基本对称，强化了画面空间要素向中轴汇聚的感觉。

整幅壁画建筑侧面斜线的延长线都汇聚于画面之外普拍枋上的两个控制点（图11）。建筑组群沿中轴线对称。左半边表现了建筑的右侧面，斜线的延长线汇聚于右侧的控制点。右半边表现了建筑的左侧面，延长线汇聚于左侧的控制点。这两个控制点由上至下统筹整幅画面，建筑侧面重要结构线的倾斜度均由这两点控制，如下方城墩、平坐层、城楼的普拍枋、屋檐、正脊，中部两楼阁的地面、平坐层、栏杆、普拍枋、屋檐、正脊，中央的水池、上方大殿的踏道等，由下至上倾斜度逐渐减小。控制点位于画面之外，距离画面中建筑的主体很远，且远高于观者的视平线，使得斜线在巨大的画幅中近似于平行线，同时能在画面的局部创造出"近大远小"的远近感。如果以现代"一点透视"的画法来理解中轴线两侧的建筑则可以发现，左右两侧建筑并非采取同一视点，而是各向轴线的另一侧偏离。如此更有利于表现建筑侧面的内容，且更加突出了向中央汇聚的感觉。

尤其值得注意的是，这两个控制点并非虚拟的参考点，而是真实地存在于建筑当中的。左右两侧的斜线延长线各交会于一点，这两点恰好位于普拍枋的侧面。在开化寺现场可以清晰地看到，在这些斜线交会的位置上有两个圆孔，圆孔直径约2毫米，似乎是钉孔（图13）。[1]这一发现从物质层面上为两个斜线控制点提供了佐证：钉孔的存在，说明它们可能参与了实际的绘图过程。两个控制点的操作方法也因此有了一种可能的解释：先在普拍枋上钉两枚钉子，在钉子上固定墨绳，再不断旋转移动墨绳，就可以轻易地确定多条汇聚于一点的斜线。这样的操作既便于控制构图也便于工匠绘制斜线，尤其是对于大尺度、复杂的建筑图像而言，这种方法避免

---

[1] 尚未得知这些钉孔出现的具体时间，不排除后期才钉入的可能，但是两个钉孔同时与壁画画面控制点完美重合，不能不让人对钉孔和壁画绘制的关系产生联想。

了绘制平行线产生的误差，从而更易获得整体构图的统一性。这两个汇聚点除了创造出画面中的远近感之外，更为实际操作提供了便利，使得整幅画面"向背分明，不失绳墨"。

开化寺壁画建筑图像侧面斜线的画法可能帮助诠释"一去百斜"和"一斜百随"的概念，这两个词分别对应了两种不同的斜线绘制方法，两种方法同时存在于开化寺壁画的绘制过程中。虽然北壁东发现了两个汇聚点，但是北壁东两侧条屏中的斜线并没有受到这两个汇聚点控制，而是具有不同的倾斜角度。同时，大殿其余壁面没有使用类似的控制点，西壁建筑片段的倾斜侧面是简单的平行线，并且在不同建筑组群中存在不同的倾斜角度。在同一座殿宇中，甚至同一个壁面上有两种控制斜线的画法，说明不同的斜线控制方式可能受画幅大小和画面复杂度的影响：小体量的画面控制平行线的难度更小，所以每组建筑片段单独组织平行的斜线，而北壁东正中的一整组宏大建筑则需要更加有效的整体控制方式。这可能就分别对应了"一去百斜"和"一斜百随"两个概念。"一去百斜"中的"去"可以被解释为一个特定的点，固定了一个点后，所有的斜线都朝向这个点，应用于大篇幅的画面。"一斜百随"则是确定一条斜线后用平行法绘制其余线条，可能更适用于较小的画面范围和较简单的建筑结构。

在这幅经变画中，空间的再现由建筑正立面和倾斜的侧立面共同完成，1尺的方格网用于控制正立面构图，两个汇聚点用于控制侧立面斜线。两个普拍枋上控制点位置的选取也在方格网体系之内，两个点分别在画面两侧和上方1尺的格点上。这两种控制体系相结合但又互不影响，开化寺大殿北侧东次间墙面因角柱生起而向右上倾斜，画面上半部分的网格随之向右上倾斜，使得建筑正立面水平和竖直方向上的线也随之倾斜，但建筑侧面的斜线完全未受到网格线倾斜的影响（图11），可见这两种控制体系之间相互独立的关系。

综上，本文将精细测绘与尺长折算法相结合，揭示了壁画网格所用的具体尺度和可能的画面控制方法，并由普拍枋上钉孔的发现首次揭示了绘制斜线的一种具体操作方法。

图13　开化寺大殿北壁东普拍枋上控制点位置钉孔
（广州慕光科技有限公司摄，杨怡菲改制）

## 四、开化寺大殿兜率天宫：一种可能的观看程序

这幅兜率天宫图像位于开化寺大殿北壁东侧，西壁和东壁分别为大方便佛报恩经变和华严经变，各为四铺说法图，画面均以主尊佛为中心展开，也表现了一些建筑场景，但不如北壁东的建筑图像宏大，未布满整面墙壁（图14）。北壁东弥勒经变与两组大体量的经变图像相结合，位置特殊，内容独特，下文试图从兜率天宫建筑图像的角度出发，对开化寺大殿壁画的观看顺序和叙事意图提出一种可能的解读。观者以顺时针方向行进，按报恩经变—上生经变—华严经变的顺序观看，上生经变中的兜率天宫图像作为西壁凡俗世界与东壁天宫世界之间的过渡，是连接前后两组大体量经变的桥梁。

### （一）建筑空间的连续性

仅从建筑图像的角度来看，北壁东的兜率天宫与东壁两铺华严九会中的建筑可能有一定的空间连续性。东壁第二、四铺没有表现建筑空间，而第一、三铺与北壁东相似，都表现了中轴对称的宫殿建筑院落，前者上方作为后景的建筑与后者主要的建筑形制相似。北壁东画面以最上方一座三开间的正殿结束。东壁第一铺画面中央也是一座三开间的正殿，正殿之后"工"字型平面院落的最上方是一座带挟屋的二层楼阁。东壁第三铺的主体建筑同为一座二层阁楼，主尊佛坐于阁楼一层内（图14b—图14d）。连

东壁第一铺–第五会–兜　东壁第二铺–第一会–阿　东壁第三铺–第九会–大　东壁第四铺–毗卢遮那佛
率天宫庄严阁　　　　　兰若法菩提场　　　　　庄严重阁　　　　　　　说法图

图14　开化寺大殿东壁四铺经变画正射影像（杨怡菲根据广州慕光科技有限公司的正射影像制作）

续的建筑形式可能在有意营造一种层层院落递进的感觉，似乎暗示观者，这是一个连续性的多重院落，以类似卷轴画的方式展开，观者随着位移，逐渐走向更深层的院落（图15）。

从经变内容上看，华严九会的九次说法发生在九个不同的地点，但东壁画面的表现对九会的顺序有所调整，使其与北壁东兜率天宫的地点产生了关联。东壁第一铺表现了位于兜率天的第五会，第二铺表现了位于阿兰若法菩提场的第一会，第三铺表现了位于逝多林给孤独园的第九会，第四铺为毗卢遮那说法图。除第一铺外，后三铺的主尊分别为应、报、法三身佛。发生在兜率天的第五会被放在了最前面，紧邻北壁东兜率天宫的位置，可能在暗示两铺说法图表现的是同一空间场所，赋予了经变画被多重解读的可能。从弥勒经变的兜率天宫自然而然地过渡到华严世界，在天宫建筑群中一路从兜率天宫的外院走到

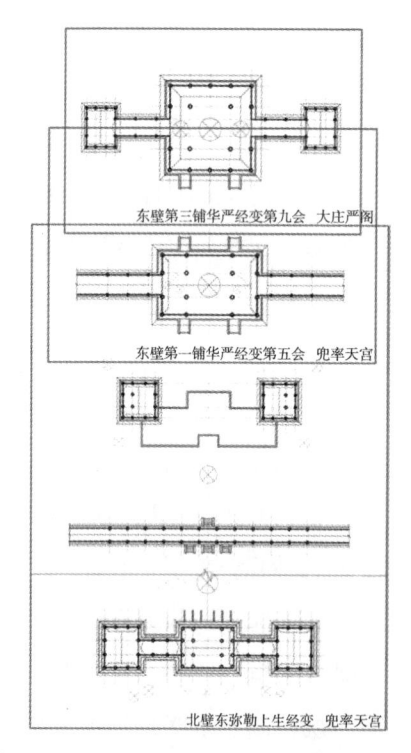

图15　开化寺大殿北壁东及东壁建筑格局复原示意图（杨怡菲绘）

内院，再到更高、更深的天宫当中。最后一铺毗卢遮那说法图是这一串天宫序列的收束，毗卢遮那佛身前的五重宫殿暗示了之前走过的层层天宫都包藏其中。

东壁表现的完全是华严世界中的说法场景，而西壁的报恩经变以连环画的形式展示了世俗世界，有市井、乡野的场景，也有凡间帝王的宫殿，北壁东则是凡间宫室到天宫净土的过渡。北壁东最下方绘有一座城楼，城楼正中的门道半开，门前站着数位身着凡间帝王服饰、手捧宝冠的人物。这座城楼既代表了兜率天宫外院的七重城垣，也可以作为凡俗世界通向净土天宫的大门。从西壁开始，历经多重磨难考验，通过这座城楼进入兜率天净土，再进入更高远的天宫佛国。

从建筑等级上看，也是以北壁东作为过渡，表现出建筑等级逐渐增高、装饰逐渐华丽的趋势。西壁栱眼壁、栏杆华版彩画多为平面花型或龙牙蕙草，从北壁东开始频繁使用更复杂的铺地卷成。北壁东的天宫地面仅为绿色平涂，东壁的天宫则有宝珠铺地。观者不断地前行、修行，也是在向更华美的天宫世界不断靠近。

画面中建筑的表现方式暗示了空间的连续和不断递进，从北壁东开始空间推进的方式也发生了改变。西壁的片段均表现为同一方向的建筑侧面，即只有建筑的右侧面，显示出很明显的方向性。所有建筑图像都随着故事向右展开，引导观者不断向右行进，强调了大殿中顺时针方向的观看顺序。而从北壁东和东壁开始，画面中的建筑使用了纵深感强烈的中轴线，自下向上以空间的进深表现一层一层向上展开的天宫。在西壁的凡俗世界，观看或修行的方向曲折向前，通过北壁东兜率天宫的大门后，观看或修行的方向就变为了层层深入。

**（二）世俗世界向华藏天宫的过渡**

兜率天是位于娑婆世界上方的净土，相比于遥远的西方佛国，往生更为容易。如果不能生诸佛前，也可往生兜率天宫。可以认为兜率天是处于世俗世界与其他佛国世界之间的一座桥梁。同时，在佛教信仰中，兜率天经常作为一生补处菩萨的居所，释迦牟尼曾作为一生补处菩萨居于兜率天，弥勒菩萨也将在释迦牟尼之后下生成佛，可见兜率天是成佛途中的必经之路。兜率天介于上界诸天和下界诸天之间，既不过于放逸也不至于离人间太远，所以补处菩萨为教化众生而往生于兜率天，且上下诸天均会前往兜率天听法，是一个交流和起连接作用的场所[①]。因此，在西壁报恩经变和东壁华严世界之间以弥勒上生兜率天宫的图像连接，使得从凡俗世界到天宫佛国的过渡更加流畅。

从北壁东的位置来看，这幅上生经变虽没有位于大殿实际空间的中轴线上，但却是所有说法图的中线。殿内共有说法图9铺，其余为西壁3铺、北壁西侧1铺、东壁4铺，东西两壁并不对称，使得北壁东恰好处在正中的位置，将东西两种世界分隔开来。

从画面构图来看，北壁东在开化寺大殿内也是非常特殊的。其余8铺经变画均是以主尊佛为中心展开，且主尊佛的高度位置相近，观者平视的视点落在佛像身下须弥座的区域内，微微仰头可见主尊佛，是一个舒适又谦恭的角

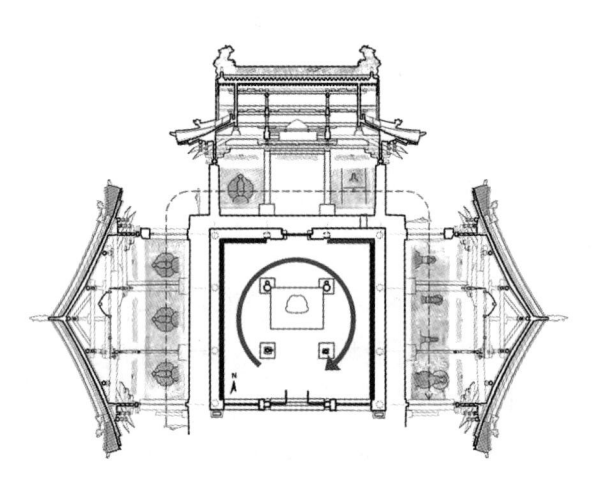

图16　开化寺大殿壁画主尊佛位置示意图（杨怡菲绘）

度（图16）。而北壁东的经变画中，兜率天宫中说法的弥勒菩萨高居于画面顶端，所占的面积也相对较小，是一个不易观赏的位置。观者平视视点的位置画的则是牢度跋提大神及数位手捧摩尼宝冠的天子，将兜率天宫从无到有化现的过程直接展现在观者面前（图17）。观者的视角可以直观反

---

① 《佛本行集经》卷五："一生补处菩萨，多必往生兜率陀天，心生欢喜，智慧满足。何以故？在下诸天，多有放逸，上界诸天，禅定力多，寂定软弱，不求于生，以受乐故，又复不为一切众生慈悲故。菩萨不然，但为教化诸众生故，生兜率天。下界诸天为听法故，上兜率天，听受于法；上界诸天复为法故，亦有下来兜率陀天，听受于法。"参见阇那崛多译《佛本行集经》。

映壁画的创作意图，北壁东壁画的叙事目的可能并非弥勒信仰中的上生说法，而是天宫化现的过程，以一幅经变画展现了由世俗走向华藏天宫的动态过程。

## 五、开化寺大殿兜率天宫图像的开创性：基于比较的讨论

就目前所见的资料，弥勒信仰自南北朝开始流行于中原及敦煌地区，隋唐时期有大量石窟中的弥勒经变留存至今。唐末五代之后，弥勒信仰逐渐没落[1]，弥勒经变和兜率天宫图像的数量大为减少[2]。而北宋的开化寺壁画中，不仅用一整面墙壁

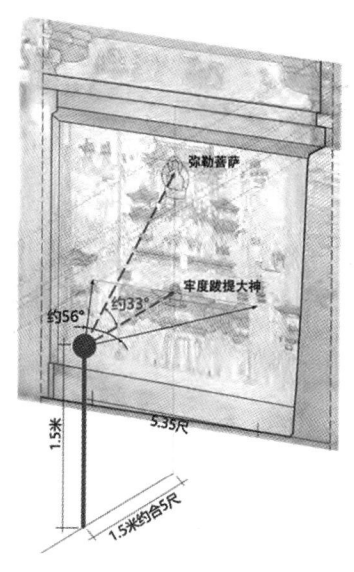

图17 开化寺大殿北壁东画面与观者视角的关系（杨怡菲绘）

表现了兜率天宫，还十分忠实地还原了《上生经》中描写的天宫场景。下文将梳理早期的兜率天宫图像[3]，并与开化寺进行比较，进而探讨开化寺兜率天宫图像的独特含义和开创性。

弥勒菩萨说法的图像在西晋时期已出现于克孜尔石窟[4]，其中没有建筑形象。表现兜率天宫建筑的早期例证见于隋代的敦煌，单独的弥勒上生经变绘于石窟窟顶，建筑组群主要为"一正二配"的形式。唐代以后，弥勒经变开始绘于石窟两侧墙壁之一，与西方净土变等内容相对。画面大多为上生与下生合绘，以《弥勒下生成佛经》为主体，兜率天宫的形象处于

---

[1] 唐代后期，弥勒信仰因弥勒菩萨的"补处"身份等原因屡遭打压，又因理论体系不易亲近等原因逐渐被阿弥陀信仰取代。五代以后，出现了所谓笑口弥勒，与布袋和尚的形象相结合，弥勒的形象愈发中国化，但基于经文的弥勒信仰和弥勒形象已经不复存在。
[2] 王惠民：《敦煌净土图像研究》，中山大学2000年博士学位论文。
[3] 既有研究中关于兜率天宫图像的研究主要见于王惠民《敦煌净土图像研究》及敦煌研究院《敦煌石窟全集6弥勒经画卷》，本文依据王惠民先生的整理和《敦煌石窟内容总录》对相关的敦煌兜率天宫图像进行了梳理。
[4] 周龙勤：《中国新疆壁画艺术》第一卷"克孜尔石窟"（一），新疆美术摄影出版社2009年版。

画面的上半部分（表2）。这些兜率天宫图像更多的是作为弥勒佛下生说法的背景和"前情提要"，既未体现《上生经》中关于天宫两次化现的任何内容，也未具体表现除弥勒菩萨外其他典型的人物形象。天宫的建筑群大多横向展开，表现三座并置的院落，院落有垣墙环绕，可以对应经文中描述的"七重城垣"。宋代以后，敦煌的弥勒经变数量有所减少，但兜率天宫的形式仍与唐代经变一脉相承。可见在早期的敦煌石窟中，兜率天宫的建筑形象脉络明确，直到与开化寺基本同期的宋代石窟当中，都与开化寺的上生经变有明显差异。敦煌石窟中以弥勒下生为现在时，兜率天宫是已经形成的背景。开化寺中是以弥勒上生为现在时，表现了天宫化现的过程。敦煌石窟中天宫院落横向展开，而开化寺中画面纵向展开，表现了进深的轴线。

在晚唐和宋代出现了弥勒经变和华严九会一同绘制的情况。如莫高窟第9窟的覆斗形窟顶上，四坡中一面为弥勒经变，另三面为华严九会，每面各为三会。这是开化寺之前比较明确的兜率天宫与华严九会同时出现的实例，但弥勒经变仍然以下生为主，兜率天宫为三座院落并置的形式。

纵向展开的兜率天宫还可见于中原以外地区。如西夏文殊山石窟万佛洞东壁和高昌回鹘北庭西大寺E204龛①，二者的时间都要晚于开化寺。此时中原地区的弥勒信仰已经衰落，但在回鹘地区弥勒信仰仍然盛行。这两幅上生经变均是中轴对称纵向展开，画面下方是两重城墙，之后是一进带有水池的院落，院落两侧双阁对峙，格局与开化寺壁画十分相似。可见，这种兜率天宫的布局方式在当时已经形成了一种新的定式，与弥勒信仰在中原和敦煌地区盛行时的格局完全不同。开化寺应是表现这种兜率天宫格局较早的一例。这种从横向到纵向展开的变化，一方面是因为上生经变独

---

① 文殊山石窟万佛洞（第19窟）东壁上生经变的研究参见杨富学《文殊山万佛洞西夏说献疑》和李甜《文殊山石窟研究》。高昌回鹘北庭西大寺E204龛上生经变的研究参见中国社会科学院考古研究所《北庭高昌回鹘佛寺遗址》和刘江《高昌回鹘弥勒图像研究》。此外，相关图像还有俄罗斯藏黑水城出土西夏版刻佛经扉画，参见阮晋逸《北宋兜率净土的图景——高平开化寺弥勒上生经变考释》。

第二编　图像中的宋代建筑 | 155

表2　早期的弥勒经变建筑格局及与其他经变的结合情况

| 代表实例及年代 | 经变内容及类型 | 位置 | 图像 | 建筑格局 |
|---|---|---|---|---|
| 西晋：克孜尔石窟第38窟等 | 上生经变 | 窟顶 | 克孜尔第38窟主室前壁上方 | — |
| 隋代：莫高窟第419、423、433窟等 | 上生经变（与药师、维摩诘经变等相对） | 窟顶 | 莫高窟第423窟窟顶西坡 | 一正二配： |
| 初唐：莫高窟第329、331窟等<br>盛唐：莫高窟第445窟等 | 上生+下生经变（对面为阿弥陀经变） | 左右两侧墙壁之一 | 莫高窟第329窟北壁 | 三合并置： |

续表 1

| 代表实例及年代 | 经变内容及类型 | 位置 | 图像 | 建筑格局 |
|---|---|---|---|---|
| 盛唐：莫高窟第 91、113、116、208 窟等；中唐：莫高窟第 117、155 窟 | 上生＋下生经变，以下生为主（对面为观无量寿经变） | 左右两侧墙壁之一 | 莫高窟第 208 窟北壁 | 横向展开： |
| 盛唐：莫高窟第 148 窟 | 上生＋下生经变，以下生为主（对面为天请问经变） | 龛上 | 莫高窟第 148 窟南壁龛顶 | |
| 中唐：莫高窟第 159、231、358、361 窟；晚唐：莫高窟第 12、107 窟等；五代：莫高窟第 61 窟等 | 上生＋下生经变，以下生为主（对面为天请问经变。两侧墙面并绘有多幅经变，另有观无量寿经变、药师经变、报恩经变、思益梵天请问经变、金刚经变、阿弥陀经变、法华经变、华严经变等） | 左右两侧墙壁之一 | 莫高窟第 231 窟北壁 | 三院并置： |

第二编　图像中的宋代建筑 | 157

续表2

| 代表实例及年代 | 经变内容及类型 | 位置 | 图像 | 建筑格局 |
|---|---|---|---|---|
| 晚唐：莫高窟第9窟<br>宋代：莫高窟第25窟 | 上生+下生经变（与华严经变同时绘于四坡顶） | 斜坡窟顶 | 莫高窟第9窟窟顶东侧 | 三院并置： |
| 西夏：文殊山石窟万佛洞东壁<br>高昌回鹘：北庭西大寺E204龛 | 上生经变（对面为某种大幅净土变） | 左右两侧墙壁之一 | 文殊山石窟万佛洞东壁 | 纵向展开： |

续表3

| 代表实例及年代 | 经变内容及类型 | 位置 | 图像 | 建筑格局 |
|---|---|---|---|---|
| 西夏：俄罗斯藏黑水城文献《观弥勒菩萨上生兜率天经》扉画 | 上生经变 | 连环画 | 俄罗斯藏黑水城文献TK58《佛说观弥勒菩萨上生兜率天经》扉画 | 横向展开 |

立出来不再与下生经变结合，使得画面中有更多的空间来表现兜率天宫，另一方面也体现出对《上生经》经文的强调。早期的弥勒经变以下生为主，虽然有绘制上生的场景，但并未完全依照经文再现兜率天宫，而是作为弥勒下生成佛信仰的一个部分。随着弥勒信仰的衰落，兜率天宫作为通向天宫佛国阶梯的作用被凸显出来，强调天宫的化现和连接上下诸天的桥梁，促使天宫的格局从横向转为层层递进的纵向序列，并且突出墙垣上城楼的象征意义，从而形成了一种新的兜率天宫表现方式。

## 六、小结

本文以开化寺大殿北壁东兜率天宫的建筑图像为研究对象，通过调查分析制作了该幅建筑图像的色彩复原图，为还原这幅经变画的宏大场景提供了可视化的基础。北壁东中部经变画的场景与《佛说观弥勒菩萨上生兜率天经》相对应，所表现的兜率天宫建筑群组也与经文中的描述高度吻合。图像中出现的双阁格局、城楼及建筑细部表现翔实，在一定程度上反映了北宋建筑的真实做法，形式特点均能与建筑实例及《营造法式》相印证。通过分析北壁东画面的构图特点，发现这幅经变画在绘制时使用了1尺的控制网格，并在画面之外普拍枋上发现两个与壁画中建筑侧面的斜线延长线相吻合的圆孔，推测为壁画绘制时用于控制斜线的参考点，从物质层面上印证了界画"一去百斜"的绘图方法。通过梳理石窟中兜率天宫图像的特点及院落格局发现，相较于隋唐早期兜率天宫图像横向展开的布局，开化寺壁画中的兜率天宫以纵向序列表达空间，与更晚期石窟中的兜率天宫相似，充分展现了经文中对天宫化现过程的描述。北壁东的兜率天宫与东壁华严经变的天宫形成了连续的建筑空间，配合大殿内顺时针方向的观看顺序，营造出层层递进的天宫序列。

（原载《建筑史学刊》2022年第2期，第144—159页）

# 第三章　碑刻所见宋代建筑
## ——以《后土祠庙貌碑》为例

## 记后土祠庙貌碑

王世仁

一

庙貌碑在山西万荣县（旧万泉、荣河合并）庙前村后土庙献殿前。庙前村西靠黄河，北距汾河口约5千米，东距荣河旧县约7.5千米，南距旧县（即宋鼎县，今为镇）约5千米。后土庙在村东高地，其规模甚大。后有秋风楼，为晋南名胜，楼中藏元大德十一年（1307）刻汉武帝秋风辞碑，与后土庙貌碑堪称双璧。

今之后土庙，已非碑上原物。因明万历间汾河决口南泛，故原庙已无存。清康熙间曾移地重建。至同治初黄河河道东移，庙又将倾，乃移建今地，始建于同治十二年（1873），主殿次年落成，光绪时继有兴建。但东部一小殿石柱上刻有"大明正德十季重立"，山门内石旗杆刻有"咸丰三年三月立"之文，尚难确定系所迁自原庙中之物，抑或拆用其他建筑之旧料。其余建筑，率为典型晚清做法。

碑高135厘米、宽106厘米。碑阴刻宋大中祥符四年（1011）以前"历朝立庙致祠实迹"，全文如下：

历朝立庙致祠实迹」轩辕氏祀地祇,扫地为坛于脽上。二帝八元有司,三王方泽步举」。汉文帝十六年,诏更以明年为元年,治汾阴庙。方士新垣平言,周鼎在泗水中,今河决通于泗,而汾阴有金宝气,意鼎出乎。于是治庙汾」阴,欲祀出鼎」。武帝元狩二年,郊雍,帝曰:"今上帝亲郊,而后土无祀,则礼不答也。"于是东行汾阴,见汾旁有光如□,遂立后土祠于汾阴脽上,亲拜如」上帝礼。元鼎四年六月,汾阴民巫锦得大鼎于祠旁,言于吏。河东守滕胜以闻,诏验问无诈,乃以礼迎至甘泉,荐之郊庙,群臣皆贺。冬」十二月,上亲祀后土。元封二年,祀后土,赐二县及杨民无出今年租赋。元封四年三月,祀后土,诏曰:"朕躬祭后土,光集灵坛,一夜三烛」,其赦汾阴。"元封六年三月,行幸河东,祀后土。大初元年十二月,祀后土。二年三月,幸河东,祀后土,有光应。天汉元年三月,幸河东,祀后」土。顾视帝京,欣然中流,赋诗。宣帝神爵元年三月,幸河东,祀后土,天气清朗,神鱼舞河。五凤元年三月,幸河东,祀后土。甘露二年三」月,幸河东,祀后土。神光耀烛斋宫。元帝初元四年三月,幸河东,祀后土。永光元年,幸河东,祀后土。建昭二年,幸河东,祀后土」。成帝建始元年冬,罢汾阴祀。二年三月,始祀后土于北郊。永始三年多十月,复汾阴祠。初,帝用匡衡议,罢甘露泰畤。其日大风坏甘露」,竹宫折拔畤中树木十围以上百余。帝异之,以问刘向,对曰:"家人尚不欲绝种祠,况于国之神宝旧畤。且其始立,皆有神祇感应,诚未」易动。"上意恨之。又以久无继嗣,白太后令诏有司复甘泉泰畤,汾阴后土如故。四年春正月,帝如河东祀后土。哀帝建平三年冬十」一月,祀汾阴。世祖建武十八年三月,帝如河东,祀后土」。唐玄宗开元十一年二月,祭后土于汾阴。初,上将幸晋阳。张说言于上曰:"汾阴脽上有汉后土祠,其礼久废,陛下宜因巡幸修复之。为农」祈谷。"上从之。开元十二年冬十一月,祀后土于汾阴脽上。太史奏:荣光出河,休气四塞。祥风绕坛,日炀其光。开元二十年冬十一月,祀」后土于汾阴。十二月,帝还西京。初,萧嵩奏："自祀后土以来，年谷屡丰，宜因还京赛祠。"上从之，礼毕，上为文刻石｜。宋真宗大中祥符四年春二月，帝祭后土于汾阴，大赦。三月，驻跸西京诏，脽上后土庙宜上额为太宁正殿。先是三年六月癸丑，河中府｜进士薛南等请祀后土。七月辛丑，群臣上表复请。八月丁未朔，诏以来年春有事于汾阴。上曰："冀民获丰穰，于朕躬固无所惮。"戊申，以｜王旦兼汾阴大礼使，王钦若为礼仪使，陈尧叟为经度使，李宗谔副之。庚戌，命翰林晁迥、杨亿、杜镐、陈彭年、王曾与礼院详定祀汾阴｜仪注。辛未，内出脽上后土庙图，命陈尧叟量加修饰。九月甲午，令宰臣王旦撰《祀汾阴坛颂》，知枢密院王钦若撰《朝觐坛颂》。十月甲子｜，晁迥上祀汾阴乐章十首。十二月二十六日，诏进蔬食，群臣继请御常膳。己巳，帝制奉天庇民述以示王旦等。四年正月，帝习仪于崇｜德殿。丁酉，奉天书，发京师，出潼关，渡河，次河中府。甲寅，以冯起为考制度使，赵湘副之。丁巳，至宝鼎县奉祇宫，有黄云随天书辇。戊午｜，斋穆清殿。庚申二鼓，上乘金辂法驾，继进至脽坛，夹道设燎，周以黄麾下杖。辛酉，上服衮冕，登坛祀后土地祇。奉天书于左，次以太祖｜太宗配侑，亲封玉册玉匮。少顷，服通天绛纱，乘辇至庙，设登歌奠献。司天监言黄气绕坛，月重轮，大角光明。群臣拜舞称贺，诏改奉祇｜宫曰太宁。壬戌，御朝觐坛，受朝贺，大赦，赐天下脯三日，大宴群臣于穆清殿，御制《汾阴二圣配飨》，建宝鼎，为庆成军给复三年。乙丑，丁｜谓而下，以礼成献歌颂者四十二人，付史馆。丙寅，制汾阴礼成诗赐百官。四月甲，至京师。丁未，制西巡还京歌。己未，诏脽上后土庙上｜额为太宁正殿，周设栏。壬戌，增葺宫庙。六年八月丁丑，参政丁谓上《新修祀汾阴记》五十卷，诏褒之。七年十一月壬辰，陈尧叟上汾阴｜补记三卷。以上俱见《通鉴纲目》及《文献通考》①

---

① 标点为编者加，"｜"为碑文转行处。

第二编　图像中的宋代建筑 | 163

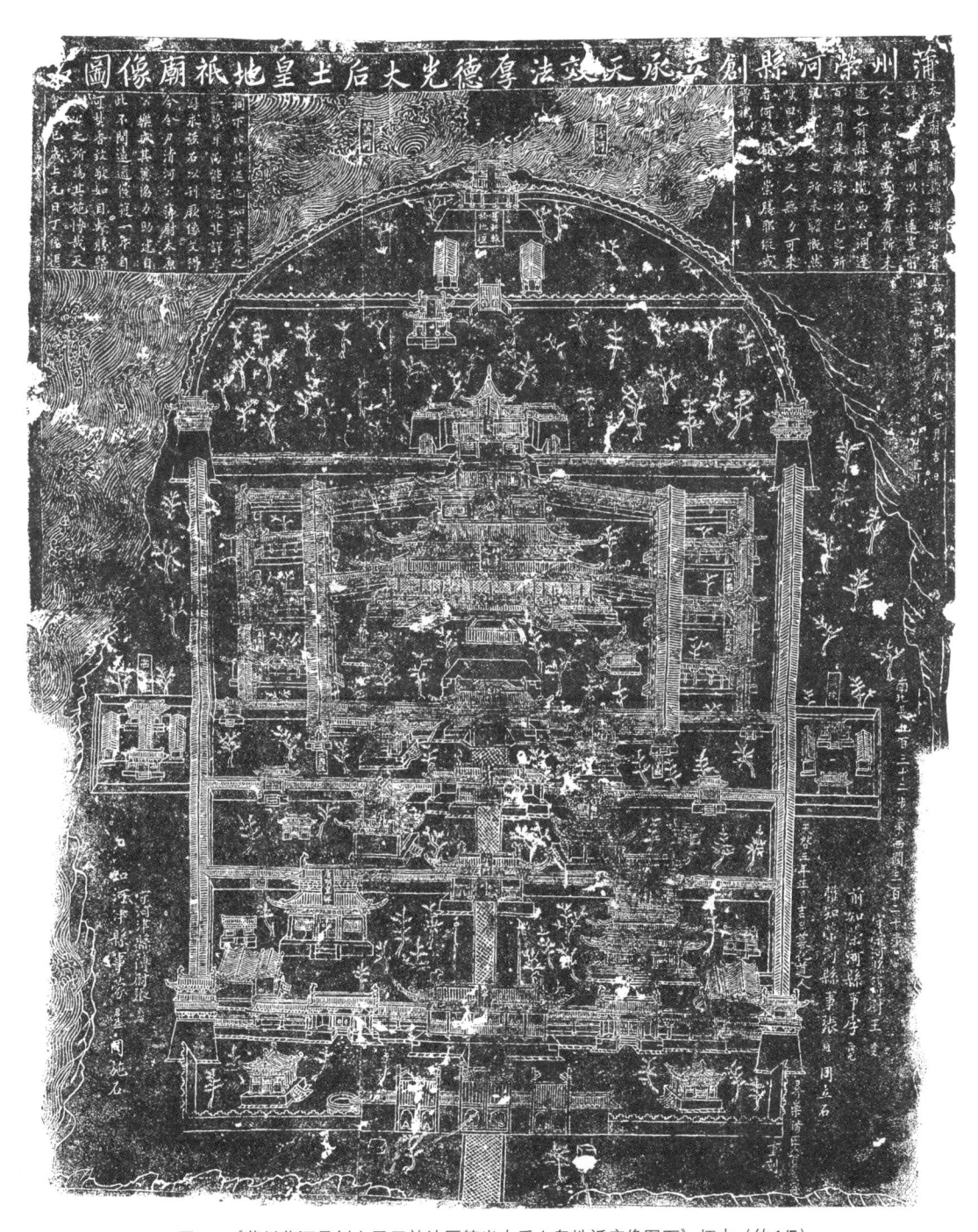

图1　《蒲州荣河县创立承天效法厚德光大后土皇地祇庙像图石》拓本（约1/5）

164 | 知宋·宋代之建筑

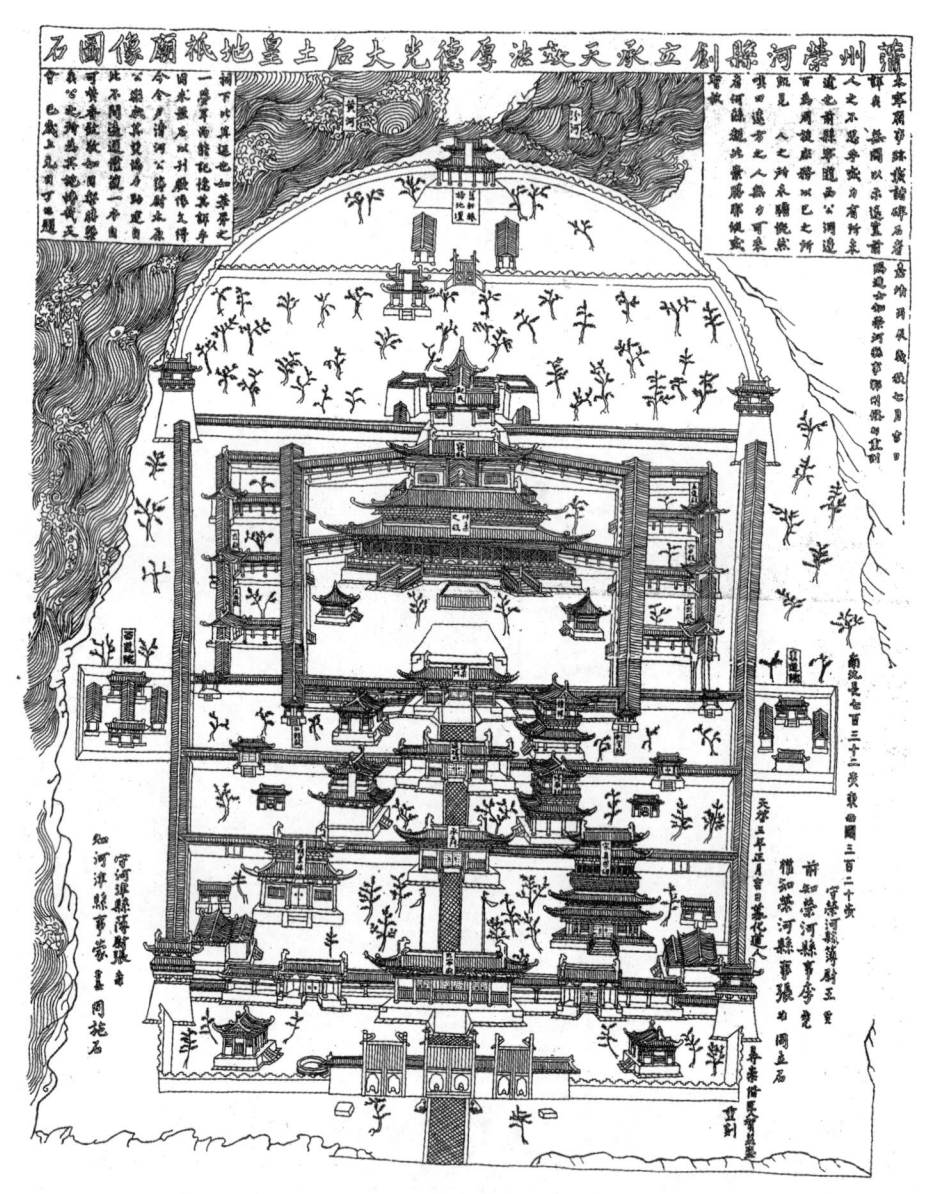

图 2 《蒲州荣河县创立承天效法厚德光大后土皇地祇庙像图石》摹本（约 1/5）

碑文中脱损之字依《汉书·郊祀志》应补为"绛"。除轩辕、二帝、三王之说系讹衍附会者外，余文均见诸史乘无误；祀汾阴后土之史实叙述亦大致清楚。金元以后，再无帝王赴汾阴亲祀后土之举。明代以来纯为民祭，至清代新建之祠，则已为乡社之所，毫无原来之规制。

碑正面刻庙貌全图（图1、图2）。额书"蒲州荣河县创立承天效法厚德光大后土皇地祇庙像图石"。图上左右角文如下：

  太宁庙事迹载诸碑石者」，详矣。□无图以示远，岂前」人之不思乎，或力有所未」逮也。前县宰陇西公洞达」百为周旋庶务，以已之所」既见，虞人之所未瞻，慨然」叹曰：远方之人，无力可来」者，何由睹此崇胜耶？纵或暂抵」

  祠下，比其返也，如华胥之」一梦耳，向能记忆其详乎」？因求兹石以刊厥像。又得」今令尹清河公、簿尉太原」公乐成其美，协力助建，自」此不问远迩，傥获一本，自」可焚香致敬如目击胜概」□，公之所为其施博哉。天」会□巳岁上元日丁亿题」。①

右侧上刻文"嘉靖丙辰岁秋七月吉日赐进士知荣河县事郓州侯郁重刻"，下刻文"守荣河县簿尉王修文前知荣河县事李舜元权知荣河县事张维同立石"，"天启三年正月吉日募化道人寻崇偕匠人贺益盛重刻"。

左侧下刻文"守河津县簿尉张永晖知河津县事蒙君益同施石"。

右侧又刻文"南北长七百三十二步东西阔三百二十步"。

据碑文可知，庙貌图系金天会间刻，明嘉靖、天启重刻。今图中有三座建筑题名处无字，当系重刻时已模糊，不易辨认之故。又碑阴之文末，称"俱见《通鉴纲目》及《文献通考》"，则可知该文系元明间补刻，或即为明代重刻图像时同时补刻。

上文天会年号下所缺之字，实关该碑之准确年代。按天会共15年，天会三年（1125）为乙巳，天会十五年为丁巳。又按《金史·太宗本纪》载：天会五年，金将完颜娄室始陷河中府诸城。据此，则此碑断不可能为天会三年所立，应为天会十五年，故以丁巳为是。

---

① 句读参照李文：《山西万荣县后土祠庙貌碑考略》，《山西档案》2012年第3期，第52—56页。

## 二

按此碑为金初所立，而金代不专祀汾阴后土，只配位方丘，则可知此庙貌图所示之建筑最晚为北宋时物。又据《文献通考》卷二十六载："开宝九年，徙庙稍南。"又《宋会要辑稿·礼二十八》载："太宗太平兴国四年八月十三日诏重修后土庙，命河中府岁时致祭……用中祀礼……"则知汾阴后土祠自开宝九年（976）至太平兴国四年（979）间曾加修葺，而开宝九年徙移庙后，唐时庙状已大为改动。

《宋会要辑稿·礼二十六》载："真宗景德三年十月二十四日，内出脽上后土庙图，令陈尧叟量加修饰。"同书《礼二十八》载："景德四年正月十七日以……王化基乘驿诣后土庙致祭，用大祀礼。"则可知由太平兴国至景德间改中祀为大祀，曾修葺该庙，而规制当有扩大。又据《宋朝事实》卷十一载，大中祥符四年（1011）二月大祀后土以后，"三月，驻跸西京，陈尧叟、李宗谔来朝，奏曰：……臣等自经度讫于礼成，凡土木工三百九十余万……'"则知大中祥符之祀后土，由三年八月令陈尧叟为经度使，至次年二月祀毕，中间半年光景，曾大兴土木工程，故庙貌当更扩大。此后北宋诸帝中，仅徽宗政和六年上尊号，而无复来亲祀者，故可断定此庙貌所描绘者为大中祥符时之状。其中之"宋真宗碑"楼，当系祀后土后所建。

《宋大诏令集》卷一一七载大中祥符四年（1011）四月乙未诏："脽上后土庙宜上额为太宁宫"；今碑阴引《文献通考》则谓"太宁正殿"。按今图碑中庙之各殿无太宁宫之名，只棂星门后之大门（即下三门）为"太宁庙"。或系明代重刻时原字模糊而刻工以意为之，或另有缘故。按今碑额所刻庙号全称，见于《宋大诏令集》卷一三七之政和六年（1116）诏。今图中大殿名坤柔，与碑阴引《文献通考》所载不合，或系政和间加上尊号时所改。撰诏文之义，颇强调"阴阳""母事"，故正殿也有可能改额为"坤柔"。

大中祥符四年（1011）四月诏后土庙"上额为太宁宫"，极易与同年

第二编　图像中的宋代建筑 | 167

图 3　北宋汾阴后土祠鸟瞰图（傅熹年作）

二月诏改奉祇宫为太宁宫一事相混淆。今按《宋会要辑稿·礼二十六》，则知奉祇宫为宝鼎县（宋名宝鼎，金改荣河）行宫，距庙尚有九里。行宫后改太宁宫，且亦加后土塑像，增大庙貌，然与后土祠实无关系。

庙北有坛，题名"旧轩辕扫地坛"。按《宋史·礼志》："……经度制置使诣雎上，筑坛如方丘，庙北古双柏旁有堆阜，即其地为之……"今图上之轩辕扫地坛在庙北，后有土阜，且其右（东）有二树并列（此非刻碑之偶然，试检全碑所刻树木，除此无并列者），则此坛即应为大中祥符时所筑之坛。但宋制方丘为"八角之成，重壝四面开门"，与碑上所刻者全然不同。是后来改筑，抑刻时以意为之，则有待进一步考证。

## 三

全图所示，为一完整之宋代大型祠庙建筑群（图3）。北临汾水，西靠黄河。庙在中部，坛在后部。前部正面棂星门三间，门外左右有上下马石及石狮各一。入门之左有一圆井，或系瘗坎。如是，则左右二单檐九脊方亭应为宰牲亭，此前面部分即为牺牲所。然据"大金承安重修中岳庙图"，下三门北亦有一圆井，名火池，应属燎炉之类，则本图中圆井亦有为火池之可能，但因所设位置不同，还当以瘗坎可能性较大。

棂星门以内，正中为五间九脊大门，名"太宁庙"。内开三门，平面制度为宋元建筑常见者，今山西芮城永乐宫无极门即为此等制度。门侧有廊，左右各五间，中各夹一腰门。腰门三间，悬山顶，门为"断砌造"。廊两侧接角楼。角楼下为台，上为三间九脊小阁，下有平座。四角楼之制均同。

太宁庙北有旗杆二。其右（东）为宋真宗碑楼，三间二层，副阶周匝，上为重檐四注顶，中有平座，下又为重檐。其左（西）为唐明皇碑楼，三间，重檐四注顶。按宋真宗碑即大中祥符四年之"汾阴朝觐坛颂"，王钦若撰，唐明皇碑即开元二十一年（733）"后土神祠碑"，张说撰。碑楼之侧各有二殿，一为勾连搭式，一为三间小殿，可能系享碑之祠所。

此院之北正对承天门，三间，四注顶。东亦以墙隔之，开二小门。门北之院，右（东）为"修庙记"碑楼，三间二层，九脊顶，副阶周匝。相对一楼名称模糊不辨。此"修庙记"碑或即前述景德三年修庙之碑。二楼之东西，各有一三间小殿，中有辘轳、井圈，当系井亭子。

再北，为延禧门，门三间，有廊，悬山顶，两端加二"挟屋"。两侧为宫墙，开二腰门。过延禧门后即为入正庙之前院。院右为"钟楼"，其制与"修庙记"碑楼同。对面一方亭，不知其为何用途。东西墙各有小门通至道院。

正庙门名"坤柔之门"，其制与承天门相同。左右各设围廊，为东、西、北之廊连接，围成廊院。廊设栅栏，只邻坤柔门之二间廊可通院内。东西侧廊伸出，与前廊成丁字相交，出山花，左名"二郎殿"，右名"判官殿"。此种处理颇为新奇。再左右即墙，设二小门。

廊院共二重。前部大殿名"坤柔之殿"，九间，重檐四注顶。下有高台基，设左右阶。殿西山引斜廊，围成内院。院内左右二方亭，正中有一台。殿前有一栅栏围绕之池。后殿名"寝殿"，为三间九脊殿，两山亦引斜廊。二殿之间连以廊房，成"工字殿"。

在此廊房之二侧，各有三小殿，各以廊子与正院东西廊相连。左面北部一殿名称模糊不辨，其下为"六丁殿""五岳殿"，右面，由北至南为"五道殿""六甲殿""真武殿"。

廊院之北，及围墙与后部坛之部分隔开。围墙正中突起高台，其上为三间悬山小殿，名"配天"。后接一"工"字形高台，台上有亭。二者间亦以廊房相连成"工字殿"；此廊房下似亦为高台，台下可能有门洞以通往来。按《文献通考》卷七六载："（真宗）分奠诸神，登郊邱亭，望河湾……"此亭或即郊邱亭？

后部之坛，周围遍植树木。中有墙横隔为两院。墙上开棂星门，左右八字墙。前部左侧有一重檐方亭，名称不辨，似应为具服所。后部正中为坛，上建重檐九脊殿，副阶周匝。其左右各有配殿。

## 四

除上述诸项外，今此图碑尚有下列三点值得深入讨论：

第一点，总观此庙，南方北圆。此种制度，殆为祠庙之性质所决定。按汾阴后土属坤（阴），以月象之，故坛城呈半月形。此种制度尚见于清代诸帝后陵。清祖北方，尚水德，属阴，故清陵宝城皆作半圆形，与明陵不同。北京天坛内外围墙均作南方北圆，系明嘉靖九年以前天地合祭之制，盖亦以北属阴，以圆象月，含祭地之义。

第二点，庙中大殿前之庭院中有一台，作何功用，颇值得讨论。此种台亦见于金承安中岳庙图碑中，且位置相同，亦为南面正中设台阶。金中岳庙碑中称此台为"路台"。现考此台之功用，有以下三种可能。

第一种可能，据《宋史·礼志》载，祀后土用玉册玉匮及金匮，置石匮中，"……更加盝顶石盖，然后封固如法，上为小坛，如方丘状，广厚皆五尺。"《宋会要辑稿·礼二十八》载：

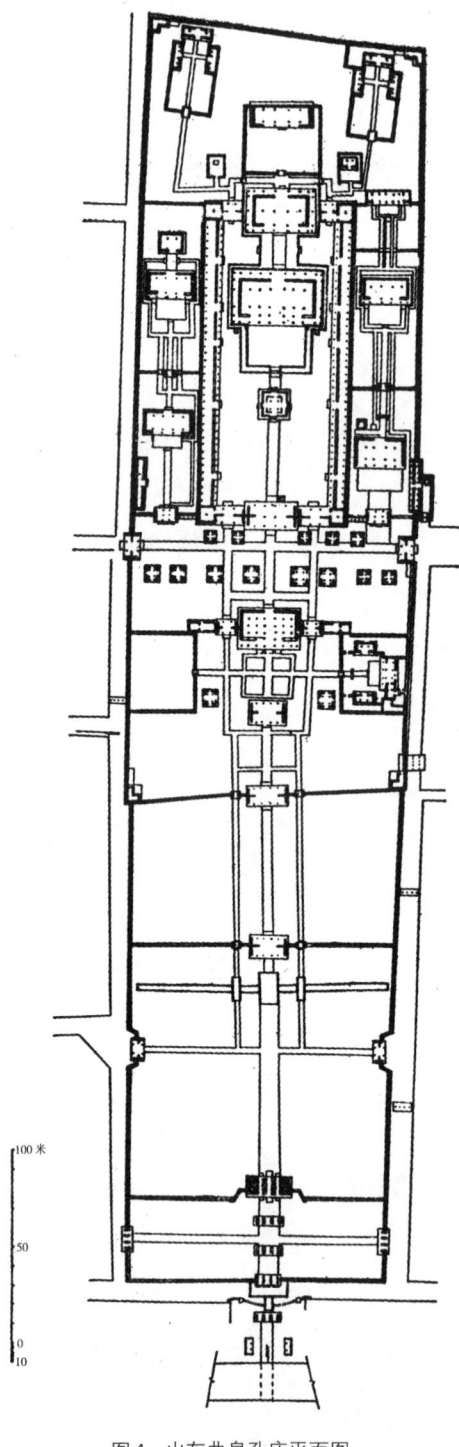

图4　山东曲阜孔庙平面图

"帝……登坛祀后土地祇，少顷乘辇谒后土庙……又至庭中视所封石匮。"则此台可能为封石匮之坛。但前述此坛广厚只五尺，今图中所示，似不止如此之小，故此种可能性不大。或大殿东西阶间之栅栏中所围者为此坛。仅系臆想，有待进一步研究。

第二种可能，据《宋大诏令集》卷一一七，大中祥符四年（1011）四月诏："（后土庙）本殿周设栏楯，民庶祈赛，止拜于庭中，官吏非祠祭，亦勿升殿。"则此台有可能为拜台。

第三种可能，据《宋会要辑稿·礼二十八》载："帝……谒后土庙，设登歌奠献……"此台有可能为舞台。按"登歌"为祀乐中之较简者，此台不大，可以够舞者使用。当然宋代祠祀中之舞乐，已颇有主要是娱人者，如今旧万泉县桥上村宋天禧四年（1020）《河中府万泉县新建后土圣母碑记》中，即有景德二年（1005）修建舞亭之记录。此种舞亭，应即为元以后祠庙中之戏台。然亦有只有舞基而无亭者，在万荣县太朝村后稷庙即有元至元八年（1271）一块碑记可证。碑记云："今有本庙自修建年深，虽经兵革，殿宇而在，既有舞基，自来不曾兴盖。今……创建修舞厅一座，刻立斯石矣。"既云"修建年深"，则庙可能在宋金即有。今大殿虽有元代题记，但结构手法颇类宋制，此庙大约为宋代创建。则此"自来不曾兴盖"之舞基，有可能仍存宋制。要之，宋代祠庙中，或有舞基，或有舞亭。今图中之台，即有可能为舞基，其功用主要是祠神。如是，则庭中左右方亭，或为奏乐之所。

此台或为拜台，或为舞基，仅提出以供深入研究者之参考。

第三点，北宋崇尚祀祠，祠庙建筑甚多，建筑亦颇有一定规则。如前述景德三年（1006）会"内出睢上后土庙图"，可能当时祠庙制度盖由朝廷规定。又如《宋朝事实》卷七载宋太宗时筑上清太平宫，"初宫成，真君忽降言，谓王龟从等曰：'汝奉诏修宫……何为不开日月华门，不画八小殿壁……'"，而此宫"一如真君豫言之制"。今图中有棂星门（即日月华门），有八座小殿，其制或近于上清太平宫。又如文献中宋代祠庙大殿皆设左右阶，此图大殿亦然，当为一种定制。更可注意者，此图与金承安五年（1200）重修中岳庙图碑中之中岳庙极为类似，如棂星门、工字殿、四角楼、斜廊、路台等，莫不符合。金代建筑多承宋制，中岳庙之大修建在宋大中祥符五年（1012），金代重修当不致大改原貌。此二庙性质类似，祀级相同，想来制度亦同。《中国营造学社汇刊》第6卷第4期，刘敦桢先生考金中岳庙图，博引文献，谓"宋金间我国祠庙的平面配置，不难得到一个具体概念"。有此后土庙图相证，则此言诚是。而更可进一步言者，则祠庙配置之制，至少在北宋初已有定制。此外，如以今曲阜孔庙制度（图4）与此图比较，不难看出在总平面之配置方面也颇有相似处。故《中国营造学社汇刊》第6卷第1期，梁思成先生论孔庙之年代，谓宋天禧二年大修孔庙，而"后世孔庙之规模即自此时起"所言也很正确。要之，宋代祠庙，特别是属于国家祭祀之祠庙，大抵已有定制，而后土祠当属第一等之大祠庙。观此图，将有助于对宋代东京各大祠观及五岳四渎等诸大祠庙貌之了解。

（原载《考古》1963年第5期，第273—277页）

# 第三编
## 现存的宋代建筑实例

本编着眼现存宋代建筑实例，精选南北四处著名宋代建筑研究报告，从不同角度展现其特征。

万荣稷王庙大殿为现存唯一宋代庑殿顶建筑，其尺度与形制对山西北宋建筑研究有重要意义。徐怡涛等的《万荣稷王庙大殿研究》一文，对大殿予以测绘与研究，明确稷王庙始建年代，并予以形制、尺度与材料分析，填补晋南和陕西东南地区北宋建筑史料的空白，使揭示唐宋时期中原文化发达的陕西河南等地区建筑特色成为可能，对探索地域建筑文化区别与联系有关键性作用。

太原晋祠圣母殿作为现存最早副阶周匝建筑，为宋时高等级建筑特征的重要体现。祁英涛的《晋祠圣母殿研究》一文，对晋祠圣母殿的修建简史、建筑式样和构造逻辑予以分析，增加北宋早期建筑形制年代标尺，揭示其时山西地区的建筑特色。

宁波保国寺作为江南地区现存最早木构建筑，体现了江南地区建筑与《营造法式》的互动关系。张十庆的《宁波保国寺大殿》一文，对保国寺历史沿革、形制特点予以深入解读，为了解江南早期木构提供重要建筑史料。

  初祖庵大殿是河南地区最接近《营造法式》制度的木构建筑，郭黛姮在《中国古代建筑史之宋、辽、金、西夏建筑》一书中对初祖庵予以形制分析，为了解中原地区北宋建筑提供重要资料。

# 第一章 现存唯一宋代庑殿顶建筑
## ——万荣稷王庙大殿

## 万荣稷王庙大殿研究

徐怡涛　徐新云　彭明浩　俞莉娜

### 一、稷王庙现状概况

稷王庙又名后稷庙，位于万荣县城西北8千米南张乡太赵村中，庙内供奉农业始祖后稷。寺庙坐北朝南，现占地3400平方米，四周围以院墙。庙内现仅存中轴线上的大殿及舞楼，其余建筑大多毁于抗日战争期间。1965年稷王庙被列为山西省重点文物保护单位，2001年被列入第五批全国重点文物保护单位，年代为金代，庙内设"稷王庙文物保护管理所"。

大殿位于院落北端，面阔五间，进深三间，单檐庑殿顶，整体形制基本保存完整，是目前该地区元以前单檐建筑中屋顶形式等级最高者。大殿前檐斗栱和阑额上现存的彩画、殿内神像和院落东西两侧的绿化带，皆1999年太赵村自发修缮稷王庙时所为。[1]（参见彩版图19）

---

[1] 见于庙前1999年所立《美化无梁殿碑记》："……历代屡经重修，但由于年深久远，风雨侵蚀，斗栱蒙尘，失去原有之辉煌。……除美化殿宇外，两旁种植树木花草……"

图1 万荣稷王庙大殿及戏台2010年"南部工程"修缮前外观（摄于2007年）[1]

戏台位于院落南部，北距大殿约20米，戏台面阔三间，平面呈凸字形，屋顶为硬山顶"勾连搭"歇山顶。新中国成立后，村民扩大戏台台面，建筑外观被改建为北方农村常见的"人民舞台"式样。戏台面对大殿的歇山部分的斗栱、梁架及木雕等均保存较好，且部分斗栱构件形制较古朴。硬山顶的后台部分建于民国，2010年南部工程大修前为"稷王庙文物保护管理所"用房。每年庙会时，戏台仍具演出功能（图1）。

研究史方面，曾有学者从戏剧史的角度对庙内现存的元代创建舞厅碑刻进行过考证[2]。关于稷王庙大殿的年代问题，2007年以前，主要有两种观点，一种是金代建筑[3]其主要依据为大殿斗栱用材大、手法古朴、布局疏朗，屋顶举折平缓等；另一种看法是元代建筑[4]，其主要依据为大殿梁架元代重修题记。

2007年，北京大学考古文博学院文物建筑专业师生在踏查万荣稷王庙后，时任踏查领队的徐怡涛提出万荣稷王庙大殿为北宋建筑的观点。为确

---

[1] 本文中的图表如无特殊说明，皆为作者所在课题组成员在历次考察、测绘中所得成果。
[2] 冯俊杰：《戏剧与考古》，文化艺术出版社2002年版，第272页；黄竹三：《戏曲文物研究散论》，文物艺术出版社1998年版，第39页；薛林平、王季卿：《山西传统戏场建筑》，中国建筑工业出版社2005年版，第53页。
[3] 参见柴泽俊：《平阳地区古代戏台研究》，注5，《柴泽俊古建筑文集》，文物出版社1999年版，第272页；第五批全国重点文物保护单位名录；国家文物局主编：《中国文物地图集》（山西分册，下册），中国地图出版社2006年版，"运城市万荣县"，第1087页；曹书杰：《后稷传说与稷祀文化》，社会科学文献出版社2006年版，第403页。
[4] 冯俊杰：《山西神庙剧场考》，中华书局2006年版，第136页。

证此观点，揭示万荣稷王庙潜在的历史价值，北京大学文物建筑专业师生对万荣稷王庙保持了长期的关注，每年均有涉及万荣稷王庙的各类调研活动。2009年完成的北京大学硕士学位论文——《临汾、运城地区的宋金元寺庙建筑》[①]，以文物建筑考古类型学的方法，从建筑形制角度论证了稷王庙大殿为北宋木构建筑遗存。2010年，国家文物局"指南针"计划开展古建筑精细测绘课题申报，北京大学文物建筑专业即申请以万荣稷王庙为精细测绘对象，希望以更全面的视角、更多样的方法，保存历史信息，验证年代问题，揭示历史价值，进而推进历史研究和相关保护管理工作。

## 二、历史沿革综述

在《平阳府志》《万泉县志》等相关地方志中，未见有关太赵村稷王庙的记载。[②]在2010年万荣稷王庙重修和课题组进行精细测绘之前，对稷王庙历史沿革的了解，出自稷王庙内现存的金石题刻，包括：元代创建舞厅刻石一块，大殿梁架元、明重修题记三条，大殿前檐明正德年间蟠龙石柱一根，清代重修碑一通，民国重修碑一通，戏台梁架题记等，内容详见稷王庙现存纪年材料表（表1）。[③]此外，庙内尚存20世纪60年代所立文物古迹保护标志碑刻一通，1999年《重塑稷王庙祖师关圣像碑记》《美化无梁殿碑记》两通，1998年铸香炉两座。

由表1可知稷王庙历史沿革如下：稷王庙创建年代史料中无考，元至元八年（1271）在庙内原有舞基之上新建舞厅，元至元二十五年（1288）

---

[①] 作者徐新云，导师徐怡涛。
[②] 《平阳府志》（万历）卷四一坛迹一祠庙附、《万泉县志》（乾隆）卷二一祠庙等条目中均载，"后稷庙二，一在稷王山巅，明正德六年□□□祷雨有应记存祠下，一在西薛里，宋崇宁间祷雨有应立碑，明正德五年知县张席珍祷雨有应，金事王□"。考之西薛里在旧万泉县之西，包括五村——薛村、高村、庄利村、王李村、郭村，而太赵村在旧万泉县之北，在大赵里，因此县志中所载并非太赵村之稷王庙。
[③] 稷王庙尚存宋宣和四年铁钟，《杏花池重修记》（碑文漫灭），清道光《白衣洞成功碑记》，清同治《重修瘟神庙碑记》，清道光《太赵村中社西巷重扶古□碣□》等纪年史料。其中宋钟为太赵村普照寺铁钟，碑刻所记内容均与稷王庙无关，因此在表中末列出。

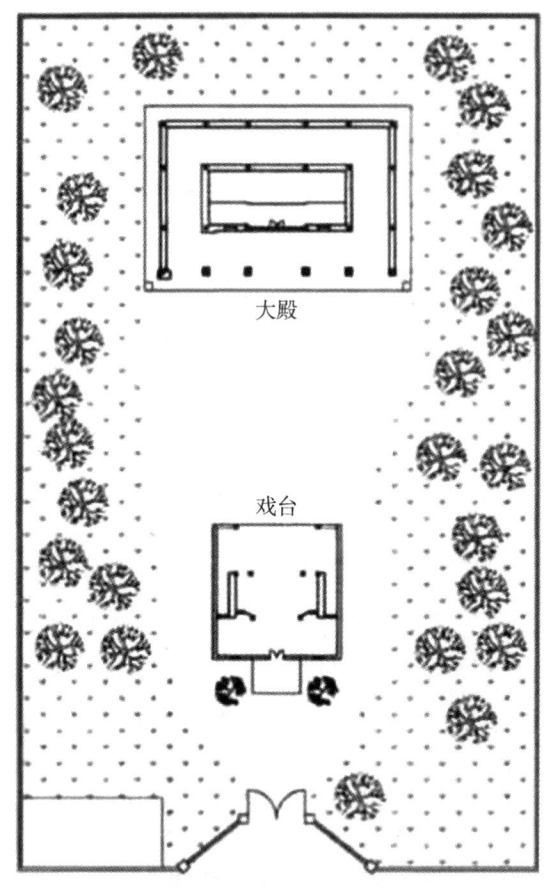

图2 2010年以前稷王庙布局示意图

重修大殿,明万历三十九年(1611)、天启六年(1626)再次重修。清同治二年(1863)至三年(1864)间在大殿内加建暖阁以壮观瞻,同时在庙内加建香亭、马房、便门等,此时稷王庙的规模甚大,大殿旁有左、右配殿,东西为廊庑。至民国间,太赵村稷王庙更是成为邻近诸村中庙貌极辉煌者,并于民国十年(1921)于原午门之地重建戏楼①,随后又重修大殿及村中干地、天神庙、普照寺等诸寺庙,并于民国十三年(1924)立碑记之。抗日战争时期,村中诸庙及稷王庙内大部分建筑被毁②。20世纪60年代初,文物工作者发现稷王庙,在庙内树立文物保护标志。至20世纪90年代末,村人集资修缮稷王庙,在庙内种植树木、绿篱,并彩绘大殿前檐斗栱、阑额,于殿内塑立神像、绘制壁画等(图2)。

---

① 冯俊杰:《山西神庙剧场考》,中华书局2006年版,第138页。原元代舞厅之柱础尚存,现砌于台基之内,压于墙底或者现柱础之下,原舞厅之平面近方形。可能碑刻中所记之"将戏楼移建于午门",同时将原舞厅柱础石一并移建。
② 原普照寺塔尚存,位于村中小学院内。

表1　截至2010年重修之前稷王庙内现存纪年材料表

| 纪年主题 | 纪年年代 | 现存位置 | 主要内容 |
| --- | --- | --- | --- |
| 创建舞厅记 | 元至元八年（1271） | 嵌于大殿东侧墙内 | 今有本庙自建修年深，虽经兵革，殿宇而存，既有舞基自来不曾兴盖。今有本村□□□等谨发虔心，施其宝钞二百贯文，创建修盖舞厅一座，刻立斯石矣。时大朝至元八年三月初三日创建。砖匠李记 |
| 重修题记 | 元至元二十五年（1288） | 大殿前檐明间下平槫底部 | 时大元国至元二十五年岁次戊子□宾月望日重修主殿，功德主……谨记 |
| 重修题记 | 元至元二十五年（1288） | 大殿前檐西侧乳栿下 | ……至元二十五年岁次戊子仲夏望日谨记 |
| 捐柱题记 | 明正德十六年（1521） | 大殿前檐明间东侧蟠龙石柱① | □国正德拾陆年岁次辛巳冬仲月吉日□社元祖人畅□室人裴氏□阳世□祖畅思中□高祖畅□□□曾祖畅米季□□□畅道□□杨氏胡氏……<br>……河津县黄村镇石匠□□锦□□成□□世 |
| 重修题记 | 明万历、天启年间 | 大殿前檐明间下平槫底部 | 时大明万历三十九年三月□日，天启六年正月吉日…… |
| 重修后稷庙碑记 | 清同治四年（1865） | 大殿内前檐东侧角部 | ……予村旧有后稷庙一所，正殿周围共十八间，攒顶挑角，四檐齐飞，功程甚浩大焉。居中者后稷，边有坤像，下有罗汉。虽不详其神号，总之不离德配后稷。功崇庙宇者近是，左阁祖师诸尊，右阁关帝数圣，东廊法、药、马、牛王，西廊坤后、城隍，午门将军。累次重修倾圮，至今如故。……庙内房宇莫不整新以张大，庙中神像莫不装容以壮威。正殿内加暖阁而观瞻肃，西廊前建香亭而神灵妥。至于建马房以卫牲口，开便门以别女路，犹追先圣之遗风焉。补葺于二年七月，告竣于三年十月…… |

---

① 据传此石柱为以前万荣县城中东岳庙之物，见冯俊杰：《山西神庙剧场考》，中华书局2006年版，第135页。孝之万荣东岳庙之行官大殿，仅存前檐之蟠龙石柱，且柱顶有明正德间题记，后檐及两山均为木柱此种说法似为可信。

续表

| 纪年主题 | 纪年年代 | 现存位置 | 主要内容 |
|---|---|---|---|
| 创建戏台题记 | 中华民国十年（1921） | 戏台后金枋下 | 时中华民国拾年岁次辛酉巳月甲午日庚午时，合村创建歌舞楼一座。告竣之后，永保吉祥如意 |
| 重建稷王庙戏楼碑记 | 中华民国十三年（1924） | 大殿内前檐东侧角部 | ……况余邑与稷山接壤，东山之遗迹如昨，兴平之古踪犹存，邑内文村、高村建大庙不一，孰有此村之殿宇辉煌，庙貌巍峨者乎？故代远年湮，垒加增补。而戏楼仍属故旧，栋折坏崩，砖颓瓦解。村中父老咸□曰此庙可以修矣，此楼可以葺邑。乃工程浩巨，无力□办，于是议为募疏。行商人员皆为欢从，共得大洋二千元，将戏楼移建于午门，接连正殿重修，四檐齐飞，又干地、天神庙、奎星阁、普照寺南殿、钟楼及□方龙神庙，鸠工庀材，损益酌中，无不焕然一新…… |

## 三、建筑形制年代学研究

### （一）大殿建筑形制描述

1.平面概况

稷王庙大殿单檐庑殿顶，面阔五间，进深三间。明间面阔5.01米，次间3.76米，尽间3.80米，通面阔20.11米，通进深12.57米，矩形平面。梁架结构为厅堂造，五铺作六架椽屋前后乳栿用四柱。大殿在檐柱和金柱之间形成回廊，回廊三面围合面南开敞，规制不同于副阶周匝。大殿金柱间地面比回廊地面高29厘米。前檐明间东侧柱为镌大明正德年款的八角蟠龙石柱，其余各柱皆为木柱。前檐檐柱分别衬以三种不同雕饰的覆盆柱础，后檐角柱可见方形石柱础。

2.柱础

2010年稷王庙重修前，因前檐西角柱础于添建的墙垛内，前檐仅可见五方覆盆柱础，自东至西布局为：莲瓣柱础、凤纹柱础、龙纹柱础（上立

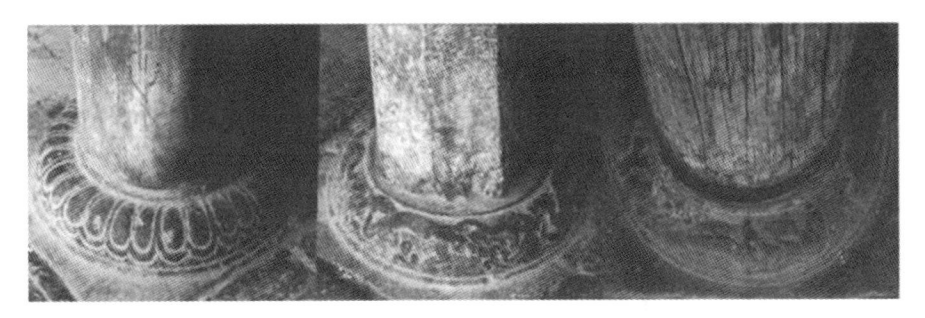

图3 稷王庙大殿重修前前檐檐柱下的三种覆盆柱础雕饰：莲瓣、龙纹和凤纹（左图为修缮前前檐西梢间东柱下的莲瓣柱础，修缮后，该柱础调换至前檐西角柱下）

蟠龙石柱）、龙纹柱础、莲瓣柱础。重修时，施工人员拆除了包砌于西角柱外的墙垛，露出凤纹柱础一方。施工方在加固、调平和归安柱础时，调换了前檐西角柱下凤纹柱础和前檐西梢间东柱下莲瓣柱础的位置，使前檐柱础雕饰布局对称。即前檐明间柱下用龙纹柱础，前檐次梢间柱下用凤纹柱础，前檐东、西角柱下用莲瓣柱础（图3）。

3.台明

稷王庙的院内地势起伏较大，自戏台向大殿显著升高，大殿台明前的地势亦不平整，露出地势的台明高度大体在30—40厘米左右。大殿台明为砖石包边的夯土台，前檐台明角石高16厘米，阶条石多残损，长短不等（图4）。

图4 大殿前檐檐台明角石（左为前檐西角石，右为前檐东角石）

### 4.铺作

稷王庙大殿斗栱用五等材，单材高约21厘米，四周布局对称，外檐柱头、补间、转角铺作均为五铺作双下昂[1]，内外跳皆偷心，补间一朵。其中，各铺作的第一跳皆为华栱做假昂，柱头铺作第二跳亦为华栱做假昂，补间铺作第二跳为真昂，里转做挑斡承下平槫。扶壁栱为足材泥道单栱上施两层柱头枋，第一层柱头枋上隐刻慢栱，第二层柱头枋为素枋，素枋上承令栱，令栱之上施承椽枋承椽。前檐栱眼壁漏空，两山、后檐部分填泥。泥道栱截直材刻出栱身，各铺作的耍头皆作蚂蚱头形，令栱皆不抹斜，各斗斗颥显著，替木两端卷杀，真、假昂的昂头形制相同，皆琴面，顶面平直，无起棱，底面上卷（图5）。

柱头铺作外檐两跳均作足材假昂，隐刻插昂昂身、单瓣华头子，第二跳昂身上置交互斗，斗上施令栱支替木承橑檐槫，替木作卷杀。蚂蚱头形耍头，自交互斗内平出，无斜杀内凹作法，斜杀两颊于底部刻人字形凹槽。铺作里转作双杪偷心，上承乳栿。

补间铺作第一跳亦作假昂，隐刻插昂昂身、单瓣华头子，第二跳为真昂，昂下施足材单瓣华头子，昂尾作挑斡，挑斡后尾置单斗支替承下平槫。铺作里转作三跳承挑斡，皆偷心，第二跳华栱、第三跳耍头后尾的栱身皆作楂头承散斗，上承形制独特的栱状靴楔，之上施三散斗承托挑斡。这种靴楔形制不见于《营造法式》及其他已知的建筑实例，为便于描述，本书称之为"靴楔栱"（图6）。

转角铺作外檐正身方向的作法与柱头铺作相同，令栱作鸳鸯交手，与瓜子栱出跳相列。45度方向第二跳昂头置平盘斗，上承由昂。里转四杪并偷心，第二跳以上华栱栱头皆作楂头状，由昂后尾与前檐、山面次间补间铺作昂尾相交，上置斗支替共同挑于下平槫下，老角梁后尾斜置，与下平

---

[1] 由于稷王庙大殿的铺作布局对称，各铺作次序相同，排除因后代重修所带来的差异外，其铺作形制较为统一，为简便起见，在下文中没有区分前后檐、山面进行描述，而仅以前檐铺作为例进行描述，两山及后檐与前檐的差别将在后文的原构解析中详述。

图5 大殿前檐西侧梢间铺作（2010年修缮前摄）　图6 大殿前梢西侧次间铺作里转（2010年修缮前摄）　图7 大殿前檐东侧转角铺作里转（2010年修缮前摄）

榑相交（图7）。

稷王庙大殿斗栱的细部作法，颇多可观之处和早期特征。各铺作的栌斗及散斗斗欹曲线内颤较大，令栱明显短于泥道栱。泥道栱栱身两端呈直角，隐刻栱身分瓣，此种作法未见于宋《营造法式》中所载"造栱之制"，与之类似的泥道栱作法可见于辽应县木塔等早期木构实例。稷王庙大殿的昂头不同于常见的斜尖向下的下昂昂头，其昂身不起棱，昂底上卷，昂头上翘（课题组命名为"下卷昂"），昂下施足材单瓣华头子等作法，是该地区现存早期木构建筑中的孤例，从形制造型的演变趋势看，其近似于批竹昂的昂顶面、直线型昂嘴，以及不出槽的昂底面作法，均应早于本地区现存金元建筑上所普遍具有的带有琴面、起棱、昂底面出槽作法的昂头形制。另外，稷王庙大殿斗栱还存在一些特别的榫卯作法，如栱身与小斗之间有梭形的咬合榫口，使小斗可插于栱身之上，增强了斗栱各散件之间的连接力，这种作法亦鲜见于《营造法式》及同时代建筑，体现出稷王庙匠师在榫卯运用上的独特造诣和智慧。

5.梁架

稷王庙大殿为典型的厅堂造作法，六架椽屋前后乳栿用四柱，内外柱不同高。檐柱间施阑额，上置普拍枋，"T"形断面，至角部普拍枋出头，阑额不出头。耍头内延做乳栿，乳栿上置高大的卷瓣驼峰承交互斗，交互斗承襻间枋、劄牵，其上置单斗支替承下平榑，驼峰间纵向施顺身串相连。乳栿与劄牵均插入金柱柱身，金柱间施阑额。金柱之上置大斗承平

图8 大殿平梁与叉手作法及推山构造（2010年修缮前摄）

梁、襻间，平梁伸出金柱柱顶的栌斗斗口，作把头绞项造，襻间上施单斗支替木承上平槫。平梁之下再另施一道梁栿，其上皮与内柱柱顶齐平，两道梁栿之间施平棋枋，现部分平棋枋仍存。平梁之上承丁栿，蜀柱立于丁栿之上，上置斗，斗上施捧节令栱承托脊槫，不施丁华抹颏栱（图8）。蜀柱两侧现有双层叉手，两层叉手用材、用料和做工明显不同，其中，下层叉手用材规整、硕大，过蜀柱上栌斗口内与捧节令栱栱身相交；上层叉手用材细小弯曲，与脊槫相交。

大殿推山较小，山面两坡收进接近两开间。两山铺作里转结构与前檐铺作相同，柱头铺作耍头后尾为乳栿入金柱。两金柱间置散斗承柱头枋，正中置丁栿搭于平梁之上，丁栿出头形如耍头。丁栿偏明间一侧立卷瓣驼峰，驼峰上置斗施捧节令栱承脊槫，老角梁、续角梁渐次与下平槫以上各槫相交，最终汇于脊槫，形成庑殿屋顶结构。

（二）原构构件解析

稷王庙大殿斗栱及梁架从特点来看，与临汾、运城地区的金元建筑存在很大差别，原构年代当在金代之前。原构及后代扰动主要体现在以下几个方面（本文依2010年落架修缮之前的状况描述）。

1. 斗栱

大殿前檐柱头铺作和补间铺作，基本保持了原构。前檐转角铺作部分，其里转靴楔栱与前檐补间铺作里转靴楔栱形制不同，其用料、做工皆不如补间铺作里转的靴楔栱规范、美观，且在其他各面的铺作里转上亦不具备普遍性，应为更替构件。两山明间补间铺作及后檐明间、梢间补间铺作外檐被扰动较大，表现在其耍头非"蚂蚱头"而为云头或方木；第二跳昂被改为插昂，且昂头较短，无上卷之势；令栱栱身较长或较高，其上散斗斗欹曲线为直线且用材很小；替木用材较高，且至两端截直无卷杀；扶壁栱两层柱头枋之上令栱及承椽枋皆缺失，立细木支撑橑檐槫。除前檐外，山面及后檐补间铺作里转部分，仅东山明间补间铺作里转仍为原构，采用真昂作挑斡，余皆被扰动，施托用材弯曲细小，于耍头层之上施乳栿插入内墙，乳栿之上立柱而不用驼峰，乳栿及立柱皆用材细小、加工简陋。

两山及后檐的柱头铺作也存在局部扰动的情况，如山面明间柱头铺作在令栱上加垫块，其上散斗较小；后檐次间柱头铺作耍头之上出梯形木块，替木为短方木。里转在柱头加施短梁，插入内柱，其用材较乳栿偏小。托脚之上置梯形木块，与承椽枋相交。

图9 大殿前后檐明间铺作外檐对比

综上所述，大殿前檐东、西梢间补间铺作里转、两山和后檐明间补间铺作、后檐次间补间铺作等部位经后代较大扰动，后檐明间柱头铺作等处也有一定程度的后代扰动（图9—图12）。

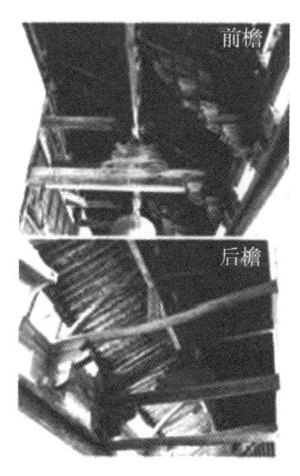

图10 大殿前后檐次间铺作里转对比　　图11 大殿两山明间铺作外檐对比　　图12 大殿两山明间铺作里转对比

图13　殿内次间现平棋藻井骨架　　　图14　殿内明间抹角平棋枋及斜撑

2. 梁架

大殿梁栿凡为松木者，皆加工方直。少数梁栿，如后檐明间两根乳栿，截面呈椭圆形，与之联系的后檐柱头铺作在外跳亦多改制，从改制的斗栱形制分析，其时代不早于元。大殿平梁上的大叉手符合早期建筑特点，大叉手之上另有一层叉手，用材细小弯曲，加工既不规整，外形亦不美观，也缺乏结构效用，应是晚期重修时的扰动构件。殿内东、西次间的上部梁架，如驼峰、丁栿等，在形制、用料和加工上与其他部分的同类构件相同，无简略的现象，明显不属于草架，所以，殿内东、西次间原为彻上明造的可能性很大。现殿内东、西次间的藻井骨架，应与清同治四年（1865）"正殿内加暖阔而观瞻肃"相关。而大殿明间的四根抹角平棋枋与金柱柱头枋上的栌斗和平梁交接严密，形制规整，应为原构，证明大殿明间原有平棋或藻井作法，如大殿明间原有平棋，则明间现存于蜀柱和脊槫间的斜撑应为晚期添加构件（图13、图14）。

综上所述，稷王庙大殿虽经历代重修，混杂了部分晚期构件，但仍大部分保留了原构，所有重要形制均有原构遗存，是该地区不可多得的早期建筑实例。

### （三）稷王庙大殿原构形制年代研究

结合周边地区宋金元时期的木构建筑及仿木构史料，稷王庙大殿铺作形制所具有的偷心造、靴楔栱、扶壁栱、蚂蚱头耍头底面刻槽、下卷昂、令栱短于泥道栱、斗㪍曲线内颤较大、阑普组合等做法，均早于该地区已知的金元木构建筑[1]，如北宋后期至金代前期的陕西韩城庆善寺大佛殿[2]等。稷王庙大殿的部分形制或形制组合，可见于夏县上牛村北宋嘉祐元年（1056）的砖雕墓、临猗妙道寺双塔之西塔及地宫［北宋熙宁二年（1069）］、万荣八龙寺塔（不晚于北宋熙宁七年）等仿木构材料。在上述史料中，迟至宋神宗熙宁年间，昂头上卷的下卷昂已在该地区木构建筑中得到较为成熟而广泛的应用，特别是夏县嘉祐元年（1056）砖雕墓及临猗妙道寺双塔的耍头造型、熙宁年间万荣八龙塔的昂头造型，与稷王庙大殿的原构形制如出一辙，可证明这些形制的出现和流行均不晚于北宋中期，且在北宋之后，这些形制已不见于本地区的实例。再从稷王庙大殿斗栱尚存偷心造而临猗妙道寺西塔和八龙塔已为计心单栱造来看，稷王庙大殿斗栱的形制年代应早于北宋熙宁。

**（四）区域建筑形制分期**

结合本地区木构和仿木构实例，我们可以做出典型构件形制的年代对比，并对一些形制进行分型分期，示例如下。

1.栌斗比例及斗䫜曲线对比

金至元诸例中，栌斗高宽比例近似2∶3，万荣稷王庙大殿栌斗高宽比近似1∶2，明显小于金元时期实例。同时，稷王庙大殿栌斗䫜曲线的内凹弧度明显大于金元时期实例（图15）。

2.耍头形制分型及分期

本地区的宋金元建筑铺作的耍头基本为自交互斗内平出，其形制变化主要在其斜杀部分，可分为四类[3]：楂头式（S1）、楂头斜杀内颥式（S2）、爵头式（S3）、爵头斜杀内颥式（S4），其时代特征如下（图16）：

---

[1] 关于临汾运城地区已知的主要金元木构建筑实例研究，参见徐新云：《临汾运城地区的宋金元寺庙建筑》，北京大学2009年硕士学位论文，导师徐怡涛。
[2] 关于陕西韩城庆善寺大佛殿前檐斗栱的年代参见徐新云、王书林、徐怡涛：《陕西韩城庆善寺》，《中国历史文物》2009年第4期。
[3] 楂头与爵头的一个主要区别在于耍头端头上部是否施鹊台，及耍头斜收部分为一段或二段，斜杀是指耍头的斜收部分，有直线和曲线之别。

万荣稷王庙大殿 　　　　　　　　　　　　　新绛白台寺释迦殿（金）

芮城永乐宫三清殿（蒙元） 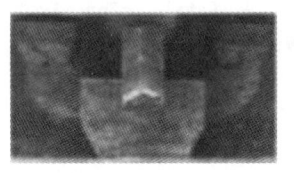　　稷山育龙寺腰殿（元） 　　蒲县东岳庙大殿（元）

图15　栌斗形制分期示意图

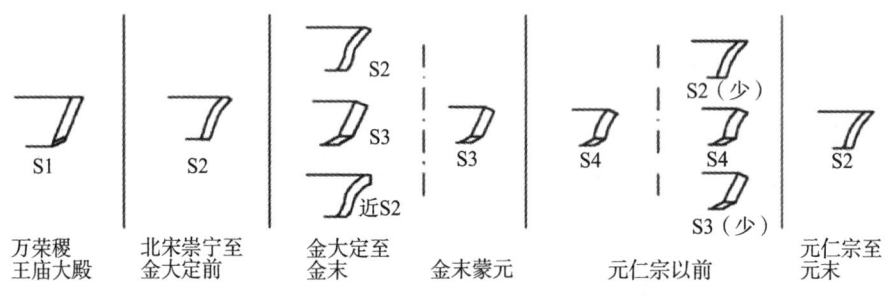

| S1 | S2 | S2<br>S3<br>近S2 | S3 | S4 | S2（少）<br>S4<br>S3（少） | S2 |

万荣稷　　　　北宋崇宁至　　金大定至　　金末蒙元　　元仁宗以前　　元仁宗至
王庙大殿　　　金大定前　　　金末　　　　　　　　　　　　　　　　　元末

图16　耍头形制分型及分期示意图

北宋崇宁以前，主流形制为S1，同期可见截直式耍头；北宋崇宁至金大定，主流形制为S2；金大定至金末，S2、S3两种形制并存，前者为主流形制，同期可见介于两者之间的部分耍头形制；金末蒙元时期，主流形制为S3。

元世祖至元至武宗至大，S3、S4并存，至元年间主流形制为S4，并仍少见S3；元大德七年（1303）以后，同一座建筑上S2、S3、S4多种耍头形制并存的现象较为突出。元仁宗以后，S2又再次成为主流形制。

3. 昂、华头子形制分型及分期（图17）

该地区普遍流行五铺作双下昂的铺作次序，昂在该地区的宋金元寺庙建筑中得到广泛的应用，大体可分为五种类型，分别是该地区少见的批竹昂（A0）；以万荣稷王庙代表的下卷昂，昂底上卷，昂头上翘（A1）；以新绛白台寺为代表的昂身琴面微起棱，呈下垂之势，至昂头上卷，底部起槽，昂嘴呈薄八字形（A2）；以绛县太阴寺为代表的符合《营造法式》规

| A1 | A2 | A2/A3 | A3 | A4 | A4′ |
|---|---|---|---|---|---|
| 万荣稷王庙大殿 | 北宋崇宁至金大定前 | 金大定至金末 | 金末蒙元 | 元仁宗以前 | 元仁宗至元末 |

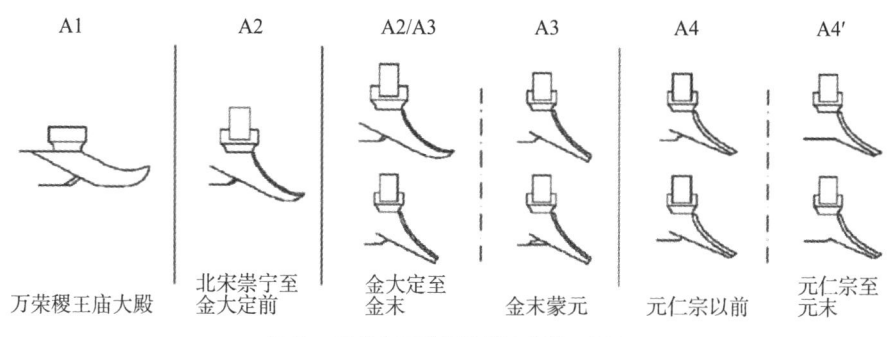

图17 昂华头子形制分型及分期示意图

定的标准的琴面昂（A3）；以稷山青龙寺大殿为代表的昂身琴面，中起棱较高，出锋起尖，底部起槽，昂嘴呈厚八字形（A4）。

昂及华头子的形制组合复杂，发展演变较快，北宋崇宁以前，柱头铺作用假昂，隐刻昂身及华头子，补间铺作真假昂并用，昂下施单瓣华头子，中起棱；昂的主流形制为A1，同期可见昂身琴面微起棱，昂底起槽，批竹昂等形制。

北宋崇宁至金大定，柱头、补间铺作均施假昂，隐刻昂身及华头子，单瓣华头子，中起棱；昂的主流形制为A2。同期可见施斜栱、斜昂；令栱两端刻作下昂状，昂形与正身方向出跳之昂一致，下刻多瓣（蝉肚纹）华头子等形制。

金大定至金末，真假昂并用，单瓣、双瓣华头子并用；昂的形制分两类，一类是延续第二期的昂头上卷、昂嘴呈薄八字形（A2），另一类是符合《营造法式》规定的标准的琴面昂（A3），前者为主流形制，同期可见介于两类之间的昂形，应是其互相影响的结果。

金末蒙元时期，主流形制为假昂，隐刻昂身、双瓣华头子，昂形为符合《营造法式》规定的标准的琴面昂（A3），微起棱，而金大定以前的下卷昂形A1、A2基本绝迹。同期仍可见单瓣补间仍用真昂、单瓣华头子的形制。

元世祖至元武宗至大间，作假昂，隐刻昂身，昂的主流形制为A4，单瓣、双瓣、多瓣华头子并存。至元间仍可见符合《营造法式》规定的标准的琴面昂，微起棱（A3），元大德七年（1303）至武宗至大年间，不同形制共存的现象较为突出。元仁宗至元末，主流形制为假昂（A4′），昂的形制较A4有细微变化，未隐刻昂身及华头子，昂嘴较厚，底部不出槽。综合上述形制分期可知，万荣稷王庙大殿的斗栱原构形制均早于当地宋末金初的建筑标尺。

## 四、大木作用料树种分析

### （一）稷王庙大殿大木作用料分析

稷王庙大殿的修缮于2010年12月开始。本文对其大木作选材的考察一次在修缮前（2010年8月），就大殿柱额、铺作层每个构件的材质进行了粗视识别，对部分铺作构件进行了取样；一次在修缮落架中（2011年3月），对第一次的调查结果进行了复查，补充了大殿梁架、椽檩的选材，结合修缮工程，对具有代表性的柱、额枋、铺作、梁架、角梁等构件逐件进行取样，并对其他部位进行了抽样。

两次取样共174个，现场未能识别的有10个，占5.7%，粗视识别与显微检测不一致的有13处，占7.5%，主要为榆、槐、椿这三类硬杂木的混淆。

根据检测结果，结合现场考察，大殿的选材图如图18、图19。

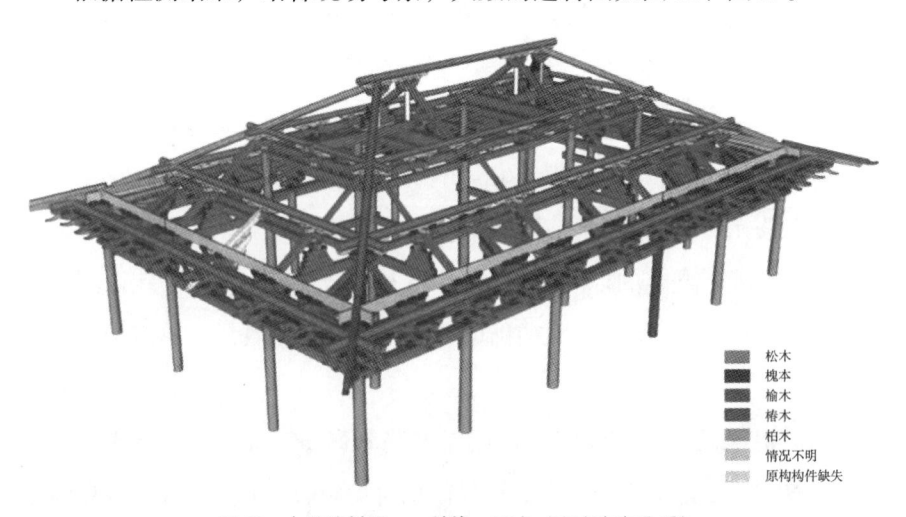

图18 大殿选材图——前檐、西山（西南向东北看）

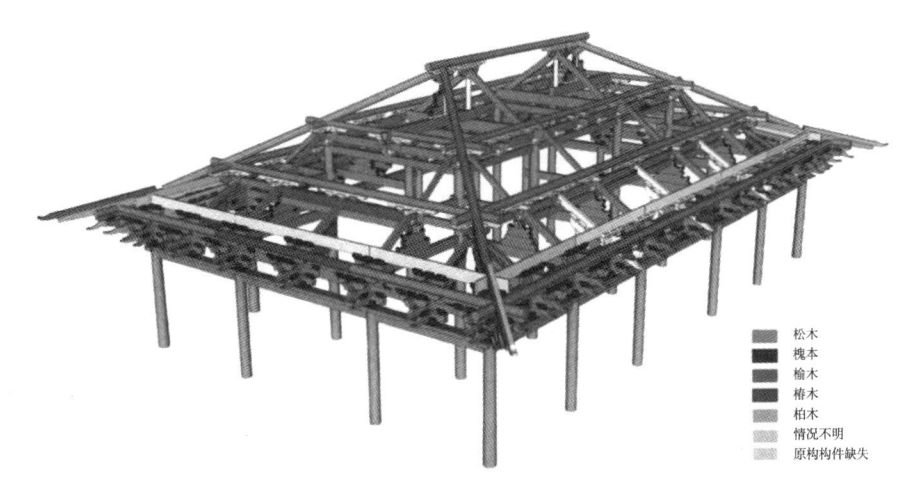

图19　大殿选材图——后梢、东山（东北向西南看）

### （二）选材特征和相关讨论

稷王庙大殿选用松木作为主要材料，根据显微检测结果，现场粗视识别认为松木的取样分别为松科下的硬木松和云杉两属。其中云杉主要用作柱、檩，而硬木松主要用作栱、枋等构件，分布具有一定的规律性，因此推断古人对这两类松木的区分当很明确，而通过粗视识别不易分辨。

斗、栱选材有明显区分，斗主要使用硬杂木，多槐木，少量使用榆木，栱全部使用松木。斗特别使用榆、槐等硬杂木的做法在山西南部地区较为常见，可能与这类木材纹理较乱，抗压、承载能力强相关。这不仅是山西南部的现象，在其他地区的建筑上也有表现，如在晋祠圣母殿的斗栱选材中栌斗即统一使用榆木（图20）。

稷王庙大殿主要结构构件使用松木，特别是供使用与梁架材种一致的松木，这种情况在山西南部古建筑中还见于平顺龙门寺西配殿（五代，925年）、平顺大云院大佛殿（五代，938年）、高平崇明寺中佛殿（北宋，971年）、长子崇庆寺千佛殿（北宋，1016年）和陵川南吉祥寺大殿（北宋，1030年），均为北宋中期以前的建筑。而北宋中期至元，由于松木资源日渐匮乏，山西南部建筑渐少用松木做主要的结构用材，而改用杨、槐、榆等乡土树种。因此，从大木作选材推断，稷王庙大殿可能创建于北

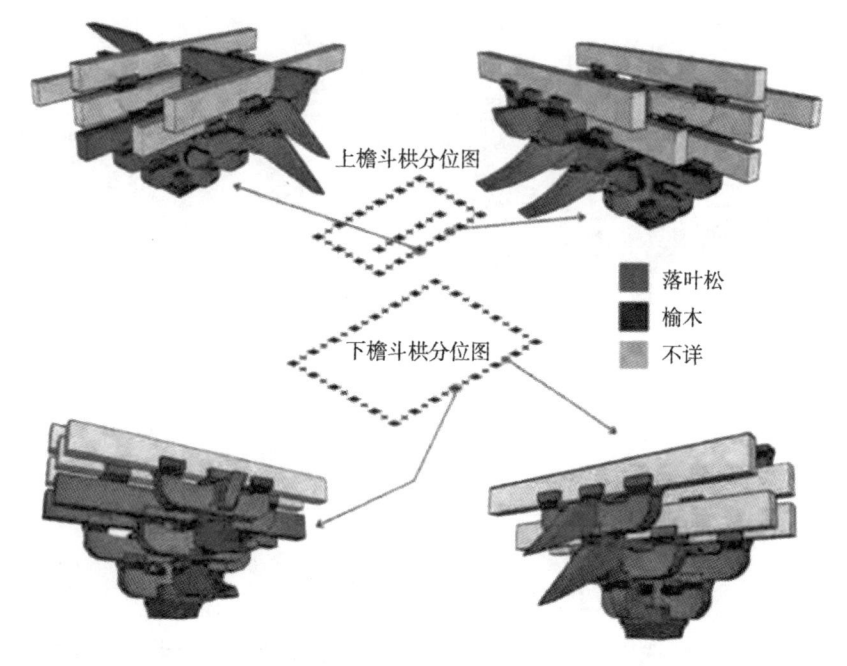

图20　晋祠圣母殿斗栱选材图

宋中前期，与前文形制断代的结论一致。另一值得注意的问题是在北宋《天圣令》中即有乡间种乡土树种的规定，而自天圣后至北宋中后期乃至于金元，乡土树种的使用大量出现，当与宋前期的田制有所联系。

大殿更换构件制作粗糙，在形制上较易区别。从大殿的选材上也可明显判别，主要使用椿木、榆木更换了原来的松木。梁架改动较小，较大的改动在仔角梁和东山明间下平槫襻间枋，主要使用椿木进行更换。斗栱上改动较大，集中在前檐梢间里转、东、西两山和后檐里转及各襻间斗栱上，基本更换为榆木。

## 五、北宋天圣题记的发现

按研究计划，北京大学文物建筑专业在万荣稷王庙大殿木作和屋顶瓦作修缮完成后，对稷王庙开展了第三次测绘。在本次测绘中，于2011年5月14日中午，在大殿前檐明间下平槫襻间枋外皮上发现了一处极不明显的墨书痕迹，墨书自右而左、自上而下，竖排三行，最右一行字体最大，因木材年久，表面纹路扩大，现仅右侧的四个大字可辨识。经表面湿处理后，认读为"天圣元年"（1023）。天圣题记的位置与元、明重修时所留的题记木牌相近（图21）。

题录天圣纪年的襻间枋，用料为松木，加

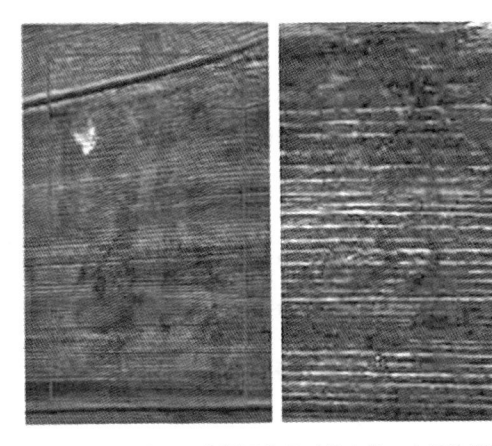

图21　左图为题记未做湿处理时的全貌，右图为湿处理后可见的"天圣"年号

工规整，其形制和尺度与大殿上其他相同用料、相同加工的枋木相同，从形制、尺度和用料方面分析，皆属稷王庙大殿的原构构件。

按前文形制研究的结论，稷王庙大殿原构形制的年代下限为北宋熙宁年间。根据木作材料树种的研究结论，稷王庙大殿的原构时代符合北宋中前期建筑的特点。因而，课题组在测绘期间于原构构件上发现的北宋天圣纪年，可与前期所进行的形制和材料研究结论形成互证关系，为更精确地确认稷王庙大殿的年代提供了可靠而珍贵的史料依据。

依据此新发现的北宋纪年，稷王庙大殿原构形制的年代不晚于北宋天圣元年（1023），较北宋颁布《营造法式》的崇宁二年（1103）早80年。这一结论对研究中国宋元建筑的渊源流变具有极其重要的价值，因为稷王庙大殿上存在一些与《营造法式》相吻合或相近似的形制，如厅堂造、下昂挑斡、具有插昂意象的假昂、蚂蚱头形耍头等。而这些建筑形制正是某些持"北构南相"论者所认为的，产生于自江南地区，通过江南建筑（如保国寺大殿等）对《营造法式》的影响才得以传播至中原北方地区的建筑形制。稷王庙大殿早于法式80年得到确证后，此类论点即难成立。同时，稷王庙大殿上一些具有特色或极其罕见的形制，如上平下卷的昂头形制、续角梁与椽后尾的榫卯交接方式、承挑斡的靴楔栱、足材栱与散斗的交接方式暗架等，也得到了绝对纪年支持。因此，稷王庙大殿年代问题的确认，为晋南和陕西东南部地区填补了空白，增加了一处北宋中前期的建筑形制年代标尺，极大地促进建筑形制区系类型研究，使我们有可能揭示唐宋时期中原文化最发达的陕西、河南等地区的建筑特色，及其对四川、甘肃等地区的深远影响，对我们认识宋元时期中国建筑的传播演变历程，探索地域间建筑文化的区别与联系，具有关键性作用。稷王庙大殿的文化遗产价值，也必将因其所具有的无与伦比的历史价值而被重新认识。

## 六、大木作尺度研究

### （一）数据获取

针对稷王庙大殿进行用材和用尺制度分析的大木作数据来源于"指南针中国古建筑精细测绘课题"对稷王庙大殿分别进行的修缮前、修缮中、修缮后的三次测绘成果。在选取原始数据时，本着获取尽量接近原构数据、获取可靠的手工测量数据以及获取尽量多的同种构件数据的原则，将原始数据整理为斗栱类构件数据、柱梁类构件数据以及平面及屋架数据三类（图22—图25）。

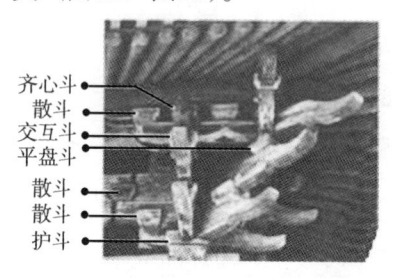

图22 斗栱类构件位置示意图（转角铺作及柱头铺作）

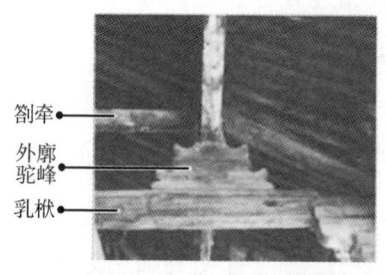

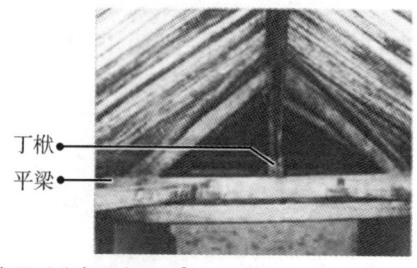

图23 柱梁类构件位置示意图（外廊及内殿）①

---

① 稷王庙大殿之泥道慢栱均为柱头枋隐刻泥道慢栱，本文简称为泥道慢栱。

图24 面阔进深数据取值示意图　　图25 屋架数据取值示意图

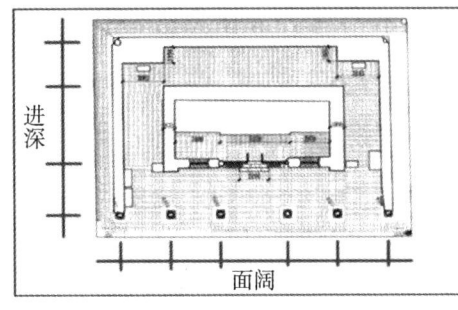

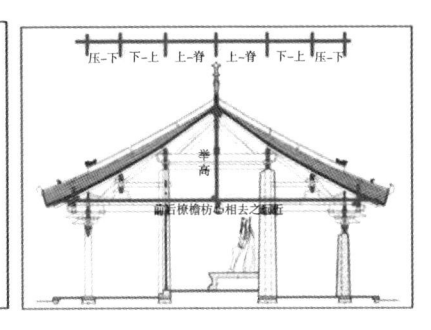

根据上文，对大殿进行大木尺度分析从斗栱和柱梁构件中的细部数据入手，对大殿材等和营造用尺进行同时复原。据《营造法式》可知，材厚是通过材广定义的，在进行材等和营造尺复原过程中，应用材广数值作为计算和分析的自变量。因此，选取《营造法式》中规定高度为一材的构件数据作为复原的样本。

结合稷王庙大殿实际情况，就稷王庙大殿外檐斗栱构件而言，高度为一材的构件有泥道栱、泥道慢栱（隐刻）、泥道第三层枋、泥道第四层栱、华栱、耍头、襻间枋等。

根据宋尺实物和尺度复原研究，我们认为，对于稷王庙大殿的营造用尺复原，应在30—32厘米的范围内进行取值。在进行复原过程中，考虑实例尺寸，选用30厘米、30.1厘米、30.2厘米、30.5厘米、30.8厘米、30.9厘米、31厘米、31.2厘米、31.4厘米、31.7厘米、31.8厘米、32厘米这12个数值进行复原计算。

**（二）万荣稷王庙大殿用材制度分析**

表2中7类构件校正后的广厚比在（1.55，1.69）的区间内，较《营造法式》规定的3∶2比例稍大，而栔高和材高之比分布于（0.41，0.46）的区间内，与《营造法式》规定的5∶2的比例相近。因此，在进行大殿材等的分析时，首先应确定其份值，以《营造法式》材份制度"各以其材之广，分为十五分"的规定，稷王庙大殿的份值＝材广÷15÷营造尺长。

表2 稷王庙大殿外檐铺作高为一材的构件尺度表

单位：毫米

| 构件名称 | 总长 | 单材高 | 足材高 | 宽 | 高宽比 | 栔高比 | 样本量 |
| --- | --- | --- | --- | --- | --- | --- | --- |
| 泥道栱 | 928.6 | 201.2 | 284.11 | 129.9 | 1.55 | 0.41 | 18 |
| 泥道第四层栱 | 878.2 | 209.6 |  | 124.1 | 1.69 |  | 17 |
| 泥道慢栱 | 1491.9 | 201.2 | 289.3 | 125.4 | 1.60 | 0.44 | 16 |
| 令栱 | 872.7 | 205.2 |  | 127.8 | 1.61 |  | 18 |
| 下平槫襻间枋 |  | 211.6 |  | 125.6 | 1.68 |  | 16 |
| 第一跳华栱 | 1350 | 198.1 | 289.6 | 126.6 | 1.57 | 0.46 | 15 |
| 耍头 | 403.6 | 204.2 |  | 125.6 | 1.63 |  | 10 |
| 平均值 |  | 206.6 |  |  |  |  |  |
| 标准差 |  | 4.61 |  |  |  |  |  |

表2中7类构件材广在（198，212）的区间内，以此区间为界，并以1毫米的间隔列出材广可能值，结合宋尺可能尺寸进行材等计算。由于《营造法式》对不同材等的份值规定精确到0.01寸，因此将材等计算结果保留至0.001寸。

在表3中，经计算得出的180个数值中，位于（0.44，0.45）区间内的数值有54个，平均值为0.442寸。

在《唐代木构建筑材份制度初探》[①]一文中，通过比对出土唐代筒瓦、瓦当与宋《营造法式》中的筒瓦制度，认为唐代筒瓦、瓦当等级序列与宋《营造法式》材份制度序列有明显的相似性，并通过与现存相关建筑的互证，认为《营造法式》份值序列中，0.4—0.5寸间的递进关系与该文所推唐代材份递进关系一致。由此得出《营造法式》中四等材至六等材的规定承自唐代旧制。

因此，可以认为，早于《营造法式》的稷王庙大殿用材以四寸四厘为

---

① 详见徐怡涛：《唐代木构建筑材份制度初探》，《建筑史》第1辑，机械工业出版社2003年版。

表3 份值可能值计算表

单位：寸

| 类别 | 198毫米 | 199毫米 | 200毫米 | 201毫米 | 202毫米 | 203毫米 | 204毫米 | 205毫米 | 206毫米 | 207毫米 | 208毫米 | 209毫米 | 210毫米 | 211毫米 | 212毫米 |
|---|---|---|---|---|---|---|---|---|---|---|---|---|---|---|---|
| 30厘米 | 0.440 | 0.442 | 0.444 | 0.447 | 0.449 | 0.451 | 0.453 | 0.456 | 0.458 | 0.460 | 0.462 | 0.464 | 0.467 | 0.469 | 0.471 |
| 30.1厘米 | 0.439 | 0.441 | 0.443 | 0.445 | 0.447 | 0.450 | 0.452 | 0.454 | 0.456 | 0.458 | 0.461 | 0.463 | 0.465 | 0.467 | 0.470 |
| 30.2厘米 | 0.437 | 0.439 | 0.442 | 0.444 | 0.446 | 0.448 | 0.450 | 0.453 | 0.455 | 0.457 | 0.459 | 0.461 | 0.464 | 0.466 | 0.468 |
| 30.5厘米 | 0.433 | 0.435 | 0.437 | 0.439 | 0.442 | 0.444 | 0.446 | 0.448 | 0.450 | 0.452 | 0.455 | 0.457 | 0.459 | 0.461 | 0.463 |
| 30.8厘米 | 0.429 | 0.431 | 0.433 | 0.435 | 0.437 | 0.439 | 0.442 | 0.444 | 0.446 | 0.448 | 0.450 | 0.452 | 0.455 | 0.457 | 0.459 |
| 30.9厘米 | 0.427 | 0.429 | 0.431 | 0.434 | 0.436 | 0.438 | 0.440 | 0.442 | 0.444 | 0.447 | 0.449 | 0.451 | 0.453 | 0.455 | 0.457 |
| 31厘米 | 0.426 | 0.428 | 0.430 | 0.432 | 0.434 | 0.437 | 0.439 | 0.441 | 0.443 | 0.445 | 0.447 | 0.449 | 0.452 | 0.454 | 0.456 |
| 31.2厘米 | 0.423 | 0.425 | 0.427 | 0.429 | 0.432 | 0.434 | 0.436 | 0.438 | 0.440 | 0.442 | 0.444 | 0.447 | 0.449 | 0.451 | 0.453 |
| 31.4厘米 | 0.420 | 0.423 | 0.425 | 0.427 | 0.429 | 0.431 | 0.433 | 0.435 | 0.437 | 0.439 | 0.442 | 0.444 | 0.446 | 0.448 | 0.450 |
| 31.7厘米 | 0.416 | 0.419 | 0.421 | 0.423 | 0.425 | 0.427 | 0.429 | 0.431 | 0.433 | 0.435 | 0.437 | 0.440 | 0.442 | 0.444 | 0.446 |
| 31.8厘米 | 0.415 | 0.417 | 0.419 | 0.421 | 0.423 | 0.426 | 0.428 | 0.430 | 0.432 | 0.434 | 0.436 | 0.438 | 0.440 | 0.442 | 0.444 |
| 32厘米 | 0.413 | 0.415 | 0.417 | 0.419 | 0.421 | 0.423 | 0.425 | 0.427 | 0.429 | 0.431 | 0.433 | 0.435 | 0.438 | 0.440 | 0.442 |

一份，即《营造法式》所规定的五等材。

### （三）万荣稷王庙大殿营造用尺复原分析

大殿材广尚无法得出确定的毫米数值，因此无法直接复原出大殿营造用尺的长度，现在表3的基础上增加若干处于整数的材广推定值，进行尺度的复原推算。

为了在这些材广和营造尺长的组合中找出最为符合大殿原构情况的一组，笔者选取了一部分斗栱构件数据，包括泥道第一层栱长、泥道慢栱长、泥道第四层栱长、令栱长、第一跳里外跳长、补间第二跳里跳长和耍头长等数值，通过推算其份值来进行验证。此外，选取大殿平面、屋架及柱高的数值，对其进行份值推算，其中，对大殿通面阔、当心间面阔、次间面阔、梢间面阔、通进深、进深心间、进深南次间、进深北次间、压槽枋–下平槫平长、下平槫–上平槫平长、上平槫–脊槫平长、心间柱高这12项数值进行尺长的推算。以下将以这38项作为比对项目，试图寻找出最为接近于大殿原始情况的材广值及营造尺长。

**1.精确度**

由于《营造法式》中对于大木构件份值的规定精确到个位，因此在计算中将尺度份值的复原值精确度设定为1份；由于宋尺出土实物和复原的宋尺尺度数值大多精确到1毫米，因此在推算营造尺时将精确度设定为1毫米；对于平面屋架等尺度的用尺长度，《营造法式》中并未做出明确的规定，由于宋尺的实例中，尺的刻度最多精确至1分，因此将推算的尺长精确至0.01尺。

**2.判定标准**

为了找出尽可能接近于大殿原始设计施工情况的营造尺长，需要对验证数据设定判定标准。

（1）尺长

根据傅熹年先生等学者对中国古代木构建筑采用整数尺度涉及的论述，笔者认为，稷王庙大殿在进行平面及屋架尺寸的设计时，采用了整数尺作为设计尺度。因此，判定平面及屋架数据推算尺值尽可能接近于整尺

表4　稷王庙大殿营造尺复原及验证表

| 类别 | 198毫米 | 199毫米 | 200毫米 | 201毫米 | 202毫米 | 203毫米 | 204毫米 | 205毫米 | 206毫米 | 207毫米 | 208毫米 | 209毫米 | 210毫米 | 211毫米 | 212毫米 |
|---|---|---|---|---|---|---|---|---|---|---|---|---|---|---|---|
| 营造尺（厘米） |  | 30.0 | 30.3 | 30.4 | 30.6 | 30.8 | 30.9 | 31.1 | 31.2 | 31.4 | 31.5 | 31.7 | 31.8 | 32.0 | 32.1 |
| 泥道第一层栱长（份） | 928.6 | 70 | 70 | 69 | 69 | 69 | 68 | 68 | 68 | 67 | 67 | 67 | 66 | 66 | 66 |
| 泥道慢栱长（份） | 1491.9 | 113 | 112 | 111 | 111 | 110 | 110 | 109 | 109 | 108 | 108 | 107 | 107 | 106 | 106 |
| 泥道第四层栱长（份） | 878.2 | 67 | 66 | 66 | 65 | 65 | 65 | 64 | 64 | 64 | 63 | 63 | 63 | 62 | 62 |
| 令栱长（份） | 872.7 | 66 | 65 | 65 | 65 | 64 | 64 | 64 | 64 | 63 | 63 | 63 | 62 | 62 | 62 |
| 第一跳外跳（份） | 383.1 | 29 | 29 | 29 | 28 | 28 | 28 | 28 | 28 | 28 | 28 | 27 | 27 | 27 | 27 |
| 第一跳里跳（份） | 377 | 29 | 28 | 28 | 28 | 28 | 28 | 28 | 27 | 27 | 27 | 27 | 27 | 27 | 27 |
| 补间第二跳里跳（份） | 679.1 | 53 | 52 | 52 | 52 | 52 | 51 | 51 | 51 | 51 | 50 | 50 | 50 | 50 | 49 |
| 要头长（份） | 403.6 | 31 | 30 | 30 | 30 | 30 | 30 | 30 | 29 | 29 | 29 | 29 | 29 | 29 | 29 |
| 总面阔（尺） | 20130 | 67.10 | 66.43 | 66.10 | 65.77 | 65.45 | 65.13 | 64.81 | 64.49 | 64.18 | 63.87 | 63.57 | 63.27 | 62.97 | 62.67 |
| 当心间面阔（尺） | 5050 | 16.83 | 16.67 | 16.58 | 16.50 | 16.42 | 16.34 | 16.26 | 16.18 | 16.10 | 16.02 | 15.95 | 15.87 | 15.80 | 15.72 |
| 次间面阔（尺） | 3760 | 12.53 | 12.41 | 12.35 | 12.29 | 12.22 | 12.16 | 12.11 | 12.05 | 11.99 | 11.93 | 11.87 | 11.82 | 11.76 | 11.71 |

续表

| 类别 | 198 毫米 | 199 毫米 | 200 毫米 | 201 毫米 | 202 毫米 | 203 毫米 | 204 毫米 | 205 毫米 | 206 毫米 | 207 毫米 | 208 毫米 | 209 毫米 | 210 毫米 | 211 毫米 | 212 毫米 |
|---|---|---|---|---|---|---|---|---|---|---|---|---|---|---|---|
| 梢间面阔（尺） | 3780 | 12.60 | 12.47 | 12.41 | 12.35 | 12.29 | 12.23 | 12.17 | 12.11 | 12.05 | 11.99 | 11.94 | 11.88 | 11.82 | 11.77 |
| 总进深（尺） | 12620 | 42.07 | 41.65 | 41.44 | 41.23 | 41.03 | 40.83 | 40.63 | 40.43 | 40.24 | 40.04 | 39.85 | 39.66 | 39.47 | 39.29 |
| 进深心间（尺） | 5000 | 16.67 | 16.50 | 16.42 | 16.34 | 16.26 | 16.18 | 16.10 | 16.02 | 15.94 | 15.87 | 15.79 | 15.71 | 15.64 | 15.57 |
| 进深南次间（尺） | 3780 | 12.60 | 12.47 | 12.41 | 12.35 | 12.29 | 12.23 | 12.17 | 12.1 | 12.05 | 11.99 | 11.94 | 11.88 | 11.82 | 11.77 |
| 进深北次间（尺） | 3840 | 12.80 | 12.67 | 12.61 | 12.55 | 12.48 | 12.42 | 12.36 | 12.30 | 12.24 | 12.18 | 12.13 | 12.07 | 12.01 | 11.95 |
| 压槽枋-下平榑（尺） | 1600.00 | 5.33 | 5.28 | 5.25 | 5.23 | 5.20 | 5.18 | 5.15 | 5.13 | 5.10 | 5.08 | 5.05 | 5.03 | 5.00 | 4.98 |
| 下平榑-上平榑（尺） | 2180.00 | 7.27 | 7.19 | 7.16 | 7.12 | 7.09 | 7.05 | 7.02 | 6.98 | 6.95 | 6.95 | 6.88 | 6.85 | 6.82 | 6.79 |
| 上平榑脊榑（尺） | 2500.00 | 8.33 | 8.25 | 8.21 | 8.17 | 8.13 | 8.09 | 8.05 | 8.01 | 7.97 | 7.93 | 7.89 | 7.86 | 7.82 | 7.78 |

注：平面、屋架及柱高的尺长值，加"□"的为在1%误差范围内可判定为整尺的数值。

的材高和营造尺组合为接近于大殿原始情况的组合。本文此处规定将1寸作为判定整尺的精确度，在整尺±1寸内的数值即认为是整尺。

（2）营造尺复原值

在确定用材份值为0.44寸的基础上用198—212毫米间的14个材广值反推出了一组营造尺复原值（见表4），将其数值同宋尺出土实物及宋尺复原研究值中的尺长数值进行比对。判定若反推值能够同两表中的某一尺长数值吻合，则此营造尺长接近于大殿原始用尺长度。

（3）构件份值

不同营造尺复原值验证而得的斗栱构件数值份值数不一，现对每项斗栱构件验证所得份值进行算术平均值计算，得出一组构件份值（见表5），判定接近于此组数值的材高和营造尺组合为接近于大殿原始情况的组合。

表5 构件份值平均值

| 构件名称 | 平均（份） |
| --- | --- |
| 泥道第一层栱长 | 68 |
| 泥道慢栱长 | 109 |
| 泥道第四层栱长 | 64 |
| 令栱长 | 64 |
| 第一跳外跳长 | 28 |
| 第一跳里跳长 | 27 |
| 补间第二跳里跳长 | 51 |
| 耍头长 | 29 |

3.判定结论

根据尺长判定标准，在表4对大殿平面、屋架及柱高的尺长推算结果中，符合整数尺长最多的为207毫米和208毫米的材广数值对应的两组，各有8项尺长推算结果在整尺的误差范围内。

根据营造尺复原值判定标准，14例材广数值反推得出的营造尺长数值，有9例能够同宋尺出土实物及宋尺复原研究值所吻合，详见表6。

表6　同出土实物及复原研究值吻合的营造尺反推值表

| 类别 | 203毫米 | 204毫米 | 205毫米 | 206毫米 | 207毫米 | 208毫米 | 209毫米 | 210毫米 | 211毫米 |
|---|---|---|---|---|---|---|---|---|---|
| 营造尺复原值（厘米） | 30.8 | 30.9 | 31.1 | 31.2 | 31.4 | 31.5 | 31.7 | 31.8 | 32.0 |
| 数值来源 | 实物 | 实物与研究 | 研究 | 实物 | 实物与研究 | 研究 | 实物与研究 | 实物 | 实物与研究 |

结合两项的判定结果，207毫米、208毫米两个材广数值对应的计算结果既有较多项整尺推算结果，其反推所得的营造尺数值也同出土宋尺实物或宋尺的复原研究成果符合。207毫米材广反推出的尺值31.4厘米的长度同两例实物吻合，一例为南京出土的不早于宋景德年间的木尺，另一例为曲阜孔庙藏铜尺，值得注意的是，景德年间（1004—1007）同稷王庙大殿的纪年年代"天圣元年"（1023）相近。同时，杨宽先生和《中国科学技术史度量衡卷》中均将31.4厘米作为北宋官尺的复原推断值。208毫米材广反推出的尺值31.5厘米在闻人军先生的宋尺复原范围内。

根据构件份值判定标准，将每例材广数值所得验证构件份值数列同算术平均值结果做比较，可以看出205毫米至209毫米五个材广数值所得份值组合同均值的吻合度较高，其具体情况如表7。

表7　构件份值同均值吻合度比较表

| 类别 | 均值（份） | 205毫米 | 206毫米 | 207毫米 | 208毫米 | 209毫米 |
|---|---|---|---|---|---|---|
| 营造尺复原值（厘米） |  | 31.1 | 31.2 | 31.4 | 31.5 | 31.6 |
| 泥道第一层栱（份） | 68 | 68 | 68 | 67 | 67 | 67 |
| 泥道慢栱（份） | 109 | 109 | 109 | 108 | 108 | 107 |
| 泥道第四层栱（份） | 64 | 64 | 64 | 64 | 63 | 63 |

**续表**

| 类别 | 均值（份） | 205毫米 | 206毫米 | 207毫米 | 208毫米 | 209毫米 |
|---|---|---|---|---|---|---|
| 令栱（份） | 64 | ☐64 | ☐64 | 63 | 63 | 63 |
| 第一跳外跳（份） | 28 | ☐28 | ☐28 | ☐28 | ☐28 | 27 |
| 第一跳里跳（份） | 27 | 28 | ☐27 | ☐27 | ☐27 | ☐27 |
| 补间第二跳里跳（份） | 51 | ☐51 | ☐51 | ☐51 | 50 | 50 |
| 耍头（份） | 29 | 30 | ☐29 | ☐29 | ☐29 | ☐29 |

注：加☐的为和份值均值吻合的项目。

根据上表可看出，在吻合程度较高的五组份值数据中，206毫米材广值对应的一组吻合度最高，其次为205毫米材广值对应的一组，再次为207毫米材广值对应的一组。

结合以上分析结果，可以看出，以207毫米为材广值所对应的一组数值同时吻合尺长、营造尺复原值、构件份值三项判定标准。

因此，推定207毫米为最为接近大殿原始设计尺寸的材广设计尺度，其所对应的31.4厘米为大殿所用营造尺长的最大可能值。

**（四）小结**

本章节以万荣稷王庙大殿精细测绘所获成果为基础，从较为标准、重复量大且具文献依据的栱枋类构件数据入手，通过数据的分析和处理获得了大殿大木构件和平面、立面、剖面尺寸的校正数值，并与北宋可能的营造尺长值进行比对，最终确定大殿所用材等为《营造法式》所规定的五等材，份值为0.44寸。

在确定材等的基础上，用材广的14个可能值反推出营造尺长，并计算所对应的大木构件份值及平面、椽长、柱高的份值与尺长，设定大木尺度接近整数尺长、营造尺复原值符合实物及研究数值、构件份值接近平均值为三个判定标准，通过比对，认为207毫米最为接近大殿原始设计真实情况的材广值，其所对应的营造尺长复原值为31.4厘米[①]，与杨宽等先生论断的北宋官尺吻合。

## 七、结语

稷王庙创建于北宋时期，是现存唯一宋代庑殿顶建筑，其大殿从创建时起一直延续至今，未有较大变动。依据新发现的北宋天圣纪年，稷王庙大殿原构形制较《营造法式》广泛发行早80年。这一结论对研究中国宋元建筑的渊源流变具有极其重要的价值。稷王庙大殿年代问题的确认，为晋南和陕西东南部地区建筑研究填补了空白，增加了一处北宋中前期的建筑形制年代标尺，极大地促进了建筑形制区系类型研究，使我们有可能揭示唐宋时期中原文化最发达的陕西、河南等地区的建筑特色，及其对四川、甘肃等地区的深远影响，对我们认识宋元时期中国建筑的传播演变历程，探索地域间建筑文化的区别与联系，具有关键性作用。稷王庙大殿的文化遗产价值，也必将因其所具有的无与伦比的历史价值而被重新认识。

（原载徐怡涛等：《山西万荣稷王庙建筑考古研究》，东南大学出版社2016年版）

---

[①] 由于并未获得有关万荣稷王庙所用营造尺的直接证物，因此，本文对营造尺长的推断同大殿真实尺长仍可能存在一定偏差。

# 第二章　现存最早副阶周匝建筑
## ——太原晋祠圣母殿

## 晋祠圣母殿研究

祁英涛

### 一、晋祠概说

晋祠是山西省著名的游览胜地，位于太原市西南25公里的悬瓮山下，祠内清泉涌翠，殿阁棋布，古木参天，风景优美。1961年被国务院公布为第一批全国重点文物保护单位。晋祠又是晋水的源头，据《史记》卷三十九《晋世家》记载：西周成王封其同母弟叔虞于唐地，称唐侯，后代对叔虞就直称唐叔虞，当地还流传着一段"剪桐封弟"的故事叙述此事。唐叔虞的儿子燮，因境内有晋水，改国号为晋。后人就在晋水的源头建祠祭祀叔虞。北魏郦道元的《水经注》对此已有明确记载。晋祠至今已有1500多年的历史，经过历代不断的维修与扩大，早已成为一处庙宇兼园林的古代建筑群。

整个晋祠，依建筑物的分布情况，大体上可分为四个区域，但并无墙障相隔。从古代建筑研究，从文物保护的角度来看，最主要的应是中轴线上几座古代建筑物。

自东面大门（1964年新建）进入晋祠，在东西向的中轴线上，自前向后（由东向西），依次排列着八座建筑物。第一座建筑物为"水镜台"，这是一座明代建造的戏楼，建于高1.52米的砖台上，面阔三间，歇山式瓦顶，至清代正面另加抱厦三间做为演戏的舞台，整体建筑雕梁画栋，工艺精巧。过水镜台向前为"金人台"，砖砌，方形，台高1.06米，每面见方8.27米。台上正中砌琉璃砖楼，高约3.9米，台四隅各置铁铸力士一尊，除东北隅为1913年全部重铸外，其他三尊皆为北宋时铸造①，高2.17米，怒目扬拳，雄壮威武。金人台后为对越坊，四柱三楼。坊左右建小巧玲珑的钟鼓二楼。这三座建筑物都距后面的献殿较近，对越坊的台基与献殿相连，实为献殿的月台。

对越坊后紧接为金代建筑的献殿，面阔、进深各三间，单檐歇山顶，四面透空，前后明间安木栅栏门，其余各间于槛墙上安木栅栏，这是晋祠内有确切年代的第二座最古老的木结构建筑物。献殿与中轴线上最后一座大殿圣母殿之间为一池泉水，池呈矩形，南北宽18.18米，东西深14.90米，上施平面十字形的木石混合结构的桥梁，人称"鱼沼飞梁"。鱼沼飞梁在连通献殿与大殿的主要通道上，即东西向的中轴线上，桥面为平面，左右为斜面可达院内地平，桥下用34根八角形石柱、覆盆式柱础，柱头施木制斗拱及木梁以支撑十字形桥面，桥面施花栏墙，1952年重修时改为汉白玉石制作的宋式栏杆。中部最后的一座大殿，即为晋祠内现存最古老的木结构建筑物圣母殿（彩版图21）。圣母殿七间重檐歇山顶，建于北宋天圣年间（1023—1032），前檐八根檐柱上各置一条木制贴金的盘龙，绕柱飞舞，龙影映入池中，益觉生动。殿内有宋代塑像43尊。正中神龛内泥塑圣母像，即唐叔虞的母亲——邑姜，因为"祷雨有应"被封为圣母。神龛内外及次梢间内共塑侍女和女官像42尊，除龛内二尊为木雕以外，其余全为泥塑，像高与真人相近，依其服饰应是按照宋代宫廷中六尚局的

---

① 金人台上三尊宋代铁铸力士以西南隅最完整，为宋绍圣四年（1097）铸造。西北隅为宋绍圣五年（1098）铸造，头部为明永乐二十年（1422）补铸，胫为正德八年（1513）补铸。东南隅为宋元祐四年（1089）铸造，头部为1926年补铸。

制度而布置的，侍女和女官像栩栩如生，被誉为国内塑像中的瑰宝。

自晋祠东面大门进入后向北行，即为北部，自前向后分别为文昌宫、东岳庙、关帝庙，都是清代新建或重建的建筑物。关帝庙西边的一组建筑物称为"唐叔虞祠"，它应是晋祠历史上的主要建筑物。现存规模不大，两进院，三层殿，周围廊，清乾隆年间重建。它的原来位置是否在此已难考证。

南部，从东门进入后向南折，自前向后有胜瀛楼、同乐亭、三圣祠、难老泉亭、水母楼、公输子祠、台骀庙等建筑物。

晋祠内南部、北部诸建筑物，都是随地形而建，高低错落，散置于古槐翠柏之间，难老泉、善利泉及鱼沼内的清澈泉水贯穿全祠，整个寺内殿阁、清泉、古木互相陪衬，建筑与风景融为一体。

原来晋祠的范围，只有以上所述的三部分，东西长约200米，南北宽约250米。中华人民共和国成立后为适应日益发展的旅游事业，将晋祠南边的奉圣寺划入晋祠保护区域以内。寺内现在仅存一座砖塔，八角七级，高约30米，名为"舍利生生塔"。据文献记载，寺始建于唐武德五年（622），现存砖塔为清代乾隆十六年（1751）重建。1981年将原来晋祠的大门，即景清门移建于奉圣寺内，与先此迁来的二郎庙中殿、芳林寺大殿，合成一组建筑，以便布置文物陈列开放参观。

## 二、晋祠及圣母殿修建简史

晋祠始建于何时？尚缺乏具体的文献记载，但最迟在公元5世纪时，此地已有祠堂建筑。据北魏郦道元《水经注·晋水》记载："山海经曰：悬瓮之山，晋水出焉，今在县之西南，昔智伯之遏晋水以灌晋阳，其川上溯，后人踵其遗迹，蓄以为沼。沼西际山枕水有唐叔虞祠，水侧有凉堂，结飞梁于水上，左右杂树交荫，希见曦景……于晋川之中最为胜处。"同时《魏书·地形志》记载：晋阳"西南有悬瓮山，一名龙山，晋水所出，东入汾，有晋王祠"。以上记载说明在北魏时，此地不仅有晋王祠，而且已是著名的风景胜地。北齐文学家祖鸿勋曾应高欢的征聘到过此地，还做了一篇《晋祠记》①，文章内容虽然没有流传下来，它却是文献中"晋祠"这一名称的最早记载。

北齐文宣帝高洋，将晋阳定为别都，据《晋阳志》记载，晋祠在"齐天保中（550—559）大起楼观"。

隋末，唐高祖李渊起兵，曾祷于晋祠。贞观二十年（646），唐太宗李世民亲自撰写《晋祠铭并序》记述此事。石碑置于晋祠，后人建亭保护，称为"贞观宝翰亭"。

北宋初，太宗赵匡义于太平兴国四年（979）灭北汉后就大修晋祠，于太平兴国九年完成，这次工程历时四五年之久，工程量应是不小的。

晋祠自创始至太平兴国九年（984）的大修，历经五六百年或千年以上，虽经几次增修、扩建，但它的主体建筑，都是祭祀唐叔虞的建筑物，或称祠，或称庙，它所供奉的主神都是唐叔虞。今天晋祠里的主要建筑物，却是祭祀叔虞的母亲邑姜的圣母殿，这种改变起于何时，还缺乏很确切的文献记载。

据清咸丰年间沈巍皆所撰《晋祠圣母庙辨》一文中所述，唐初李世民在《晋祠铭并序》中所说："岂若唐高之庙空号朝云，陈仓之祠虚传夜影。"就已说明在唐代初年晋祠内已在祭祀邑姜，但这段文字不易被人理解。直到北宋末宣和五年（1123）谭祯所撰谢雨碑文，开头便写道："祭于显灵昭济圣母、汾东王之祠"，又说："步长廊之回环兮，考故事于丰碑，惟圣母之发祥兮，肇晋室而开基"。此时已明确晋祠的主神是唐叔虞的母亲邑姜，汾东王叔虞居于次要地位。

事实上，主庙祭祀邑姜，以邑姜为晋祠的主神，最迟到北宋天圣年间已是如此，现存的圣母殿，从全祠的建筑位置来观察，它也是居于最主要的位置上。据《太原县志》记载："晋源神祠在晋祠，祀叔虞之母邑姜，宋天圣间（1023—1032）建，熙宁中（1068—1077）以祷雨应，加号昭济圣母，崇宁初重建，元至正二年（1342）重修。"另据《晋阳志》记载，

---

① 《北齐书》卷四十五《文苑·祖鸿勋》。

宋天圣间，唐叔虞"改封汾东王，又复建女郎祠于水源之西，东向，熙宁中始加昭济圣母号"。以上两文中所述晋源神祠、女郎祠依位置都是指现存的圣母殿。殿内脊槫下墨书题记为"大宋崇宁元年九月十八日奉敕重修"。左边大梁底皮题记为"兼知太原军府事及管内劝农使上柱国南阳县开国伯食邑八百户赐紫金鱼袋孙路"。说明这次工程由孙路负责，时间在1102年。

上述脊槫题记，过去曾因传抄失误，将"重修"误为"重建"，于是遂有崇宁元年（1102）重建之说，即使真的写为"重建"，也值得考虑，因为二者相距仅七八十年，依一般常理推断，无特殊事故，如火灾、地震等灾害，这样规模的大殿，在不到百年的时间，不可能坏到非要重建不可的地步。1952年在对圣母殿的调查中发现，圣母塑像坐椅的背壁上，有一段北宋元祐二年（1087）的墨书题记："元祐二年四月十日，献上圣母太原府人在府金龙社人吕吉等，今月赛晋祠昭济圣母殿缴柱龙六条，今再赛给圣母坐物椅，社人姓名如后，正社头吕吉，副社头韩赡、焦昌……右前体项众德人并题。"①

据此，不仅肯定了塑像、圣母木坐椅都是北宋遗物，对于圣母殿来说，崇宁元年（1102）重建之说已不能成立。前文已述，圣母殿下檐前檐的八根檐柱上各施木雕金龙一条，明间柱上两条体形较粗壮，两侧六条体形较瘦，与明间柱上雕龙稍异。今据上述题记，两侧六条雕龙应是元祐二年（1087）遗物。它比崇宁元年还早十几年，如果真的重建，这些雕龙、塑像、木坐椅等都很难保留。在天圣至崇宁间，这里虽有一次较大的地震，但结合现存结构情况来观察，圣母殿基本上仍为天圣年间（1023—1032）创建时的建筑物，明间两条雕龙，连同圣母殿塑像、坐椅及42尊侍女塑像都应是同时期的遗物。崇宁元年只是一次地震后的修缮工程，既称"奉敕"工程，规模可能稍大一些。

北宋期间，晋祠内的建筑活动是不少的，除了创建圣母殿并经过崇宁

---

① 高寿田：《晋祠圣母殿宋元题记》，《文物》1965年第12期。

元年、元祐二年两次修缮以外，殿前的"鱼沼飞梁"，其建筑年代虽然还缺乏确切的文献记载，但可以肯定，现存构造已经不是《水经注》中所记载的"飞梁原物"。从现存形制及斗拱细部制作手法来判断，应是北宋遗物。前述金人台上铁铸力士也是这一时期的遗物。

金大定八年（1168）在飞梁的前边又创建了一座面阔、进深各三间的献殿，至此现存中轴线上三座主要建筑都已建成。自宋迄金，晋祠内的建筑物已是星罗棋布。据《晋阳志》所记，元代以前，晋祠内"祠西山上有望川亭，祠中两泉，北名善利，南名难老，皆做亭庇之，祠内大池两岸有流杯池，池上曰福清堂，堂后曰仁智轩，其南曰涌雪亭，池中岛上曰清华堂，亭曰涌翠，邦人岁时行乐者甚夥，储香火之资以为祠中补葺费"。此时的晋祠比《水经注》所记已是大加扩充了。

晋祠在金代时期于贞祐年间（1213—1217）遭受了蒙古族入侵的一次大破坏。据元好问《惠远庙新建外门记》[①]所记晋祠的情况，"宫庭靖深，丹碧纷耀，遗台老树，朱楼画舫，承平游贤之盛，予儿时尚见之。庙有殿，有别殿，有廊庑，有门。贞祐之兵，迄今三十年，虽不尽废而腐败故暗极矣"。

由于贞祐之兵的破坏，元代也曾进行过一些补修工作，如至元四年（1267）重修汾东王庙。至元十九年和至正八年（1348）重修圣母殿木雕行像，另据前述元好问文章所记，现存祠内的景清门，很可能就是这次所建。

明代对晋祠的维修、增建的规模也不亚于前代。

据明高汝行《修晋祠诸庙记》中记载，嘉靖二十七年（1548）修叔虞祠、善利亭、难老亭，建读书台、望川亭。嘉靖四十年修圣母殿。结合圣母殿大脊正中琉璃宝瓶上题刻"嘉靖□拾年□□□"及大殿脊枋底皮明嘉靖四十年重修题记，说明这次工程规模不大，翻修了全部瓦顶，更换了琉璃瓦兽件及部分斗拱构件。嘉靖四十二年新建梳妆楼（水母楼），修惠远

---

[①] 据《太原县志》，熙宁中守臣请号"显灵昭济圣母庙，额曰惠远"，故惠远庙即指晋祠。

门、唐御碑亭等。其中梳妆楼至今未大改，仍为明代原建。

献殿的瓦兽件，据大脊正中琉璃宝瓶上题刻，也是明嘉靖二十八年（1549）重修时更换。距此稍后，于万历四年（1576）修建了献殿前的对越坊。万历三十四年又新建了献殿前的钟鼓二楼，但现存建筑已非原物，应是清代重建。明中叶建起了中轴线最前面的乐楼，清乾隆年间又扩建了水镜台前部台面。从现存晋祠中的一些附属建筑来看，大多数为明清两代重建或新建。

中华人民共和国成立后，人民政府对晋祠进行了普遍的维修，1952年、1955年分别翻修了鱼沼飞梁和献殿，近年来把晋祠的外围辟为晋祠公园，植树建亭、挖湖堆山，现在已是林荫夹道，楼阁掩映，百花争妍，游人倍增，是山西省对外开放的重点游览地区之一。

### 三、圣母殿的建筑式样与构造

圣母殿面阔七间，进深六间，周围廊，重檐歇山顶，布瓦绿琉璃剪边，柱生起显著，前檐八根檐柱，各施木雕盘龙一条，整体造型绚丽多彩，被誉为国内典型的宋代木构建筑。

#### （一）平面

殿依山脚建筑，东向，台基前高后低，后高29—33厘米，前高145—180厘米，台南北宽3130厘米，东西深2524厘米。宽深比接近5∶4，台四周砌压檐石宽45厘米，厚20厘米，地面铺设方砖，每面宽28.5厘米，前廊内三面通道，正面石级三级通往"鱼沼飞梁"，左右各设石级，分别通往苗裔堂和台骀庙。副阶（围廊）面阔七间，明间最大为498厘米，次梢尽间依次递为408厘米、374厘米、314厘米。通面阔2700厘米。进深六间，前后明次间皆为374厘米，梢间314厘米，通进深2124厘米。四周围廊，两山及后檐廊深一间，唯前檐廊深二间，减去明次三间的四根廊下内柱（即殿身檐柱），更增大了游人的活动面积。

殿身面阔五间，进深三间，三面砌墙，后檐墙厚154厘米，两山墙厚135厘米，后檐明间高处开圆窗一个，正面明次三间各施板门两扇，梢间下砌槛墙，上施破子棂窗。殿内无柱，明间正中砖砌神台，高122.5厘米，台上置木雕神龛，内置宋代泥塑圣母邑姜像和四尊侍女像，神台前施琉璃案，左右各置侍女像一尊，南北两侧次、梢间内沿墙三面各置侍女和女官像18尊，殿内侍女、女官像连同圣母像共43尊，皆为宋代原物。有的虽经后代重妆，对原色彩有些污损，但仍不失宋代原塑的风采。各像栩栩如生，神态各异，被美术界誉为与木构大殿同等重要的稀世国宝。前廊内南北泥塑门神各一尊。可能是道教中的方弼、方相二天王。

露明内柱、老檐柱及檐柱的柱础石，皆为覆盆式，但经后代历次修理，现高低不一致，廊内地面、左右及后廊比前廊高起约15厘米，故前廊柱础多露覆盆，后廊柱础多埋入地面砖以下。一般柱础石为方形，每面宽74—83厘米，覆盆高8—13.5厘米。

圣母殿平面中布置了深两间的前廊，是国内现存唐宋古代建筑中的一个孤例。它不仅为宗教活动提供了一个较大的场地。结合晋祠本身庙宇兼园林的特点，此种平面设计尤为适合众多游人的集散，而且宽敞的前廊，在外观上形成前立面深深的阴影，益增整体建筑的美观。此种平面在设计思想上确有独到之处。

（二）木构架

按宋《营造法式》（以下简称《法式》）卷三十一所绘图样，圣母殿的木构架，殿身内外柱基本等高，柱框与梁架间置斗拱层，它应属"殿堂结构"，其构架式样应为"进深八架椽，乳栿对六椽栿用三柱，副阶周匝，身内单槽"。由于平面中减去前檐明次三间的廊下内柱（即殿身前檐柱），上层檐的柱位又需施用斗拱支撑檐头，设计者将这三间的廊下内柱——殿身前檐柱，改为不落地的童柱，立于前廊的三椽栿上，既满足了平面中的要求，又解决了上层结构的需要，此种将殿身构架与副阶构架连为一体的结构式样，成为圣母殿木构架的最大特点。使用童柱的做法，也是国内现存木构古建筑中最早的实例。

（1）柱框：大殿柱框由殿身柱框与副阶柱框组成。殿身面阔五间，进深四间，四周檐柱应为18根，因前檐明次三间用童柱，故檐柱实为14根。

殿身内单槽，仅于前檐中平榑缝施内柱一排4根，故殿身柱框呈"曰"字形，柱头上施普拍枋，柱头间施阑额，至角柱普拍枋出头不加雕饰，阑额至角柱不出头。前后檐明间檐柱高779厘米（包括柱础高在内，下同），次间柱高736厘米，角柱高805厘米，柱生起26厘米，折合宋尺0.81尺。明间柱无侧脚，次梢间及角柱有侧脚，分别为3厘米、3厘米、7厘米，约合角柱高的0.9%，两山面自中柱以外各柱侧角皆大于前后檐，分别为4厘米、7厘米、11厘米，约合角柱高的1.37%，山面中柱高796厘米，次间柱高800厘米，至角柱生起9厘米，约合宋尺0.28尺。

山面檐柱一排四根，高与前后檐相同，明次间柱高分别为779厘米、786厘米。柱头施普拍枋，阑额皆与檐柱同。内柱与檐柱柱径均皆为48厘米，柱头卷杀如覆盆。柱高为柱径的14倍。

副阶围廊柱框，面阔七间，进深六间，柱头施普拍枋、阑额，至角柱普拍枋出头、阑额不出头的做法皆与殿身相同。正面明间平柱高380厘米，次梢间柱高为390厘米、396厘米，角柱高406厘米，柱生起20厘米，约合宋尺0.62尺。山面两明间三柱等高，皆为390厘米，次间柱高399厘米，角柱生起16厘米，折合宋尺0.5尺。柱侧脚与檐柱一致，角柱向正面侧脚7厘米，约合柱高的1.7%，侧面侧脚11厘米，约合柱高的2.7%。副阶柱柱径45厘米，柱头卷杀如覆盆，明间平柱高为柱径的8.57倍。

（2）明次间横向构架：殿身进深为八架椽，脊榑下用叉手，蜀柱立于平梁上，以下依次为四椽栿、六椽栿和八椽栿，各栿的两端都是上承榑，侧施托脚，榑下施替木、散斗、襻间枋、十字令栱、大斗、驼峰支于下层栿上。八椽栿两端分别插于前后檐柱头斗栱上。梁头伸出橑檐榑砍成耍头，成为斗栱的一部分。

明次间殿身的四缝木构架，如前文所述，与前檐副阶木构架连为一体。前檐柱头斗栱下置童柱，以矮木支于前廊三椽栿上，栿尾插入内柱，栿端承平榑，侧施托脚，下用替木、令栱、大斗、驼峰支于前廊四椽栿上，栿尾插入内柱，使用透榫露于柱外，栿端插入副阶柱头斗栱中，出头砍为耍头。

后檐副阶木构架，结构比较简单，进深二椽，整体构架是上施劄牵，下施乳栿，后尾皆插入檐柱内。檐柱间置承椽枋以承下层檐脑椽。劄牵梁前端，上承平槫，下用斗拱，驼峰支于乳栿上，乳栿前端插入柱头斗拱中，出头砍为耍头。

明、次三间的四缝横向木构架中，虽然在形式上使用六椽栿与八椽栿，实际上这两根大梁都是由两段于中平槫缝拼接而成，六椽栿为由搭牵与五椽栿拼成，八椽栿由乳栿与六椽栿拼成。在中平槫缝，自上而下于各梁、枋间垫以替木、大斗，将荷载直接传入内柱，由于此处正是殿身内外的分界线，故纵向各枋间皆用泥壁封堵。

（3）歇山构架：梢间内置歇山构架，距次间梁缝中线182厘米。脊槫下用平梁、四椽栿式样与次间相同，四椽栿下另施承椽枋一根，以承上檐山面的檐椽，承椽枋下用替木、令拱、大斗、矮柱支在丁栿上。脊槫、上平槫、中平槫皆挑出歇山构架以外130厘米，宋《法式》称为山花出际，槫头钉搏风板、悬鱼。各构件空档用土坯封砌。

按宋《法式》规定，出际"八椽至十椽屋出四尺五寸至五尺，若殿阁转角造，即出际长随架"。此殿出际长130厘米，折合宋尺四尺，与规定基本吻合。

（4）纵向构架：明次间横向构件及梢间歇山构架的纵向，除用槫作为联系的构件外，明次间皆于各槫下施单材襻间枋，梢间则用两材襻间枋做为构架的纵向联系构件。梢间的两间襻间枋于出际处砍为二跳华拱头。

山面承托歇山构架的丁栿，尾部搭在次间八椽栿上皮，端部压在山面柱头斗拱上，伸出橑檐槫砍为上层耍头。

（5）屋顶举析与檐出：上檐木构架中，前后橑檐槫中距1704厘米，自橑檐槫上皮至脊槫上皮举高465厘米，屋顶构架坡度为465/1704＝1/3.66。介于宋《法式》规定的殿堂1/3，厅堂1/4之间，与北汉天会七年（963）建的平遥镇国寺大殿接近，该殿的屋顶坡度为1/3.65。

表1　圣母殿上屋檐各步架和举高的实测数字

| 步架 | 各步架水平距（φ-φ）厘米 | 各步架举高（抟上皮—抟上皮）厘米 | 举架 |
| --- | --- | --- | --- |
| 下平抟步架 | 296.5 | 122 | 0.41（四一举） |
| 中平抟步架 | 185.5 | 88 | 0.47（四七举） |
| 上平抟步架 | 185 | 109 | 0.59（五九举） |
| 脊抟步架 | 185 | 146 | 0.79（七九举） |

檐出按宋《法式》以椽径大小计算。圣母殿上檐椽径12—13厘米，约合宋尺4寸，依宋《法式》卷五规定檐出应在3.5—4.5尺之间[1]，圣母殿上檐檐出（即檐椽自橑檐抟中心至椽头水平出）100厘米，折合宋尺3.13尺。比宋《法式》规定稍短。飞椽平出为54厘米，为檐出的54%，比宋《法式》规定的60%也稍短，飞椽断面方形9厘米×9厘米，椽头卷杀为7厘米×7厘米。上檐自檐柱中至飞椽头平出总计265厘米。

下层檐椽水平与上檐相同，亦为100厘米，飞椽平出51厘米，为椽平出的51%，下檐椽、飞椽直径、卷杀尺寸皆与上檐同，自檐柱柱头中线至飞椽头平出，即"上檐出"总计为231厘米（椽平出100+飞椽平出51+下檐斗拱外出跳80厘米）。下檐的"下檐出"即自檐柱柱根中线至压檐石外皮，两山面为220厘米，前后檐为200厘米，上檐出比下檐出两山面大出11厘米。前后檐大出31厘米。

圣母殿的檐出尺寸，包括飞椽平出尺寸，虽然比宋《法式》规定稍短，但以下檐的"上檐出"与檐柱（平柱）柱高相比，为60%（231/386），此数据与已知辽宋建筑的比例相近，故其出檐给人感觉还是相当深远。

（三）斗拱

圣母殿整体木构架中，殿身和副阶的梁架与柱框之间皆施斗拱层，下

---

[1] 宋《法式》卷五檐条："造檐之制，皆从橑檐枋心出，如椽径三寸，即檐出三尺五寸，椽径五寸，即檐出四尺至四尺五寸，檐外别加飞檐，每檐一尺出飞子六寸。"

檐斗拱共52朵，其中柱头斗拱22朵，转角斗拱4朵，补间斗拱26朵。上檐斗拱共36朵，其中柱头斗拱14朵，转角斗拱4朵，补间斗拱18朵。内槽斗拱共9朵，其中柱头斗拱4朵，补间斗拱5朵。圣母殿的斗拱，包括上下檐及内槽总计97朵。依形制可分为十三种，分述如下：

1. 下檐斗拱（副阶斗拱）

（1）柱头斗拱：五铺作重昂，栌斗上正心施泥道拱，其上施单材柱头枋三层，自下向上第一层隐刻泥道慢拱，尽梢间与补间斗拱隐刻拱相连，刻成鸳鸯交首拱，第二、三层分别隐刻泥道拱、慢拱。各拱头置散斗承上层柱头枋，最上施压槽枋一层。

与泥道拱十字相交外出昂一跳，昂嘴平出刻假华头子，第一跳上施瓜子拱及罗汉昂两层，枋上置遮椽板，第二跳仍出平昂，昂嘴形式同一跳，上施交互斗、令拱与耍头相交，令拱上施齐心斗，散斗承托橑檐抟。

里出两跳华拱偷心，置于乳栿底皮，前檐明次三间为前廊四椽栿底皮，乳栿及前廊四椽栿出头皆砍为耍头。

副阶斗拱的耍头式样繁多，以柱头斗拱中耍头为例，前檐明次间用常见的蚂蚱头式，前檐梢间为翼形，后檐梢间为麻叶头式，以上三种皆为单材，令拱正中施齐心斗。后檐明次间则用尺寸较大的麻叶头式，宽约15分°，高约31分°。北山面前明次间用单材蚂蚱头式，后明次间用麻叶头式，其上又增加平截的枋子出头。南山面各朵斗拱皆用双层耍头，下层与令拱相交，上层与橑檐抟相交。

圣母殿斗拱中的平昂，与后代斜垂向下的假昂不同，它实际上是华拱的水平延伸，仍是一根枋木，仅在底皮砍出类似华头子的颤线，顶面砍成琴面昂，故昂嘴扁平，起中线，呈"凸"状。

（2）转角斗拱：正面与柱头斗拱相同，五铺作重昂平出计心，唯用两层耍头，下层单材翼形与令拱相交，上层自橑檐抟伸出，作蚂蚱头式。45线上斜出平昂两跳，由昂一跳亦平出，式样与昂同，上置八角形宝瓶承托大角梁，里转角两跳华拱偷心，第二跳头置梭形拱与斜耍头相交承托角拱。

（3）补间斗拱：各间一律施补间斗拱一朵，基本上分为三种。

第一种，前檐明次梢间：五铺作单抄单下昂，正心于栌斗中施泥道拱，其上施柱头枋三层，压槽枋一层，柱头枋上隐刻拱与柱头拱相同，前出华拱上施瓜子拱及罗汉枋两层。昂嘴为批竹昂式，上施令拱、齐心斗承托橑檐枋，昂下华头子为里出第二跳华拱，耍头亦为批竹昂式，斜施于下昂之上。

里出华拱三跳偷心，仅在第二跳华拱头上横施梭形拱，下昂尾斜上直达平抟缝，用散斗、替木承托平抟，昂尾底皮施襻间枋。

第二种，前檐尽间及山面东梢间：形制与第一种基本一致，五铺作单抄单下昂，唯泥道拱改用翼形拱。

第三种，两山面除东梢间以外各间，皆施补间斗拱一朵，不出跳，仅在柱头枋上隐刻拱，自下而上分别为泥道拱、泥道慢拱。此处隐刻各拱与柱头斗拱中隐刻拱恰是长短相闪。后檐各间补间斗拱亦为一朵，不出跳，唯于柱头枋间置散斗，位置同两山面相同，但不隐刻拱头，可能为后代修理时未按原样所致。

以上下檐各种斗拱共计五种。

2.上檐斗拱（殿身斗拱）

（1）柱头斗拱，基本上可分为两种。

第一种，前后檐及两山面明间、西次间柱头斗拱：六铺作双抄单下昂正心施栌斗、泥道拱，其上施柱头枋四层、压槽枋一层，柱头枋上隐刻拱，自下而上依次为泥道慢拱、泥道拱、泥道慢拱，第四层枋正中施小驼峰承托压槽枋。外出华拱两跳，第一跳上施翼形拱，第二跳上施瓜子拱、罗汉枋。三跳上施真昂，昂嘴为批竹昂式。昂尾压在梁底皮，昂上施令拱、齐心斗承橑檐枋，耍头两层，下层为批竹昂式与令拱相交，上层耍头为蚂蚱头式，实为八椽栿出头。

里出华拱三跳，第一跳偷心，第二跳上施瓜子拱、罗汉枋，第三跳上施翼形拱，三跳华拱前端伸至下昂底皮不出头，故昂嘴下不露华头子。

第二种，两山面东次间柱头斗拱，形制与前后檐基本一致，亦为六铺作双抄单下昂。因里跳与内槽斗拱相联，故仅出一跳华拱，其上各跳华拱皆与内槽梢间的柱头枋合并为一根构件，仅在柱头枋上隐刻拱头。

（2）转角斗拱：正面与柱头斗拱基本一致，六铺作双抄单下昂，两层耍头，45°线上出华拱两跳，斜昂及由昂亦为批竹昂式，由昂上置八角形宝瓶，式样与下檐同。

里转角45°线上出华拱三跳偷心，最上跳施翼形拱与斜耍头相交，上承角栿及平抟。

（3）补间斗拱：上檐各间一律施补间斗拱一朵，基本上可分为两种。

第一种，前檐及二山面东次间补间斗拱：六铺作单抄双昂，正心于栌斗口内施泥道拱。其上四层柱头枋，压槽枋一层，式样与柱头斗拱相同。外出华拱一跳，上施翼形拱，二、三跳施平出昂，式样与下檐柱头斗拱相同，二跳昂上施瓜子拱、罗汉枋，三跳昂上施令拱与蚂蚱头式耍头相交，拱上置齐心斗，散斗承橑檐抟。

里出华拱两跳偷心，二跳上施梭形拱与蚂蚱头耍头相交，最上施罗汉枋一层。

第二种，上檐其他各间补间斗拱，一律不出跳，于柱头枋上隐刻拱，一、三层刻泥道拱，二层刻泥道慢拱，补间与柱头斗拱的隐刻拱，也是长短见闪。四层为素方，上置小驼峰，散斗同柱头斗拱。

以上共计上檐斗拱五种。

3.内槽斗拱

（1）柱头斗拱：内槽明、次间四内柱头各施斗拱一朵，六铺作，内外各出三跳华拱，第一跳偷心，二跳上施瓜子拱、罗汉枋，三跳上施翼形拱与蚂蚱头式耍头相交。正心于泥道拱上施四层柱头枋，枋上隐刻拱同上檐柱头斗拱，枋间抹灰壁，第四层柱头枋上承八椽栿，梢间不用第一层柱头枋，故次间第一层柱头枋伸至梢间砍成泥道慢拱。

（2）明次间补间斗拱各一朵，内外皆为五铺作双抄，第一跳偷心，第二跳华拱上承瓜子拱、罗汉枋。

（3）梢间补间斗拱一朵，不出跳，仅在第一层柱头枋上隐刻梭形拱，上置散斗承托第二层柱头枋，二层枋上正中置散斗承托三层枋，不刻拱形。

以上内槽斗拱共三种。

**（四）装修**

殿身于内槽柱间施门窗，阑额与门窗上额间抹白灰壁，除明间外，其余四间于外面皆画圣母及诸侍女图，残损较甚，模糊不清。

（1）板门：明次三间各施板门两房，门高425.5厘米（折合宋尺13.3尺，以下括弧内皆为宋尺）。明间门宽450厘米（14尺），高宽比基本呈正方形，次间门宽368厘米（11.5尺）。各扇皆施木制门钉五路，每路七枚，门钉高7.5厘米，底径12厘米。每扇各安兽面铺首一枚，各间施门簪4枚，呈扁方形，边缘凹进无饰。板门厚5.5厘米，背面钉楅七条，高宽为9厘米×7.5厘米，与宋《法式》卷六"造殿门之制，高七尺至二丈四尺，广与高方……门高八尺至一丈三尺用七楅"的规定基本吻合。各间门边立颊里角刻单混线道。

为防护游人随意进入殿内，于板门外立木栅栏一道，依形制可能为后代添置。

（2）破子棂窗：两梢间于条砖砌槛墙上施破子棂窗，槛墙高164厘米，窗高274.5厘米（8.58尺），每窗安棂条19根，棂条空档4—5厘米，梢间面阔374厘米（11.7尺），按宋《法式》卷六规定"造破子棂之制，高四尺至八尺，如间广一丈用一十七根，若广增一尺，即加二棂，相去空一寸，不以棂之广狭，只以空一寸为定法"。圣母殿的破子棂窗的棂条数目、棂条空档皆与此规定稍异。

（3）殿身后檐明间开圆形板棂窗一处，底边距殿内地面369厘米，窗直径188.5厘米，内施棂条11根，断面5厘米×4.5厘米，横施腰串两根。

（4）牌：上层檐明间檐下正中挂木制牌一面，牌心高174厘米（5.5尺），牌心宽66.5厘米（2.4尺），高宽比5∶2.1，牌心竖刻"圣母殿"三字，牌首、牌带为高浮雕云龙；牌舌雕云山，整体造型瘦高，刻工精致，牌背面施楅两枚，与宋《法式》卷八所述造牌的比例稍异。

## （五）瓦兽件

圣母殿的瓦顶为布瓦绿琉璃剪边，上檐正面施菱形绿色琉璃瓦心三枚，殿的琉璃瓦兽件，据大脊正中绿色琉璃宝珠背面"嘉靖□拾年□□□"的题刻，和《太原县志》所载高汝行《修晋祠诸庙记》中"自嘉靖二十七年予倡义督工……至四十年晋府宁河王府捐银百余两，督同儒官智周乡民张玉瓒、郭崇富等修圣母正殿"的记载，此殿琉璃瓦件应为明嘉靖四十年（1561）更换之物。

殿的上下檐瓦顶，皆施灰色筒板瓦。筒瓦径20厘米，长40—49厘米。板瓦宽22厘米，檐头施绿色琉璃剪边，筒瓦两枚，勾头一枚，瓦垄端施滴水瓦，勾头及滴水皆为龙纹。

上檐正脊随木构架生起显著，正中琉璃脊刹，两端琉璃大吻，琉璃脊筒高41厘米，两面高浮雕花饰，自正中脊刹分为左右两段，每段各十三块，最外两块雕如意头，类似梁枋彩画的箍头，中间各块分雕行龙两条，间以黄色团花、牡丹花及莲荷花。大吻为龙吻，张口吞脊，尾向外卷，尾上安铁制三尖拒鹊叉子，背兽为龙首形，吻身内雕行龙（北）或狮子（南）一只，吻高188厘米，连同铁叉子总高238厘米，宽140厘米。正中脊刹最下雕成牌形，牌心题刻已如前述，牌顶施狮子、宝珠及铁制宝盖，最上施铁制三尖的拒鹊叉子，自宝盖向两侧各斜置铁链一条，钉于大脊上，链端安琉璃力士一枚，做拉拽状。正中脊刹自大脊底皮至正中叉子尖总高321厘米。

上檐垂脊形制与正脊同，绿色琉璃构件组成，高54.5厘米，脊筒子雕卷草，脊下端安龙首垂兽一枚，高63厘米，长66厘米，下宽32厘米，上宽10厘米。

上下檐四翼角皆施绿色琉璃戗脊，高45厘米，前端安戗兽一枚，高52厘米，长46厘米，龙首，卷须，身内雕鳍。戗脊前段，俗称岔脊，各施蹲兽三枚，自前向后依次为龙、凤、马，高29—31厘米，最前端不用仙人或力士，仔角梁头安套兽一枚，仔角梁底皮挂六角形铁制风铎一枚。高25.5厘米，最大直径18厘米。

## 四、圣母殿的建筑构造分析

### （一）构架用"材"

"凡构屋之制，皆以材为祖，材有八等，度屋之大小因而用之"的规定，虽然在北宋元符三年（1100）颁布的《法式》中首先提出，但实际调查证明，用一定的标准尺度，作为一座建筑物中各构件的"模数"，在隋唐建筑中已经存在，唯各建筑物中用材大小与建筑物的大小、开间等关系，并不完全统一。因而在早期古代建筑的详细测量中注意其用"材"的情况，对研究宋《法式》颁布以前的建筑情况，是十分必要的。

晋祠圣母殿的用"材"有三点值得注意的情况，分述如下：

第一，用材的尺度较小：按宋《法式》规定，殿身五至七间，应用二等材或三等材，即材高8.25—7.5寸，以宋尺32厘米（下同）折算，应为材高24—26.4厘米，圣母殿实测结果得知，材高21厘米，每分°1.4厘米，契高11厘米，足材高32厘米，恰为宋尺一尺。材高21厘米折合宋尺6.56寸，相当宋《法式》规定的五等材，应是"殿小三间，厅堂大三间"使用。在我们实测的宋辽古建筑中，此种情况不多见，除圣母殿以外，仅见于河北正定隆兴寺摩尼殿（宋皇祐四年，1052年建），它也是殿身五间，副阶周匝的重檐歇山大殿。其材高亦为21厘米，契高11厘米，与圣母殿相同。其他已知宋、辽建筑中殿身五间的建筑物中，用材最大的为27厘米，如蓟县独乐寺观音阁；一般皆为23.5厘米，如河北新城开善寺大殿、宝坻广济寺三大士殿及大同华严寺薄伽教藏殿等。

第二，斗拱中纵横构件用材的厚度不同。圣母殿中的斗拱构件，可以明显地看出，横向构件如泥道拱、柱头枋、瓜子拱、令拱等构件的厚度多为12厘米，纵向构件即挑出的构件如华拱、昂的厚度则增为15.5厘米，折合11分°，此种情况还见于晋祠内金大定八年（1168）建筑的献殿和河北正定隆兴寺内北宋建筑的转轮藏殿两座建筑物中。此外在山西应县佛宫寺释迦塔中也发现有类似情况，释迦塔建于辽清宁二年（1056），八角五层，它的各层斗拱用"材"最大为25.5厘米×17厘米，上下各层都是大小皆有，同一层也不一致。但有一种情况与圣母殿相似，"凡出跳华拱的厚度均保持不小于17厘米，跳上横拱及枋子厚多小于17厘米"[①]。

斗拱中纵向构件如华拱、昂等构件，属于悬挑构件，其受力较横向构件如泥道拱、令拱、柱头枋等大些。古代匠师依其受力不同，将纵向构件的断面适当加大，即使用足材，一般横向构件使用单材，应该说是一种比较合理的安排。上述圣母殿等建筑中的斗拱，纵向构件不仅使用足材，而且还将厚度适当加大，比一般建筑的设计者考虑得更加周到，此种做法不见于宋《法式》，可能是河北、山西等地在当时的一种地方手法。

第三，按宋《法式》卷四规定"若付阶并殿挟屋，材份减殿身一等，廊屋减挟屋一等，余准此"，据我们调查所知，有副阶的两座宋代建筑中，即隆兴寺摩尼殿和晋祠圣母殿，都是副阶和殿身用材一致。楼阁建筑中的上下檐连同平座的斗拱用材，如应县释迦塔（辽）、大同善化寺普贤阁（金）、正定隆兴寺转轮藏殿（北宋），也都是如此。仅蓟县独乐寺观音阁的平座用材（23.5厘米×16厘米，三等材）小于上下檐用材一等（27厘米×18厘米，二等材）。

通过以上对晋祠圣母殿斗拱用材的说明，可见在宋《法式》颁布之前，"以材头祖"的模数制肯定已经存在，这种模数制并不如宋《法式》规定的那样完善。圣母殿的用材情况仅见一种类型。不过这种纵横构件厚度不同的做法，在宋《法式》颁布之后，除了附近地区还沿袭一段时间外，可能由于施工备料复杂而被扬弃。

（二）斗拱细部分析

拱长：古代建筑的两部由官方颁布的建筑法规，宋《法式》和清《工部工程做法则例》中规定的拱长是一致的，即泥道拱和瓜子拱长62分°，泥道慢拱及慢拱长92分°，令拱长72分°。从古建筑中看，建于宋《法式》颁布之前的，大多数拱长都超过此规定，而且悬泥道拱比令拱稍长，泥道拱多在64—77分°之间，最长的达79分°（大云院大殿），令拱多在61—68

---

[①] 陈明达：《应县木塔》，文物出版社1980年版。

分°之间，最长的可达75.7分°（正定转轮藏殿），唯有慢拱几乎都在100分°以上（详见表2）。

圣母殿的上下檐拱长相同，泥道拱长109.5厘米（78.2分°），泥道慢拱长179.5厘米（128.2分°），这是已知唐宋建筑中最长的慢拱。令拱长89.5厘米（63.9分°），翼形拱长82.5厘米（58.9分°），替木长50—69厘米（35.7—49.3分°）。

斗：圣母殿上檐栌斗的尺寸与宋《法式》规定相近，唯下檐栌斗稍小。此外圣母殿中的散斗、交互斗、齐心斗的尺寸基本一致，与宋《法式》中齐心斗呈方形、交互斗大于散斗的规定稍异。

出跳：圣母殿斗拱中，上下檐出跳第一跳都超过30分°，第二、三跳又都小于30分°，后者已成为北宋、辽及唐代建筑中的普遍现象，宋《法式》规定七铺作以下，各跳出跳一律为30分°，七铺作以上第二里外跳各减四分°，现存实物多不遵此制，一般五铺作的第二跳就已减小。从悬挑结构的受力情况考虑，逐跳减小，从结构上来看应是比较合理的，但自宋《法式》以后，逐跳出30分°的规定才逐渐实行。但元代建筑中的里跳仍然采用逐跳减小的办法，明清时期大多数建筑已完全遵守法式的规定。

**（三）梁枋用"材"与用料**

圣母殿用"材"较小已如前述，它的梁栿断面与宋《法式》卷五的规定比较，主要梁栿的高宽比相近。多为3∶2，如以梁栿断面的高度比较，绝大多数偏低，主要构件如六椽栿、八椽栿、平梁、阑额等构件，比宋《法式》节约近三分之一；四椽栿、三椽栿、大角梁等构件节约近四分之一。如以断面面积计算，有的要节约一半以上。

以八椽栿为例，按宋《法式》卷五规定，应为60分°×40分°（2400平方分°），圣母殿的八椽栿断面尺寸是一端大、一端小。以上最大断面计算为42.1分°×25分°（1052平方分°），比规定梁高减低约三分之一，如以平均高度计算（约高30分°），减低将近二分之一。如以断面面积计算，实物仅为规定的43%，节约用料一半以上。

又如四椽栿，按宋《法式》卷五规定，应为42分°×28分°（1176平

表2 拱长比较表

| 建筑物名称 | 年代（公元） | 泥道拱 厘米 | 泥道拱 分° | 泥道慢拱 厘米 | 泥道慢拱 分° | 瓜子拱 厘米 | 瓜子拱 分° | 令拱 厘米 | 令拱 分° | 替木 厘米 | 替木 分° | 用材 高×宽（厘米） |
|---|---|---|---|---|---|---|---|---|---|---|---|---|
| 南禅寺大殿 | 782 | 114 | 65.8 | 185 | 107 | | | 118 | 68 | 198 | 114 | 26×27 |
| 佛光寺东大殿 | 857 | 128 | 64 | 218 | 109 | 118 | 59 | 122 | 61 | 252 | 126 | 30×21 |
| 大云院大殿 | 940 | 106 | 79 | 169 | 127 | | | 85 | 64 | 106 | 79 | 20×13.5 |
| 镇国寺大殿 | 963 | 102 | 69.4 | 165 | 112.2 | 90 | 61.2 | 90 | 61.2 | 171 | 116.3 | 22×16 |
| 华林寺大殿 | 964 | 144 | | 184 | | 116 | | | | | | 32×16 |
| 独乐寺山门 | 984 | 105 | 65.6 | 176 | 110 | 106 | | 107 | 67 | | | 24×17 |
| 独乐寺观音阁（上） | 984 | 116 | 64.5 | 188 | 104 | | 59 | 105 | 58 | | | 26×18 |
| 永寿寺雨花宫 | 1008 | | 67 | | 114.6 | | | | 64.6 | | | 25.4×16.8 |
| 保国寺大殿 | 1013 | 113 | 79 | | | 106 | 74.1 | 106 | 74.1 | | | 21.5×14.5 |
| 奉国寺大殿 | 1020 | 137 | 71 | 202 | 104.7 | 115 | 59.6 | 116 | 60.1 | 193 | 100 | 29×20 |
| 晋祠圣母殿 | 1023—1031 | 109.5 | 78.2 | 179.5 | 128.2 | 89.5 | 63.9 | 89.5 | 63.9 | 50—64 | 36—49 | 21×15.5-12 |
| 开善寺大殿 | 1031 | 122 | 77.7 | 170 | 108.3 | 104.5 | 66.7 | 106 | 67.5 | | | 23.5×16.5 |

续表

| 建筑物名称 | 年代(公元) | 泥道拱 厘米 | 泥道拱 分° | 泥道慢拱 厘米 | 泥道慢拱 分° | 瓜子拱 厘米 | 瓜子拱 分° | 令拱 厘米 | 令拱 分° | 替木 厘米 | 替木 分° | 用材 高×宽（厘米） |
|---|---|---|---|---|---|---|---|---|---|---|---|---|
| 正定转轮藏殿 | 北宋 | 108 | 77 | | | 104 | 74.3 | 106 | 75.7 | 157 | 112.1 | 21×15—17 |
| 正定摩尼殿（上） | 1054 | 114 | 81.4 | 185 | 132.1 | | | 85 | 60 | | | 21×16 |
| 应县木塔 | 1056 | 116 | 68.2 | 196 | 115.3 | 104 | 61 | 104 | 61 | 182 | 121 | 25.5×17 |
| 青莲寺中殿 | 1089 | 106 | 79.7 | 174 | 130 | 100 | 75 | 106 | 80 | 174 | 130 | 20×25.5 |
| 宋《法式》 | 1100 | | 62 | | 92 | | 62 | | 72 | | 96—126 | 20×14.5 |
| 初祖庵大殿 | 1125 | 76 | 66 | 114 | 99 | 76 | 66 | 90 | 78.5 | 127 | 110 | 18.5×11.5 |
| 佛光寺文殊殿 | 1137 | 100 | 66.7 | 233 | 114.9 | | | 110 | 73 | | | 22.5×15 |
| 平遥文庙大成殿 | 1163 | 128 | 74 | 213.5 | 123.4 | 111.5 | 64.5 | 115 | 66.5 | 206.5 | 119.4 | 26×16 |
| 晋祠献殿 | 1168 | 107 | 76.5 | 117.5 | 126.5 | | | 94.5 | 66.6 | 165 | 118 | 21×15.5—13 |

方分°），此殿的四椽栿实为32.1分°×18.6分°（587平方分°），依高度计算比规定减低约四分之一，以面积计算也节约50%左右（各梁与宋《法式》比较详见表3）。

### 表3 圣母殿主要梁栿尺寸表

| 构件名称 | 长度φ（厘米） | 断面高×宽（厘米） | 折合材份高×宽 | 高：宽 | 宋《法式》 | 材高比宋《法式》节约数 |
|---|---|---|---|---|---|---|
| 八椽栿（大头） | 1482 | 59×35 | 42.1×25 | 3：18 | 60×40 | 1/3 |
| 八椽栿（小头） |  | 35.5×36 | 25.4×18.6 |  |  |  |
| 六椽栿（大头） | 1111 | 53×40 | 37.8×28.6 | 3：2.3 | 60×40 | 1/3 |
| 六椽栿（小头） |  | 34×23 | 24.69×16.4 |  |  |  |
| 老檐柱、内柱 | 805 | φ48 | φ34.3 |  | φ42~45 | 1/4 |
| 四椽栿 | 740 | 45×26 | 32.1×18.6 | 3：1.7 | 42×28 | 1/4 |
| 前廊四椽栿 | 681 | 53×40 | 37×28.6 | 3：2.3 | 42×28 | 相近 |
| 前廊三椽栿 | 495.5 | 35×26 | 25×18.6 | 3：2.2 | 36×24 | 1/4 |
| 阑额（上） | 498 | 26.5×14 | 18.9×10 | 3：1.6 | 30×20 | 1/3 |
| 普拍枋（上） | 498 | 12×33 | 8.6×23.6 | 1.1：3 | 厚15~21 | 1/2 |
| 脊槫 | 498 | φ26 | φ18.6 |  | φ21~30 | 1/4 |
| 平槫 | 498 | φ22 | φ15.8 |  | φ21~30 | 1/3 |
| 副阶柱 | 405 | φ45 | φ32.1 |  | φ42~45 | 1/4 |
| 大角梁 |  | 31×21 | 22.1×15 |  | 28×18 | 1/4 |
| 仔角梁 |  | 16×19 | 11.4×13.6 |  | 20×17 | 1/2 |
| 隐角梁 |  | 22×13.5 | 15.6×9.6 |  | 18×15 | 相近 |
| 丁梁 | 373 | 41×21 | 29.3×15.6 | 3：1.6 | 50×20 | 相近 |
| 平梁 | 370 | 32×24 | 22.9×17.1 | 3：2.3 | 36×24 | 1/3 |
| 乳栿① | 310 | 40×28 | 28.6×20 | 3：2.1 | 30×20 | 相近 |
| 乳栿② |  | 32×24 | 22×17 | 3：2.3 | 30×20 | 1/3 |
| 乳栿③ |  | 23×14.5 | 16.4×10.4 | 3：1.9 | 30×20 | 1/2 |
| 劄牵 | 155 | 27×14 | 19.3×10 | 3：1.6 | 21×14 | 相近 |

圣母殿主要梁栿断面尺寸，不仅与宋《法式》比较节约很多，与其他古代建筑相比，在长度相同的梁栿中，其用料也是比较小的，以圣母殿的平梁为例，梁长370厘米，断面为32厘米×24厘米，与其他古建筑中的长度相近的平梁比较也是最小的，殿身的四椽栿也是如此。

圣母殿梁栿断面的设计，与斗拱中纵横构件依受力不同而采取不同断面的原则是一致的，举例如下：

殿身四椽栿与前廊四椽栿的梁长相近，后者还稍短一些，这两根梁的受力情况，由明间横断面图可以明显地看出，后者由于童柱所传来的重力，要比前者受力大得多，故这根四椽栿就比前者加大了将近五分之一，这是完全正确的处理。

殿身梁架中的六椽栿与八椽栿皆为两根材料在内柱缝相接，由于这一排内柱的设置，在平面中形成了"身内单槽"的柱网，在内柱缝设置门窗分割殿内外，使得殿身内没有四周露明的柱子，益增殿内空旷高大的感觉。此种做法，在节约大构件用料方面的效果是很明显的，但更主要的方面应是结合使用的要求而采取的。殿身在外形上虽然是面阔五间进深四间，如果采取五台山佛光寺东大殿那样的"身内双槽"的柱网布置，就需在殿身内仅10米多的净空内再增加一排内柱，现在靠后墙布置的侍女像就被置于柱后，各侍女之间的彼此神情相顾的艺术效果就将大为减色。圣母殿的设计者，采取了殿身内无柱的平面，将这一组圣母殿与侍女群像的宫廷生活场面，置于一个大的空间之内，确是聪明之至。正是出于这种使用上的要求，才采用了"身内单槽"的柱网平面。梁架构造相应出现了现存的这种做法。

圣母殿整体木构架中数以千计的构件，依断面及长度大体上分为以下九种规格，这对施工备料是比较方便的：（1）老檐柱、内柱、副阶柱，直径45—48厘米，与宋《法式》卷二十六所述"松柱"比较接近。（2）八椽栿断面，折合宋尺1.84尺×1.09尺，与宋《法式》所述的"广厚枋"相近。（3）六椽栿断面，折合宋尺1.66尺×1.25尺，与宋《法式》所述"长枋"相近。（4）四椽栿、丁栿、乳栿的梁高为45厘米。（5）平梁、三椽

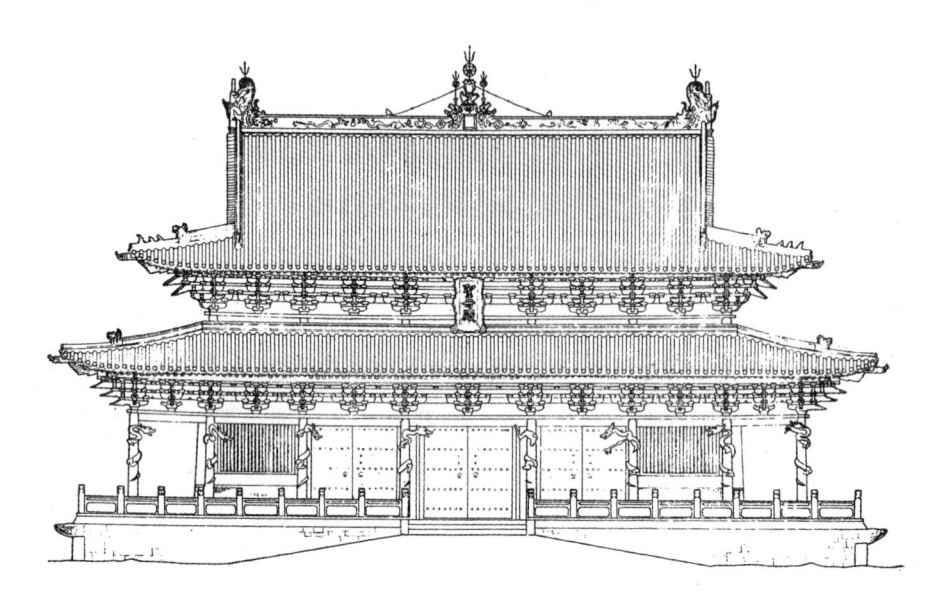

图1　圣母殿正立面图（1/170）

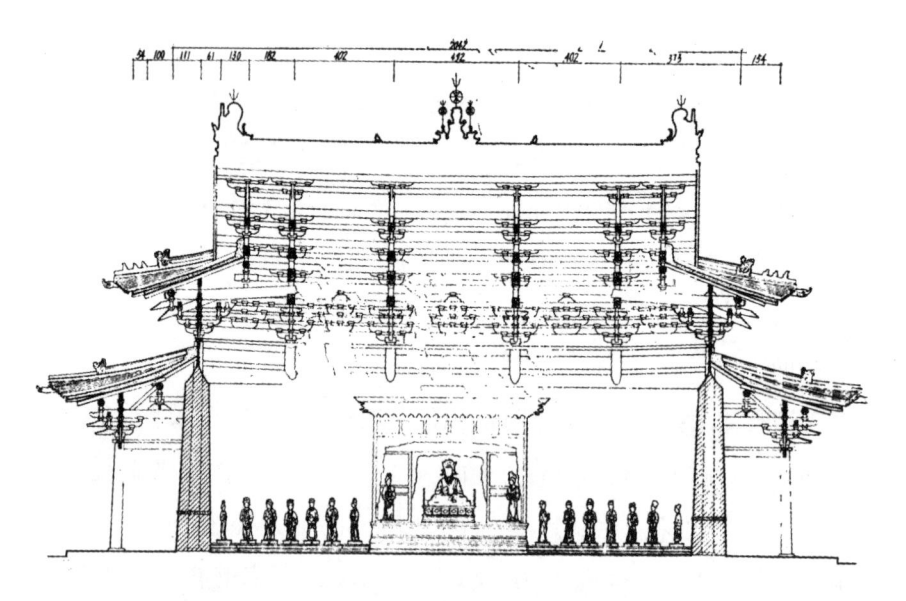

图2　圣母殿纵断面图（1/230）

第三编　现存的宋代建筑实例 | 229

图3　圣母殿侧立面图（1/200）

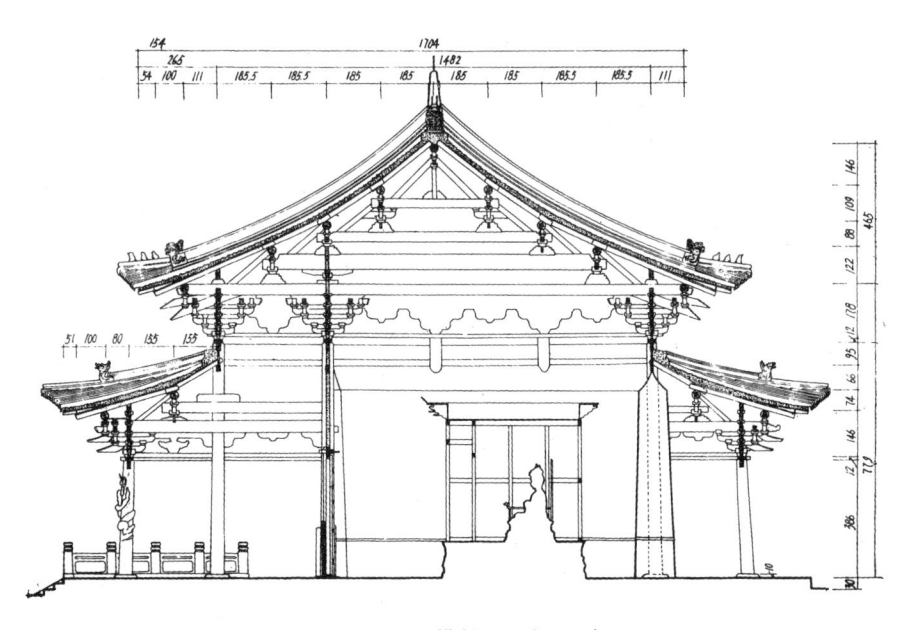

图4　圣母殿横断面图（1/140）

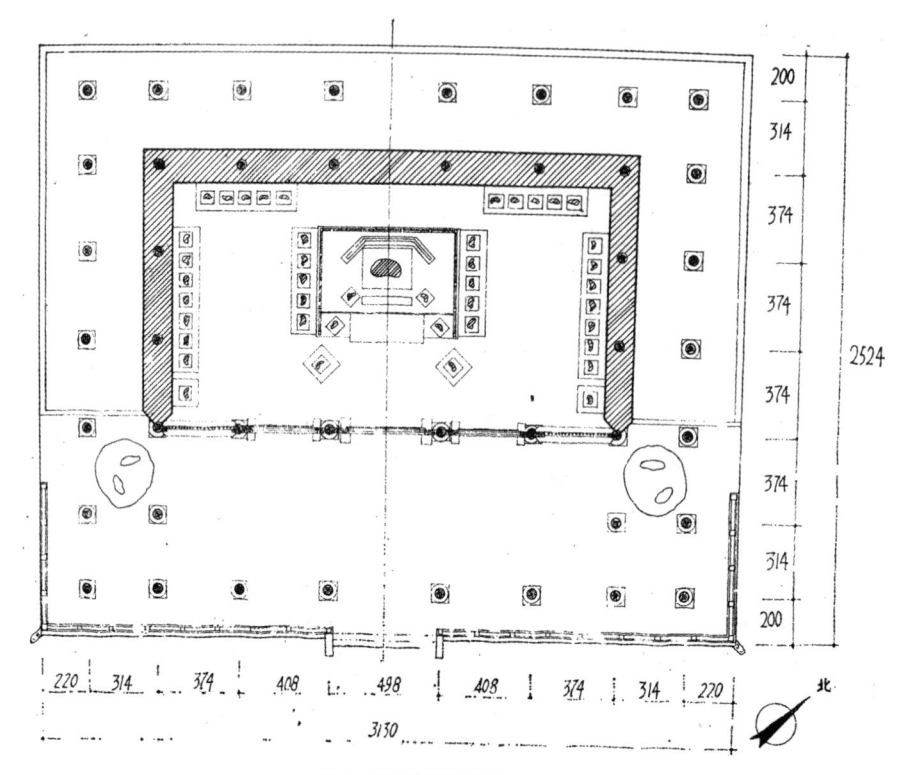

图5 圣母殿平面图（1/220）

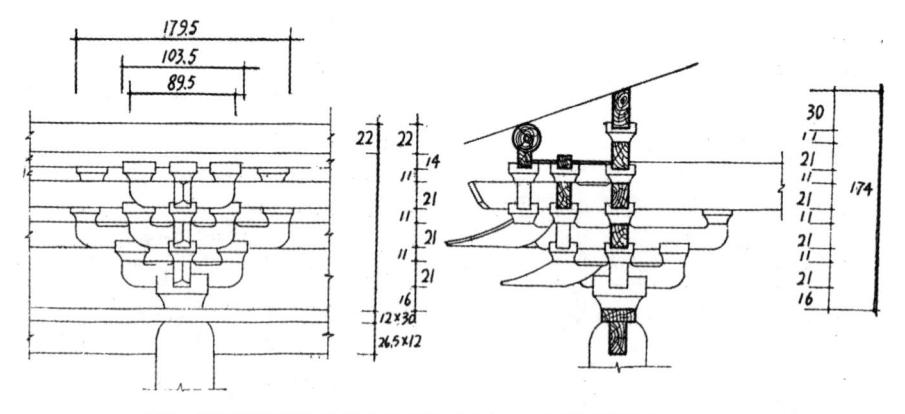

图6 圣母殿下檐柱头铺作立面图（左）；下檐柱头铺作断面图（右）

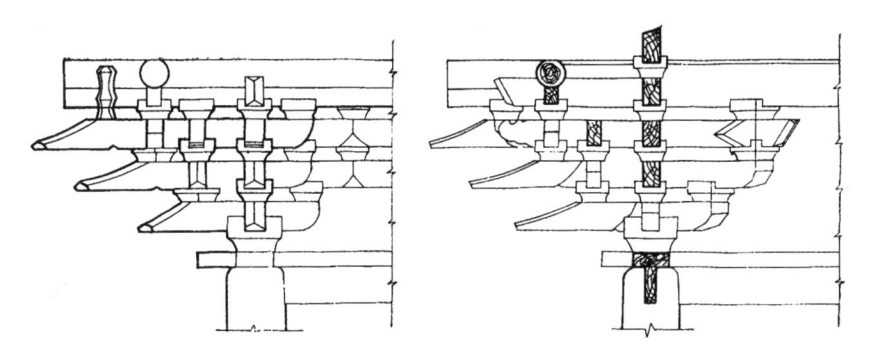

第三编　现存的宋代建筑实例 | 231

图7　圣母殿下檐转角铺作立面图（左）；下檐转角铺作断面图（右）

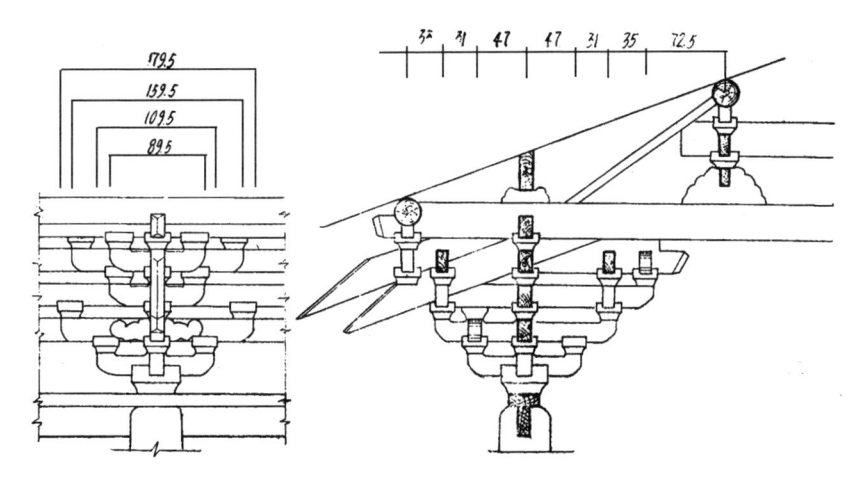

图8　圣母殿上檐柱头铺作立面图（左）、断面图（右）

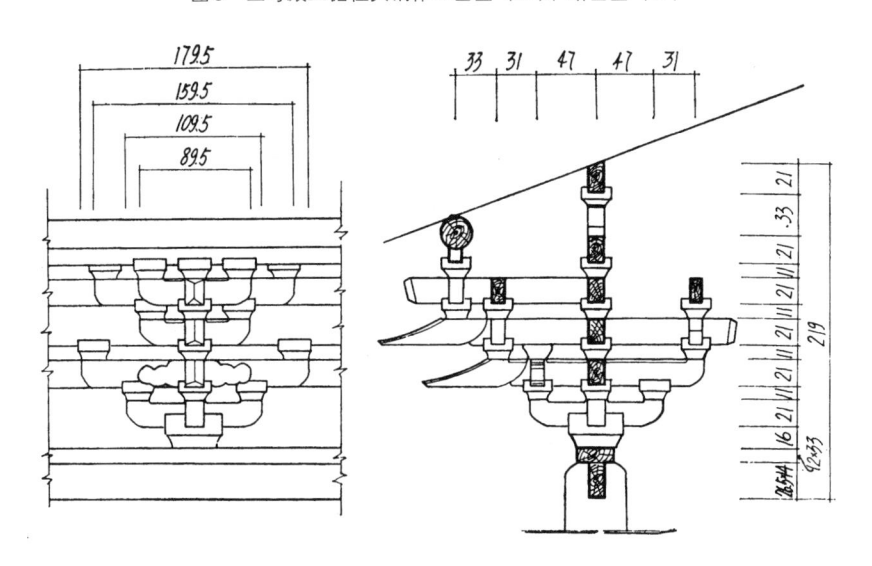

图9　圣母殿上檐北山面补间铺作立面图（左）、断面图（右）

栿、大角梁等构件，梁高在31—33厘米。（6）足材拱，32厘米×15.5厘米。（7）单材拱、枋，21厘米×15.5厘米。（8）单材拱、枋，21厘米×21厘米。（9）栱φ22—26厘米。

（原载《文物世界》1992年第1期，第50—68页）

# 第三章 江南地区现存最早木构建筑
## ——宁波保国寺大殿

## 宁波保国寺大殿

张十庆

### 一、历史沿革

#### (一) 创立及兴废

保国寺之创废，较早见载于方志者主要有宝庆《四明志》、嘉靖《宁波府志》、天启《慈溪县志》。寺志方面，唯存嘉庆和民国年间两个版本，虽循自古志，然经由寺僧编纂，其间脱漏夸大之处，在所难免，故尤须旁征他书参校考订，不可贸然全信。

依嘉庆《保国寺志》（下文简称"嘉庆志"）及净土池西侧墙上所勒雍正"培本事实碑"（下文简称"雍正碑"）记载，寺始创于东汉建武间（25—26），系由骠骑将军张意之子、中书郎张齐芳舍宅而建，初名灵山寺。唐会昌间（841—846）毁弃，旋由僧可恭于广明间（880—881）重建殿宇，并请得"保国寺"赐额。宋太平兴国五年（980），给赐知事僧希绍图记，其后似乎又复荒颓，因嘉庆志载德贤"祥符辛亥（1011）复过灵山，见寺已毁，抚手长叹，结茅不忍去居"，越六年（祥符四年至十年）方使"山门大殿，悉鼎新焉"，而大殿之建成，据嘉庆志称在祥符六年

(1013)。治平间（1064—1067），改保国寺为"精进院"。天禧元年（1017），建方丈殿；明道元年（1032），建朝元阁于大殿西；庆历间（1041—1048），僧若冰建祖堂；崇宁元年（1102），国宁寺僧等捐造石佛座；南宋绍兴间（1131—1162），宗普开净土池，僧仲卿建法堂，并同宗浩等同建十六观堂；明弘治六年（1493），僧清隐重建祖堂，更名为云堂；嘉靖间（1522—1566），西房僧世德重修大殿；万历三十九年（1611），僧豫庵自立南房，设置斋田，并于崇祯间（1628—1644）重建云堂，更名为元览斋；崇祯二十二年[①]颜鲸题"一碧涵空"于净土池前石壁上；清顺治十五年（1658），西房僧石瑛重修法堂，康熙九年（1670），复整修大殿；康熙廿三年，僧显斋重修法堂、天王殿，并增阔大殿，加设副阶，同时重修二帝殿，建叠锦亭，于净土池四周立围栏；雍正十年（1732），立"培本事实碑"；乾隆元年（1736）僧显斋迁居法堂侧，草创东西楼；乾隆五年，僧唯庵立法堂、东西楼，僧体斋建厨房、磨房；乾隆十年，僧唯庵重修大殿（"移梁换柱、立磉植楹"），僧体斋重修天王殿；乾隆十九年，僧体斋新建钟楼、斋楼；乾隆二十一年，铸三千斤大钟，越年请慎郡王题"钟楼"额；乾隆三十年，僧常斋于天王殿殿基及殿前明堂铺石板，次年，佛殿亦铺石板，并改造磨房；乾隆四十五年，僧常斋重修二帝殿，并构亭悬"东来第一山"匾；乾隆五十年，僧常斋重建法堂、东西楼；乾隆五十二年，再次重建法堂；乾隆五十八年，僧敏庵新建祖堂于青龙尾；乾隆六十年，敏庵重建天王殿；嘉庆元年（1796），又修整大殿，改装佛像；嘉庆十年，刊刻寺志；嘉庆十二年，立"县示碑"禁买卖寺产；嘉庆十三年，僧敏庵重建叠锦亭，移钟楼于大殿之东，并改建厨房、柴房、碾房，设置东客堂等；嘉庆十五年，僧敏庵等新造鼓楼、禅堂；道光元年（1821），僧永斋立"斋田碑"，道光二十八年，再立"县示碑"；咸丰四年（1854），僧兰斋重铸大钟；宣统二年（1910），天王殿、东客堂焚毁；宣

---

[①] 按明思宗享国凡十七年，顺治三年（隆武二年，1646）六月，两浙失守，鲁王流亡海上，江南遂尽入清朝版图，故所谓崇祯二十二年或属笔误。

统三年，新南房烧失，改为菜园。此后渐次荒芜，直至1954年为中国建筑研究室浙江调查小组发现，引起关注，继而成为文物保护单位至今。

### （二）法脉传承

按嘉庆志记载，宋元时期保国寺僧众的师承关系，除少数几位开山与中兴祖外，已渺不可寻。明末以来，法脉方显明晰，大致以庵、斋两字为昭穆，世代间替，又分东西两房（万历间豫庵分出南房），东、西两房久已断绝，清中叶以后南房亦分作两支，直至民末方始合一。

郭黛姬在《东来第一山保国寺》中，参辑寺志，作有保国寺历代僧徒关系表。

关于保国寺僧徒关系，徐建成认为寺志所载，讹误较多，实际情况绝非一线单传。在考订人物生平后，重新调整了其关系。

### （三）实物遗存及碑刻、题记

1. 石地栿内侧刻字

大殿前檐安置现有门扇的地栿内侧，刻有文字两段，东端刻文"住山永斋孙端斋全监院孙珂庵建"，西端刻文"清道光八年（1828）六月重换新石地伏"。

2. 佛坛背制"造石佛座记"

佛坛北侧束腰中部有捐赠人纪事石一块，文字部分略微漫漶，尚不妨碍辨识。"明州管内都僧正，国宁寺传天台教观、赐紫智印大师约之。同弟子陈延咏、延绍，妻孔十四娘、弟新妇夏十一娘，男世卿、世清，弟子丁彦隆、彦昌，寿母徐念五娘、妻陈小二娘、弟新妇龚小五娘，男公明、公升等同施净财，制造精进院大殿内石佛座一所。式衷巨利，奉答四恩，用资三有，仰乞玉相垂明，诸天昭鉴。时壬午崇宁元年五月囗日谨记，石匠许明礼、住持沙门约文。"

3. 净土池前东壁上勒碑

碑名"灵山保国寺志序"（图1）："城东二十里有山名灵山，山上有寺名保国，我邑之名胜也。相传是山又名骠骑山，东汉世祖时，张侯名意者为骠骑将军，其子中书郎名齐芳，隐于此山，今之寺基即其宅基，土人因本其父之官以名其山。其实骠骑山为是山之东峰，现在有骠骑坪，坪上有骠骑将军庙，离寺二里，众谓是山宜因其旧，而骠骑山从此仍为灵山矣。寺创建于唐，名灵山寺，广明元年（880）始赐今额，而灵山寺从此遂为保国寺矣。宋祥符年间，叔平大师精于禅学，旁及儒书，多所著述，同时南湖十大弟子推为首领，性刚直，遇事敢言，时郡守郎公谓使其得用于时，可比古汲黯、魏徵，则其人可知矣。师本披薙于此，旋司主席，山门大殿，皆以赤手营造，阖郡称为高僧，至今法嗣奉为鼻祖焉。自元迄明，寺之废兴不一，至本朝而圮坏。康熙五十四年（1715），住持显斋大师盡焉伤之，鸠工庀材，培偏补陷，

图1　灵山保国寺志序碑

未数年而免轮备美，故寺重新，此皆大有造于保国者也。予夙闻兹山之名胜，而复尝慕叔平、显斋两大师之所为。乾隆庚戌冬，从京师归骠骑山阴谒祖墓，单过灵山保国寺，晤主僧敏庵上人。上人精明端朴，其气象殆与叔平、显斋相似，因从而询陵谷之变迁、刹宇之兴废与夫高僧游士之故迹，上人一一陈述如流，予固意其必能畅宗风而恢先绪也。既而出一编以示予，云此古寺志，得之古石佛中，文多残缺，恐久而遂失之也，重加编辑，将付厥氏，以垂不朽，恳护法赐一言以重之。嗟乎！宇内多山，古刹莫不有志，以为后人考古之藉，吟咏之资。灵山保国为我邑之名胜，而独可听其寂寂乎？顾今世僧人多以此为不急之务而忽之，而敏庵独慨然有志于斯。是果能恢叔平、显斋之绪，而为兹山光也，爰不辞而为之序。惟志出古石佛中，人多以为疑，予谓河出图洛出书，古文《尚书》五十三篇出自孔壁，《周书》十卷出自汲冢，阖闾之《素书》得之包山，子房之兵书

得之圮上，事固有怪怪奇奇而不得执常理以相疑者，寺志云乎哉！旹嘉庆十三年（1808）岁次乙丑春月谷旦赐进士出身诰授荣禄大夫太子少保吏部尚书加三级费淳撰。蛟门陈尚书丹，方丈敏庵监院徒永斋石。"

4. 净土池前西壁上勒碑

碑名"培本事实碑"（图2）："盖闻：事必有本，本固则安，丛刹之与名门，一也。为其忧深虑远，载笔垂言，均之一培本之思而已。兹山亘号灵山，其曰骠骑山者，汉隐骠骑将军，故名。为观鞍峰挺峙，象巘盘旋，其毓秀含光，森然凝结，不可谓非灵异也。若夫寺所由来，缘张侯舍宅开基，名灵山寺。美哉始基，此其本矣。传历六朝，

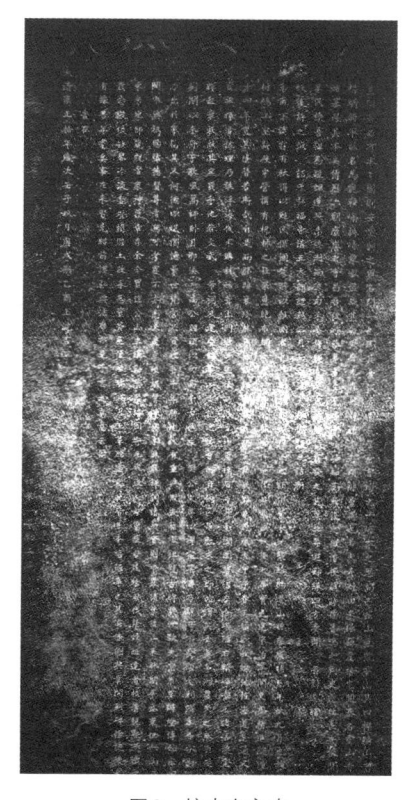

图2 培本事实碑

废唐之会昌。吾祖可恭尊者至，见瑶华吐岫，知为兴复之征，偕檀越许标等鸣之刺史，遂往长安。值关东大旱，民饥，吾祖为跪讽莲典未终，澍雨夹旬，禾黍秭稌，食足民安，随征窃发之芝巢，北奔遐鄙，缘四方奏闻召对，遂请命恢复，许之。俄诏于弘福寺，讲五大部经，越三月而弘法大振。彻讲之诘朝，纶章甫下，祷林有秋，得以苏民保国，是所以报国者也，敕词部以保国之额并紫衣一袭给赐还山，时唐广明元年（880）秋九月也。旋即庀材鸠工，重新殿宇，营构有槐林之柱，罘罳绝布网之尘，巧夺公输，功侔造化，此前祖恢复之事实也。逮宋治平间，更为精进院，仅二百十四年，岂其隆替若斯哉！自是而胜迹衰残，能无感叹？顾自揣荒陋，庀饬良难，幸遇康熙甲子春王始以收缯弛榷，海道遂通，又兼吾资祖辉者佐理，乃敢浮海伐木购材。始葺山门，继修正后两殿，重增檐桷，石布月台，栏围碧沼，左个培陷，右翰峥嵘，凡诸法象，金碧崇辉。起衰救

敝，其庶几乎！他若文武帝祠及建叠锦亭，以文记之，《诗》言：'何有何亡，黾勉求之'，即此谓矣。至奠茅洲覆□之患，自是开河剟闸以来，舟子歌风，篙师卧月。郡侯尚公赠额，以功高千古；邑主樊公文序，以禅宿罕俦。乃辞而不受，顾念利济，本吾分内；而资力出于众输，其又何德以堪？独忆累世梵宫，必资理葺，千年胜地，代有重兴，慨夫！籍毁祖龙，古碑燹没，致失宗系，莫辨灯传。如宋明道间，中兴祖赐号德贤尊者，无可考核，不亦悲夫！爰立王贞珉，略陈颠末，非敢诞词诗功，实则申严后禁。后山来脉，关乎盛衰，但此山亘属东房地师，窥觊者众，神护幸存。余今买作公山，立议勒禁，严培固守，凡我后人，毋鬻葬，毋建塔，毋代荫侵址，违者按清规黜逐，慎之哉！载念殿仪缺略，冷淡香灯，捐赡土腴，永为资斧，庶使琉璃映月，玉篆腾云，凡此皆正本培源事也。其有条例典章开列碑阴，使后者□有据。吾年耄矣，事在来贤，克绍前谟，弘兴法席，亦见予言之立意云尔。时在大清雍正十年（1732）岁次壬子九月庚戌朔乙酉上浣吉旦，古灵沙门继法识，孙果一摹勒上石。"

5.元丰甲子题记

据保国寺古建筑博物馆多名工作人员证实，1975年大殿修缮时于西山前间北侧补间铺作昂后尾朝南一面发现墨书铭文"甲子元豐七年"六字，楷书，应为1084年修缮此殿时所题，字径7—8厘米。工作人员当时将其摹写在更替下来的一道昂身上，现展陈于大殿后展馆内（"豐"字简写作"丰"）。此次勘察，虽多方寻找，仍未能在相应位置找到该处题记，可能已为1980年代末所罩生桐油遮盖。宁波市文物管理委员会参与保国寺大殿1975年维修的相关工作人员在一篇专文[①]中也提到"……我们在西山南次间西面补间铺作上昂后尾挑斡侧面发现墨书'甲子元丰七年'字样……"，"西面补间"应属"北面补间"之误。在对此次工程的参与者林士民先生的访谈过程中，也提到当时有几根昂因为腐烂严重而被撤换，或许不巧正好包括了记有墨书的那根。

---

① 宁波市文物管理委员会：《谈谈保国寺大殿的维修》，《文物与考古》1979年第9期。

## （四）其他文献资料

### 1.寺志

保国寺现存寺志两种，一为嘉庆十年（1805）乙丑方丈敏庵辑修，分形胜、寺宇、碑文、古迹、艺文、先觉等章；一为民国十年（1921）钱三照重纂版。

### 2.艺文

兹选录历代文人游览保国寺诗词若干如下：

《保国寺》（元代丁鹤年）："一径野云深，僧方闭绿阴。雨腥龙出涧，风动虎过林。淡薄滋禅味，清凉养道心。三生如不昧，石上一来寻。"

《过保国寺》（明代姚应龙）："登临何处好，古刹对沧江。携钵僧归渡，推篷客倚窗。阶除驯鸟雀，廊庑静幡幢。魔障消何有，宁须咒语降。"

《游保国寺》（明代钱文荐）："兰若隐云端，萦回路百盘。骇人啼怪鸟，障日耸危峦。僧磬竹阴晚，佛台花雨寒。相期观海曙，留宿待更残。"又，"离郭省人事，入门增道心。磬鸣花院晚，灯照石龛阴。单石云归岫，栖松鸟怠林。老僧偏不了，课颂到更深。"

《题灵山精进院》（明代云门觉思）："石径连平楚，山中晚更幽。钟鸣残叶寺，僧倚夕阳楼。碍足霜桥滑，凭栏海月秋。暂行罢参叩，长啸碧峰头。"

《寄题畅上人灵山别业》（明代若耶觉思）："出郭三十里，天开佛国图。寒知松雪聚，情想海云孤。隐迹留青嶂，幽芳散绿芜。逸闻鸣梵磬，清极一尘无。"

《题灵山保国寺》（明代越中德生）："苔护丰碑峙曲廊，广明遗迹岂茫茫。溪声晓落岩前树，柳色晴摇山外塘。斋磬午时浮佛殿，定灯终古照经堂。白头还有同门社，百岁终期住石房。"

《游保国寺》（明代陈志）："欲问深山何处钟，翠微高处峙龙宫。杪秋枫叶烧云白，残夜潮声涌日红。禅榻香消开宝偈，心斋尘净见真空。年光四十成虚掷，试剖丹台扣远公。"

《游保国寺》（明代颜鲸）："山寺曾同野鹤楼，雄心消尽见天倪。十年

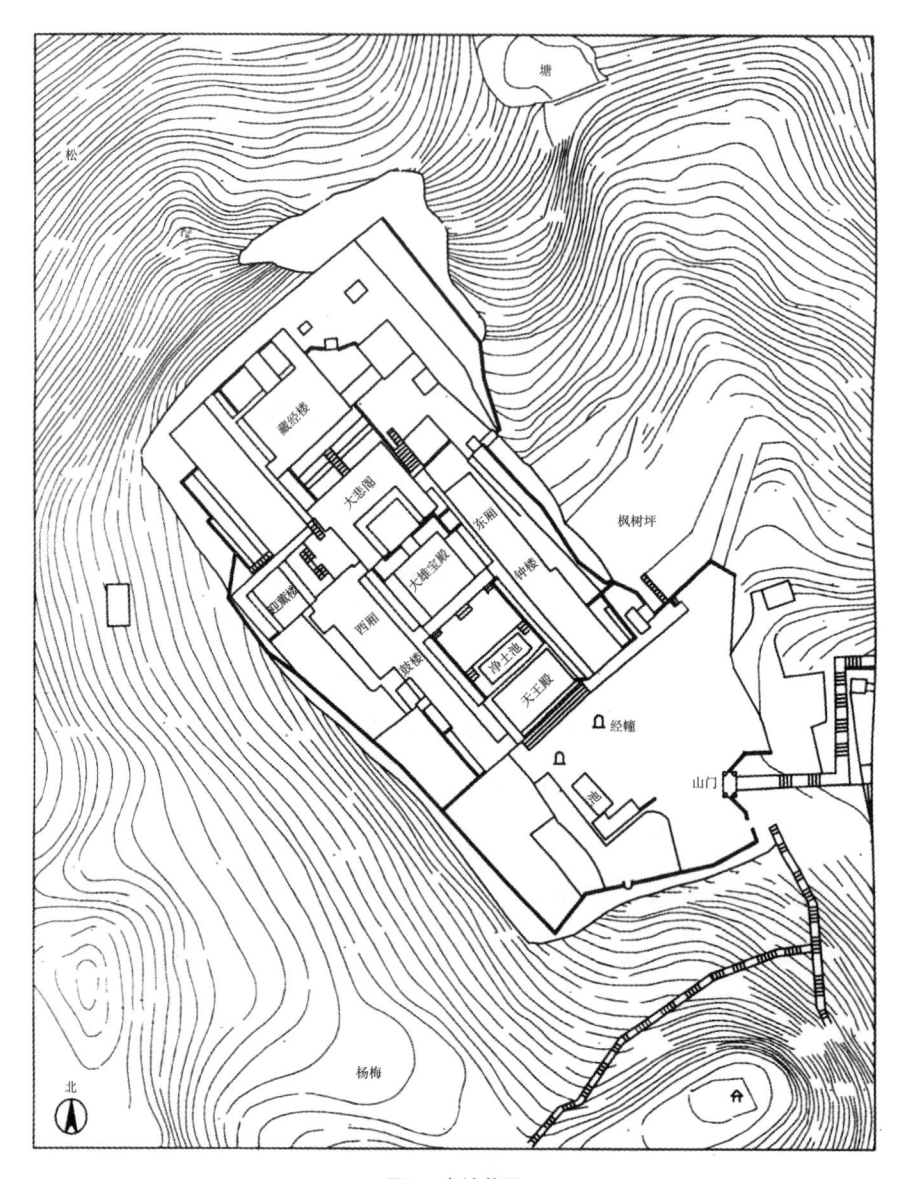

图3 寺域范围

拙宦韬龙剑，三笑何人过虎溪。怪石不移僧自老，古松无恙鸟频啼。登高多少追寻意，一任浮云海外低。"

《重过保国寺》（清代徐一忠）："挟策曾从此地游，别来岩壑几经秋。青山已老菩提树，白社重寻支遁流。日落声声云禅寺，月明渔唱荻边洲。碧纱毕竟归尘土，题壁空烦姓氏留。"

《宿保国寺东房》（清代冯逊庸）："未到前峰响木鱼，峰腰卜筑一禅居。不嫌矮屋三间小，得傍灵岩万丈余。日落岭头云抱石，潮延江岸月临除。老僧情重能留客，频唤山厨摘野蔬。"

《游保国寺》（二首）（清代陈梦兰）：其一，"买得江滨一叶舟，招朋欲作道场游。朔风猎猎吹残苇，落木萧萧荒古丘。石磴高盘松顶出，梵宫深锁竹林幽。停桡莫问桃源路，胜景应从此处求"。其二，"登高回望隔尘寰，自是东来第一山。叠锦亭前清涧转，放生池畔翠屏环。钟鸣午后僧归寺，犬吠云中客扣关。多少繁华新世界，独余萝葛几人攀"。

《夏杪坐石公精舍》（清代姜宸英）："古寺深山里，西房竹院幽。墙低容树入，楼小得云留。石榻垂秋果，绳床听雨鸠。清谈已消热，不必访丹丘。"

《游保国寺》（清代博园余世昌）："春游偶倒此山中，山半巍然敞法宫。翠岭云开新树绿，清溪水漫落花红。篱边犬吠惊生客，席上樽开对远公。从此禅房一回过，令人不复忆壶蓬。"

《游保国寺》（清代艮则氏秦秋横）："昔闲保国寺，今日步丛林。路曲蟠蚰上，崖窝护燕深。松涛翻鹫岭，鸟语乱鱼音。未坐生公石，居然清道心。"又，《游保国寺》："寺门开突突，户牖路阑珊。苔藓浮屠碧，藤萝古木班。衣间披雾露，眼底望江山。应有空中锡，无劳鹤往还。"

《秋日同三兄冒雨登保国寺》（民国余兆潜）："梵宫何处是，枫叶满林丹。山色经秋老，溪声带雨寒。水深愁没径，沙落欲成滩。夙有寻幽兴，无辞共跻攀。"又，《腊月廿三暮登保国》："不信旧游处，楼台忽矗天。窗低远岫日，檐敞暮山烟。暂憩新亭上，重来古院前。楼迟何忍去，惜已逼残年。"

《暮秋冒雨登慈溪保国寺留别一斋上人》（民国周利川）："悬崖结精舍，扬目一回凭。雨里山河失，望中烟雾升。江南无净土，劫外有高僧。指我迷津岸，尘心淡佛灯。"

## 二、保国寺大殿形制特点简述

### （一）地盘特征

保国寺大殿方三间，单檐九脊，坐向为南偏东36°，位于通高1100毫米的台基上，殿身南、东、西三面附有清代后加副阶。（彩版图16）

宋构部分平面略呈纵长方形，现状通面阔11854毫米，通进深13353毫米（郭黛姮数据为11900毫米×13600毫米，中国文物研究所数据为11830毫米×13380毫米，以下简称"郭测""文测"），其中心间广5808毫米，两次间广2976毫米、3070毫米（郭测5800毫米、3050毫米，文测5770毫米、3020毫米），进深方向前间深4400毫米，中间深5906毫米，后间深3047毫米（郭测4440毫米、5820毫米、3100毫米，文测4410毫米、5900毫米、3050毫米）。殿内前部为扩大礼佛空间，弃用八架椽屋传统的2—4—2对称式间架构成，改用三椽栿以增加前间进深，但中平槫恰位于两架椽长分位上，使得转过两椽的角梁仍能与交圈槫子形成45°斜角，保证四个翼角对称安布，实现屋面曲线的平稳。

大殿以中央四内柱构成5808毫米×5906毫米的核心方筒（郭测5800毫米×5820毫米，文测5770毫米×5900毫米），周遭十二根檐柱构成外圈，前、后内柱不等高，以顺栿串、额、枋等互相拉接，檐柱则通过三椽栿或乳栿、劄牵与内柱联系，铺作仅在檐柱缝上交圈。

副阶各柱与原构并不完全对位，清人改建时另加下檐三面，构成重檐。正面下层檐下用柱六根，外观五间：在其后排亦用柱六根承上层檐挑檐檩，唯角柱内移至约当尽间心缝处，而以两侧山墙代承挑檐檩挑出部分，造成副阶正面第二排面阔七间的形象。

副阶各间面阔：正面第一排明间5808毫米、次间5237毫米、梢间2443毫米（郭测5880毫米、5270毫米、3500毫米），第二排明间、次间无变化，梢间1180毫米，尽间（至边墙内壁）1263毫米（郭测1290毫米、1490毫米）；进深方向：第一间即前廊，深1920毫米（郭测1950毫米）；第二间深2318毫米（郭测2400毫米）；第三、四间即宋构三间的前间和中间，进深相同；第五间深3834毫米（郭测3670毫米）；第六间直达后墙，深1673毫米（郭测1620毫米）。

## （二）间架特征

保国寺大殿厅堂三间厦两头，八架椽屋三椽栿对乳栿用四柱，明栿月梁造。

大殿计有横架四榀：

心间两榀的中三椽栿前端插入前内柱身，并由柱身出丁头华栱承托，后端交于后内柱柱头铺作内。平梁前端由前内柱柱头铺作承托，后端由中三椽栿上所坐斗栱（后侧上平槫分位）支撑。平梁之上覆有后加卷棚天花，脊蜀柱之大部及其上栌斗、重栱、叉手、替木、顺脊串皆隐于卷棚天花之上。前三椽栿（栿广550毫米，上平210毫米，下平240毫米，栿身中部厚250毫米）一端伸入前檐柱头铺作，出为第二跳华栱，一端插入前内柱身，其上设顺栿栱承算桯枋，之上再设藻井铺作承随瓣枋。此栿较两山丁栿、后檐乳栿低一足材，略微压低了前廊空间。中三椽栿下前后内柱间以顺栿串（断面360毫米×204毫米）拉牵。

两边两榀位于次间中部，直接自交圈下平槫上升起蜀柱两根支撑山面平梁，再于其上立蜀柱、叉手、重栱、替木以捧脊槫，并承托出际槫、枋。

藻井之上，于前三椽栿分位上设长两椽的草地栿一道（两块木料叠拼，300毫米×200毫米），其上立草架方柱承中平槫（此草地栿与前内柱断开，因而其重量完全借由枋子下传至藻井铺作，并继而传至前三椽栿上，此外在草架柱柱头高度另加断面200毫米×145毫米之牵枋一道，以与前内柱联系），下平槫则通过蜀柱压在前檐铺作上道昂后尾。至于前檐柱缝上的檐槫，亦由柱头枋上所立短柱（截面470毫米×220毫米，高约880毫米）支撑，短柱下部开槽，以放过昂身，并于上下两道昂间以木楔块填压密实。

两山下平槫及劄牵（广460毫米，上平200毫米，下平235毫米，栿身厚245毫米）由乳栿（广500毫米，上平265毫米，下平265毫米，栿身厚290毫米）背上襻间四重栱承托；山面柱头铺作品后尾一直伸过两架，直抵前内柱身及后内柱柱头铺作，为昂长两架做法。

纵架方面，前内柱间由上而下设柱头枋、单栱、上内额、重栱、中内额、重栱、柱缝枋、单栱、柱缝枋、单栱、下内额等多道构件，从而形成大照壁。后内柱间自柱头以下以四道内额和柱缝枋实拍而成，其下安装佛屏背版，其上以重栱素枋承单栱、襻间，再上即为中平槫。此两面照壁相向皆不出跳，庄严壁立，结合两山整齐划一的襻间四重栱，形成封闭肃穆的佛像空间。

清代所加副阶各柱，以抱头梁（450毫米×145毫米）、穿插枋（280毫米×110毫米）与宋构檐柱联系，抱头梁上立瓜柱一根，其顶端置挑檐檩承大殿上层檐，其中部插一檩承下层檐椽后尾。

（三）铺作做法

大殿前三椽栿上空间安置斗八藻井三座，对应前檐柱列铺作高度上，前内柱身亦出丁头华栱，共同承挑藻井斗栱。加之前三椽栿上另有草栿，虽不直接承重，仍然符合殿堂双重梁栿的特性。为避免引入有争议的"槽"概念，以下仅以"内檐""外檐"为则分述本构斗栱类别。

大殿所用铺作，据施用位置不同，大致可分为外檐、内檐、藻井几类。其中外檐铺作七种（前檐柱头、前檐补间、前檐转角、两山及后檐柱头、两山及后檐补间、后檐转角。东、西两山及后檐东、西方向补间铺作里跳出跳数不一，视作两种；两山前间补间与前檐补间铺作形式一致，视为一类）、内檐斗栱九种（前内柱柱头、后内柱柱头、前照壁上补间、后照壁上补间、内柱身丁头栱、前三椽栿上顺栿栱、乳栿及丁栿上襻间四重栱、中三椽栿上承平梁十字栱、各蜀柱柱头斗栱）、藻井斗栱三种（承大斗八、承小斗八、承平棋）。

铺作用材，大致分三等：外檐铺作一类，材广210—220毫米，材厚135—145毫米；照壁上局部栱木用材偏大，以调节各层额、枋间距，其截面大致为230毫米×150毫米，内柱柱头铺作用材也在这一范围内；承藻井、平棋铺作用材则为170毫米×110毫米，约当外檐铺作用材的0.8倍。

现分述铺作类型及做法如下：

1.外檐铺作

计三十朵，皆用七铺作双抄双下昂，补间心间两朵、次间一朵，山面前进、中进两朵，后进一朵。

前檐柱头铺作：下一抄偷心，其余各跳单栱计心，里转出一抄承前三椽栿，里转第三跳高度有令栱骑栿承托素枋，第四跳高度于三椽栿背上设交互斗，以安承平棋斗栱。前三椽栿前端伸出作外跳第二跳华栱。铺作之上设平暗格子遮椽，其中橑檐枋与下道昂头罗汉枋之间为菱形格子，各道罗汉枋之间为方格子。上道昂后尾上彻下平槫，并"自槫安蜀柱以叉昂尾"；下道昂后尾伸至里转第一跳分位为止，以让承藻井之铺作。两道昂经过正心缝上短柱时，自柱根开通槽，再于两昂间隙处填以木块，即所谓"如上下有碍昂势处，即随昂势斜杀，放过昂身"，柱头华栱用足材，其余栱、枋、昂、耍头皆单材（图4）。

前檐补间铺作：里转六铺作单栱造出三抄，并里外第一跳偷心。外跳同前檐柱头铺作（第二跳华栱头施令栱与华头子交，上托罗汉枋；两道昂头分别施令栱，其上承罗汉枋、橑檐枋；并自上道昂头交互斗内出耍头），里跳第二抄跳头施令栱承罗汉枋，第三抄跳头施令栱承算桯枋，其上坐藻井铺作。栱、枋、昂等皆用单材（图5）。

前檐转角铺作：

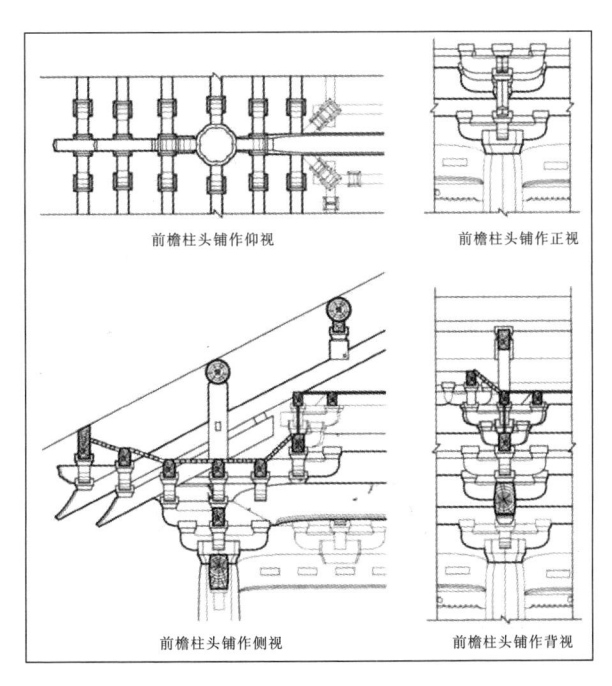

图4 前檐柱头铺作

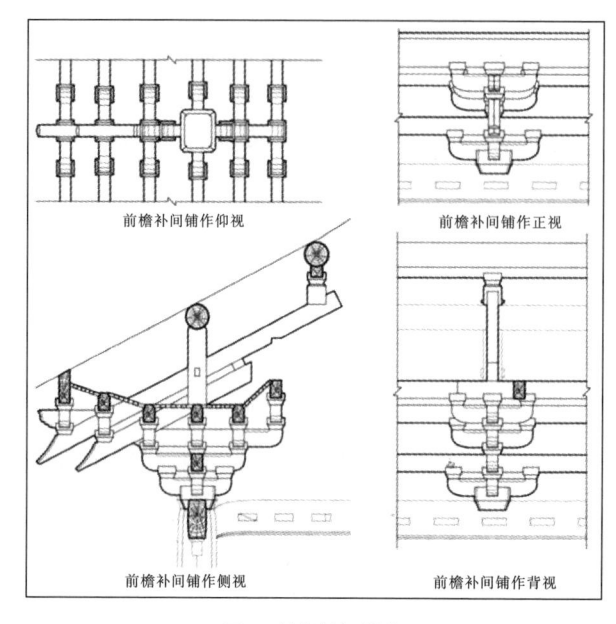

图5 前檐补间铺作

45°上出角华栱及角昂一道，角昂之上别施由昂。正身诸栱相交出列，第一跳泥道栱列华栱，二、三跳瓜子栱列小栱头，四跳令栱列小栱头。里转出角华栱三跳，下一抄偷心，其二、三跳跳头各出十字令栱，与相邻补间铺作里跳跳头令栱连栱交隐后，上承小斗八藻井之算桯枋。上道角昂后尾上彻下平槫交角处，其上压以异形大斗（据窦学智文附图，1956年调研时压角昂尾者为一蜀柱，兼以此异形斗材质颇新，并有电锯切割痕迹，可知为后换）；下道角昂后尾伸至里转第二跳角华栱分位即止；由昂后尾伸至檐槫交角处稍靠内；正身缝两层四道下昂后尾斜切后贴附于角昂两侧。所有构件仅角华栱用足材。

山面及后檐柱头铺作：昂皆长两架，山面前内柱分位柱头铺作昂后尾插入前内柱柱身（图6），山面后内柱分位及后檐柱头铺作昂尾伸入后内柱柱头铺作，撞上泥道栱、泥道慢栱（第一、二层华栱）后结束（图7）。里转出双抄，第二层华栱承丁（乳）栿，栿肩过铺作中线后充作华头子。此外，两山前柱里跳45°缝上出虾须栱两跳，以承小斗八藻井下算桯枋。除华栱足材外皆用单材。此外，由于两山前柱与前内柱间所连构件，自南面视之为内额扶壁栱，自北面视之则为丁栿梁架，导致相关各栱皆做成正反两面不等的形式——其里跳华栱（东西向）南北两半的栱长不一：南半边出两跳，头跳承襻间枋，二跳（后尾即襻间枋）承华头子后尾；北半边出两跳，头跳承襻间枋，二跳承乳栿。

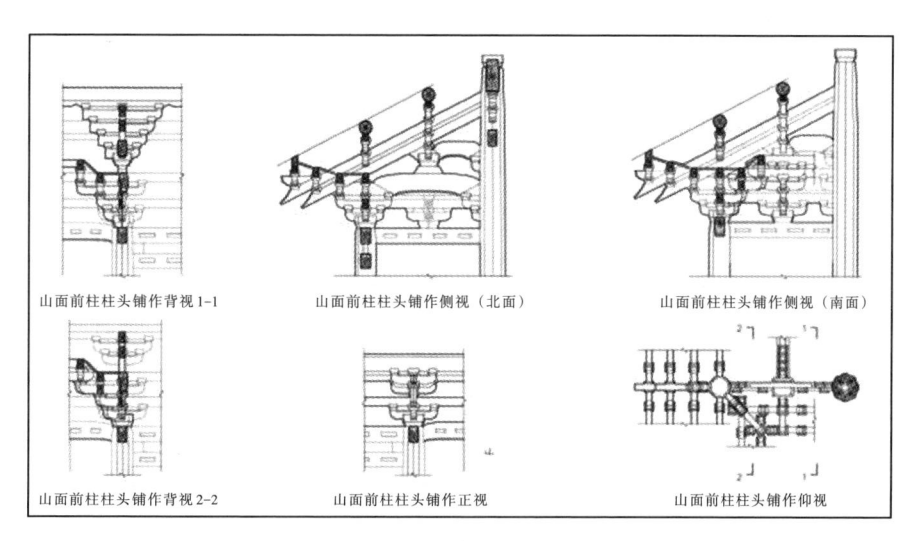

第三编　现存的宋代建筑实例 | 247

山面前柱柱头铺作背视 1-1　　山面前柱柱头铺作侧视（北面）　　山面前柱柱头铺作侧视（南面）

山面前柱柱头铺作背视 2-2　　山面前柱柱头铺作正视　　山面前柱柱头铺作仰视

图 6　山面前柱柱头铺作

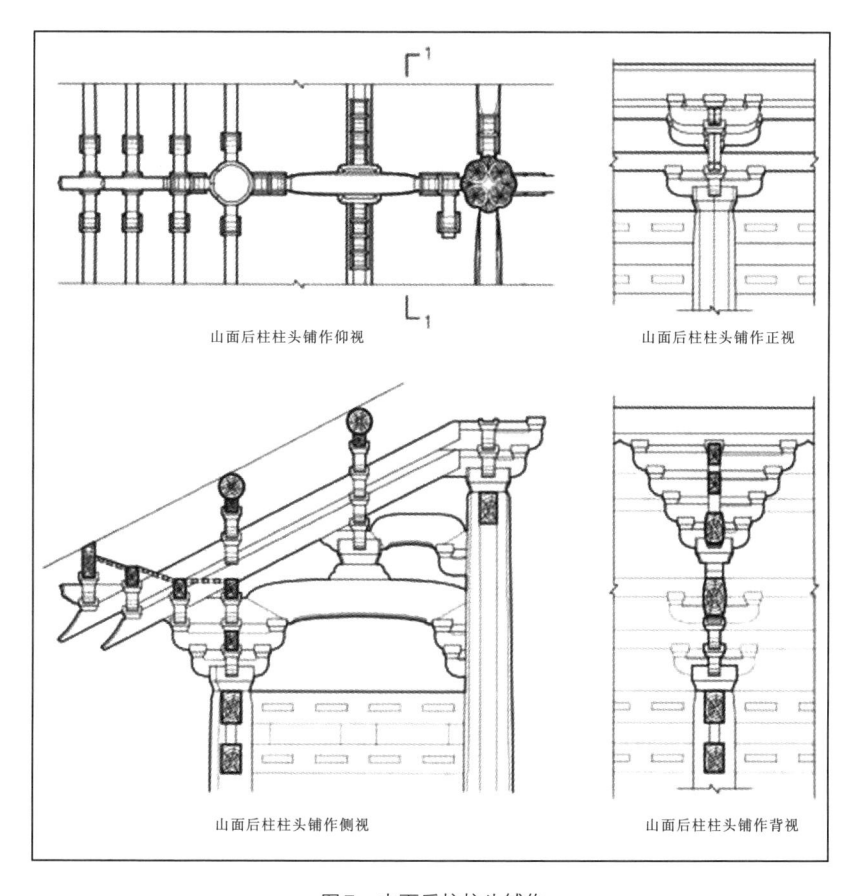

山面后柱柱头铺作仰视　　山面后柱柱头铺作正视

山面后柱柱头铺作侧视　　山面后柱柱头铺作背视

图 7　山面后柱柱头铺作

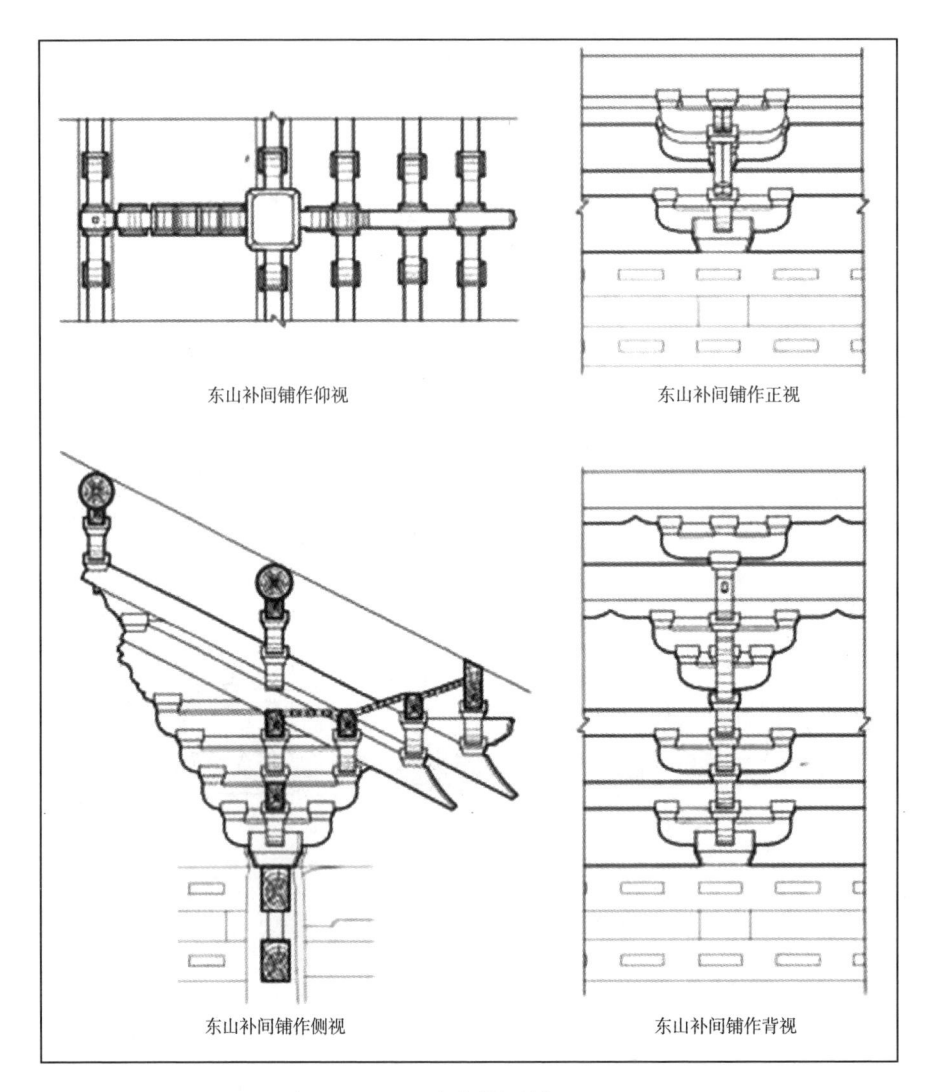

东山补间铺作仰视　　　　　　　　东山补间铺作正视

东山补间铺作侧视　　　　　　　　东山补间铺作背视

图8　东山补间铺作

山面补间铺作：外下一抄偷心，里转出四抄（图8）或五抄（图9）不等，皆偷心，其上作靴楔承下道昂后尾，再上再作靴楔连接上道昂，上道昂后尾直抵下平槫下，挑令栱一道（一材两栔）。扶壁栱配置形式两山及后檐柱头、补间铺作皆一样：正心自下而上分别为泥道栱、柱头枋、扶壁令栱、柱头枋（昂身即穿过此枋）、泥道重栱（泥道瓜栱及泥道慢栱）、替木、檐槫。除西山泥道栱用足材外，皆用单材。此外，后间的补间铺作

西山补间铺作仰视

西山补间铺作正视

西山补间铺作侧视

西山补间铺作背视

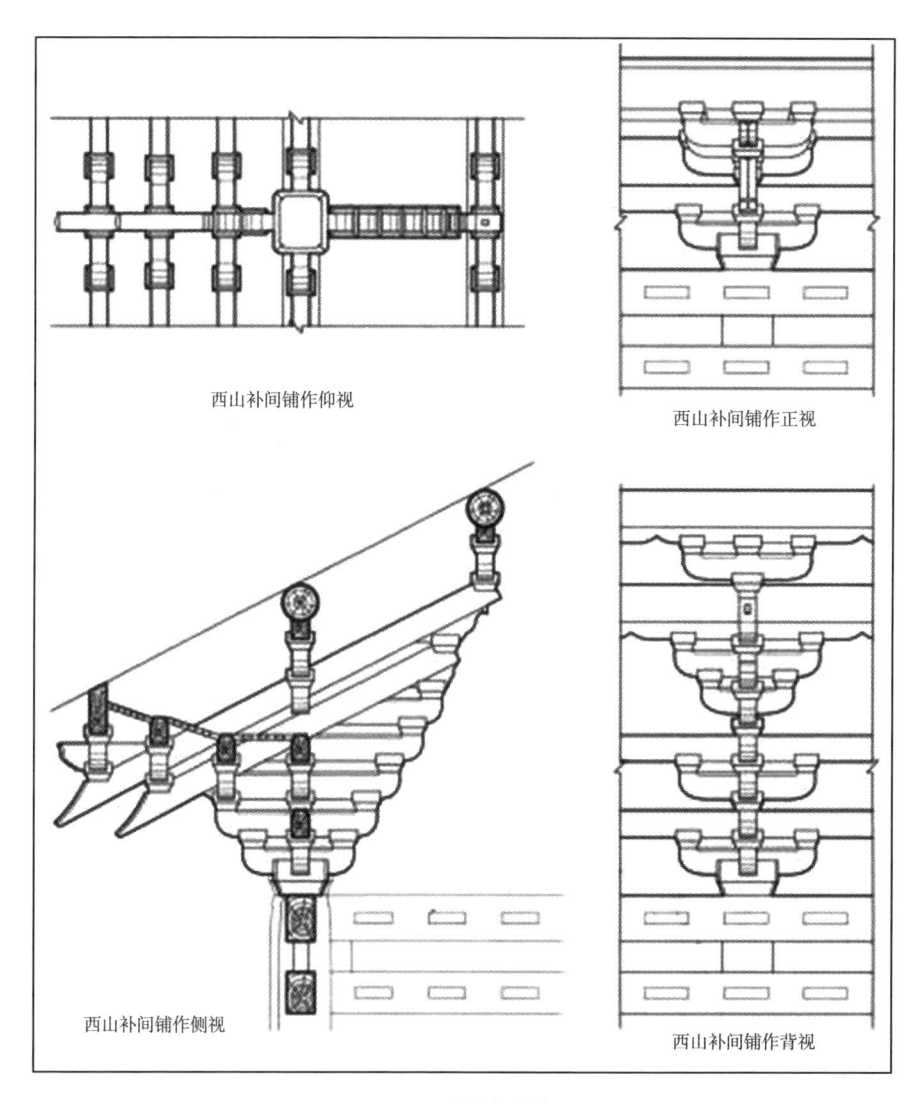

图9 西山补间铺作

上道昂后尾不施交互斗，直接斜切后顶住后檐转角铺作角昂后尾（一如前檐转角铺作之正身昂尾与角昂交接方式），其上出十字令栱压住。

后檐补间铺作：里转东次间出四抄，西次间出五抄，心间出五抄，上道昂后尾挑令栱一道（一材两栔）承下平槫，其余皆如柱头铺作。皆用单材。

后檐转角铺作：外跳同前檐转角，里转不施列栱，仅出角华栱五抄。

两道角昂后尾伸至中平槫分位，由后内柱柱头铺作压住；由昂后尾只伸到角柱正心为止。

2. 内檐斗栱

内柱头四组、乳栿上六组、脊蜀柱上四组、承上平槫六组、前后照壁上各两组，皆作卷头造。

前内柱柱头铺作：里跳出双抄，上托平梁。外跳第一跳作卷头，第二跳砍作方头，扶壁栱单栱造，自栌斗起，单栱、襻间枋、单栱、替木相间设置。

后内柱柱头铺作：里跳出双抄，上托中三椽栿。外跳不作卷头，与后檐柱头铺作昂尾相抵。扶壁栱重栱造，泥道慢栱上复承素枋（外端杀成栱头）、单栱、替木、中平槫。其中东后内柱柱头栌斗为后世更换，系以一石质柱础（或经幢莲台）为之，莲瓣及盆唇皆清晰可辨。

前内柱间补间铺作：向南自栌斗口中出三抄，下一抄偷心，第二、三跳跳头承令栱，其上为罗汉枋、算桯枋，正心扶壁栱自下而上，先自下道屋内额上"栌斗"①中出单栱素枋各两道，其上复加交互斗一枚，自中出重栱、替木、上道屋内额，继而再出交互斗、重栱、替木、阑额。复于前内柱间阑额上施栌斗，出单栱素枋、单栱襻间枋各一，以承上平槫。向北皆不出跳。

后内柱间补间铺作：佛屏背版与闲额间以实木枋子四道实拍，阑额之上设补间铺作两朵，自栌斗出扶壁重栱，上承襻间枋，再上以齐心斗支令栱承替木、中平槫。栱眼壁间封以后世所加雕花栱垫板，栱、斗之上均有明显彩画痕迹，当系近人重绘。

内柱上丁头栱：前内柱身向东西南北皆插有半栱。就东前内柱而言，向东出丁头栱四组，下两组各一跳，承屋内额上两道素枋，上两组各两跳，承阑额及上道屋内额，各自与前内柱间额上斗栱相对应；向西出丁头

---

① 大小虽同于栌斗，唯不在阑额之上，不与柱头平，按《营造法式》语义似难以确定为栌斗，在此为方便指称，暂称作"栌斗"。

栱两组，其下者两跳，承西山南侧丁栿，其上者跳，承丁栿上劄牵；向南出丁头栱一跳，承前三椽栿后尾；向北出丁头栱一组两跳，承中三椽栿。后内柱身则仅向山面及后檐出丁头栱。其中向山面出两组计三跳，下一组两跳承丁栿，上一组一跳承劄牵；向后檐出两组计两跳，下一跳承乳栿，上一跳承劄牵，然其栱眼及栱端卷杀掐瓣形式颇不类其他诸丁头栱，而与寺内清构相仿，或经后世改易。

前三椽栿上骑栿斗栱：以单斗支令栱，从令栱上齐心斗出素枋，其上再出单栱素枋以承平棋。

襻间四重栱：自乳栿或丁栿上置驼峰，上安大斗，劄牵一端入内柱，一端入斗，并自斗口中出四抄，上彻下平槫，并与山面及后檐柱头铺作中的昂后尾相交，以助其稳定。

承平梁十字栱：于栌斗口中出华栱一跳承平梁，出重栱，穿过弧形天花承上平槫。

边贴承出际脊槫、上平槫、中平槫斗栱：皆只自坐斗中出横栱一条承替木及槫子，作用仅在减跨，栱两端悬出栌斗部分长度不一，且向外一侧栱端作卷杀，向内一侧只砍作方头。

3. 承藻井铺作

承大斗八藻井铺作：于前檐各柱头、补间铺作里跳最末一跳跳头施令栱，使相邻者皆连栱交隐，其上承算桯枋。算桯枋四角各抹随瓣枋一条，形成八角井框。于各角设栌斗一，自栌斗口中隐出泥道栱（实在随瓣枋上），并向心出华栱一条，华栱之下各托以"假华栱"[①]华栱跳头承令栱，令栱以整木剜出弧形，便于承托其上圆井（井径1850毫米，穹窿高900毫米）。自令栱齐心斗出阳马八条，交于八边形顶心木上。阳马背面刻出水滴状凹槽，以安置七圈背版肋条，肋条背面削平，原初应设有背版，现已脱逸（图10）。

---

① 自随瓣枋底出，高与之齐，插在随瓣枋与算桯枋相交的八个角上，因处在栌斗之下，暂称为"假华栱"。

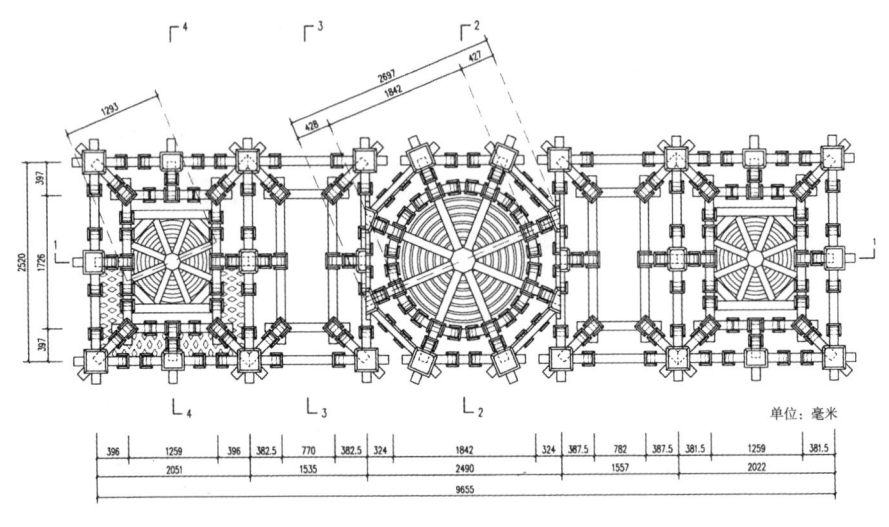

图10 藻井仰视平面

承小斗八藻井铺作：做法略同大斗八，唯随瓣枋位置提高——算桯枋上所出华栱跳头计九条令栱（其中南、北两边的令栱两两鸳鸯交手）及其上平棋枋构成长方井，再于其间加东西向平棋枋两条，形成正方井，复于其上设随瓣枋四条，做出角肚，直接于八个交角处起立阳马，达于顶心木。由于随瓣枋位置提高，小藻井深度减小（穹窿高度750毫米，八角井对径缩小到1259毫米），背版肋条只设五道。

承平棋铺作：平棋为整块长方形木板，位于大、小斗八藻井间隙，由周遭斗栱（四角及长边中点各一）里跳所承算桯枋上直接挑出华栱，第二跳华栱之上承托木枋、敷设背版，版上作有缠枝卷草纹样彩画（图11）。

（四）样式特征

1.柱子

保国寺大殿十六根柱子皆作瓜楞，就制作工艺而言，可分两种：其一拼合，又分为包镶（解小木八片，环绕中心木柱，拼贴而成，每棱之上均留透榫痕迹）与段合（分三拼及四拼、五拼不等，皆用较小断面的圆木，以木楔两两贯穿，组成一体，再用木片拼填圆木之间凹陷处，形成四棱或八棱）；其二为整木剜刻，挖出凹槽以象征瓜楞。大抵四内柱用段合（八瓣）；西山前柱（前内柱分位）、前檐西平柱用包镶（八瓣）；余柱皆用整

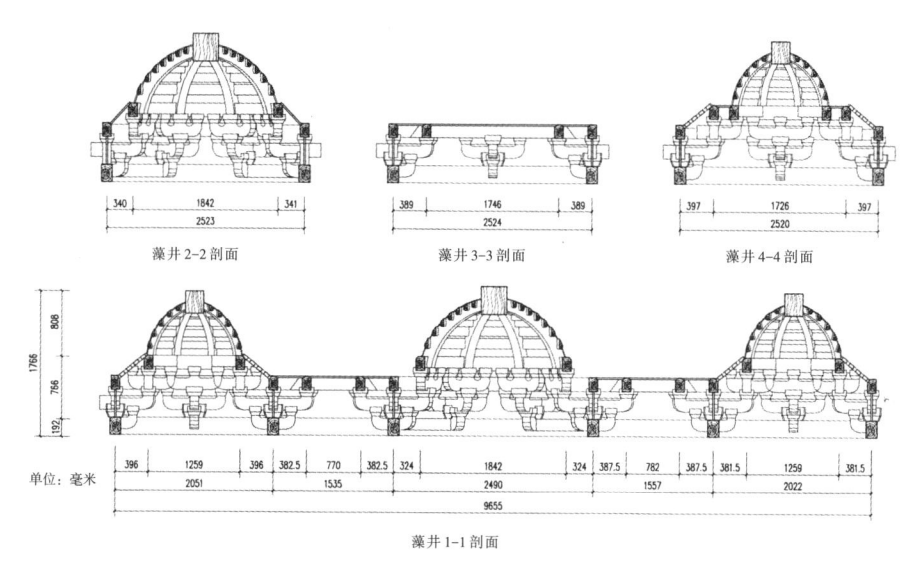

图11 藻井剖面

木剜刻——西北和东北角柱、东山前柱（前内柱分位）四瓣，后檐两平柱、两山后柱（后内柱分位）两瓣，东南角柱、前檐东平柱八瓣。总的规律是除了着重强调的前檐四柱外，周圈檐柱朝向室内一侧保留圆弧，朝向室外一侧作出瓜瓣（角柱带3/4，边柱带1/2），唯有西山前柱使用全瓜楞，推测系后世匠人误换。另外四根脊蜀柱，当中两根为视线所及，作圆柱，两边两根为厦两架椽子遮挡，只做简单方柱，即中间两圆柱，时代亦不相同，因其鹰嘴曲线不一样，虽然都是三段，但西柱弧线较匀称，东柱突兀且下吻更尖。

柱头略有收分（部分柱脚亦作卷杀，略如棱柱）。各柱直径皆在500毫米以上，檐柱径在500—540毫米间，内柱径相差较大，小者仅615毫米，大者达770毫米（该柱系近代维修时所换）。

柱础计有四种：鼓墩、椹形（上加圆形或六边形石板）、须弥座式、短圆柱，皆为清代改换。

清代加建副阶共用柱二十六根：廊柱六根（当中四根高3100毫米、径365毫米，最外两根高3390毫米、径230毫米）；步柱八根（均高5455毫米、径280毫米强）；两山及后檐墙内柱子有圆有方，高3730毫米，圆柱直径180毫米，方柱截面200毫米×190毫米。

檐柱基本无生起，至于侧脚，由于现状已有较大歪倾，暂时难以判断其存否。

2. 梁栿

大殿梁栿皆月梁造，前三椽栿总高500毫米（约当两材一栔，郭文称两材，或指起颠后高度），宽240毫米，起颠后高440毫米；中三椽栿总高800毫米（约当三材两栔，郭文称四材，或指起颠后高度），宽360毫米，起颠后高760毫米；平梁高650毫米（约当三材），宽250毫米，起颠后高550毫米。

栿底刻有线脚两道，系由凿子冲成（其痕迹为若干段短三角形连成长线，由是知为凿出），与昂底刻线相似，亦从侧面证明铺作与梁栿为同期制成。两山出际部分，西山平梁西侧梁身作有类似月眉的刻线，东山平梁对应位置则未有发现。

3. 额串

阑额：保国寺大殿按阑额的形制、用法不同，可分为两个横长方圈。前廊三面，以月梁形阑额（总高470毫米，高出柱头平面110毫米，顶宽205毫米、中段宽240毫米、底宽220毫米，八朵补间铺作栌斗下开槽口，骑于阑额之上，以使铺作层平齐）形成"凵"形空间（实际即是顶戴斗八藻井和平棋的前廊礼佛空间），同时为使室内外视廊畅通，该圈仅用单楣。与之对应的，连接第二、四排（连接前、后两内柱者虽系内额，然就其视觉处理方式则与阑额无二，姑置于一处）及两山中间、后间各柱子的一圈上楣（360毫米×200毫米）皆用方直木料，且于其下240毫米处加设下楣（340毫米×155毫米）一道，形成重楣。重楣之间，每间垫以宽560毫米、厚120毫米的方木三块。虽然重相加垫木本身已是七朱八白意向，匠人仍于每道额上另画七朱八白装饰（作白三到八段不等），略有叠床架屋之嫌。总之，大殿所见阑额至角不出头、不用普拍枋、重楣加垫块、额身七朱八白等现象，都是南方唐末五代宋初的习见样式特征。

串：保国寺大殿在我国现存早期建筑中，用串颇多，其中施用于中三椽栿下的顺栿串为现存最早实例，顺身串、顺脊串之使用也早于北方同期木构。

4. 斗栱

从大殿的斗栱搭配逻辑，最能见匠心之严谨清晰——外檐柱头铺作皆用分瓣圜栌斗，瓣数与其对应柱子相合，补间铺作则用讹角方栌斗；四内柱及内额上栌斗，除东后内柱头换为石质覆莲础外，皆作讹角方斗，使前后内柱间两整面照壁均齐划一。栱眼形式，凡出跳华栱只浅刻线脚一道，横栱皆作双面琴杀。照壁较高位置，视线不及处则只作单面琴杀。即便丁头栱亦严格遵守此一逻辑——凡顺内额不受力者（实际踏勘发现仅在柱身开浅槽以利搁置，大多可轻易取下，对内额稳定几无影响），栱眼形式同横栱；凡顺梁栿需受力者，栱眼形式同华栱。铺作正心之用斗，凡在栱上、枋下的，用齐心斗（实测皆方斗），反之在枋上、栱下的，用交互斗；各组铺作，凡偷心者，抄端以散斗转过90°代替交互斗，一则以省材木，二则里跳减跳后栱长缩短，用交互斗显得过大失当，用散斗则不致斗畔相犯。至于两山及后檐铺作里跳品尾承下平槫令栱，以及外跳三道令栱正中，则多以散斗代替齐心斗，以求横向三斗等大，使视觉均齐。

5. 耍头

大殿外檐铺作皆施耍头，耍头端头上缘弯垂如鹰嘴，其下接S形线一道后抹入上道昂头交互斗中，其端面正中微起棱线，而不作鹊台，轮廓线亦与《营造法式》之切几头形耍头迥异。按一般的样式年代认知，江南宋初建筑不当有耍头之设，因而过往的复原研究中皆将耍头排除，认为其系属后世维修时添加。此次勘测特别留意了耍头绞铺作局部，却无法得出前述结论。

考察耍头及相关各构件之间的联系情况如下：耍头端部开有小销孔，透过其下交互斗和上道昂头销实，现场虽未找到此销上穿橑檐枋的证据，但它无疑和外跳令栱共同作用，阻止了耍头与昂身间的相对水平位移。与之对应，耍头尾部开有一个较大的方形栓口，通过栓子与上道昂后尾、下道昂头令栱及其上罗汉枋固结，此栓的作用在于通过耍头将两道昂头上令栱、枋木拉接住，以阻止橑檐枋的外翻倾向，是确保耍头正常发挥机制的关键（勘测中亦见栓孔到后尾处打通，后尾变成凹字形，导致栓子丧失拉结能力，仅保证耍头无水平位移的情况）。假设耍头系由后加，且未经落架推测其插入过程如下：揭去椽子、橑檐枋、下道昂上令栱，在令栱上刻出子荫，放上新制耍头，前端销实，后尾直接从枋子上端将栓子敲进罗汉枋，最后再放上橑檐枋、椽子即可。但由于栓孔加工规则，边缘整齐，后世若要加入耍头，就必须将下道昂上的栱、枋也一并取下，重新对位加工完毕后再行归安。总之这一栓一销两个孔洞在相邻昂、耍头、令栱和枋子上造成的痕迹非常一致，应系同一时期一次加工而成。由于这一节点的处理方式十分统一，如果认为系属后换，那么只能是建立在大殿经过落架和全面更换、改制铺作构件的基础上，而这与针对昂构件的$C_{14}$检测结果相悖。

再看耍头与相邻构件的空间关系。对于下昂造铺作而言，始终存在着昂背与其上枋子形成的三角空间如何填充的问题。按南方不做耍头的传统样式，最外一跳跳头令栱上置三斗承橑檐枋，盖无疑义，但（华栱头或下道昂头）令栱与其上罗汉枋的交接则存在变数。在天宁寺大殿，是在下道昂头上置重栱造，上道栱骑昂后承罗汉枋，昂背开鼻子与令栱相绞。保国寺大殿下道昂头只承单栱，栱身上开槽让过上道昂，上道昂并作子荫与令栱咬紧。撤除耍头后，原本由耍头后尾填充的昂背与罗汉枋之间间隙露出，这个空间如何填补？一种可能是此令栱不置齐心斗，成一斗两升，除天宁寺大殿重栱造下道栱外，似乎缺乏同期旁例佐证；另一种可能是在昂背相应位置另坐齐心斗一枚，但没有任何痕迹支持这一猜想（至少需要在昂背相应位置做个子荫，这样齐心斗下开斜槽让过昂身后，才能与昂身咬紧）；第三种可能是原初的上道昂位置较现在为高，其下能放下下道昂头令栱齐心斗，后来为加耍头而调低了上道昂高度，但由于向内各跳高度是确定的，要改变上道昂高度，势必也需要改变其角度，显然这也是不可能的。综上所述，下道昂头令栱与其上罗汉枋间的空隙，只能以耍头后尾填塞，故耍头与相邻构件应系一体设计、同期制成。

最后，从用材规格、材质特征和退化程度看，耍头用料也与相应的昂、栱、枋子等相类。

实际上江浙地区使用耍头的早期案例并非完全空白，例如同处宁波的东钱湖南宋史涓墓前石坊上，便有明确的耍头形象（图12）。

图12　史涓墓牌坊耍头形象

6.屋面瓦作与小木装折

保国寺大殿前檐及两山加出副阶，形成重檐，后檐因场地限制未作扩建，仍保留单檐。屋顶举高约1∶3，符合厅堂三分里举起一分的规定。前后两坡上、下檐分别有筒瓦75陇、99陇，两山上檐筒瓦各89陇，下檐只90陇（因撞上后墙终止，未作翼角起翘）。上下檐边缘及前后两坡中部的筒瓦上，各钉瓦钉一排。檐口遍置勾头滴水，檐椽椽头钉椽挡板。前檐下层檐出1510毫米，檐高3350毫米，翼角采用嫩戗发戗做法。

山面以山花板封填，再于出际槫子端头安搏风板，并置垂鱼惹草，施排山勾滴，勾头坐中。

屋面计有正脊一道、垂脊四条、戗脊四条、博脊两条，均系瓦条垒砌而成，除戗脊外皆透空做毯纹格眼等纹式。脊端不施脊兽，下檐戗脊上用走兽三枚，正脊两端置鸱尾（系1975年维修时添制，此前20世纪60年代维修时曾错用龙吻）。

清代附加前廊，于檐柱与步柱间只用斜长牵梁一道拉接，其梁后尾高耸几与椽齐，并承檐椽，柱间不设阑额，为宁波地区固有做法；步柱缝明间设六抹头槅扇六樘；两山及后檐砌以围墙，墙上辟方格眼小窗，两山及后檐大门两旁各开三扇，山面窗洞1000毫米×580毫米，后墙窗洞780毫米×760毫米。

7.阶基铺地

殿前月台以石板墁地。总宽15868毫米，总深13400毫米，两侧设石甬道，月台前端设有石栏杆，其下为开凿于南宋的净土池。

保国寺大殿台基通高近1100毫米，约当用材的五倍，通宽21140毫米；压阑石高140毫米，心间宽6700毫米，其余各间4400毫米；陡板石高840毫米；土衬石高120毫米；前檐下出1000毫米。

台基正面当心间和两侧靠墙处各设踏道一条。中间一道总宽3955毫米，副子宽255毫米，共十层台阶，每步高110毫米，深280毫米；左右两侧踏道总宽2280毫米，副子宽240毫米，八层台阶，每步高在100—155毫米之间，深290毫米。

殿内以青石板墁地，心间正中，正对阁八藻井下方位置安放分心石一块（2741毫米×1098毫米），周围遍刻缠枝花纹；两前内柱间略靠北横置拜石一块（680毫米×1066毫米）。后内柱间施佛屏背版，前置须弥座式石佛座：通宽8060毫米（大于心间面阔），深3650毫米，高970毫米，壸门柱子和单混肚石部分刻有团花纹饰，佛座背面保留有崇宁元年（1102）"造石佛座记"一通，共144字，字径15毫米。

副阶之内，沿两山及后檐墙砖砌有高低两层罗汉台（分别高1340毫米、1650毫米，深700毫米、220毫米），现塑像无存。

殿后檐心间处随地势向上作踏道一条（通宽2640毫米，副子宽240毫米，台阶十八层，每步高150—170毫米，深270毫米），通向殿后观音阁所在台地。

（原载张十庆主编：《宁波保国寺大殿·勘测分析与基础研究》，东南大学出版社2012年版，第12—21页）

# 第四章　河南地区最接近《营造法式》制度的木构建筑——登封初祖庵大殿

## 中国古代建筑史之宋、辽、金、西夏建筑

郭黛姮

初祖庵位于河南省登封县城西北13公里处，正置中岳嵩山西麓。在少林寺西北方约两公里的玉乳峰下，是为纪念佛教禅宗初祖达摩而修建的一处佛教庵堂[①]。此庵规模不大，占地约2600平方米，东西宽35米，南北长75米，方向坐西北、朝东南。庵内原有山门、正殿、殿后二亭（西亭传为达摩面壁处，东亭传为祀达摩父母处）、千佛阁、配殿等，但建筑大多已坍毁，仅存宋代所建大殿及清代所建的两座小亭，直至20世纪80年代在对大殿进行保护维修的同时，复建了山门及一些附属建筑。

初祖庵所处环境极其优美，周围群山环抱，近庵处林木郁郁葱葱。山门前三面临谷，形势高险。庵内依山势起伏分成前、后院落，山门和初祖

---

① 达摩，南天竺人，为释迦牟尼弟子迦叶的第二十八代佛徒。他从印度出发，历时三年于北魏孝昌三年（527）经广州，住王园寺（今光孝寺），不久到建康（南京），后北渡长江来到少林寺。在少林寺九年，于东魏天平二年（535）传法于慧可后离去，后圆寂禹门。相传初祖庵所在地为达摩面壁修禅之处。宋黄庭坚有词《初祖·渔家傲》记述了关于达摩来中国后的境遇，反映了南北不同佛教派别的分歧，导致达摩一苇渡江来到少林寺的故事："万水千山来此土，本提心印传梁武。对朕者谁浑不顾，成死悟。江头暗折长芦渡，面壁九年看二祖，一花五叶亲分咐，只履提归葱岭去，君知否？分明忘却来时路。"

庵大殿位于前院平坦的台地上。前院内除这两座建筑之外还有一棵古柏，位于殿的东南，传说为禅宗六祖慧能为纪念达摩所植。这株古树与历尽千载的古殿，烘托出浓厚追忆禅宗初祖达摩的纪念性环境气氛（图1）。

图1 少林寺初祖庵寺前环境

初祖庵始建年代不详，现存大殿西山墙上所嵌宋大观元年铭记"达摩旧庵堙废日久……"，可知在宋大观以前已经存在。而大殿的建造年代为宋宣和七年（1125），这有该殿前槽东内柱上所刻捐赠题记为证[①]。此后虽有若干次维修，但仍保持着宋代建筑原貌。（彩版图33）

## 一、初祖庵大殿平面及立面

大殿平面近方形，面宽三开间，通面宽11.14米，进深三开间，通进深10.7米。外观采用九脊顶，正、背面当心间施板门，正面两次间用直棂窗，侧面前次间施木板壁，余皆砌墙。整个建筑坐落在一米高的石砌台基之上。台基仅于前面出踏道，后部室外地平升高，台阶只有一步之差（图2—图5）。

大殿室内设有前、后内柱各两根，后内柱稍向后移，与山面柱子不对位，以便放置佛坛。该殿柱子皆用石材，露明者作八边形断面，埋入墙内者作方形抹角。八边形柱径48厘米，当心间柱高353厘米（含础高12厘米），柱高与柱径之比为7∶1，至角柱升起7厘米。柱侧脚正侧两面均为9厘米，相当于柱高的2.5%。

---

[①] 题记内容为："广东东路韶州仁化县潼阳乡乌珠经塘村居奉佛男弟子刘善恭，仅施此柱一条，面向真如实际无上佛果，菩提四恩忽报，三有齐资，愿普恭同一切有情早圆佛果，大宋宣和七年佛成道日焚香书。"

图2 少林寺初祖庵大殿

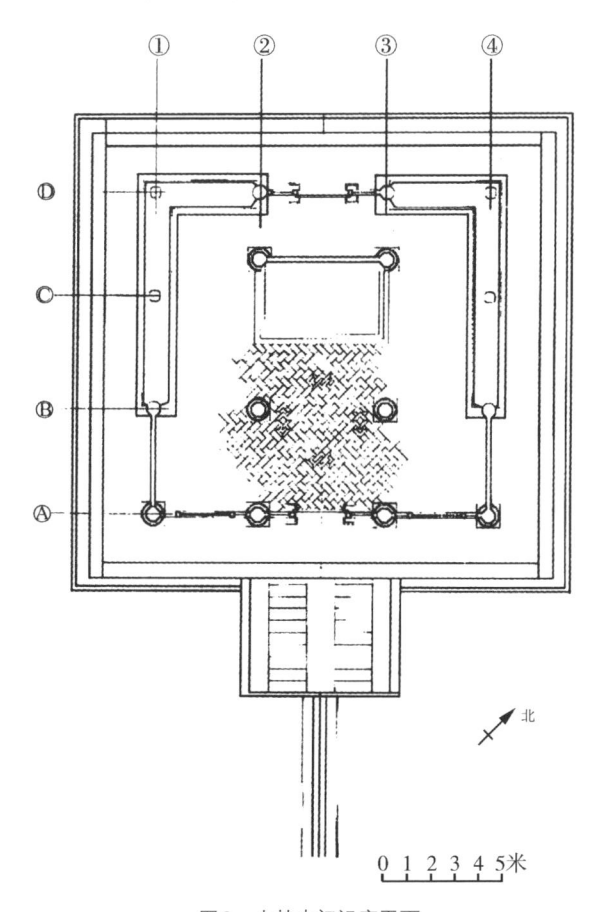

图3 少林寺初祖庵平面

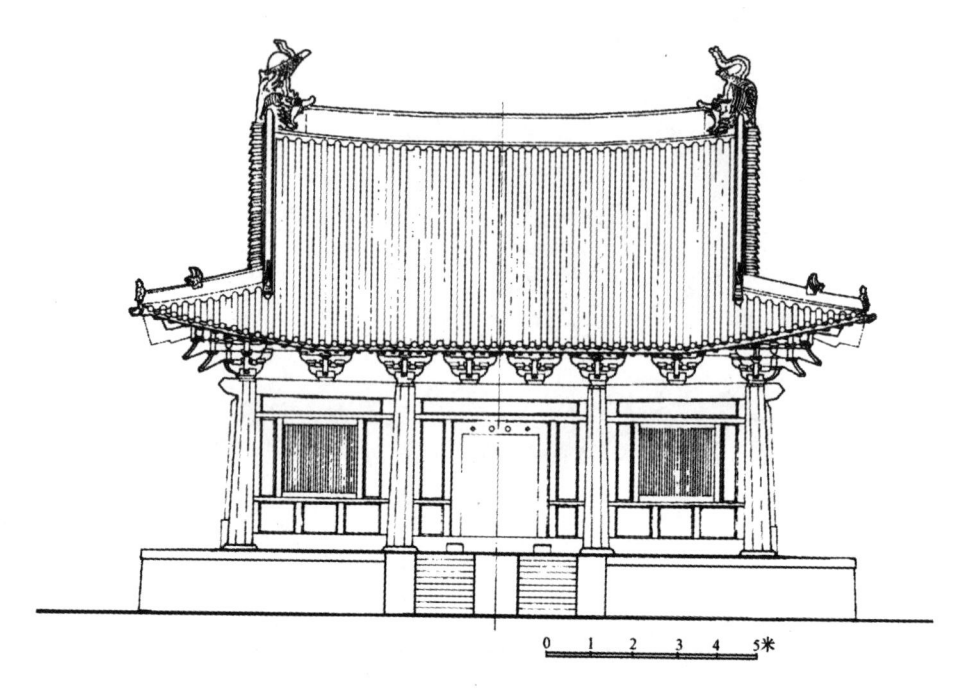

图4　少林寺初祖庵正立面

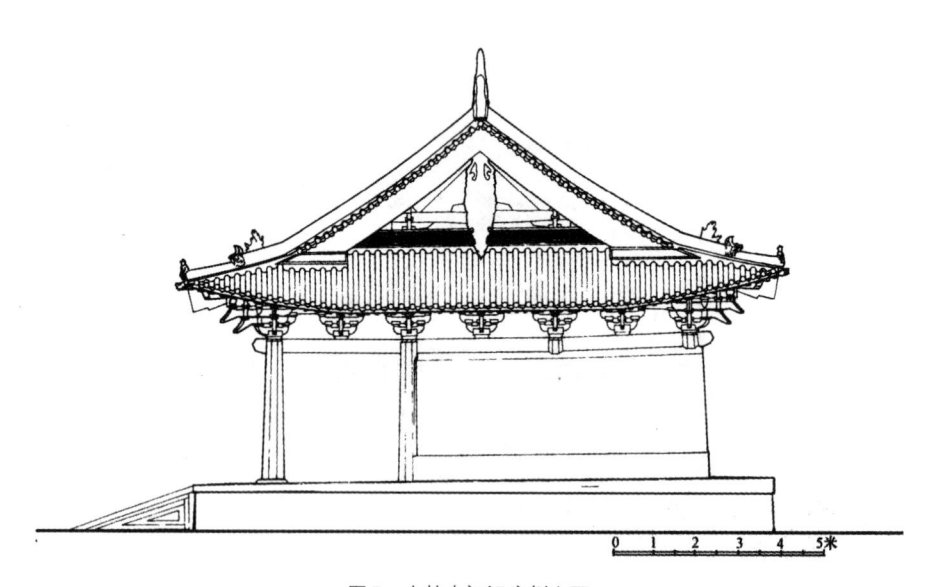

图5　少林寺初祖庵侧立面

## 二、构架

大殿采用彻上明造，由于后内柱向后移动了半架左右，使得构架出现了较为特殊的形式，从内外柱同高的特点看，大殿构架可归属为殿堂式构架一类，虽有的柱子不在椽架中线上，三椽栿却仍延伸到了下平槫中线下部，从而省去了后部的劄牵，而后部乳栿长度只有一个半椽架。使得这座六架椽的构架形成了前、后乳栿对三椽栿的特殊型制。同时在前内柱之上另立短柱，直达平梁之下，靠这根短柱承托前槽的乳栿、劄牵、三椽栿、平梁。后部于乳栿中间立蜀柱承三椽栿。在构架中上下使用了两重三椽栿，下层的与后乳栿互相重叠。两重三椽栿间并有毡笠驼峰垫托。构架中仅脊槫有叉手支顶，其余各槫未用托脚，有不隐定之感。构架纵向连系构件主要是襻间、串、额等。在脊槫下使用单材襻间，心间襻间与梢间者隔间相闪。在平梁上的蜀柱间并有顺脊串，上平槫下的蜀柱柱头间也有前后两条串，内柱柱头间有内额及正心方等。此外，为承山面出际，于丁栿上立蜀柱，架平梁及头栿。

构架中石柱及额方采用规整的形式，而所有大梁皆采用天然木料制作，粗细弯曲任其自然（图6、图7）。

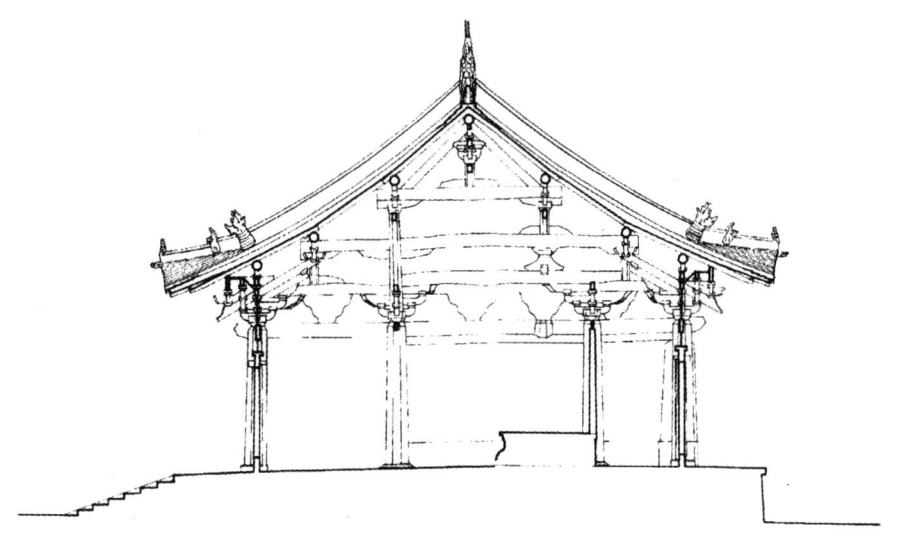

图6　少林寺初祖庵横剖面

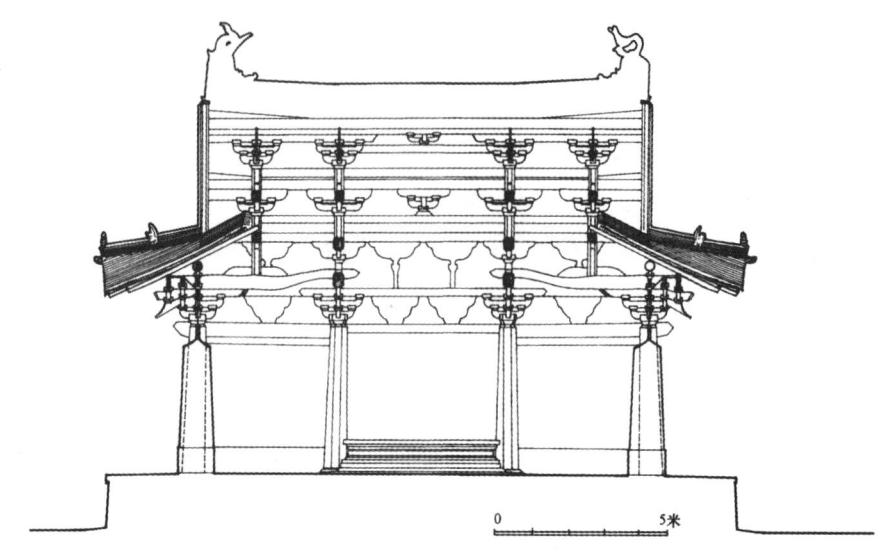

图7 少林寺初祖庵纵剖面

大殿屋顶坡度较陡，前后橑檐方中线水平距离为11.96米，屋顶总举高为3.75米，相当于前者的1/3.18。屋顶虽经后世重修，但山面博风、悬鱼、曲脊等作法尚不失宋风。瓦件多已非原物，只有少量兽面勾头和花边砸瓦形制古朴，可能仍为宋瓦遗物。悬鱼的年代据墨书题记为咸丰八年（1858）补配。

## 三、斗栱

大殿共有斗栱3种，用材尺寸为18.5厘米×11.5厘米，栔高7厘米，约合《营造法式》（下文简称《法式》）六等材。斗栱主要分布于外檐，在内部只有内柱柱头使用了斗栱。外檐斗栱除正、背面当心间用双补间之外，余皆用单补间。

外檐柱头铺作：五铺作单杪单下昂，下昂作插昂，重栱计心造，里转四铺作出单杪偷心造，上承椿头。铺作中除椿头为足材外，华栱、慢栱、令栱皆作单材，椿头前半部为华头子，承插昂，后半部承梁，端头作蝉肚式，比里跳华栱长出74分°。柱头铺作所承乳栿或丁栿入斗栱后作成耍头，但这里的耍头与一般建筑中的斗栱作法不同，在外露于令栱之外的部位作成单材，自令栱以内，截面高度渐变，直至慢栱里侧变成梁高，至正心方后截面宽度也不再受斗栱材宽限制，断面尺寸变成28厘米×22厘米。柱头铺作皆用圆栌斗（图8）。

外檐补间铺作：五铺作单杪单下昂，里转五铺作出双杪，重栱计心造。下昂后尾上撤下平槫，挑一材两栔，即一横栱，上下各施一斗。横栱之上并施替木。昂尾下紧贴挑斡及靴楔。栌斗用方形讹角斗（图9）。

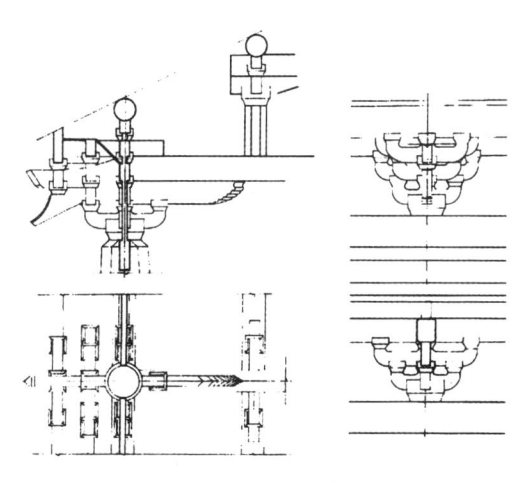

图8　少林寺初祖庵外檐柱头铺作

转角铺作：五铺作单杪单下昂，重栱计心造，在45角方向出角华栱一缝，里转仅角华栱两跳。外跳列栱齐全，华栱与泥道栱出跳相列，下昂

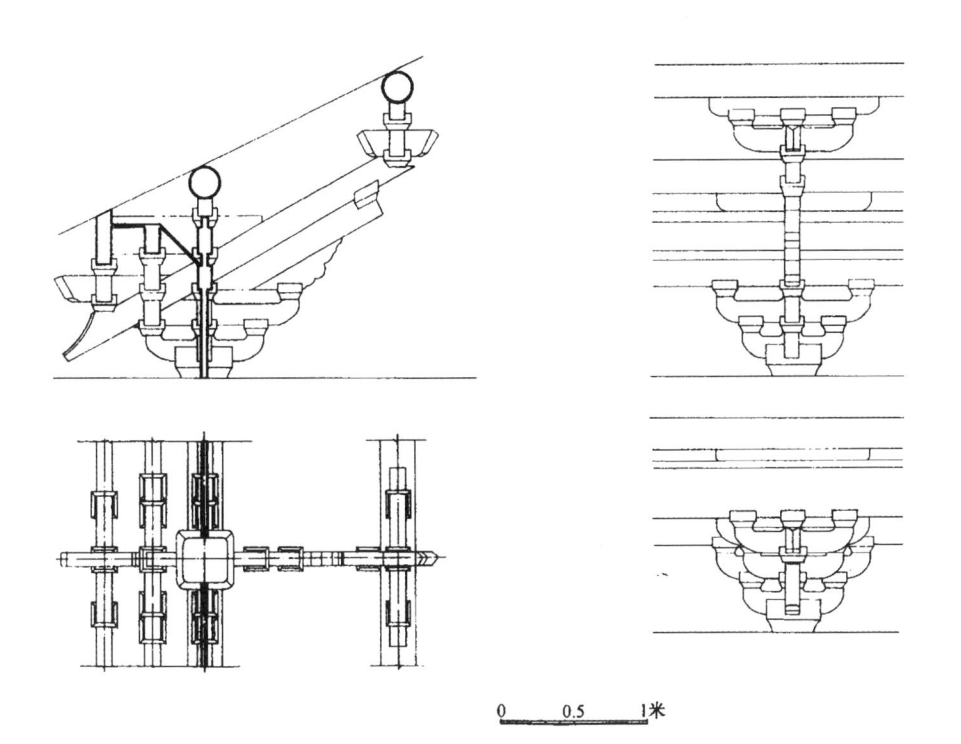

图9　少林寺初祖庵补间铺作

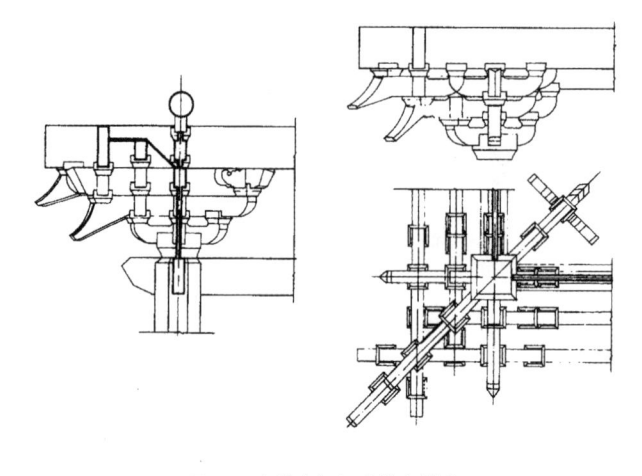

图10 少林寺初祖庵转角铺作

后尾取平与泥道慢栱出跳相列，瓜子栱与小栱头出跳相列，慢栱与切几头出跳相列，令栱作鸳鸯交首栱与瓜子栱出跳相列。角华栱上承角昂及由昂，皆作平昂，角昂里转后成第二跳华栱，由昂里转后成耍头，并于跳头施异形栱，上承角梁尾（图10）。

内柱柱头铺作：从殿身横剖面看，外跳出单杪，上承楂头，里跳出双杪，上承楂头及三椽栿。从殿身纵剖面看前内柱斗栱向室外的一面出单杪上承楂头，向内的一面出双杪，上承木方。后内柱内外皆出双杪，上承木方及耍头形的方子出头。内柱铺作皆为偷心造，栌斗讹角（图11、图12）。

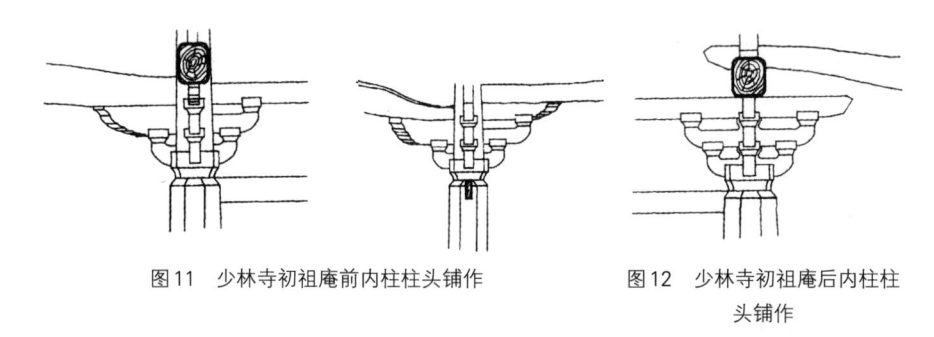

图11 少林寺初祖庵前内柱柱头铺作　　图12 少林寺初祖庵后内柱柱头铺作

此外，在脊榑蜀柱上施丁华抹颏栱一组，脊榑襻间下使用横栱两重承托，上平榑下并有一组令栱，充当补间斗栱。

## 四、大殿石刻

大殿石柱雕饰独具特色，外檐露明的八根正八边形石柱，上下略带收

图13　少林寺初祖庵前檐A-1石柱雕　　图14　少林寺初祖庵前檐A-4石柱雕饰图
　　　饰图

分，柱头处向内抹成斜面。每柱八个面中除与墙或装修相接的各面之外，皆施压地隐起雕饰。每面于四周留边框2.5厘米，上端留出一段作如意头，下端留出一段作卷草纹，以双线拦出，中部则作枝条卷成式图案。枝条自下部仰覆莲中生出，向上延伸，在翻卷的花叶之间时而出现化生童子、孔雀、飞凤、嫔伽、舞乐人等。花卉品类有牡丹花、宝相花、莲荷花、海石榴等（图13—图16）（详见表1）。

　　内柱四根亦作雕饰，但题材手法不同，八个面无明确边棱，采用剔地起突手法雕成，前内柱向外的部分雕天王执剑与降龙，向内的部分雕云卷夹双凤。后内柱向后的一面雕天王执杵及嫔伽，背面雕降龙。

此外，在墙身下半裙墙部分，内外皆有浅浅的压地隐起式浮雕，题材皆用水浪内间鱼、龙、狮、兽、人物等。

少林寺初祖庵虽是一座规模不大的殿堂，但却有很高的文物价值，它的建造年代几乎与《营造法式》一书的成书年代相同，因此它的技术造作和装饰手法，可以算是对《法式》规定制度的注解。尽管工匠就地取材，使用天然木料作成梁栿，但在诸多结构处理手法上却均按《法式》要求完成。首先看斗栱，《法式》有"如柱头用圆斗，补间铺作用讹角斗"之规定，初祖庵为遵守此项规定的唯一孤例。又如斗栱的分布规律，也是按《法式》要求"当心间用补间铺作两朵，次间及梢间各用一朵"作的。再有补间铺作斗栱后尾交待，采用了"若屋内彻上明造……挑一材两栔（谓一栱上下皆有斗也）"的作法，更是完全忠实于《法式》的制度。斗栱中出跳尺寸及栱、昂单件尺寸也与《法式》规定基本相同，如华栱第一跳出30分°，第二跳出28.5分°，《法式》两者皆为30分°。又如泥道栱长62.6分°，瓜子栱长62分°，《法式》两者均为62分°。慢栱长93分°，比《法式》规定长1分°。令栱长73.3分°，比《法式》规定长1.3分°，华栱长

图15　少林寺初祖庵后檐D-2石柱雕饰图

图16　少林寺初祖庵后檐D-3石柱雕饰图

71.1分°，比《法式》规定短0.9分°。在手工操作的施工条件下能达到这样的程度应认为是基本符合《法式》规定的。

表1 初祖庵大殿石柱石刻雕饰题材一览表

| 类别 | 部位 | 编号 | 内 容 | |
|---|---|---|---|---|
| 前檐柱 | A轴1 | a | 柱西面 | 牡丹花 |
| | | b | 柱南面 | 牡丹花内间孔雀二 |
| | | c | 柱东南面（正面） | 莲花内间化生童子，鹅二，上下相间排列 |
| | | d | 柱东面 | 海石榴花内间化生童子五 |
| | A轴2 | a | 柱南面 | 牡丹花内间化生童子二，凤二，上下相间排列 |
| | | b | 柱东南面（正面） | 海石榴花内间舞乐人，正中为舞蹈者，其余四人手持乐器自上至下依次为钹、觥牢（？）、笙、排箫 |
| | | c | 柱东面 | 牡丹花内间化生童子四 |
| | | d | 柱北面 | 牡丹花内间化生童子一 |
| | | e | 柱西北面 | 宝相花内间化生童子一 |
| | | f | 柱西面 | 牡丹花 |
| | A轴3 | a | 柱南面 | 牡丹花内间化生童子二 |
| | | b | 柱东南面（正面） | 海石榴花内间舞乐人三，手执乐器自上而下依次为琵琶、箫（？）、拍板，最上为明代刻字"嘉靖癸未冬十月曲阜鲍继文谒" |
| | | c | 柱东面 | 牡丹花内间嫔伽二（人首鸟身） |
| | | d | 柱北面 | 牡丹花 |
| | | e | 柱西北面 | 宝相花内间化生童子 |
| | | f | 柱西面 | 牡丹花 |
| | A轴4 | a | 柱南面 | 牡丹花内间化生童子五 |
| | | b | 柱东南面（正面） | 海石榴花内间化生童子五 |
| | | c | 柱东面 | 牡丹花内间凤二、化生童子一 |
| | | d | 柱北面 | 牡丹花 |

续表

| 类别 | 部位 | 编号 | | 内容 |
|---|---|---|---|---|
| 后檐柱 | D轴2 | a | 柱北面 | 卷草内间化生童子二 |
| | | b | 柱西北面（正面） | 牡丹花内间化生童子一，鸳鸯二，自上而下相间排列 |
| | D轴3 | a | 柱西北面（正面） | 宝相花 |
| | | b | 柱西面 | 牡丹花 |
| 西南山墙柱 | B轴1 | a | 柱南面 | 牡丹花 |
| | | b | 柱东北面 | 宝相花 |
| | | c | 柱东面 | 牡丹花 |
| 东北山墙柱 | B轴4 | a | 柱东面 | 卷草 |
| | | b | 柱东北面 | 牡丹花内间二童子（仅具粗形，未刻完） |
| | | c | 柱南面 | 牡丹花 |
| | | d | 柱西南面 | 牡丹花 |
| 内柱 | B轴2 | a | 柱正面（前） | 执剑天王一，下部降龙 |
| | | b | 柱背面（后） | 双凤对舞、云卷 |
| | B轴3 | a | 柱正面（前） | 执剑天王一，下部降龙，上有大宋宣和七年（1125）刻字 |
| | | b | 柱背面（后） | 双凤对舞、云卷 |
| | C轴2 | a | 柱正面（后） | 执金刚宝杵天王一，上部嫔伽一 |
| | | b | 柱背面（前） | 降龙一 |
| | C轴3 | a | 柱正面（后） | 执钺天王一，上部嫔伽 |
| | | b | 柱背面（前） | 升龙一 |

说明：本表引自祁英涛《对少林寺初祖庵大殿的初步分析》一文（原载《科技史文集》第2辑，上海科学技术出版社1979年版），笔者对照实物对局部作了修正。

佛台四周束腰位置也有雕饰，题材为山水、花树、楼阁之类（详见表2)。

表2 初祖庵大殿裙墙及佛雕饰题材一览表

| 编号 | 部 位 | 雕 刻 内 容 |
|---|---|---|
| ① | 东北山面墙 | 水浪纹内间龙四（其中一龙衔蛇），鱼一 |
| ② | 后檐墙左侧 | 水浪纹内间山羊一，鱼四，人身鱼尾童子一 |
| ③ | 后檐墙右侧 | 水浪纹内间力士一，小龙一，蟾蜍一，象一 |
| ④ | 西南山面墙 | 水浪纹内间云卷，龙五（升、降、行、游，姿态各异）海螺、海龟等海中小动物 |
| ⑤ | 内檐东北面墙 | 水浪纹内间海马，山羊，骑鹿仙人，殿阁，升龙，降龙，行龙，仙人童子各一 |
| ⑥ | 内檐后墙左侧 | 水浪纹内间官人一，力士二，侍者二 |
| ⑦ | 内檐后墙右侧 | 水浪纹内间鱼一，力士一，官人一，侍者二 |
| ⑧ | 内檐西南面墙 | 水浪纹内间仙人三（坐、立、老各一），力士一，龙一，麒麟一 |
| ⑨ | 佛台正面束腰 | 卷草内间四狮（二直毛，二卷毛） |
| ⑩ | 佛台东北面束腰 | 卷草，双狮，正中绣球一 |
| ⑪ | 佛台西北面束腰 | 山水树木，殿，塔，亭，桥，车，船，樵夫 |
| ⑫ | 佛台西北面束腰 | 卷草内狮兽相斗 |

说明：引自祁英涛：《对少林寺初祖庵大殿的初步分析》，《科技史文集》第2辑，上海科学技术出版社1979年版。

构架的作法和构架尺寸，也有诸多与《法式》规定相同之处，如：丁栿后尾搭在三椽栿或前内柱上的作法；襻间隔间上下相闪的作法；角柱生起作法；平梁、叉手、蜀柱，丁华抹颏栱的作法；以及柱径、檐出、椽径、檩檐方尺寸等也都按《法式》规定作出。当然，也有明显与《法式》不符之处，如梁用自然材，断面小于《法式》规定，阑额尺寸也小，这可能是受财力限制，不得已而为之的结果。

另外，在雕饰方面，初祖庵也可称得上是忠实于《法式》的重要实例，从题材选择上看，如花纹品类；花纹间以动物、人物；雕刻型制等方面，均与《法式》记载相同。而且雕刻的技艺也达到了相当高的水平。十二根有雕刻的内、外柱，出现几十幅画面，每幅花叶安排，人物穿插都非常生动，无一雷同。例如在牡丹花、海石榴、莲荷花之间时隐时现的化生童子姿态各不相同，有的双手抓着枝干上攀；有的骑在枝干上四望；有的用双臂各缚一枝；有的手脚并用，成四肢合抱状；有的端坐莲芯；个个生动、天真、栩栩如生。在每一雕饰面上童子之数不等，多者有五个，少的只有一个，有的画面不出现童子，童子雕饰多在正面的前檐柱中（图17）。当心间的两根柱正面均雕有海石榴花间舞乐人，也是工匠精心之作，其中的海石榴花瓣不同于其他几处的牡丹、莲荷等，未采用的写生花卉的自然状态，而是更加程式化的花瓣，每瓣夸张成涡卷状，瓣瓣都经过认真地推敲，但每一朵花的姿态又全然不同。其间的舞乐人舞姿轻盈，飘带翻卷，伴奏者则个个端坐，手持乐器（图18）。对于动物的雕刻也很生动，最有特色的是凤凰，在A轴②号柱和A轴⑤号柱上都采用了牡丹花间凤凰和童子的题材，两凤一上一下，上部的朝下飞舞，长尾上飘，下部的腾空而起，长尾摇曳，体现着几分浪漫的气息（图19）。

内柱雕饰手法与外柱不同，八角形的轮廓只体现于柱头和柱脚，柱身的八个棱面则浑然一体，随雕饰起伏，只可分出正面和背面。其正面皆刻一手执宝剑而立的天王，天王头上有降龙，天王脚踩云朵。背面则刻有云

图17　少林寺初祖庵前檐A-1柱的童子雕饰

图18　少林寺初祖庵前檐A-2柱的舞乐人雕饰

图19　少林寺初祖庵前檐A-2柱的凤凰雕饰

朵及双凤对舞。天王各部匀称，造型威武雄壮，尺度与真人大小相近，采用压地隐起手法雕成，利用柱身本身的转折面来表现人物的立体造型，手法异常巧妙。

此外，对室内外的裙墙和佛坛上的石雕处理手法得体。裙墙上的雕饰不似柱上的那么突起，以大片的水浪纹为主，中间隐出动物、人物，整个墙面雕饰概括简练。佛坛束腰雕饰中的双狮滚绣球、山水人物画等皆作得轻松自如。

（原载郭黛姮编著：《中国古代建筑史·第三卷·宋、辽、金、西夏建筑》，中国建筑工业出版社2009年版，第406—415页）

# 第四编

## 宋代建筑的源流与回响

本编着眼宋代建筑的源流与回响，精选五篇文章，介绍宋代建筑在中国境内的渊源流变和对东亚建筑的影响。

徐怡涛的《公元七至十四世纪中国扶壁栱形制流变研究》一文从扶壁栱入手，对南北方现存实例予以年代学分析，形成分期结论，并与《营造法式》和南方做法予以比较，对《法式》的历史作用与中国古代木构建筑发展中心和传播流线予以解读。

王书林的《两宋时期屋木画所见建筑地域性》一文，以屋木画为研究对象，从区域建筑研究成果出发，提取绘画中描绘的建筑形制，讨论其反映建筑的地域性，得出屋木画与地面建筑关系非常紧密的结论，为不同区域中国早期建筑研究提供新的视角。

周淼的《唐宋建筑转型的切片——以10—12世纪晋中地区地方建筑外檐斗栱配置方式演变为线索》一文，通过对晋中地区建筑实例斗栱配置方式的梳理，得出北宋以降地方建筑发展不仅有结构进化的结果，也源于模仿官式建筑或其他地区的流行形制，展现《营造法式》对北方地区宋金建筑的影响。

朱永春的《闽浙宋元建筑遗存所见的〈营造法式〉中若干特殊铺作》

一文，探索东南宋元建筑遗存对《营造法式》的体现，展现南方地区建筑对《法式》的延续和传承。

张十庆的《东亚建筑的技术源流与样式谱系》一文，对东亚建筑样式进行分析解读，对其分类标准、源地、演化与定型予以宏观解读。

# 第一章　宋代建筑在中国境内的渊源流变

## 公元七至十四世纪中国扶壁栱形制流变研究

徐怡涛

按《营造法式》定义："凡铺作当柱头壁栱谓之影栱，又谓之扶壁栱。"[1]本文即对"斗栱在柱头方向上，自栌斗至承椽枋之间的栱枋组合"作为扶壁栱形制予以考察分析，希望以文献和现存实例的综合比较研究探讨扶壁栱形制的渊源流变，从中得窥中国古代地区之间木构建筑形制的差异与可能存在的互相影响和传播关系。在理清中国本土建筑形制渊源流变的基础上，也将有望更深入地认识中国古代建筑文化圈——如日本、朝鲜半岛等国家与地区的建筑的历史问题。

一、《营造法式》的规定

《营造法式》根据斗栱的不同组合形式分别对其扶壁栱形制作出了如下规定：

全计心：

重栱造，泥道重栱＋素方："如铺作重栱全计心造则于泥道重栱上施

---

[1] 〔北宋〕李诫：《营造法式》卷四 "总铺作次序"，上海商务印书馆1933年版，如无特殊说明，以下本文所引《营造法式》版本皆同。

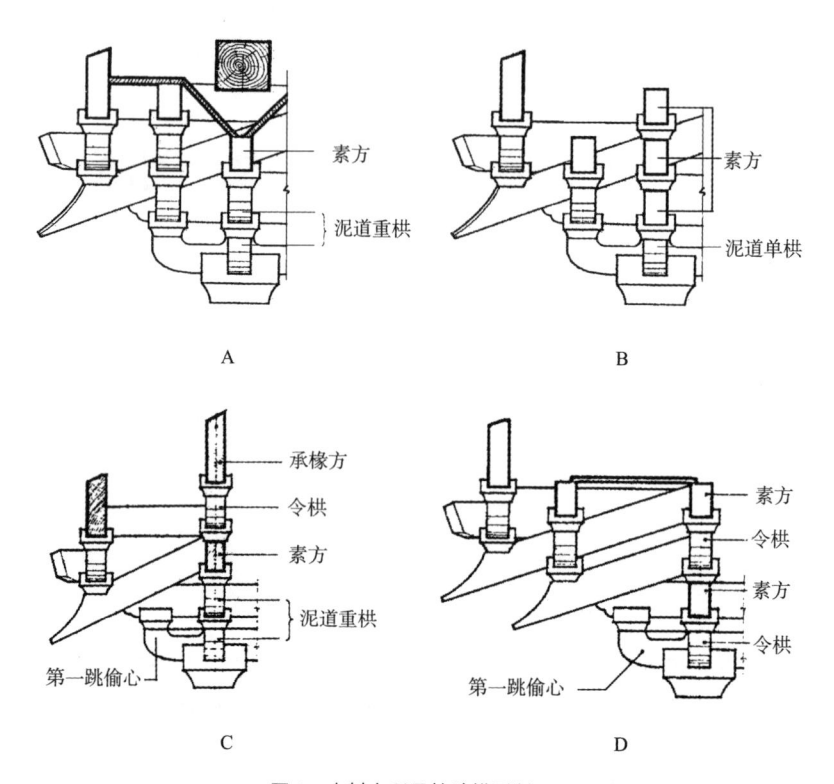

图1 史料中所见扶壁栱形制

说明：A.泥道重栱＋素方（含多层素方）；B.泥道单栱＋素方；C.泥道重栱＋素方＋单栱；D.两令栱两素方（含栱素方叠置）。

素方。"①

单栱造，泥道单栱＋素方："（泥道栱）若科口跳及铺作全用单栱造者只用令栱②。"③

华栱偷心：

五铺作，泥道重栱＋素方＋单栱："五铺作一抄一昂若下一抄偷心则泥道重上施素方，方上又施令栱上施承橼方。"④

---

① 《营造法式》卷四"总铺作次序"。
② 《营造法式》中"令栱"有单栱之意，如卷四："四曰令栱或谓之单栱"。
③ 《营造法式》卷四"栱"。
④ 《营造法式》卷四"总铺作次序"。

六铺作、七铺作，泥道单栱＋素方＋单栱＋素方或泥道重栱＋素方："单栱七铺作两抄两昂六铺作一抄两昂或两抄一昂若下一抄偷心则于栌斗之上施两令栱两素方或只于泥道重栱上施素方。"①

八铺作，泥道单栱＋素方＋重栱＋素方："单栱八铺作两抄三昂若下两抄偷心则泥道上施素方，方上又施重栱素方。"②

由上可知，《营造法式》所规定的扶壁栱形制大致可分为三类，其中，应用比例最高的形制应为泥道重栱承素方类③；其次为泥道单栱承素方；最后为泥道单栱与素方交叠的形制，因其仅见于六、七铺作偷心造情况下扶壁栱形制中的两种形式之一，所以，在《营造法式》中，其重要性和出现几率显然低于前两类作法。本文将扶壁栱形制分为A、B、C、D四型：A为泥道重栱＋素方（含多层素方）；B为泥道单栱＋素方；C为泥道重栱＋素方＋单栱；D为两令栱两素方（令栱素方叠置）（图1④）。

## 二、北方地区和南方地区现存扶壁栱实例

现将年代较为确定的南北方木构实例、壁画和仿木构建筑等直接或间接史料中可见的扶壁栱形制及其与《营造法式》相关规定的相似度总结如下：

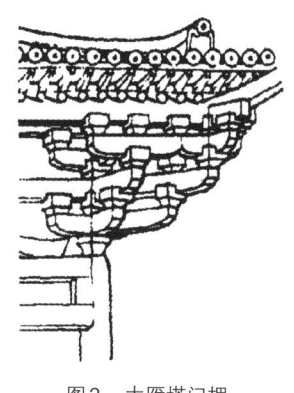

图2　大雁塔门楣

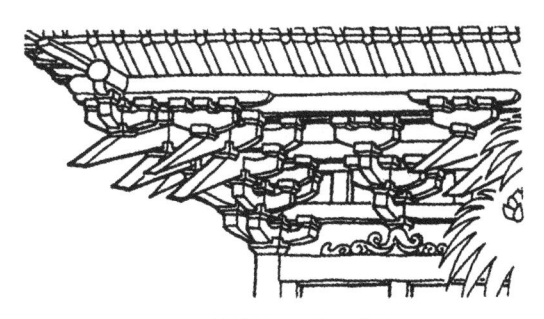

图3　敦煌第172窟北壁前殿

---

① ②《营造法式》卷四"总铺作次序"。
③ 包括偷心造情况下五铺作、八铺作扶壁于泥道重栱承素方上再施栱的两种形制。
④ 图1A、C、D引自徐伯安：《〈营造法式〉斗栱型制解疑、探微》，《建筑史论文集》第七辑，清华大学出版社1985年版。

280 | 知宋·宋代之建筑

表1 北方地区现存扶壁栱形制

| 实例名称 | 时代或年份 | 区位 | 总铺作次序 | 扶壁栱形制 A | B | C | D | 与《营造法式》相似度① |
|---|---|---|---|---|---|---|---|---|
| 敦煌第321窟壁画② | 初唐 | 甘肃敦煌 | 五铺作双杪偷心 | | 是 | | | 否 |
| 敦煌第321窟壁画③ | 初唐 | 甘肃敦煌 | 五铺作双杪偷心 | | | | 是 | 否 |
| 大雁塔门楣线刻佛殿图（图2） | 704 | 陕西西安 | 五铺作双杪第一跳偷心 | | | | 是 | 否 |
| 懿德太子墓壁画之三重阙④ | 706 | 陕西乾县 | 五铺作双杪第一跳偷心 | | | | 是 | 否 |
| 懿德太子墓壁画北壁城楼⑤ | 706 | 陕西乾县 | 六铺作三杪第一、二跳偷心 | | | | 是 | 是 |
| 敦煌第172窟北壁前殿（图3）、南壁前殿⑥ | 盛唐 | 甘肃敦煌 | 七铺作双杪双下昂计心造 | | | | 是 | 否 |

① 本表实例与《营造法式》的相似度分为三种，不符合为"否"，大体符合为"近似"，完全符合为"是"。
② 冯继仁：《中国古代木构建筑的考古学断代》，《文物》1995年第10期，第45页图二一8。
③ 刘敦桢主编：《中国古代建筑史》，中国建筑工业出版社1980年版，第156页。
④ 傅熹年：《唐长安大明宫含元殿原状的探讨》，《傅熹年建筑史论文集》，文物出版社1998年版，第201页。
⑤ 傅熹年：《唐代隧道型墓的形制构造与所反映的地上宫室》，《傅熹年建筑史论文集》，文物出版社1998年版，第253页。
⑥ 冯继仁：《中国古代木构建筑的考古学断代》，《文物》1995年第10期，第45页图三一1，第44页图——1。

续表 1

| 实例名称 | 时代或年份 | 区位 | 总铺作次序 | 扶壁栱形制 A | 扶壁栱形制 B | 扶壁栱形制 C | 扶壁栱形制 D | 与《营造法式》相似度 |
|---|---|---|---|---|---|---|---|---|
| 敦煌第172窟南壁后殿 | 盛唐 | 甘肃敦煌 | 五铺作双抄偷心造 | | 是 | | | 否 |
| 敦煌第231窟壁画[①] | 中唐 | 甘肃敦煌 | 六铺作单抄双下昂计心单栱 | | 是 | | | 是 |
| 南禅寺大殿 | 782 | 山西五台 | 五铺作双抄第一跳偷心 | | 是 | | | 否 |
| 广仁王庙大殿（图4）[②] | 831 | 山西芮城 | 五铺作双抄偷心 | | | | 是 | 否 |
| 佛光寺东大殿 | 857 | 山西五台 | 七铺作双抄下昂第一、三跳偷心 | | 是 | | | 否 |
| 大云院大殿[③] | 940 | 山西平顺 | 五铺作双抄第一跳偷心 | | 是 | | | 否 |
| 镇国寺大殿（图5） | 963 | 山西平遥 | 七铺作双抄下昂第一、三跳偷心 | | 是 | | | 否 |
| 敦煌第427窟窟檐[④] | 970 | 甘肃敦煌 | 六铺作计心单栱（无令栱） | | 是 | | | 是 |
| 敦煌第437窟窟檐[⑤] | 970—974 | 甘肃敦煌 | 五铺作双抄计心单栱（无令栱） | | 是 | | | 是 |

① 冯继仁：《中国古代木构建筑的考古学断代》，《文物》1995年第10期，第44页图一—5。
② 柴泽俊：《山西几处重要古建筑实例》，《柴泽俊古建筑文集》，文物出版社1999年版，第151页。
③ 柴泽俊：《山西几处重要古建筑实例》，《柴泽俊古建筑文集》，文物出版社1999年版，第158页。
④ 萧默：《敦煌建筑研究》，文物出版社1989年版，第274页图一八八。
⑤ 萧默：《敦煌建筑研究》，文物出版社1989年版，第277页图一九一。

续表2

| 实例名称 | 时代或年份 | 区位 | 总铺作次序 | 扶壁栱形制 A | B | C | D | 与《营造法式》相似度 |
|---|---|---|---|---|---|---|---|---|
| 济渎庙寝宫[①] | 973[②] | 河南济源 | 五铺作双抄第一跳偷心 | | 是 | | | 否 |
| 敦煌第444窟窟檐[③] | 976 | 甘肃敦煌 | 五铺作双抄计心单栱（无令栱） | | 是 | | | 是 |
| 敦煌第431窟窟檐[④] | 980 | 甘肃敦煌 | 六铺作双抄计心单栱（无令栱） | | 是 | | | 是 |
| 独乐寺观音阁 | 984 | 天津蓟县 | 上檐铺作：七铺作双抄双下昂第一、三跳偷心 | | 是 | | | 否 |
| 崇明寺大殿（图6）[⑤] | 991 | 山西高平 | 七铺作双抄双下昂第一、三跳偷心 | | 是 | | | 否 |
| 永寿寺雨花宫[⑥] | 1008 | 山西榆次 | 五铺作单抄单下昂第一跳偷心 | | 是 | | | 否 |

[①] 刘敦桢：《河南省北部古建筑调查记》，《刘敦桢文集（二）》，中国建筑工业出版社1984年版，第376页。
[②] 济渎庙寝宫具体年代，参见邬学德，刘炎主编：《河南古代建筑史》，中州古籍出版社2001年版，第157页。
[③] 萧默：《敦煌建筑研究》，文物出版社1989年版，第279页图一九二。
[④] 萧默：《敦煌建筑研究》，文物出版社1989年版，第275页图一八。
[⑤] 徐怡涛：《长治、晋城地区的五代、宋、金寺庙建筑》，北京大学2003年博士学位论文。按此篇论文对晋东南地区五代北宋寺庙建筑斗栱形制的分期，高平崇明寺大殿的斗栱形制分期属五代至北宋熙宁之间。在此期间内，崇明寺有淳化二年（991）立碑一通，记述了历经20年的寺院创建，其创建记载与形制分期相符，因此，崇明寺大殿的斗栱基本可断为不晚于淳化二年。
[⑥] 莫宗江：《山西榆次永寿寺雨花宫》，《营造学社汇刊》第7卷第2期。

第四编　宋代建筑的源流与回响 | 283

续表 3

| 实例名称 | 时代或年份 | 区位 | 总铺作次序 | 扶壁栱形制 A | 扶壁栱形制 B | 扶壁栱形制 C | 扶壁栱形制 D | 与《营造法式》相似度 |
|---|---|---|---|---|---|---|---|---|
| 广济寺三大士殿[①] | 1025 | 河北宝坻 | 五铺作计心重栱 | | 是 | | | 否 |
| 华严寺薄伽教藏殿 | 1038 | 山西大同 | 五铺作双抄双下昂计心重栱，殿内壁藏：七铺作双抄双下昂计心重栱 | | 是 | | | 否 |
| 隆兴寺摩尼殿 | 1052 | 河北正定 | 五铺作单抄单下昂第一跳偷心 | | 是 | | | 否 |
| 佛宫寺释伽塔 | 1056 | 山西应县 | 第二层塔身：七铺作双抄双下昂第一、三跳偷心 | | 是 | | | 否 |
| 开化寺大殿[②] | 1073 | 山西高平 | 五铺作单抄计心重栱 | | 是 | | | 否 |
| 青莲寺大殿（图 7）[③] | 1089 | 山西晋城 | 五铺作计心重栱 | | 是 | | | 否 |
| 龙门寺大殿[④] | 1098 | 山西平顺 | 五铺作单抄单下昂计心重栱 | | 是 | | | 否 |
| 小南村二仙庙大殿[⑤]，小南村二仙庙大殿殿内天宫楼阁[⑥] | 1107、1107—1117 | 山西晋城 | 前檐五铺作抄单下昂计心重栱；楼阁下层：六铺作双抄单下昂第一跳偷心；飞桥：五铺作双抄计心单栱 | 是 | 是 | | | 是 |

① 梁思成：《宝坻广济寺三大士殿》，《梁思成文集一》，中国建筑工业出版社 1982 年版，第 137 页 "柱头铺作"。

②—⑥ 徐怡涛：《长治、晋城地区的五代、宋、金寺庙建筑》，北京大学 2003 年博士学位论文。

续表 4

| 实例名称 | 时代或年份 | 区位 | 总铺作次序 | 扶壁栱形制 A | 扶壁栱形制 B | 扶壁栱形制 C | 扶壁栱形制 D | 与《营造法式》相似度 |
|---|---|---|---|---|---|---|---|---|
| 晋城崇寿寺大殿① (图9) | 1119 | 山西晋城 | 五铺作单抄单下昂计心单栱 | | 是 | | | 是 |
| 关王庙大殿 (图9) ② | 1122 | 山西阳泉 | 五铺作双抄计心重栱（前檐柱头铺作出斜栱） | | 是 | | | 否 |
| 清明上河图城楼 | 1111—1125 | 河南开封 | 七铺作双抄双下昂计心单栱 | 是 | | | | 否 |
| 少林寺初祖庵③ | 1125 | 河南登封 | 五铺作单抄单下昂计心重栱 | 是 | | | | 是 |
| 广饶关庙大殿④ (图10) | 1129 | 山东广饶 | 五铺作双下昂计心重栱 | 是 | | | | 是 |
| 龙岩寺中殿⑤ | 1131 | 山西陵川 | 五铺作单抄单下昂计心重栱 | | 是 | | | 否 |

---

① 徐怡涛：《长治、晋城地区的五代、宋、金寺庙建筑》，北京大学 2003 年博士学位论文。
② 史国亮：《阳泉关王庙大殿》，《古建园林技术》2003 年第 2 期。
③ 刘敦桢：《河南省北部古建筑调查记》，《刘敦桢文集（二）》，中国建筑工业出版社 1984 年版，第 411 页。
④ 颜华：《山东广饶关帝庙正殿》，《文物》1995 年第 1 期。
⑤ 龙岩寺中殿具有明显的晋东南地区金代中前期建筑特色，其具体建筑年代可据现存金大定三年 (1163) "龙岩寺记"碑文所载确定为天会九年 (1131)：
"……议欲建大殿，以遗址狭隘艰于修完，下有桑田普为吾家祖业，至天会九年亥，先祖父赵乡瞖教礼施为金田，继而我先人慨然舍之，并维那常佑等十有二人……乃命公输设矩，匠石拌斤……不踰于岁已即庆成……越甲黄以庆其成。"

续表5

| 实例名称 | 时代或年份 | 区位 | 总铺作次序 | 扶壁栱形制 A | 扶壁栱形制 B | 扶壁栱形制 C | 扶壁栱形制 D | 与《营造法式》相似度 |
|---|---|---|---|---|---|---|---|---|
| 佛光寺文殊殿[1] | 1137 | 山西五台 | 五铺作单抄单下昂计心单栱（翼形）[2] | | 是 | | | 是 |
| 上华严寺大殿 | 1140 | 山西大同 | 五铺作双抄计心重栱 | | 是 | | | 否 |
| 崇福寺弥陀殿[3] | 1143 | 山西朔县 | 后檐铺作：七铺作双抄双下昂第一跳出翼形、第三跳偷心 | | 是 | | | 否 |
| 善化寺普贤阁 | 1154 | 山西大同 | 上檐铺作：五铺作双抄计心重栱 | | 是 | | | 否 |
| 圆觉寺塔 | 1158 | 山西浑源 | 五铺作双抄计心单栱 | | 是 | | | 是 |
| 平遥文庙大成殿（图11） | 1163 | 山西平遥 | 七铺作双抄双下昂第一、三跳出翼形 | 是 | | | | 否 |
| 晋祠献殿 | 1168 | 山西太原 | 五铺作双抄计心栱第一跳出翼形栱 | | 是 | | | 是 |
| 太阴寺大殿 | 1180 | 山西绛县 | 六铺作双抄单下昂计心重栱 | 是 | | | | 是 |

① 梁思成：《记五台山佛光寺的建筑》，《梁思成文集（二）》，中国建筑工业出版社1982年版，第211页。
② 佛光寺文殊殿柱头铺作第一跳华栱上出翼形栱，此种作法不见于《营造法式》，但在山西、河北等地辽、北宋、金代建筑上较为多见，按《营造法式》"计心""偷心"的定义，此作法应属计心单栱的一种变形。
③ 山西省古建筑保护研究所：《朔州崇福寺弥陀殿修缮工程报告》柴泽俊、李正云编著，文物出版社1993年版，第4页。

续表6

| 实例名称 | 时代或年份 | 区位 | 总铺作次序 | 扶壁栱形制 A | 扶壁栱形制 B | 扶壁栱形制 C | 扶壁栱形制 D | 与《营造法式》相似度 |
|---|---|---|---|---|---|---|---|---|
| 慈相寺大殿（图12）[①] | 1181 | 山西平遥 | 五铺作单抄单下昂计心重栱 | 是 | | | | 是 |
| 孔庙金代碑亭[②] | 1195 | 山东曲阜 | 五铺作单抄单下昂计心重栱 | 是 | | | | 是 |
| 大王庙后殿（图13） | 1200 | 山西盂县 | 五铺作双抄计心重栱 | | 是 | | | 否 |
| 大符观大殿 | 1200 | 山西汾阳 | 五铺作双抄计心单栱 | 是 | | | | 否 |
| 正定阳和楼[③] | 1250 | 河北正定 | 五铺作单抄单下昂计心单栱 | 是 | | | | 否 |
| 永乐宫三清殿 | 1262 | 山西芮城 | 六铺作三抄计心重栱 | 是 | | | | 是 |

① 据慈相寺现存金泰和元年（1201）《平遥县冀郭村慈相寺僧众塔记铭》，慈相寺毁于宋金之交，入金后，住持宝量和尚及其弟子福澄等人兴建殿阁，无名大师灵塔也以及寺堂僧众墓塔等："是时适遭亡宋之末，兵戈交炽……为之一空"，"千是复情师为修造主。不惮艰苦，励口动缘，鸠工聚土，不日寺亭完然一新。福应、福全、福祖莹，其为功力殆非俗浅者所能之"，"未几无疾而逝，藏于寺堂，为建塔门。弟子化者寺四人，曰：福诠、福珍、福显、福渊、福观、福肇、福口、福砌、福瑰，首尾二十年间各三十间，悉燹千慈相祖莹。其间，福诠口住持之力也"，碑文铭曰："……口经宋之末，兵火惊纷攘，一扫如波汤。惟师主营造，堂殿复增创……"由碑文分析，宝量重堂殿在前，创建无名大殿在后，继宝量之后至立碑之时，营建工作又持续了20年。由此上推，则现存大殿的重建年代可能在1181年前后。又，慈相寺现存大殿梁架多具当地金代典型形制，与当地现存北宋建筑形制在明显差异，明昌年间重建寺院，兴盖殿堂时的产物。

② 梁思成：《中国建筑史》，《梁思成文集（三）》，中国建筑工业出版社1982年版，第264页。

③ 梁思成：《中国建筑史》，《梁思成文集（三）》，中国建筑工业出版社1982年版，第264页。

第四编　宋代建筑的源流与回响 | 287

续表 7

| 实例名称 | 时代或年份 | 区位 | 总铺作次序 | 扶壁栱形制 A | 扶壁栱形制 B | 扶壁栱形制 C | 扶壁栱形制 D | 与《营造法式》相似度 |
|---|---|---|---|---|---|---|---|---|
| 北岳庙德宁殿 | 1270 | 河北曲阳 | 下檐铺作：五铺作单抄单下昂计心重栱 | 是 | | | | 是 |
| 魏村牛王庙元代戏台① | 1283 | 山西临汾 | 五铺作双抄计心重栱 | 是 | | | | 是 |
| 铁门镇洞真观大殿② | 金末至1309 | 河南新安 | 六铺作三抄计心重栱 | 是 | | | | 是 |
| 广胜寺下寺大殿 | 1309 | 山西洪洞 | 五铺作双抄计心重栱 | 是 | | | | 是 |
| 永安寺传法正宗殿 | 1315 | 山西浑源 | 五铺作双抄计心重栱 | 是 | | | | 是 |
| 禹州关王庙大殿③ | 1351 | 河南禹州 | 五铺作双抄计心单栱 | 是 | | | | 否 |
| 司马坡禹王殿④ | 1355 | 陕西韩城 | 前檐铺作：五铺作双抄计心重栱 | 是 | | | | 是 |

表格说明：（1）因无八铺作偷心造的现存实例，所以本表不列《营造法式》中的八铺作偷心造之扶壁栱形制。（2）为更客观地进行比较，本表仅收录五铺作以上（含五铺作）的斗栱实例。（3）本表所引实例中凡华栱作假昂头者直接称"抄"，不再另加说明。（4）如无特别说明，本表所列斗栱皆为外檐柱头铺作。

① 柴泽俊：《临汾魏村牛王庙元代戏台剖析》，《柴泽俊古建筑文集》，文物出版社 1999 年版，第 274—277 页。
② 据元至大二年（1309）《重修新安洞真观碑》"旧有观曰，广云堂，修理门径，疏泉凿石，开二洞以奉三道，引植松筠，创木磨田……其规模视旧益雄丽"，以孙道光、马道昌、张道兴等口同志真字，广云堂，修理门径，疏泉凿石，开二洞以奉三道，引植松筠，创木磨田……其规模视旧益雄丽"，又洞真观现存木构具有金末至元初的形制特征，结合碑文可确定为金末至大二年间之建筑。
③ 王国奇、牛宁：《禹州市关王庙大殿调查记》，《中原文物》1990 年第 1 期。
④ 刘临安：《韩城元代木构建筑分析》，《中华古建筑》，中国科学技术出版社 1990 年版，第 284 页。

表2 南方地区现存扶壁栱形制

| 实例名称 | 时代或年份 | 区位 | 总铺作次序 | 扶壁栱形制 A | B | C | D | 与《营造法式》相似度 |
|---|---|---|---|---|---|---|---|---|
| 巴中石窟西龛第53窟初唐石刻楼阁[1] | 初唐 | 四川巴中 | 六铺作计心单栱（第一跳华栱从泥道重栱所承素方上出跳） | 是 | | | 否 | 否 |
| 虎丘塔 | 959 | 江苏苏州 | 第一至三层下檐五铺作双抄第一跳偷心 | | 近似 | | | 否 |
| 闸口白塔[2]（图14） | 960 | 浙江杭州 | 五铺作单抄单下昂第一跳偷心 | 是 | | | | 近似 |
| 华林寺大殿（图15） | 964 | 福建福州 | 七铺作双抄双下昂第一、三跳偷心 | | | 是 | 是 | 是 |
| 梅庵大殿[3] | 966 | 广东肇庆 | 七铺作单抄三下昂第一跳偷心 | 是 | | | | 否[5] |
| 延庆寺塔[4] | 999 | 浙江松阳 | 上层：斗脱落，仅余扶壁 下层：斗脱落，仅余扶壁 | | | | 是 | |

[1] 程崇勋：《巴中石窟艺术调查简报》，《四川文物》1998年第3期。
[2] 梁思成：《中国建筑史》，百花文艺出版社1998年版，第203—204页。
[3] 吴庆洲：《建筑史论文集》第八辑，清华大学出版社1987年版，第22—25页。
[4] 梅庵大殿扶壁栱的形制与《营造法式》五铺作偷心造之扶壁栱形制非常接近。
[5] 参见黄滋：《古塔维修中的原状分析》，《古建园林技术》1997年第4期、叶坚红：《松阳延庆寺塔的建筑特色》，《文物世界》2001年第2期。

续表 1

| 实例名称 | 时代或年份 | 区位 | 总铺作次序 | 扶壁栱形制 ||||与《营造法式》相似度 |
|---|---|---|---|---|---|---|---|---|
| | | | | A | B | C | D | |
| 保国寺大殿 | 1013 | 浙江宁波 | 七铺作双抄双下昂第一跳偷心 | | | | 是 | 是 |
| 玄妙观三清殿① | 1015 | 福建莆田 | 七铺作双抄双下昂第一、三跳偷心 | | | | 是 | 是 |
| 陈太尉宫大殿② | 北宋 | 福建罗源 | 六铺作双抄单下昂偷心造 | | | | 近似③ | 近似 |
| 甘露庵南安阁④ | 1165 | 福建泰宁 | 上檐铺作：五铺作双抄计心单栱（耍头作出跳承村方头） | | | | 是 | 否 |
| 崇教兴福寺塔 | 1172 | 江苏常熟 | 五铺作双抄计心重栱 | 是 | | | | 是 |

① 傅熹年：《福建的几座宋代建筑及其与日本镰仓"大佛样"建筑的关系》，《傅熹年建筑史论文集》，文物出版社 1998 年版，第 272—273 页。
② 张十庆：《罗源陈太尉宫建筑》，《文物》1999 年第 1 期。
③ 三层令栱与三层素方交叠。
④ 傅熹年：《福建的几座宋代建筑及其与日本镰仓"大佛样"建筑的关系》，《傅熹年建筑史论文集》，文物出版社 1998 年版，第 274 页。

续表2

| 实例名称 | 时代或年份 | 区位 | 总铺作次序 | 扶壁拱形制 A | 扶壁拱形制 B | 扶壁拱形制 C | 扶壁拱形制 D | 与《营造法式》相似度 |
|---|---|---|---|---|---|---|---|---|
| 圆妙观三清殿[①] | 1179 | 江苏苏州 | 上檐铺作：七铺作四抄第一跳偷心 | 是 | | | | 是 |
| | | | 上檐之内檐铺作：六铺作双抄单上昂第一跳偷心 | | | | 是 | 否[②] |
| 天宁寺大殿 | 1318 | 浙江金华 | 六铺作单抄双下昂第一跳偷心 | | | | 近似[③] | 近似 |
| 延福寺大殿 | 1326 | 浙江武义 | 上檐铺作：六铺作单抄双下昂第一跳偷心 | | | | 近似[④] | 近似 |

---

① 刘敦桢：《苏州古建筑调查记》，《刘敦桢文集（二）》，中国建筑工业出版社1984年版，第286—294页。
② 圆妙观三清殿扶壁拱形制与《营造法式》中五铺作偷心造之扶壁拱形制相近，类似做法还可见于广东肇庆梅庵大殿。
③④ 三层令拱与三层素方叠垒。

图4　山西芮城广仁王庙大殿

图5　山西平遥镇国寺大殿

图6　山西高平崇明寺大殿

图7　山西晋城青莲寺大殿

图8　山西晋城崇寿寺大殿

图9　山西阳泉关王庙大殿

图10　山东广饶关王庙大殿

图11　山西平遥文庙大成殿

图12　山西平遥慈相寺大殿

图13　山西盂县大王庙后殿

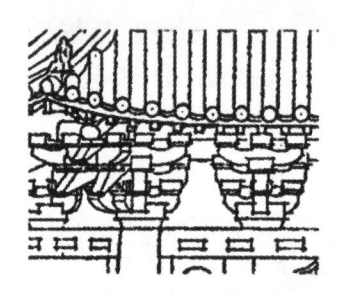

图14　浙江杭州闸口白塔

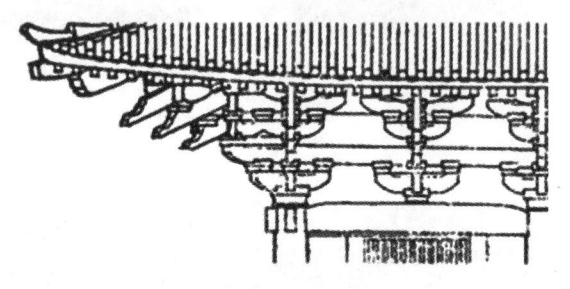

图15　福建福州华林寺大殿

## 三、北方地区扶壁形制分期

由表1、表2可知，自唐至元，扶壁栱形制的发展演变存在明显的地域和时代差别。其中北方地区现存实例较为丰富，演变线索清晰，存在一条从令栱素方交叠到泥道单栱承重叠素方，再到泥道重栱承素方的演变轨迹。自唐至元，北方地区扶壁栱形制的演变可大体分为以下三期。

第一期，初唐至盛唐（7世纪至8世纪中期）。这一时期的主流形制为令栱素方交叠，同期亦存在少数泥道单栱重叠素方的作法。

第二期，中唐至北宋中后期（8世纪中期至11世纪末）。这一时期的主流形制为泥道单栱重叠素方，令栱素方交叠在中晚唐尚存个别实例，唐以后不见。

第三期，北宋末期至元（12世纪前期至14世纪中后期）。

第三期前期：北宋末期至金大定（12世纪前期至12世纪中后期）。这一时期是北方地区扶壁栱主流形制的更替阶段。符合《营造法式》主流作法的计心重栱造扶壁栱用泥道重栱承素方的形制在河南、山东、晋东南等地率先出现后继而向北部延伸发展，逐步开始替代前期主流形制。

第三期后期：金代中后期至元（12世纪晚期至14世纪中后期）。这一时期，《营造法式》中的主流形制——计心重栱造扶壁用泥道重栱承素方已在北方各地区基本取代了泥道单栱叠素方的作法（仍有少数遗存），成为北方地区扶壁栱的主流形制。

## 四、比较研究

### （一）现存实例与《营造法式》的比较

从表1可知，北方地区扶壁栱形制的第一期（即初唐至盛唐期间）中，现存实例符合《营造法式》者极少。自中唐后的第二期开始，与《营造法式》制度相同的实例逐渐增多，但主要仅表现为计心单栱造情况下用"泥道单栱重叠素方"。北宋建国后至《营造法式》刊行前，北方地区扶壁栱用泥道重栱者可见于河南登封黑山沟宋墓（1097）。[①]《营造法式》刊行后的30年内，与《营造法式》制度相符的现存北方实例有：山西晋城小南村二仙庙大殿内的小木作天宫楼阁（1107—1117）、河南登封初祖庵大

---

① 郑州市文物考古研究所登封市文物局：《河南登封黑山沟宋代壁画墓》，《文物》2001年第10期。

殿（1125）、山东广饶关王庙大殿（1129）、河北曲阳南平罗宋墓（1117）[①]、《清明上河图》城楼等。

从表2可知，早在《营造法式》刊行前，南方地区中的浙江、四川等已存在泥道重栱承素方的作法，而福建、广东等地则长期延续了唐代常见的令栱素方交叠作法。这显示出江浙、四川等地区的宋代建筑形制与《营造法式》制度的关联度在南方各地区中居于首位。南方一些地区直至元代仍流行偷心造作法，《营造法式》中斗栱的主流形制——计心重栱造和计心单栱造在大部分南方地区仍不占主流地位。而在南方少数早期计心造实例中，如福建甘露庵南安阁（1165），其扶壁栱仍为令栱交叠素方的形制。实际上，直至明代，南方地区才普及了计心重栱造扶壁用泥道重栱承素方的作法[②]。

（二）南北地区比较

由上述现存实例与《营造法式》的比较可知，北方地区普及《营造法式》的速度和广度都远比南方地区更快更深入。

北方地区扶壁栱第二期的主流形制最先出现于陕甘地区；第三期的主流形制最先出现在河南及其周边山西、山东等南部地区。这种变化与唐、宋时期政治文化中心的变迁正相呼应，反映出建筑形制变化中心随政治文化中心的变迁而变迁的历史现象。

与北方地区扶壁栱形制存在明显的分期相比，南方地区的扶壁栱形制自五代至元并未形成明显的分期。北方地区在中唐以前常见的令栱素方交叠的作法在南方地区直至南宋、元仍为常见形制。北方地区在中唐至金大定期间长期流行的泥道单栱叠素方的扶壁栱形制在南方地区却出现极少，这一现象成为南、北方扶壁栱形制演变中最重要的阶段性地域差异。

虽然南方地区扶壁栱的形制演变没有明显的分期，但整个南方地区内

---

[①] 保定地区文物管理所曲阳县文物保管所：《河北曲阳南平罗北宋政和七年墓清理简报》，《文物》1988年第11期。

[②] 祁英涛：《中国古代建筑各时代特征概论》第三章第七节扶壁，《祁英涛古建论文集》，华夏出版社1992年版，第261页。

部存在明显的地域差别。从现存实例分析，江苏与北方地区的关联在南方各地区中居于首位。如，南方极少见的泥道单栱重叠素方的作法出现于江苏（苏州虎丘塔），同时，《营造法式》刊行后，江苏也是南方地区中与《营造法式》主流形制最早接轨的地区，与福建、广东、浙江南部等地的滞后性形成了明显反差。究其原因，应缘自江苏与北方接壤，交流频繁，文化发达，且苏州又是南宋重刊《营造法式》之地。

## 五、小结

### （一）《营造法式》的历史作用

从现存史料可知，《营造法式》所载扶壁栱形制常见的泥道单栱和泥道重栱的雏形在公元7世纪前皆已出现：在斗栱不出跳的情况下，泥道单栱重叠素方的扶壁栱作法广泛存在于5—6世纪的大同云冈石窟[1]、洛阳龙门石窟[2]、天龙山第十六窟[3]等处的仿木构建筑和建筑雕刻上，其早期遗存更可追溯至东汉[4]；泥道重栱承素方的作法可见于河南洛阳龙门石窟古阳洞[5]、甘肃天水隋屏风墓中所线刻楼阁建筑[6]等。而南方地区现存早于《营造法式》的实例中，偷心造扶壁栱用"令栱素方交叠"的作法已多吻合或近似于《营造法式》中的相关形制[7]。以上现象说明，《营造法式》编修时

---

[1][2][5] 刘敦桢主编：《中国古代建筑史》，中国建筑工业出版社1980年版，第98页。

[3] 刘敦桢主编：《中国古代建筑史》，中国建筑工业出版社1980年版，第90页。

[4] 刘敦桢主编：《中国古代建筑史》，中国建筑工业出版社1980年版，第56页图37-2四川雅安高颐阙、第89页图64四川宜宾的黄伞溪崖墓。

[6] 天水市博物馆：《天水市发现隋唐屏风石棺床墓》，泥道重栱见于第3、6、8、10号屏风画中的楼阁建筑，《考古》1992年第1期；关于此墓应为隋墓的分析参见姜伯勤：《天水隋石屏风墓胡人"酒如绳"祆祭画像石图像研究》，《敦煌研究》2003年第1期。

[7] 南方早期建筑与《营造法式》的相似，尚不能简单地视为南方建筑影响了《营造法式》的制度。因为南方现存的这类形制在更早的中唐之前，就曾在北方地区流行或出现，而在李诫编修《营造法式》时，北方地区肯定仍然存在不少中唐以前的木构建筑。因此，《营造法式》中反映出的早期做法是直接采自南方还是直接源自北方——尤其是河南地区——的早期遗构，尚需具体分辨。但由于与《营造法式》最为接近的河南地区早期木构建筑所剩无几，使我们在没有更多、更全面的证据之前，尚难以南、北方现存实例作出《营造法式》中哪些具体形制直接源自南方建筑影响的判断。

所刊载的建筑形制有其现实依据和历史渊源，诚如李诫所谓："自来工作相传，并是经久可以行用之法。"[①]但由现存实例分析，《营造法式》中扶壁栱的主流形制——计心重栱造扶壁用泥道重栱承素方，在《营造法式》刊行前，无论在南方还是北方均未占据主流地位，但在《营造法式》刊行若干世纪后最终通行于全国。这一现象虽然不排除是受早期木构（尤其是河南、山东等地区的唐、宋木构）稀缺而在一定程度上产生的认识误区，但笔者认为，这更有可能恰是李诫期望通过《营造法式》所要达到的"新一代之成规"[②]的反映。在总结前人经验的基础上，《营造法式》对后代的建筑演变产生了巨大影响，起到了承上启下的重要作用。

### （二）中心与传播

由对扶壁栱形制的归纳可知，隋唐时期，中国古代木构建筑发展的中心在陕甘一带。北宋时期，河南成为建筑发展的中心。河南、山东、山西东南部、河北和江苏、浙江北部（杭州、宁波一带）等地形成了与《营造法式》关系最为密切的地区。

北方地区，《营造法式》扶壁栱主流形制的影响自北宋晚期从河南地区开始，经历了约一个世纪的传播而达普及。其中山西东南部、山东、河北等地承领了风气之先，而山西中部、北部等地则较为迟滞。这一历史现象说明《营造法式》对北方建筑的影响并未因北宋政权的覆灭而中断。

南方地区，与北方地区相临，又在南宋初期即重刊了《营造法式》的苏州和南宋首都临安无疑是《营造法式》在南方传播的中心地区，但《营造法式》在南方大部分地区的普及滞后于北方约两个世纪之久。这种传播的时差可能正是《营造法式》与各地方建筑亲缘关系的一种直观反映。

（原载《故宫博物院院刊》2005年第5期，第86—101页）

---

① 〔北宋〕李诫：《营造法式》序目"总诸作看详"。
② 《营造法式》序目"进新修营造法式序"。

# 两宋时期屋木画所见建筑地域性

王书林

## 一、木构建筑的地域性及其研究进展

中国古代木构建筑是人类营造的产物，不可避免地受到自然气候、建筑材料、工匠体系及文化习俗等因素的影响，反映出极强的地域特色。这是建筑作为人工构筑的实用物之必然属性，也是地域间文化多样性的体现。

早在营造学社初创时期，朱启钤先生就指出"方式变化，具有时代性及地域关系"[1]，继而形成了建筑史学研究区域调查的传统，持续发表了一批系统扎实的区域研究成果。[2]傅熹年先生在研究福建建筑时，注意到其与日本镰仓"大佛样"建筑的关系。[3]张十庆先生在研究江南建筑时，深刻认识到"江南建筑在形象风格上与北方有许多显著和鲜明的差异，然江南建筑的独特，更重要的是表现在其结构形制上"[4]，并指出"区域技术体系的作用下，建筑技术与样式具有显著的传承性和稳定性特征，由此

---

[1] 朱启钤：《中国营造学社缘起》，《中国营造学社汇刊》1930年第1期。
[2] 如《正定调查纪略》《大同古建筑调查报告》《晋汾古建筑预查纪略》《河北省西部古建筑调查纪略》《汴郑古建筑游览记录》《苏州古建筑调查记》《河北省北部古建筑调查记》《云南之塔幢》等等，皆发表于《中国营造学社汇刊》上。
[3] 傅熹年：《福建的几座宋代建筑及其与日本镰仓"大佛样"建筑的关系》，《建筑学报》1981年第4期。
[4] 张十庆：《江南殿堂间架形制的地域特色》，《建筑史》2003年第2期。

形成区域建筑在技术与样式上的普遍共性"[1]，他论述了江南建筑与日本禅宗样建筑的关系[2]，以及东亚建筑样式的源流与谱系。[3]对中国古代建筑区域形制特点及地域关系的研究，有助于我们梳理地域文化的脉络和传承过程，探究建筑技术的源流和谱系，深化区域建筑史的认识，并可透过建筑形制讨论其所反映的文化传播和交融现象。

中国古代木构建筑存在地域性差异已成为学界共识。近年来，更多学者投入到木构形制的区系类型学研究中，梳理区域内建筑形制发展演变过程，进而追索关键形制的渊源流变，徐怡涛先生对研究方法和进展进行了总结。[4][5]在此过程中，对区域的认识也逐渐加深。研究不仅探讨了以秦岭—淮河为界的南北差异，更划分出具有地域独特性的、更小的区域空间单元，进行建筑形制分期研究，并探讨相关区域的建筑传统和互动影响，例如晋东南与晋西南的宋金建筑研究[6][7]、两浙东路与两浙西路的两宋建筑研究等等。[8]正是精细化分区和区域建筑形制研究的持续深入，才使得深度理解区域建筑的传统和特色成为可能。

一般而言，受交通局限，古代人类活动范围较为有限，人员流动尚不充分，区域间有一定的交流和互动，区域内建筑技术和形制呈现出渐进式地缓慢发展和演进。但在社会变革期或因战争、饥荒等导致大规模人群流动，则会出现区域间建筑技术的激烈碰撞和深度融合，进而对区域内建筑形制的自然缓慢演进造成极大的冲击，带来了建筑技术的交融与革新，甚至影响其发展路径和方向。两宋之际的北人南迁，就是这样一个时期。短

---

[1] 张十庆：《北构南相——初祖庵大殿现象探析》，《建筑史》（第22辑）2006年，第84—89页。
[2] 张十庆：《中日古代建筑大木技术的源流与变迁》，天津大学出版社2004年版。
[3] 张十庆：《东亚建筑的技术源流与样式谱系》，《美术大观》2015年第7期。
[4] 徐怡涛：《文物建筑形制年代学研究原理与单体建筑断代方法》，《中国建筑史论汇刊》2009年，第487—494页。
[5] 徐怡涛：《试论作为建筑遗产保护学术根基的建筑考古学》，《建筑遗产》2018年第2期。
[6] 徐怡涛：《长治、晋城地区的五代宋金寺庙建筑》，北京大学2003年博士学位论文。
[7] 徐新云：《临汾、运城地区的宋金元寺庙建筑》，北京大学2009年博士学位论文。
[8] 王书林、徐新云、徐怡涛：《两宋时期两浙路地区的建筑形制演变及区域互动关系研究》，《故宫博物院院刊》2021年第10期。

时间内大量人口的长距离流动和再次定居，为区域文化的深度交融奠定了基础。以南宋首都临安为中心的两浙西路地区则是文化碰撞的集中区域。其建筑形制呈现出复杂且多样的态势，一些形制仍延续原地域传统，但另一些形制则在南宋以后出现了新的作法和样式[1]，很可能是受到了中原建筑或《营造法式》重刊的影响。

那么，屋木画中的建筑形象是否会跟随地面建筑的变化而变化，是否也会反映建筑的地域特征呢？答案是肯定的。屋木画是历史的产物，特别是一些描绘现实题材的作品，若非刻意临摹仿古或复古，一般可以反映同时代建筑的面貌，这是屋木画体现的建筑时代性。另一方面，一方水土养一方人，山水画即出现以荆浩、关仝为代表的北派山水，和以董源、巨然为代表的南派山水，体现了不同地域的自然风光和文化气质。与此类似，建筑地域性也会自然而然、潜移默化地影响和融入画家的认知，进而得到提炼和表达。正如《历代名画记》云，"详辨古今之物，商较土风之宜，指事绘形，可验时代"[2]，时代性（古今之物）和地域性（土风之宜）当同为绘画作品的重要维度。屋木画中的建筑形象在体现时代特征的同时，也一定暗含了建筑的地域信息。

研究发现，两宋时期屋木画中所反映的一些建筑形制，形象地表现了南北方建筑的差异，特别是河南地区和两浙路地区[3]的建筑面貌。这或许与两宋画院的设置有关。两宋时期屋木画的重要作品和代表人物，大多出自两宋画院。而画院位于首都，即北宋汴梁和南宋临安，其所在区域的建筑形象可能影响了画师的建筑表达。

目前河南地区和两浙路地区的古代建筑研究均比较深入，有着很好的

---

[1] 王书林、徐新云、徐怡涛：《两宋时期两浙路地区的建筑形制演变及区域互动关系研究》，《故宫博物院院刊》2021年第10期。
[2] 张彦远：《历代名画记》，中华书局1985年版，第66页。
[3] 这两个区域的建筑形制分期研究，是分别按现代行政区划和历史行政区划为分区依据完成的，难于统一到一个标准下（省或路）描述，故本文直接沿用其各自形制研究的分区标准、名称和范围。

木构建筑形制年代学研究基础，区域内宋元时期建筑形制分期已完成。与实用建筑物相比，屋木画作品中的建筑简洁而精炼，寥寥数笔即可勾勒出建筑的轮廓。图纸上一条线与两条线的差别、或是一条线的曲与直，或许正表现了不同的构件或不同的形制作法。区域建筑研究的深入，为我们提取屋木画中的建筑形制提供了标尺性的参照，使得绘画作品中屋木的表达能够得到更准确的认识和判断。本文即从区域建筑研究的成果出发，提取屋木画中所描绘的建筑形制，通过对比分析，讨论屋木画所反映的建筑地域性。

## 二、河南地区与两浙路地区建筑特点概述

在研究屋木画之前，首先需要回顾河南地区和两浙路地区两宋时期的建筑面貌，并对其区域特质有准确的把握[①]。

综合王敏和俞莉娜对于河南木构建筑和仿木构的分期研究[②]，可知北宋哲宗绍圣元年（1094）以前，河南建筑典型形制为铺作布局对称，补间铺作至多出一朵，扶壁作单栱素枋；木构中施阑额、普拍方，普拍方至角柱直截出头，阑额不出头，仿木构中以不施普拍方为主流；琴面昂；要头并存直截式、批竹式和栱头型几种作法；令栱短于泥道栱；挑檐结构为单替木承榑。绍圣元年至北宋末年，出现铺作不对称的情况，补间铺作数增多，扶壁栱用重栱或在泥道单栱上承素枋隐刻重栱；仿木构中柱顶普遍施普拍方[③]；琴面昂；要头以爵头为主流形制；令栱长于泥道栱；外跳均计心造，挑檐结构出现橑檐枋的作法。区域内常用覆盆柱础和直梁造。

---

[①] 因本文的重点在于区域间形制比较，故不讨论技术源流问题和形制流变过程，而集中观察比较不同区域主流建筑形制的差异。

[②] 王敏：《河南宋金元寺庙建筑分期研究》，北京大学 2011 年博士学位论文。俞莉娜：《宋金时期墓葬仿木构建筑史料研究——以河南中北部、山西南部为例》，北京大学 2012 年博士学位论文。俞莉娜：《宋金时期河南中北部地区墓葬仿木构建筑史料研究》，《中国建筑史论汇刊》2018 年第 1 期。

[③] 木构实例中北宋末年的少林寺初祖庵不施普拍方，张十庆先生认为其"表现了初祖庵大殿样式上显著的南方因素"，乃"北构南相""反映的是南北建筑技术的交融"。

与此相对，北宋时期两浙路地区建筑呈现出非常不同的面貌。其柱础形制常见础櫍一体的石础或石础木櫍，天圣以后出现单独使用的櫍形础；外檐柱间用阑额，至角不出头，柱顶一般不用普拍方，在多层塔的室内或平坐层可偶见普拍方；补间铺作五铺作至多用两朵，四铺作用一朵，平坐铺作较上层减跳；挑檐结构为以令栱承橑檐枋，不施耍头；四铺作扶壁一般用泥道单栱。南宋以后，独立櫍形础愈加普遍，也见有鼓形柱础；檐柱间仍常见只施阑额的作法，施普拍方并至角出头也开始出现，至南宋中后期可能变得流行；南宋绍兴以后补间铺作一般用两朵或更多，平坐铺作不减跳；挑檐结构开始出现耍头与令栱相交承橑檐枋的作法，并在南宋后期得到普遍使用；扶壁重栱的作法成为主流形制，四铺作扶壁也用重栱。区域内常见月梁造。

对比两个区域的情况，可知其区域差异非常明显，重点表现在柱础形制、承檐结构、是否施用普拍方、是否用月梁造等方面，为我们下一步研究屋木画提供了非常好的基础和线索，以及大量可供对照的纪年实例。

## 三、屋木画所体现的建筑地域性

屋木画中所表现的建筑形制，在多大程度上可以反映建筑的地域特质呢？本文分别以北宋《闸口盘车图》和《瑞鹤图》，南宋《中兴瑞应图》《四景山水图》《水殿招凉图》等为例分析屋木画中所反映的建筑形制。

《闸口盘车图》是一幅绘图严谨、结构清晰，反映了极高创作水平的界画作品。过去曾因图中有"卫贤恭绘"字样，及《宣和画谱》中提到卫贤有《闸口盘车图》传世，故初定为五代卫贤的作品[1]，其后经学者研究，一般认为该图为北宋时期的作品。陈菁从建筑格子门、鸱尾和彩

---

[1] 郑为：《闸口盘车图卷》，《文物》1966年第2期。

楼欢门等方面分析画作的创作年代①，张路路也从建筑形象的视角分析《闸口盘车图》②，主要涉及十字屋脊、彩楼欢门等方面，但二者均未讨论木构建筑构件形制细节。如前所述，这些构件形制正是反映建筑时代和区域的重要指标。因此，本文从图中所绘构件形制出发观察建筑反映的地域性。

柱础：覆盆柱础。③画面右下角酒肆门房的柱础表现比较清楚，为圆础承方柱，柱础有外鼓之势。主体建筑磨房的柱础虽被外侧栏杆遮挡，但可看出柱底有一条大于柱身的弧线。二者所表现的均应为覆盆柱础。这是北方地区常见的柱础式样，如河南济源济渎庙寝宫、巩县宋陵望柱柱础、登封少林寺初祖庵等。（图1）

《闸口盘车图》酒肆门房　　《闸口盘车图》磨房

登封少林寺初祖庵　　济源济渎庙寝宫

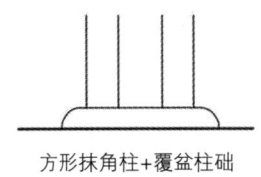

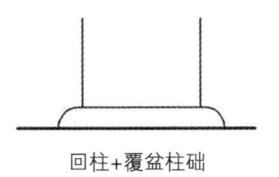

方形抹角柱+覆盆柱础　　回柱+覆盆柱础

图1　覆盆柱础式样图（自摄和自绘）

额枋：磨房外檐额枋构架极具特色，其明间使用檐额的作法。《营造法式》规定："凡檐额，两头并出柱口；其广两材

---

① 陈菁：《试论〈闸口盘车图〉的创作年代》，《上海博物馆学人文集上海博物馆六十周年论文集·博物馆学卷·书画卷》，上海书画出版社2012年版，第520—530页。
② 张路路：《〈闸口盘车图〉中的建筑形象》，周俊玲、后晓荣：《窗纸集》，三秦出版社2016年版，第327—336页。
③ 造柱础之制：其方倍柱之径。……若造覆盆，铺地莲花同，每方一尺，覆盆高一寸；每覆盆高一寸，盆唇厚一分。如仰覆莲花，其高加覆盆一倍。参见梁思成：《〈营造法式〉注释》，《梁思成全集》（第7卷），中国建筑工业出版社2001年版。

一栔至三材；如殿阁即广三材一栔或加至三材三栔。檐额下绰幕方，广减檐额三分之一；出柱长至补间，相对作楷头或三瓣头。"①图中明间使用檐额，两端出柱头，下施绰幕方，相对作楷头，与《营造法式》的规定一致，在河南济源济渎庙临水亭、陕西韩城文庙大成殿上均有类似的作法。

《闸口盘车图》中的几座建筑均清晰地绘出普拍方，且至角出头，包括磨房及挟屋、后楼，酒肆廊屋和酒肆后楼的檐下及平坐部分。如前所述，檐下施普拍方且至角出头是河南地区北宋时期常见的建筑样式，早在北宋初期的河南济源济渎庙寝宫中就已得见。同时，开封铁塔和繁塔外立面檐下也明显地表现出普拍方的作法。（图2）

铺作：磨房用四铺作单昂，明间施一朵补间铺作，次间不用补间铺

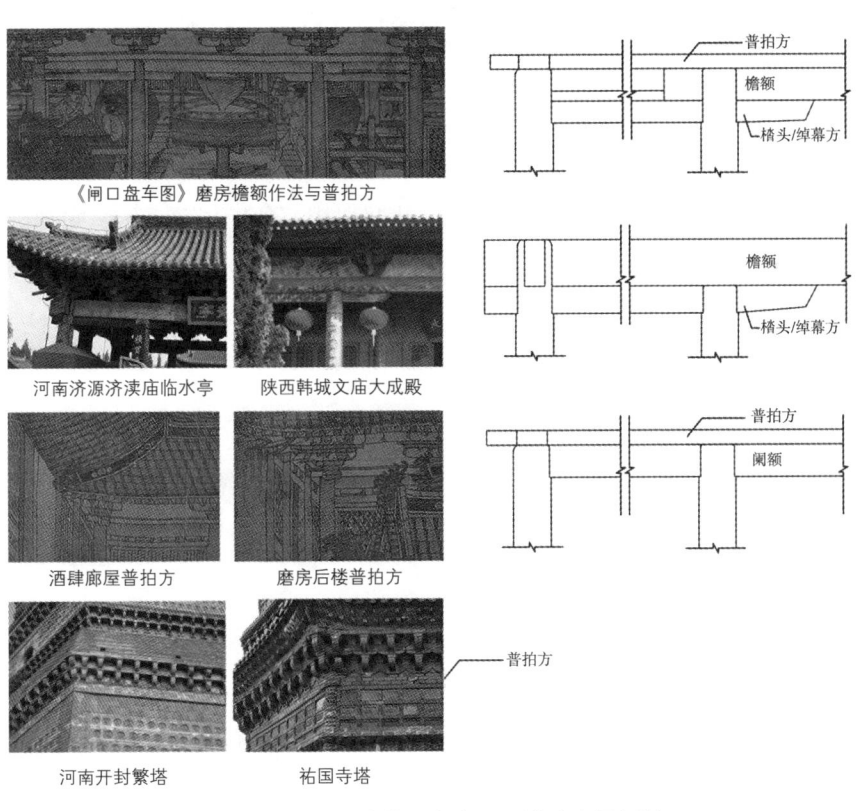

图2　北方地区额枋作法对比图（作者自摄自绘）

---

① 梁思成：《〈营造法式〉注释》，《梁思成全集》（第7卷），中国建筑工业出版社2001年版。

《闸口盘车图》铺作　　　　　少林寺释迦佛塔　　　　白沙宋墓1号墓

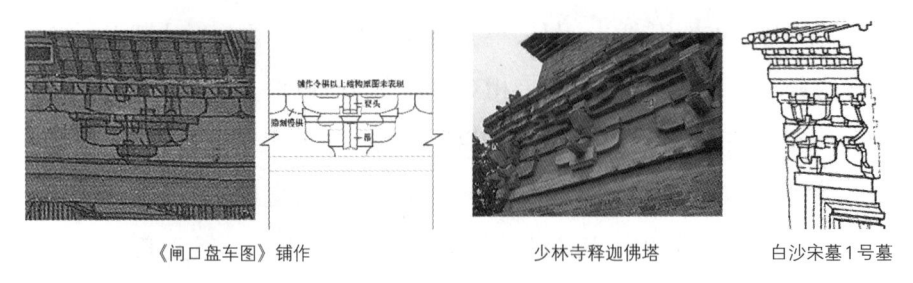

图3　北方地区铺作形制对比图（白沙宋墓1号墓图纸摘自宿白的《白沙宋墓》，其余为作者自摄自绘）

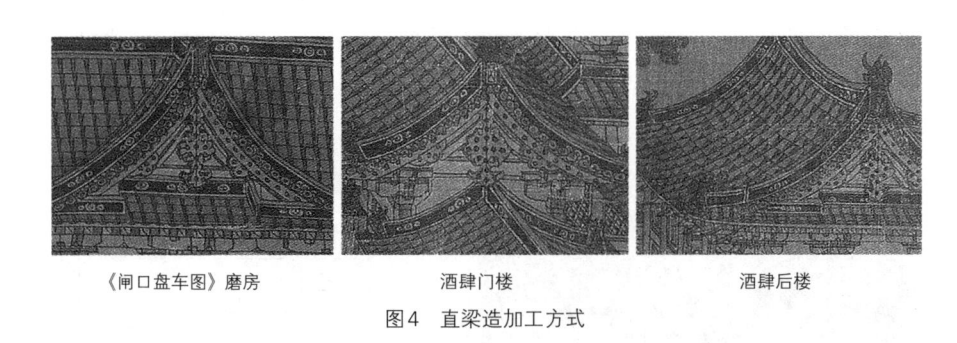

《闸口盘车图》磨房　　　　　酒肆门楼　　　　　　　酒肆后楼
图4　直梁造加工方式

作。昂为琴面假昂，昂底平出，上施爵头状耍头与令栱相交，扶壁隐刻慢栱。其中平出的假昂与宋元祐二年（1087）河南登封少林寺西塔院释迦佛塔铺作所出假昂相似，而爵头状耍头则是河南地区北宋以来的典型作法，在济渎庙寝宫、白沙宋墓[①]中均可得见。（图3）

梁架：绘画作品中很少表现殿内梁架结构，不过透过歇山山面可看出脊部梁架作法及加工方式。几处建筑脊部作法一致，皆为平梁上承叉手。平梁梁背平直，乃直梁造，为北方地区唐宋建筑中常见的加工方式。（图4）

门窗：图中有两种格子门。一在磨房，用单腰串格子门，格眼作斜方格纹，障水版作牙头护缝。二在酒肆门房，在双腰串格子门障水版以下又增加一组腰华版，格眼作斜方格或竖条纹。酒肆后楼二层作直棂窗。

栏杆：图中出现了两种栏杆样式。一在磨房前檐，栏杆仅有一面，端

---

① 宿白：《白沙宋墓》（第2版），文物出版社2002年版。

《闸口盘车图》磨房前檐栏杆　　　　　　酒肆后楼栏杆

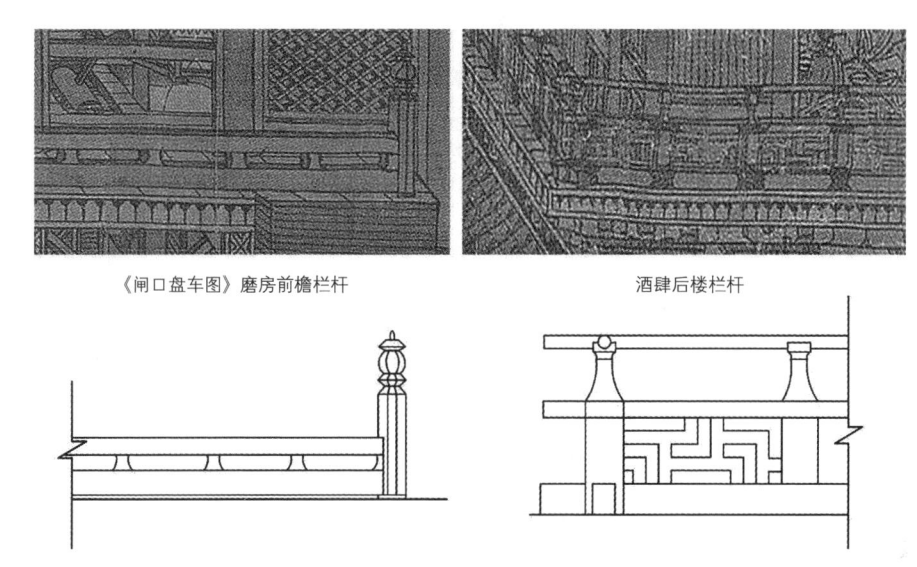

图5　栏杆样式图（线图为作者自绘）

头为八角望柱，柱间不施寻杖，也不用华版，只简单使用间柱连接地栿和盆唇。二在酒肆后楼二层，栏杆四面围合，寻杖、盆唇、地栿皆至角出头，即作寻杖绞角①，220华版为勾片样式，为唐宋时期常见的样式。（图5）

关于《瑞鹤图》所表现的北宋汴梁宫城南门宣德门的建筑形制，傅熹年先生撰有专文论述。②这里只对其中反映北宋后期河南建筑特质的关键形制点进行补充。

耍头：与《闸口盘车图》相似，《瑞鹤图》中也清晰地表现出耍头与令栱相交的作法，且耍头作爵头状，出头部分为单材，上承齐心斗，与《营造法式》中的规定一致③，反映了河南建筑的地域传统。

---

① 梁思成：《〈营造法式〉注释》，《梁思成全集》（第7卷），中国建筑工业出版社2001年版。
② 傅熹年：《宋赵佶〈瑞鹤图〉和它所表现的北宋汴梁宫城正门宣德门》，故宫博物院编：《中国书画鉴定与研究·傅熹年卷》，故宫出版社2014年版，第112—123页。
③ 造耍头之制：用足材自斗心出，长二十五分，自上棱斜杀向下六分，自头上量五分，斜杀向下二分。谓之鹊台。两面留心，各斜抹五分，下随尖各斜杀向上二分，长五分。下大棱上，两面开龙牙口，广半分，斜梢向尖。又谓之锥眼。开口与华栱同，与令栱相交，安于齐心斗下。梁思成：《〈营造法式〉注释》，《梁思成全集》（第7卷），中国建筑工业出版社2001年版。

重栱造：扶壁栱作泥道重栱承枋，每层跳头皆施计心重栱，反映了河南地区北宋后期至金前期的建筑特点。与此相似的，如白沙宋墓M1后室室顶铺作施泥道重栱，少林寺初祖庵也施泥道重栱，并在华栱跳头施计心重栱等。

橑檐枋：令栱上承橑檐枋，而非橑檐槫。傅熹年先生描述《瑞鹤图》铺作形制时指出，"斗栱最外跳的令栱上加替木，以承托挑檐檩，宋代叫橑风槫"。[1]这是北方建筑的常见作法，也是河南地区北宋中前期建筑的常见作法。但仔细观察《瑞鹤图》令栱以上部分，并未明确绘出替木和橑檐槫，更重要的是，在东端转角铺作处，可见一方形抹角构件的出头，其位置正是橑檐槫或橑檐枋的位置。就其所绘形象而言，更接近方形的橑檐枋，而非圆形的橑檐槫。这样的橑檐枋形象与《营造法式》"铺作转角正样"中所绘橑檐枋非常相似。[2]而橑檐枋正是北宋后期河南地区出现的新形象，可见于宋末金初的木构建筑中，如河南登封少林寺初祖庵、济源奉仙观三清殿等。（图6）

虽然《瑞鹤图》只绘出铺作局部和屋顶形象，但表现出明显的时代和地域特色，反映了北宋后期河南地区建筑形制与《营造法式》规定的主流形制相近的现象。

同样，南宋绘画作品中的建筑，也反映出南方建筑的诸多特点。首先看天津博物馆藏《中兴瑞应图》。这幅作品被认为是南宋初期的政治宣传画，可能是萧照所作，也有学者认为其创作乃曹勋的个人行为，而非皇家授意的政治工程。[3]就绘画题材看，其最初创作年代应在南宋前期。我们确能在这幅作品中看到典型的南方建筑形象，与上述北方建筑有着明显的不同。

柱础：栌形础。《营造法式》中并无"栌形础"的柱础做法，只是在

---

[1] 傅熹年：《宋赵佶〈瑞鹤图〉和它所表现的北宋汴梁宫城正门宣德门》，故宫博物院编：《中国书画鉴定与研究·傅熹年卷》，故宫出版社2014年版，第112—123页。
[2] 梁思成：《〈营造法式〉注释》，《梁思成全集》（第7卷），中国建筑工业出版社2001年版。
[3] 王玙：《〈中兴瑞应图〉研究》，中央美术学院2012年博士学位论文。

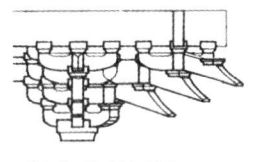

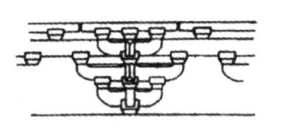

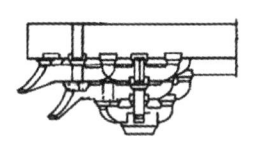

《瑞鹤图》转角铺作　　　　白沙宋墓1号墓后室墓顶小铺作　　　少林寺初祖庵大殿转角铺作

图6　《瑞鹤图》铺作形制对比图（白沙宋墓资料摘自《白沙宋墓》及插图十四，少林寺初祖庵照片自摄，线图摘自《中国古代建筑史》第三卷）

造柱的规定中提到，"凡造柱下榫，径周各出柱三分°；厚十分°，下三分°为平，其上并为欹；上径四周各杀三分°，令与柱身通上匀平"。①上欹下平的"柱榫"原本是木柱底部的特殊构件，若腐朽后便于抽换，以保证柱身不受影响，在南方建筑中较为常见。在建筑发展过程中，柱榫经历了从木榫向石榫的转变，可能是由于南方潮湿多雨，石榫更利于排水和抗侵蚀的缘故。北宋初年的苏州罗汉院大殿遗址外檐副阶已使用带石榫的覆盆柱础，②至天圣年间的苏州瑞光塔塔心柱上出现单独使用的榫形础。南宋时期榫形础更加流行，如苏州报恩寺塔、乐清东塔、云和正屏山南宋墓等等。与北方地区流行的覆盆柱础不同，榫形础表现出两个重要的特点：一是分层，柱础中间有明显的横向分隔线；二是上欹下平，即上部曲线内凹斜杀，下部线条平直，与覆盆柱础低矮外鼓的形象形成明显的反差。《中兴瑞应图》中就清晰地表达了这样的榫形础的面貌。（图7）

额枋：第七幅"黄罗掷将"场景中，抱厦建筑并用阑额、普拍方，至角出头，并刻出线脚，与苏州玄妙观三清殿的作法相似。而在同一幅画面

---

① 梁思成：《〈营造法式〉注释》，《梁思成全集》（第7卷），中国建筑工业出版社2001年版。
② 张十庆：《苏州罗汉院大殿复原研究》，《文物》2014年第8期。

《中兴瑞应图》不同位置柱础

苏州罗汉院大殿柱础

瑞光塔三层塔心柱柱础

《四景山水图》秋景图柱础

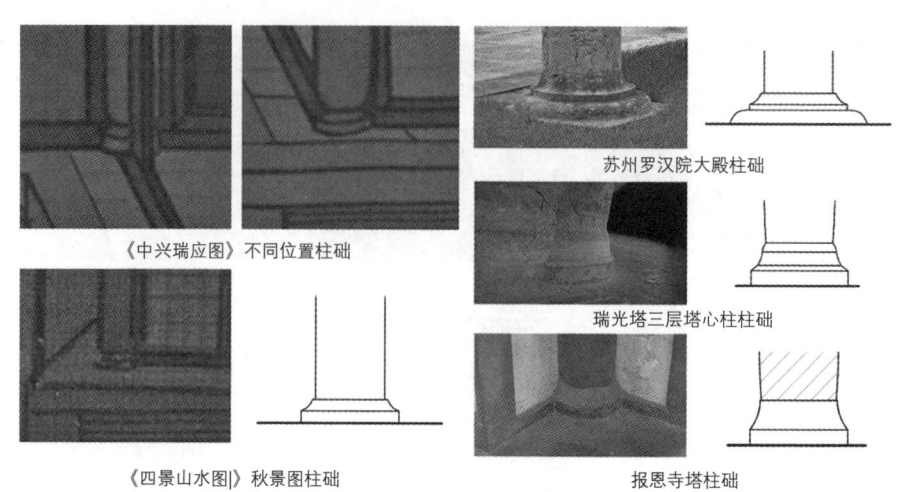

报恩寺塔柱础

图7　栿形础式样图（自摄和自绘）

中，抱厦后的廊庑部分则只用阑额，与南方地区两宋时期普遍流行的额枋作法一致，如甪直保圣寺大殿、松江方塔、湖州飞英石塔、苏州报恩寺塔等。这也从另一个侧面说明，对于南方建筑来说，普拍方是新兴事物，并未全面施用，而是被用于重点表现和装饰的建筑中。（图8）

铺作：前述抱厦建筑施四朵补间铺作，作五铺作单杪单下昂计心重栱造，后廊房作四铺作单昂计心造，扶壁皆施用泥道重栱，昂作琴面昂，最外层以令栱承橑檐枋，不出耍头，转角铺作上可见橑檐枋出头。其中令栱承橑檐枋、[①]不施耍头的作法是南方地区的主流样式，如杭州闸口白塔[②]、甪直保圣寺大殿[③]等。而补间铺作数增多、四铺作扶壁用重栱、跳头计心重栱造，则体现了南宋以来木构形制的发展变化。（图9）

梁架：抱厦建筑歇山山面可见平梁作月梁造，与北方建筑中平直加工的平梁有着明显的区别，并且图中月梁造向上拱起，与浙江武义延福寺弓

---

[①]　"凡橑檐枋，更不用橑风槫及替木，当心间之广加材一倍，厚十分°；至角随宜取圜，贴生头木，令里外齐平。"梁思成：《〈营造法式〉注释》，《梁思成全集》（第7卷），中国建筑工业出版社2001年版。

[②]　梁思成：《浙江杭县闸口白塔及灵隐寺双石塔》，《梁思成全集》（第3卷），中国建筑工业出版社2001年版，第287—302页。

[③]　张十庆：《甪直保圣寺大殿复原探讨》，《文物》2005年第11期。

形梁有相似之处。（图10）

门窗：柱间加装门框，或在台基周围设置可拆卸的通体方格门，是南宋绘画中建筑的重要特点。傅熹年先生认为是南渡后不适于南方气候而创制的可拆卸的保暖设施，始于南宋初，至中期光宗、宁宗时大为盛行。[①]（图11）

与《中兴瑞应图》相似，南宋绘画中的典型作品，如李嵩《水殿招凉图》、刘松年《四景山水图》等也反映出显著的南方建筑特点，这里简要述之。

《水殿招凉图》主体建筑面阔三间，柱间施阑额，阑额至角出头，且刻出卷瓣曲线，不用普拍方。明间施两朵补

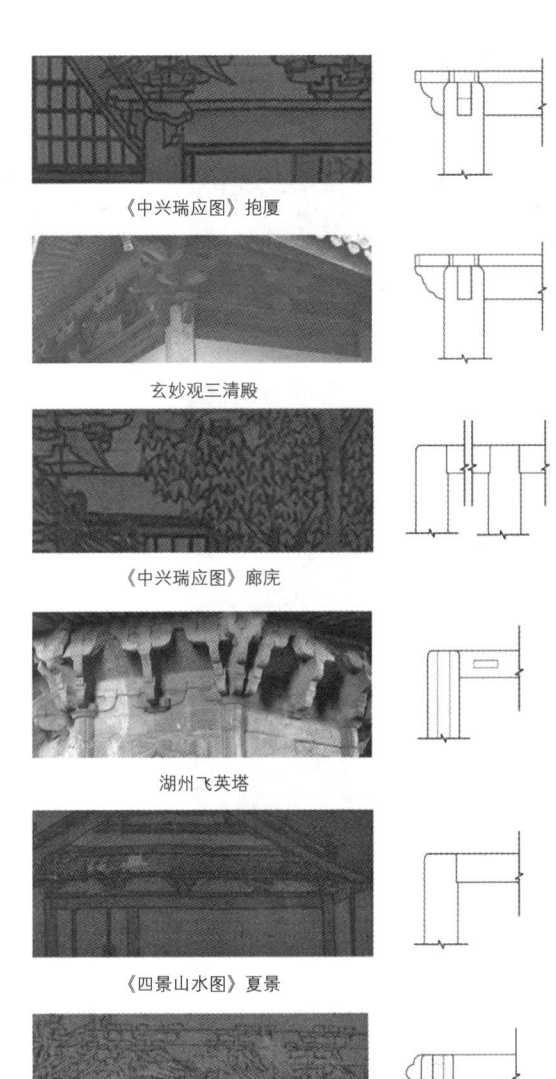

《中兴瑞应图》抱厦

玄妙观三清殿

《中兴瑞应图》廊庑

湖州飞英塔

《四景山水图》夏景

《水殿招凉图》

图8　南方地区额枋作法对比图（作者自摄自绘）

间铺作，次间施一朵补间铺作，作六铺作单杪双下昂计心重栱造，扶壁施泥道重栱承枋。最外层以令栱承橑檐枋，不出耍头，橑檐枋至角出头。殿

---

[①] 傅熹年：《论几幅传为李思训画派金碧山水的绘制时代》，《文物》1983年第11期。

《中兴瑞应图》抱厦铺作

《中兴瑞应图》廊庑铺作

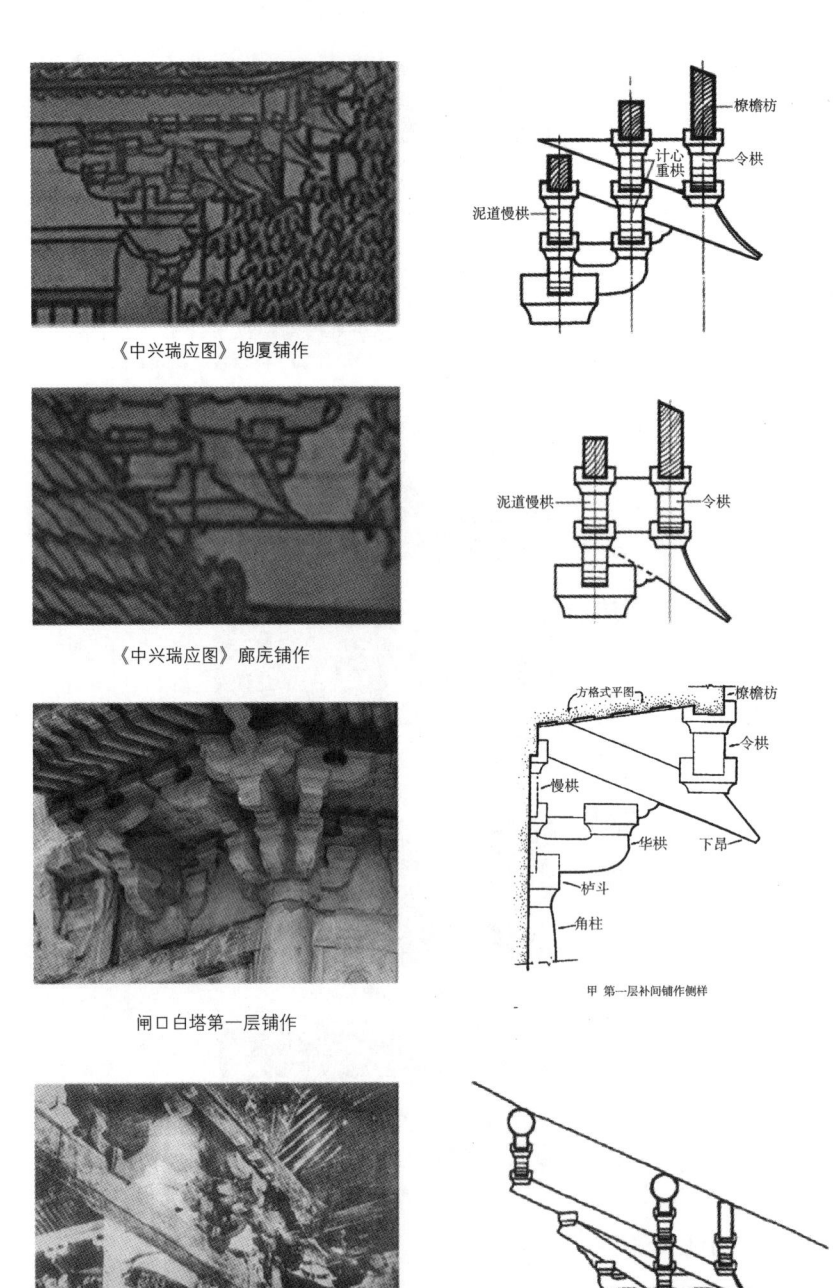

闸口白塔第一层铺作

甪直保圣寺大殿补间铺作

图9 南方地区铺作形制对比图（闸口白塔线图摘自梁思成的《浙江杭县闸口白塔及灵隐寺双石塔》，甪直保圣寺大殿照片和线图摘自张十庆的《甪直保圣寺大殿复原探讨》，其余为作者自摄或自绘）

第四编　宋代建筑的源流与回响 | 311

《中兴瑞应图》局部

武义延福寺大殿

《水殿招凉图》局部

甪直保圣寺大殿

图10　月梁造加工方式（甪直保圣寺大殿图片摘自张十庆的《甪直保圣寺大殿复原探讨》，武义延福寺照片为自摄）

内用月梁造，透过前出抱厦搏风板可见梁两端略有卷杀，山面所绘平梁作月梁造则更加明显。主体建筑基础以平坐支撑，平坐也仅用阑额，不用普拍方，阑额作法与出头形制与主体建筑一致。主体建筑台基边缘立细柱，柱间偏上处加横枋，横枋之上安装格眼，立柱下部安装木栏杆，形成栏杆望柱夹细柱的造型，为南宋常见的格子门样式。[①]主体建筑下部平台边缘围一圈栏杆，转角皆用望柱，华版纹样用万字造，较宋以前常见的寻杖绞角栏杆发生了变化。

《四景山水图》秋景中柱础表现清晰，为栿形础，分上下两段，且有明显的上敛曲线。春景、夏景中均可见柱间施阑额，阑额至角不出头，不用普拍方。夏景中水榭仅用四柱，施三朵补间铺作，扶壁为泥道重栱。水榭台基边缘立细柱，下部安装木栏杆，栏杆转角处也用望柱，从两侧分别

---

① 傅熹年：《论几幅传为李思训画派金碧山水的绘制时代》，《文物》1983年第11期。

《中兴瑞应图》"射中仙台"场景

《水殿招凉图》横枋格眼

《四景山水图》冬景图

图11　南方通体方格门式样图

夹住细柱，华版用卧棂纹。秋景、冬景中则更为广泛地使用通体方格门。这些细节体现了南方建筑的特点，也提示了内外格子门的使用时间和方式。

综上可知，南北建筑形制的地域性差异在绘画作品中有着非常精准的表现（图12），为研究古代屋木画作品提供了一个新的视角和维度。

## 四、余论

关于屋木画的研究，过去多关注于两个方面，一是画法，包括画面布局、透视关系和绘制技法等，二是时代，即通过建筑形制判断图中建筑物的时代上限[1]，进而讨论绘画作品的创作年代问题。

本文研究表明，作为历史产物的屋木画作品与地面建筑的关系非常密

---

[1] 建筑形制是研究屋木画作品年代的重要依据。当然，在同一幅作品上，常可见到多期建筑形制共存的现象。这或许是同期存在的建筑形制，也可能是对前代作品临摹的结果。因此屋木画作品的年代，应当以其出现最晚的建筑形制为标准，确定时代上限。

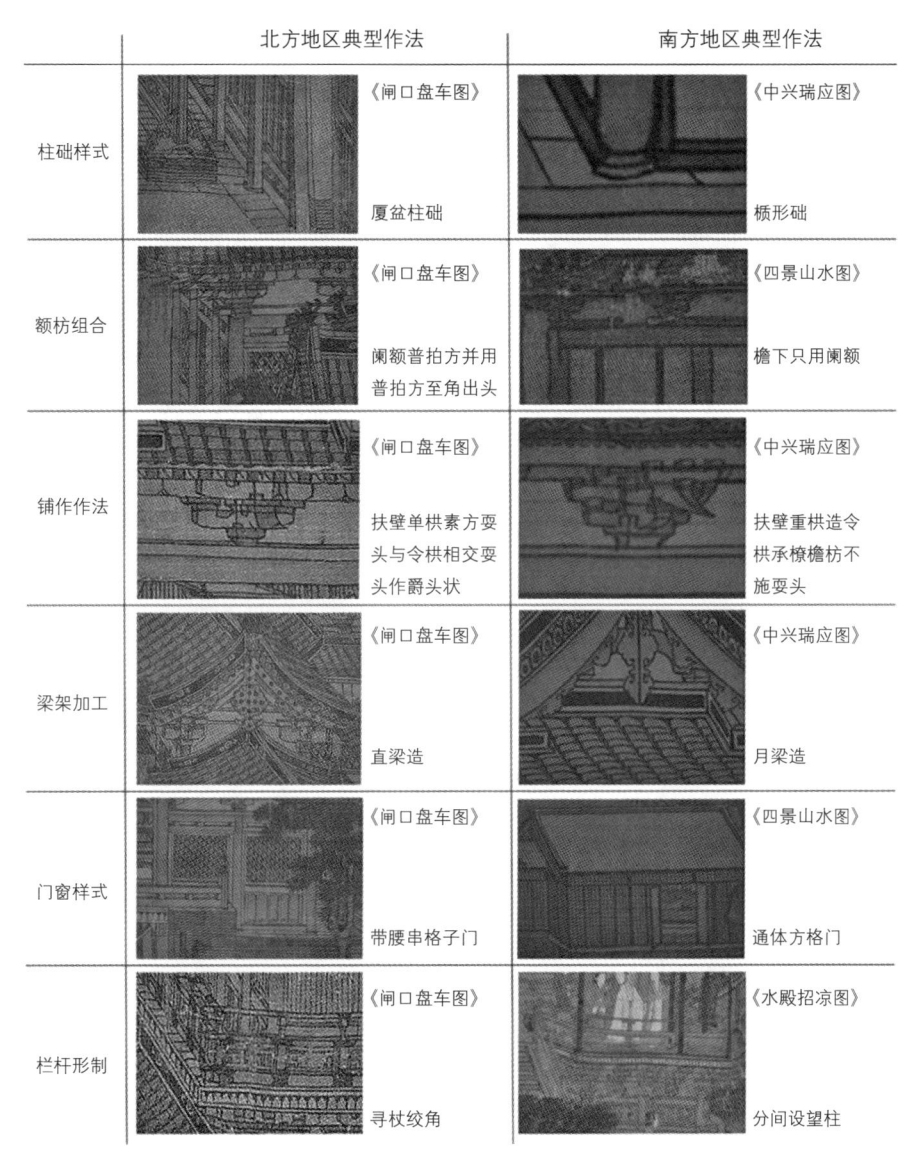

| | 北方地区典型作法 | | 南方地区典型作法 | |
|---|---|---|---|---|
| 柱础样式 | 《闸口盘车图》 | 覆盆柱础 | 《中兴瑞应图》 | 櫍形础 |
| 额枋组合 | 《闸口盘车图》 | 阑额普拍方并用普拍方至角出头 | 《四景山水图》 | 檐下只用阑额 |
| 铺作作法 | 《闸口盘车图》 | 扶壁单栱素方耍头与令栱相交耍头作爵头状 | 《中兴瑞应图》 | 扶壁重栱造令栱承橑檐枋不施耍头 |
| 梁架加工 | 《闸口盘车图》 | 直梁造 | 《中兴瑞应图》 | 月梁造 |
| 门窗样式 | 《闸口盘车图》 | 带腰串格子门 | 《四景山水图》 | 通体方格门 |
| 栏杆形制 | 《闸口盘车图》 | 寻杖绞角 | 《水殿招凉图》 | 分间设望柱 |

图12 南北建筑典型形制示意图①

切，可同时反映建筑的时代性和地域性。因此，屋木画的地域性研究可从另一个视角探索绘画作品的地理空间维度，加深对屋木画的理解和认识，并为绘画作者、作品内容以及绘制时代的研究提供新的线索。

---

① 本图中栏杆的差异或反映了从北宋至南宋的时代变化。

建筑的时代性和地域性是建筑史研究的关键问题，也将是屋木画研究的重要维度。二者关系密切，缺一不可。

第一，时代和地域可互证互补。事实上，北宋屋木画作品以河南地区的建筑为模板，南宋屋木画作品以两浙路地区的建筑为模板绘制，本身就体现了时代和地域的共生关系（北宋—北方/南宋—南方）。从北宋到南宋的建筑发展演变，不仅是技术革新和进步的产物，如铺作数增多、计心重栱造等，也体现了因地域变化而带来的区域传统影响，如櫍形础、承檐不施耍头、月梁造等等。因此，屋木画中建筑形制的变化既表现了从北宋到南宋的建筑发展历程，也反映了北方与南方的建筑传统差异。

第二，时代和地域特征也可能会相互穿插变化。伴随南北交流，二者的地域传统皆受到外来形制的冲击和影响，特别是两宋之际，建筑形制呈现出融合的态势和复杂的面貌。以普拍方为例，一般认为在建筑发展过程中，先出现阑额，再出现普拍方，因此普拍方"从无到有"是时代性的表现。北宋时期河南建筑中檐下施普拍方较为常见，但南宋前期两浙路地区大量建筑仍延续区域传统，不施普拍方，体现了普拍方"从有到无"的过程，反映了建筑地域性对时代性的影响。

因此，在实际研究中要将建筑的时代性和地域性综合考虑，通过更多的形制细节，还原图中建筑的原本面貌，从而得到对屋木画作品更为准确的认识。同时，这些时代和地域相对清晰的屋木画作品，也将丰富建筑史研究的实例，促进建筑区域形制年代学的研究，并有助于小木作、石作、瓦作等方面研究的进一步深入。

（原载《南京艺术学院学报（美术与设计）》2021年第4期，第23—29页）

# 唐宋建筑转型的切片

——以 10—12 世纪晋中地区地方建筑外檐斗栱配置方式演变为线索

## 周 淼

## 一、问题的提出与聚焦

### （一）10—12 世纪地方建筑的切片式研究

10—12 世纪的唐末五代辽宋金时期（下文简称为"唐宋时期"），是中国木构建筑的风格与技术都发生巨大转型的时期。从风格上看，由"豪劲"唐风转向"醇和"宋式；从技术细节上看，《营造法式》作法逐渐在华北广大地区传播并与地方作法融合。自中国营造学社创立至今，历代学人对唐宋时期建筑的研究已经积累了大量的资料与方法。然而，就唐宋时期木构建筑的保存情况而言，以下两个特点很容易给学术研究带来难题与造成误区，若不加以分辨，则会阻碍研究的深入进行。

其一，遗构总体数量少，且地域分布不均衡。唐宋时期木构建筑遗存主要集中在山西，少量分布在河北、河南，其他省份只有零星存世。山西以外的地区，不具备可供详细梳理唐宋时期区域建筑史的样本数量。即使在山西，晋东南、晋中、晋北、晋西南、晋中北等各地区的遗构保存数量也不均衡。晋东南地区的存量最大，晋中地区也存有较多遗构，样本群数量可以支撑深入的区域研究；而晋北、晋中北、晋西南地区则保存较少，使区域研究的深度与精度受到限制。

其二，官式建筑保存较少，且分布不均衡。现存唐宋时期官式建筑数量非常有限，且以辽构居多，宋构非常少。目前学者已逐渐关注到形制与技术的地域差异，然而，依然缺乏针对官式建筑与地方建筑各自运行、发展的特点以及相互间影响、互动的研究。①

山西所存唐宋时期木构建筑中，存量最大的一种类型就是散布在各地的村庙佛堂，其中绝大部分是地方特征鲜明的民间建筑，是中国目前所保存的年代最早的一批风土建筑。通过这些村庙佛堂，可以了解距今800—1000年前山西地方建筑演变历程的一些片段，并能深刻地揭示唐宋建筑转型大背景下典型区域内建筑的具体演变历程，使深入了解地方建筑的演变机制成为可能。本研究就是在山西选取地方建筑富集的地区，聚焦唐宋时期木构建筑形制问题，以代表性现象为线索，梳理历时性变化的特点，并分析引起演变的原因与机制，即切片式研究。

（二）典型研究样本群的选择

晋中地区保存的五代宋金时期案例，数量虽不及晋东南地区，但从研究样本的类型丰富性角度来看，具有两个特点：

其一，大、中、小型各种规模的遗构都有，在大型遗构中可以发现更多问题。

其二，各种结构形式的遗构都有，不止有殿堂式、厅堂式，还有多种在现存遗构中较为少见的结构形式。

晋东南地区同时期遗构数量虽多于晋中地区，但缺少大规模遗构，结构形式比较单一，大部分遗构为简式殿堂，厅堂非常少见。因此，将晋中地区作为研究的典型样本群更具优势，便于在对该区域唐宋时期遗构形成系统认识的基础上，针对典型现象展开具体分析。

晋中地区是指山西中部太原盆地与周边山区，以及东部太行山区的阳泉地区。这个区域有别于当前行政区划，而与唐宋时期依照"山川形便"原则划分的行政区划接近，大致相当于北宋时期的太原府、汾州、平定军管辖的地域范围。唐宋时期行政区划与自然地理格局高度统一，有助于促

---

① 唐宋时期没有"官式建筑"的称谓，但首都地区或其他地区具有官方背景的高等级建筑与地方建筑差别明显，用"官式建筑"一词概况最为合适。

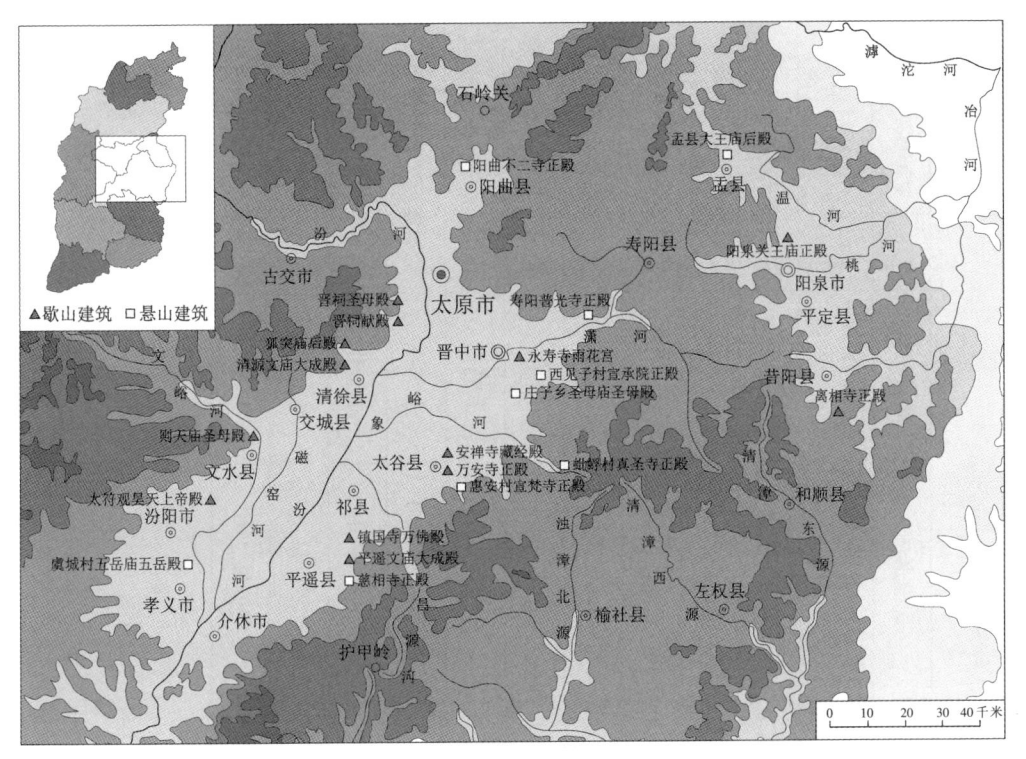

图1 晋中及周边地区五代宋金时期木构建筑案例分布（作者自绘）

成这一区域内地域文化的融合与确立。这个地区内向封闭、自成一区，但也与周边地区存在营造技艺交流。该地区保存有20余处五代宋金时期木构遗物，以及虽已被拆毁但留有中国营造学社测绘记录资料的案例（榆次永寿寺雨花宫、太谷万安寺正殿），是一个非常适合开展木构建筑研究的地区（图1、表1）。

在晋中地区样本群中，建于北宋中期天圣年间（1023—1032）的晋祠圣母殿是一个极好的研究案例。圣母殿为重檐歇山建筑，殿身面阔五间、进深四间，副阶面阔七间、进深六间。相比具有晚唐五代官式建筑特点的佛光寺大殿、镇国寺万佛殿，晋祠圣母殿体现出鲜明的地域特点；相比保存数量众多的中小型村庙佛堂，圣母殿规模巨大，包含很多在小规模遗构中看不到的形制，可以认为是北宋山西中部地区作法的集大成者。晋祠圣母殿的建造时段正值建筑风格豪劲唐风减弱、醇和宋风初显之际，《营造法式》作法在华北地区传播之前，是承上启下阶段的代表作。由晋祠圣母

表1 晋中及周边地区五代宋金时期木构建筑案例[①]

| 地、市 | 县、市 | 建筑名称 | 文保单位公布的建造年代 | 规模形制 | 斗栱形制 | 保护等级 |
|---|---|---|---|---|---|---|
| 太原市 | 太原 | 晋祠圣母殿 | 宋天圣年间（1023—1032） | 殿身五间八架歇山副阶周匝 | 殿身六铺作副阶五铺作 | 全国重点文物保护单位 |
| | | 晋祠献殿 | 金大定八年（1168） | 三间四架歇山 | 五铺作 | 全国重点文物保护单位 |
| | 清徐 | 狐突庙后殿 | 宋 | 三间四架歇山 | 四铺作 | 全国重点文物保护单位 |
| | | 清源文庙大成殿 | 金泰和三年（1203） | 三间六架歇山 | 五铺作 | 全国重点文物保护单位 |
| | 阳曲 | 不二寺正殿 | 金明昌六年（1195） | 三间六架悬山 | 五铺作 | 全国重点文物保护单位 |
| 晋中市 | | 镇国寺万佛殿 | 北汉天会七年（963） | 三间六架歇山 | 七铺作 | 全国重点文物保护单位 |
| | 平遥 | 慈相寺正殿 | 金天会年间（1123—1135） | 五间七架歇山 | 五铺作 | 全国重点文物保护单位 |
| | | 平遥文庙大成殿 | 金大定三年（1163） | 五间十二架歇山 | 七铺作 | 全国重点文物保护单位 |
| | 太谷 | 安禅寺藏经殿 | 宋咸平四年（1001） | 三间四架歇山 | 四铺作 | 全国重点文物保护单位 |
| | | 万安寺正殿 | — | 三间六架歇山 | 五铺作 | 已毁 |
| | | 真圣寺正殿 | 金正隆二年（1157） | 三间五架悬山 | 五铺作 | 全国重点文物保护单位 |

① 本表中文保单位公布的建造年代来源于山西省文物局2006年编的《山西重点文物保护单位》，未刊行。

续表

| 地、市 | 县、市 | 建筑名称 | 文保单位公布的建造年代 | 规模形制 | 斗栱形制 | 保护等级 |
|---|---|---|---|---|---|---|
| | 寿阳 | 宣梵寺正殿 | — | 五间八架悬山 | 五铺作 | 市县级文物保护单位 |
| | | 普光寺正殿 | 宋 | 三间六架悬山 | 四铺作 | 全国重点文物保护单位 |
| | 榆次 | 永寿寺雨花宫 | 宋大中祥符元年（1008） | 三间六架悬山 | 五铺作 | 已毁 |
| | | 宣承院正殿 | — | 三间六架悬山 | 四铺作 | — |
| 吕梁市 | 汾阳 | 庄子乡圣母庙圣母殿 | — | 三间四架悬山 | 五铺作 | 市县级文物保护单位 |
| | | 太符观昊天上帝殿 | 金承安五年（1200） | 三间六架歇山 | 五铺作 | 全国重点文物保护单位 |
| | | 虞城村五岳庙五岳殿 | 金 | 三间五架悬山 | 五铺作 | 全国重点文物保护单位 |
| | 文水 | 则天庙圣母殿 | 金皇统五年（1145） | 三间五架悬山 | 五铺作 | 全国重点文物保护单位 |
| 阳泉市 | 阳泉 | 关王庙正殿 | 宋宣和四年（1122） | 三间六架歇山 | 五铺作 | 全国重点文物保护单位 |
| | 盂县 | 大王庙后殿 | 金承安五年（1200） | 三间六架悬山 | 五铺作 | 全国重点文物保护单位 |
| | 昔阳 | 离相寺正殿 | — | 三间六架歇山 | 四铺作 | — |

殿的独特现象所引发的问题，恰是唐宋建筑转型时期的代表性问题。因此，本研究选择在晋祠圣母殿这一典型案例中发现现象并提炼问题，进而在晋中地区相关建筑样本群中尝试寻找解答。

### （三）焦点问题：外檐斗栱配置方式

晋祠圣母殿是北宋时期的重檐建筑，其斗栱配置方式较为独特。最显著的现象是，前檐柱头斗栱与补间斗栱的外跳形制不一致，形成一种交错、间隔的独特配置，反映出有意强调形制差异的美学特点。殿身斗栱六铺作，柱头斗栱双杪单下昂，补间斗栱出三跳、两道平出式假昂（下文简称"平出昂"）；副阶斗栱五铺作，柱头斗栱出两跳、两道平出昂，补间斗栱单杪单下昂。不同昂型的运用也强化了柱头斗栱与补间斗栱的形制差异。殿身柱头斗栱用真下昂，补间斗栱用平出昂；副阶柱头斗栱用平出昂，补间斗栱用下昂挑斡。昂头样式也存在差别，真昂昂头为批竹昂形，平出昂是由华栱栱头向前伸出并做成琴面昂形。上下檐昂型的使用正好相错位，殿身柱头斗栱和副阶补间斗栱都用真昂，殿身补间斗栱和副阶柱头斗栱都用平出昂，使得这种差异巧妙地构成了秩序。圣母殿前檐斗栱配置

图2　晋祠圣母殿外观（作者自摄）

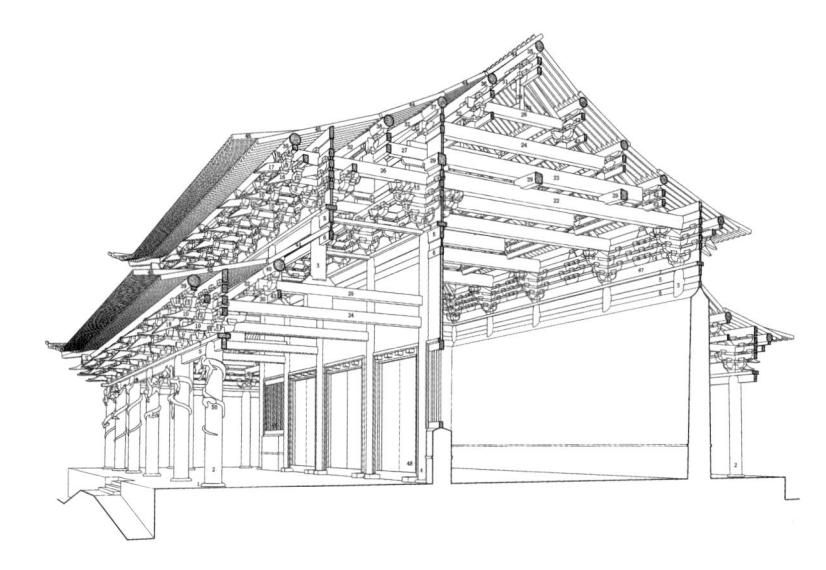

第四编　宋代建筑的源流与回响 | 321

图3　晋祠圣母殿剖面透视图（作者自绘）

1. 批竹昂
2. 批竹昂形耍头
3. 平出式假昂
4. 华栱

殿身柱头斗栱与补间斗栱　　　　　副阶柱头斗栱与补间斗栱

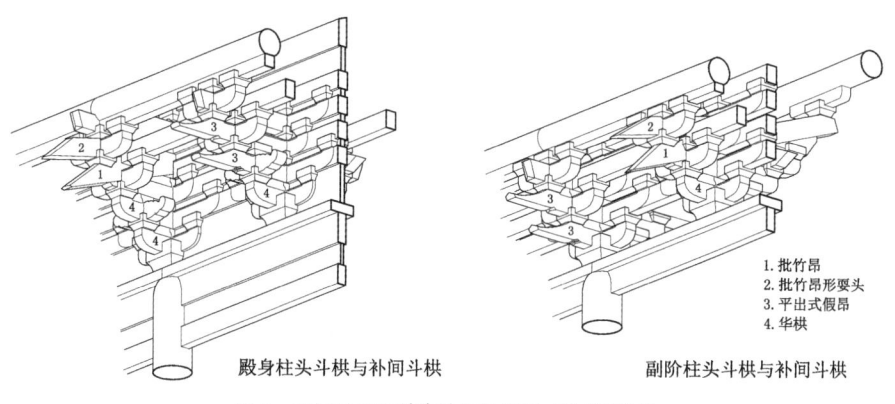

图4　晋祠圣母殿前檐斗栱轴测图（作者自绘）

方式在此前的遗构中并未出现，也与此后常见的柱头斗栱与补间斗栱外跳形制一致的配置方式不一样。那么，圣母殿前檐斗栱配置方式是如何形成，此后又如何演变为后世常见的形制，正是本研究希望解答的问题（图2—图4）。

另外，圣母殿只在前檐和两山面前进间安置出跳的补间斗栱，两山面其他间与后檐都只在补间斗栱位置做扶壁栱。这一点也引发我们关注，在营造圣母殿的北宋中期，斗栱配置过程中的结构合理性考量是否已经让渡于视觉观瞻考量。

本文尝试以外檐斗栱配置方式的演变作为一个"切片",结合对10—12世纪晋中地区样本群的研究,解析圣母殿的外檐斗栱配置的独特现象。[1]

## 二、结构形式与补间斗栱样式的匹配关系

殿堂式与厅堂式是唐宋时期木构殿宇最重要的两种结构形式,在晋中地区10—12世纪样本群中都有保存。殿堂式分为从下到上的三个结构层——柱网层、铺作层、屋架层,具有明显的竖向分层的特征。厅堂式则不具备这种竖向分层的结构特征,外檐梁架直接插入内柱柱身,柱、梁构成楄架,呈现出楄架相连的结构特征(图5、图6)。

晋中地区存有几处宋金时期简式单槽殿堂,所谓"简式",是由于没有明栿、草栿两套梁栿,不做天花,梁架彻上露明,是对标准殿堂结构的简化。中国营造学社调查并记录的榆次永寿寺雨花宫即为这种简式单槽殿堂,简式单槽殿堂也是晋东南地区小型村庙佛堂的正殿最为常见的结构形式。从佛光寺大殿、华严寺薄迦教藏殿等几处官式标准殿堂建筑来看,补间斗栱都不做下昂挑斡,而是华栱水平挑出。晋中简式单槽殿堂虽然不做天花,但仍遵循上述标准殿堂的规范,也是都不做下昂挑斡、华栱水平伸出,典型案例为阳泉关王庙正殿(北宋宣和四年,1122年)、太谷万安寺正殿(北宋中后期)、清源文庙大成殿(金泰和三年,1203年)。与之形成对比的是,北宋后期至金代晋东南地区为数不少的简式单槽殿堂也开始出现补间斗栱,大部分用了下昂挑斡式补间斗栱。[2]

晋中地区还保存有几处宋金时期厅堂遗构,全为悬山顶。具有北宋中

---

[1] 本文重点讨论在补间斗栱产生并成为定制的过程中外檐斗栱配置方式的演变,主要考察柱头斗栱与补间斗栱的形制,加之悬山建筑中没有转角斗栱,因此,转角斗栱形制演变问题在本文中不作讨论。
[2] 《营造法式》大木作制度图样中绘有七、八铺作高等级斗栱用下昂挑斡,在双槽图样中也绘有下昂挑斡的意向,说明至迟在《营造法式》成书的北宋晚期,都城开封地区的官式殿堂补间斗栱是使用下昂挑斡的。但殿堂补间斗栱用下昂挑斡的作法,可能没有影响到晋中地区。

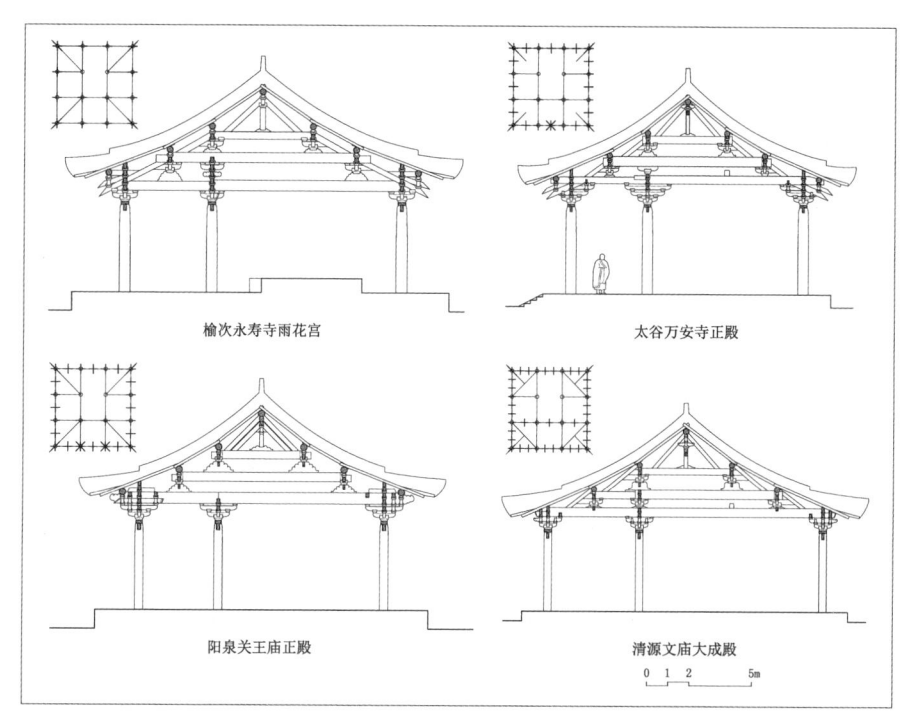

图5 晋中地区简式单槽殿堂剖面图（作者自绘）

期特征的寿阳普光寺正殿不做出跳的补间斗栱，其他几例都是宋末至金末的遗构，补间斗栱多是下昂挑斡式。庄子乡圣母庙圣母殿具有金代后期特征，补间斗栱没有将下昂挑至下平槫，但也做出了挑斡。几处用下昂挑斡式补间斗栱的遗构都晚于晋祠圣母殿，说明宋末至金末，补间斗栱用下昂挑斡非常普遍（图7、图8、表2）。

表2 晋中地区宋金时期厅堂遗构

| 建筑名称 | 建造年代 | 规模形制 | 斗栱形制 | 补间斗栱 |
| --- | --- | --- | --- | --- |
| 寿阳普光寺正殿 | 北宋 | 三间六架 | 四铺作 | 不出跳 |
| 汾阳虞城村五岳庙五岳殿 | 宋末金初 | 三间五架 | 五铺作 | 下昂挑斡 |
| 平遥慈相寺正殿 | 金天会（1123—1135） | 五间七架 | 五铺作 | 下昂挑斡 |
| 太谷真圣寺正殿 | 金正隆二年（1157） | 三间五架 | 五铺作 | 下昂挑斡 |
| 阳曲不二寺正殿 | 金明昌六年（1195） | 三间六架 | 五铺作 | 下昂挑斡 |

324 | 知宋·宋代之建筑

续表

| 建筑名称 | 建造年代 | 规模形制 | 斗栱形制 | 补间斗栱 |
| --- | --- | --- | --- | --- |
| 榆次庄子乡圣母庙圣母殿 | 金后期 | 三间四架 | 五铺作 | 挑斡 |
| 太谷宣梵寺正殿 | 金后期 | 五间八架 | 五铺作 | 不出跳 |

榆次永寿雨花宫

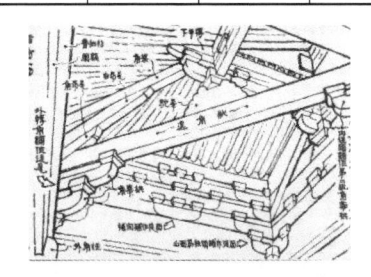

太谷万安寺正殿

阳泉关王庙正殿

清源文庙大成殿

说明：参见梁思成：《中国建筑史》，百花文艺出版社2005年版，第197、247页；莫宗江：《山西榆次永寿寺雨花宫》，《中国营造学社汇刊·第七卷第二期》，知识产权出版社2006年版；其余为周淼摄影。

图6　晋中地区简式单槽殿堂遗构

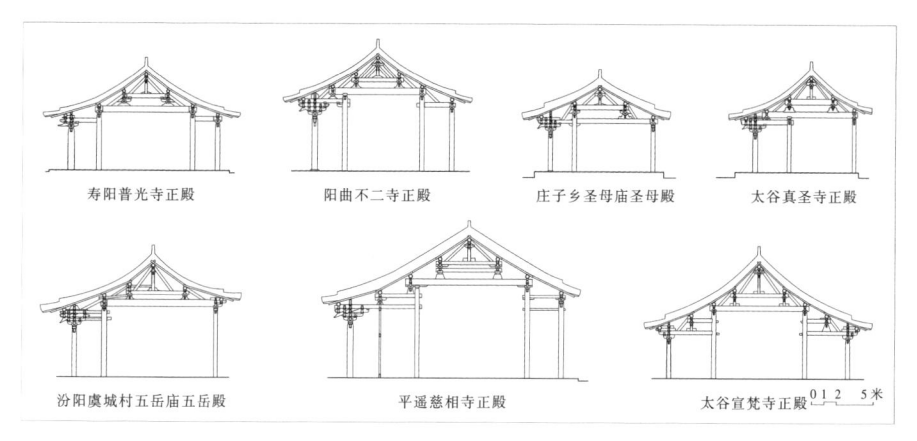

图7 晋中地区宋金时期厅堂遗构剖面（作者自绘）

（从左至右，上排）寿阳普光寺正殿　阳曲不二寺正殿　庄子乡圣母庙圣母殿　太谷真圣寺正殿
（下排）汾阳虞城村五岳庙五岳殿　平遥慈相寺正殿　太谷宣梵寺正殿

综上，晋中地区遗构的结构形式与补间斗栱样式之间存在配对关系，即"殿堂—补间斗栱水平出跳""厅堂—补间斗栱作下昂挑斡"。上述案例虽然都晚于晋祠圣母殿，但这种匹配关系在圣母殿中也存在。圣母殿身规模虽大，但殿身部分也是采用简式单槽歇山殿堂结构形式，铺作层遵循水平层叠的逻辑，补间斗栱的华栱都是水平出跳。圣母殿副阶不具备完整的厅堂结构，但多个槫架插入殿身柱，很接近厅堂的构成关系，副阶部分的补间斗栱也为下昂挑斡式。可与之作为参照的是位于晋西南地区的万荣稷王庙大殿（北宋天圣元年，1023年），是一座五间六架庑殿顶厅堂，建造年代与晋祠圣母殿

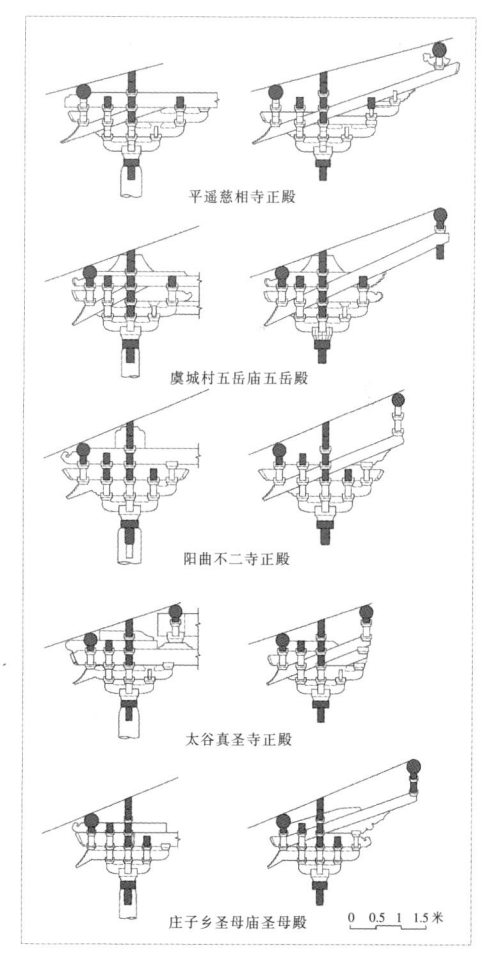

图8 晋中地区宋金时期厅堂斗栱（作者自绘）

平遥慈相寺正殿
虞城村五岳庙五岳殿
阳曲不二寺正殿
太谷真圣寺正殿
庄子乡圣母庙圣母殿

接近，柱头斗栱的华栱头已经是平出昂，补间斗栱为下昂挑斡式，与圣母殿副阶斗栱配置方式一致。在建造晋祠圣母殿的北宋中期，厅堂用下昂挑斡式补间斗栱的作法在晋中地区可能也已经出现，圣母殿副阶斗栱配置方式可能就源自当时已经开始流行的厅堂斗栱配置方式。

## 三、外檐斗栱外跳形制趋同

### （一）外檐斗栱外跳形制演变分期

在外檐斗栱配置中，补间斗栱不是最初就有的，北朝时期常在柱头斗栱之间设人字栱、斗子蜀柱，盛唐以后的高等级建筑已经使用出跳的补间斗栱，但到北宋前期仍不是华北地区民间庙堂的必备配置。北宋时期补间斗栱逐渐被使用在民间庙堂中，此后成为定制。

补间斗栱在晋中地区地方建筑中的使用，可分为四个阶段（图9）。

阶段Ⅰ：10世纪遗构案例较少，无法得到全面的认识。根据有限的案例可知，一些地方建筑已经开始使用补间斗栱了。晋中地区昔阳离相寺正殿具有北宋初期形制特征，当心间用补间斗栱，并且与柱头斗栱外跳形制一致；同时期建造的晋东南平顺大云院弥陀殿也用了补间斗栱。

阶段Ⅱ：11世纪初期的晋中地区案例中，却不见出跳的补间斗栱，只在补间位置的柱头枋上隐出扶壁栱。代表案例为：榆次永寿寺雨花宫（宋大中祥符元年，1008年）、太谷安禅寺藏经殿[①]（宋咸平四年，1001）。

阶段Ⅲ：11世纪中期的晋祠圣母殿中出现补间斗栱，但与柱头斗栱形制不一致。

阶段Ⅳ：12世纪初期及以后的遗构中，外檐补间斗栱与柱头斗栱外跳形制取得一致。代表案例为：阳泉关王庙正殿（宋宣和四年，1122）、平遥慈相寺正殿（金天会，1123—1135）、阳曲不二寺正殿（金明昌六年，1195）。

---

[①] 安禅寺藏经殿目前有出跳补间斗栱，根据出跳栱构件样式判断，应为后世增补，原状应为扶壁栱。

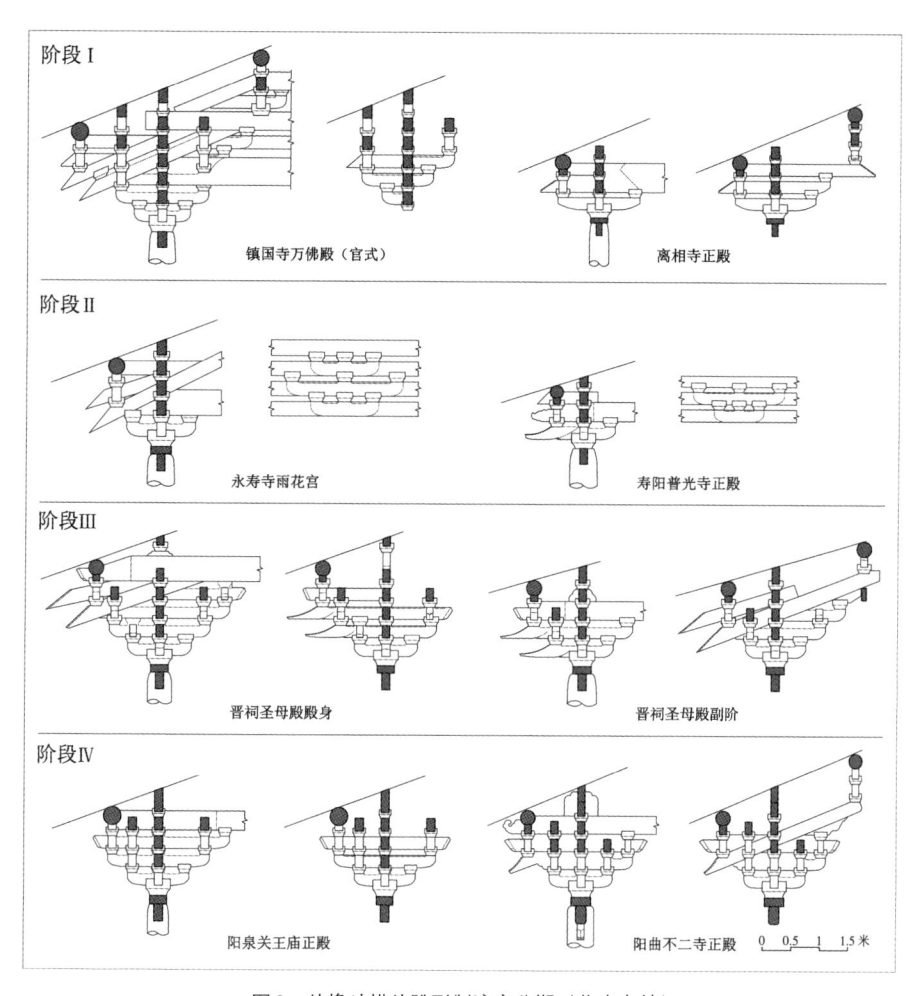

图9 外檐斗栱外跳形制演变分期（作者自绘）

阶段Ⅰ到Ⅲ，补间斗栱从有到无，又从无到有，体现出非进化式发展的特点。阶段Ⅲ、Ⅳ，柱头斗栱与补间斗栱的外跳形制从不统一发展为统一，可概括为斗栱外跳形制的"趋同"过程。这种斗栱外跳形制趋同过程，是宋金时期建筑斗栱部分极为显著的变化。晋祠圣母殿的建造时段恰好处于地方建筑中补间斗栱从无到有、刻意强调柱头斗栱与补间斗栱形制差异的发展节点。

（二）假昂样式的演变

昂构件是斗栱中最具表现力的构件。宋金时期假昂的大量出现与使用，说明这种灵活处理斗栱外跳形制的办法已经蔚然成风，并且成为在后世极为常见的作法。从阶段Ⅲ到阶段Ⅳ，不管是强调差异还是刻意趋同，都少不了假昂的参与。

晋祠圣母殿是晋中地区现存最早的补间斗栱用假昂的遗构，其斗栱配置方式在造型上体现出最显著的差异就是昂的样式差异，基于柱头斗栱与补间斗栱外跳形制不一致的特点，把水平放置的华栱前端伸出做平出式假昂，形成"斜出"真昂与"平出"假昂交替出现的面貌。柱头斗栱与补间斗栱形制样式不统一，从而形成交替、间隔的形式秩序，是北宋中期晋中地区建筑斗栱形制的时代特征。

而在此后斗栱外跳形制趋同的过程中，柱头斗栱中下折式假昂应运而生，逐渐成为主流样式。但平出式假昂并未消失，在晋中地区一直延续到明代，并成为独特的地方作法。

金代以后晋中地区的殿宇以厅堂式为主，补间斗栱通常用下昂挑斡，为了与补间斗栱取得一致的外跳造型，柱头斗栱起初做插昂，后又做下折式假昂（图10）。这种方式流布甚远，晋东南地区宋末金代的简式单槽殿堂也是如此。金代以后晋中地区的殿堂式建筑较少，但仍能发现使用下折式假昂的两种倾向。一种倾向是：用天花，柱头斗栱与补间斗栱全部都用下折式假昂，补间斗栱不做下昂挑斡，代表案例是太原崇善寺大悲殿（明洪武二十四年，1391年）；另一种倾向是：不用天花，柱头斗栱做下折式假昂，补间斗栱为下昂挑斡，代表案例是榆次城隍庙显佑殿（明成化十二年，1476年）。

由此，可以总结假昂在晋中地区出现与演变的规律。下折式假昂并不

平出式假昂
晋祠圣母殿副阶
柱头斗栱

插昂
虞城村五岳庙五岳殿
柱头斗栱

下折式假昂
阳曲不二寺正殿
柱头斗栱

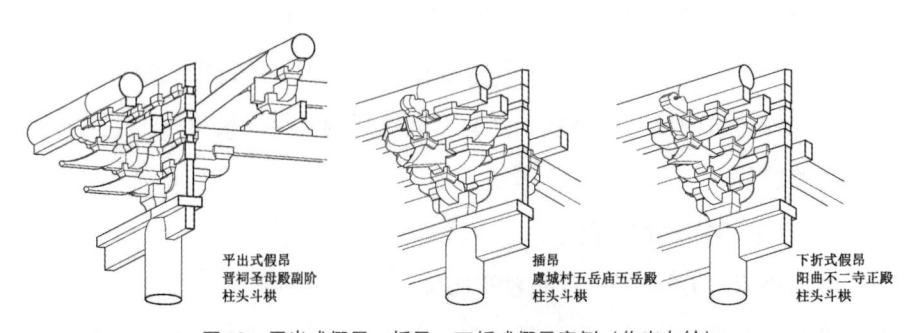

图10 平出式假昂、插昂、下折式假昂案例（作者自绘）

是由平出式假昂演变而成，两种假昂样式产生的动机不同。在北宋时期使用平出昂可以提高斗栱表现力，甚至成为强调柱头斗栱与补间斗栱的外跳形制差异的主要手段；而金代厅堂的柱头斗栱中出现插昂、下折式假昂，是在顺应斗栱外跳形制趋同的原则下，为了迁就下昂挑斡式补间斗栱这种新的流行样式，而做出的一种适宜性调整。

（三）外跳斗栱配置的多线索演变

晋中地区外檐斗栱配置的演变无法代表同期其他地区的演变进程，外檐斗栱配置的演变其实是多地区、多线索发展。根据现存遗构，可以知道辽地与江南宋地外檐斗栱的情况。辽构在继承晚唐官式作法的基础上继续发展；而江南地区则很早就把外跳斗栱形制趋同的作法树立为主流形制。

在北方辽国的统辖地区，起初补间斗栱的主流配置方式延续了唐代官式的小补间斗栱，后来逐渐变大，与柱头斗栱外跳形制趋同，但即使是补间斗栱已经做得很完整，仍要在栌斗部分加驼峰或翼形栱，强调和柱头斗栱的差别。独乐寺观音阁的斗栱配置方式则更能体现匠师的意匠，一层檐部不做出跳的补间斗栱，二层檐部用小补间斗栱，平坐斗栱中既有完整的补间斗栱也有小补间斗栱，观音阁斗栱的配置方式包含有多种补间斗栱形式，体现出彼时斗栱部分的经营与权衡是立面设计的重要内容，补间斗栱已经成为一种形式构成的要素（图11）。

说明：左上为天津蓟州区独乐寺山门，左下为大同善化寺大殿，右为天津蓟州区独乐寺观音阁

图11 辽构斗栱配置方式（作者拍摄）

根据江南地区保存的10世纪出现的砖石塔幢中的仿木构形象，加之稍晚一些的北宋木构案例，则清楚地看到外檐斗栱形制已经趋同。说明至少在五代十国时期，江南地区工匠已经广泛采用建筑外檐均匀排布斗栱的作法，形成了外檐斗栱外跳形制同质化美学，江南地区甚至可能是这种作法与审美方式的策源地。

### 四、补间斗栱配置与视觉考量

#### （一）非结构必需的补间斗栱

以结构趋向合理的演进思路来解释唐宋时期木构形制演变现象，是目前较为常见的解释方向。但通过梳理晋中地区宋金时期地方建筑的外檐斗栱配置方式的演变历程，可以发现补间斗栱的出现与演变并非渐进式发展，既不是地区内部逐渐产生、发展的结果，也不是结构趋于合理化的发展结果。补间斗栱并非必要的构造，可以从两方面论证：

其一，在各种地方小型遗构中，结构形式、规模体量、用材规格、出檐距离都没有发生巨大的变化，并没有催生补间斗栱的结构需求。例如，试比较宋构阳泉关王庙正殿与文水则天庙正殿。阳泉关王庙正殿当心间与次间面阔分别为4100毫米、3860毫米，则天庙正殿当心间与次间面阔分别为453毫米、3815毫米前者次间略大，后者当心间略大。两构的斗栱都为五铺作，且用材规格接近，前者足材断面为310毫米×150毫米，后者足材断面为280毫米×150毫米。但前者前后檐及山面每间都施补间斗栱，后者却四面都不用补间斗栱，只做扶壁栱。经过比较两构的规模、用材，可以认为，关王庙正殿的补间斗栱并不是结构必需。

其二，大量遗构只在前檐用补间斗栱，后檐不用补间斗栱，而通常前后檐屋面荷载一致，则说明即使不用补间斗栱，只靠柱头斗栱也足以承受屋面荷载。这种现象在厅堂建筑中表现得最为明显，在晋祠圣母殿中也有集中体现。例如，金构不二寺正殿是悬山厅堂建筑，前檐为五铺作斗栱，并且每间施补间斗栱，而后檐柱头斗栱为把头绞项作，且不用补间斗栱。

在很多案例中，补间斗栱不仅无法起到结构作用，甚至还会因为自身荷载过大而造成结构负担。下面以晋祠圣母殿副阶前后檐当心间为例进行说明。副阶前檐当心间用补间斗栱，撩风槫中部被屋面荷载压弯下沉约20毫米，而阑额中部被补间斗栱荷载压弯下沉约60毫米；副阶后檐当心间不做出跳的补间斗栱，撩风槫中部压弯下沉15毫米，阑额中部下沉只有12毫米。在用补间斗栱的开间，阑额、普拍枋压弯下沉距离大于撩风槫下沉距离，而在不用补间斗栱的开间，阑额、普拍枋没有发生明显的压弯下沉。这说明撩风槫、替木足以起到承受檐部荷载的作用，补间斗栱自身荷载反而形成了结构负担。圣母殿阑额断面尺寸约为280毫米×140毫米，甚至小于足材华栱断面325毫米×160毫米，造成尺寸较小的阑额不足以承托补间斗栱。可能是由于在北宋中期晋中地区刚刚开始使用补间斗栱，工匠还按照此前不用补间斗栱（或做不落在阑额、普拍枋上的小补间斗栱）时习惯的尺寸来制作阑额，没有考虑到补间斗栱的荷载。

### （二）强化观瞻面立面形式构图

结合建筑在建筑群中的位置，从视觉观瞻考量的角度，可以发现补间斗栱配置的规律。通常，观瞻一座建筑的方向主要包括"正面观"与"四面观"两种[①]。补间斗栱的配置，恰恰是以观瞻方向为基本出发点。这种基于视觉考量的补间斗栱配置方式，在晋东南等地区的宋金建筑中也相似。

1. 正面观

"正面观"的遗构通常是院落中轴线上的最后一栋。信众不能绕行建筑，只能在庭院中观瞻建筑的前檐与山面前部。"正面"前檐就成了以补间斗栱强化装饰的重点，山面与后檐一般不容易被观看，则可将补间斗栱省掉。

晋中地区宋金时期歇山建筑多为前廊开敞的简式单槽殿堂，信众在前

---

① 还存在"两面观"的观瞻方式，即中殿、过殿的前后檐加补间斗栱而两山面不加补间斗栱，在晋中地区宋金时期遗构中不存，在晋东南地区有此种遗构，代表案例为陵川龙岩寺大殿、郊底白玉宫正殿。

廊处，可以看到山面前进间，此处也加一朵补间斗栱。晋祠圣母殿即为"正面观"实例。圣母殿殿身部分只在前檐和山面前进间用补间斗栱，每间各施一朵；副阶部分只在前檐和山面前进间用补间斗栱，每间各施一朵；殿身与副阶的后檐和其他山面开间不用补间斗栱，只在补间位置的柱头枋上隐出扶壁栱。圣母殿两山面与后檐檐部椽架所承荷载与前檐相同，仅靠两柱头斗栱间的撩风榑、平榑与替木足以承受屋面荷载，由此可以推想补间斗栱并非圣母殿结构必需。圣母殿的营造者很清楚补间斗栱标示等级的形制意义，以及由此产生的装饰作用。很可能在此时官式建筑中使用补间斗栱已成为定制，民间祠庙建筑开始效仿官式建筑的补间斗栱，但只用在引人注目的前檐、前廊。与圣母殿补间斗栱配置相似的还有汾阳太符观昊天上帝殿，也是前檐和山面前进间各施一朵补间斗栱，山面中进和后进开间、后檐都不加补间斗栱（图12—图14）。

在晋中地区宋金时期悬山建筑中，只在前檐施加补间斗栱就更加普遍。这些悬山殿宇通常都是院落中轴线上最后一栋，建筑后墙即为院落后墙，不可能获得后檐观瞻。

2. 四面观

"四面观"的遗构常常位于院落的中部，是建筑群中轴线上的中殿、过殿、献殿等，信众可以环绕建筑一周礼拜、观瞻，通常都做成歇山顶，

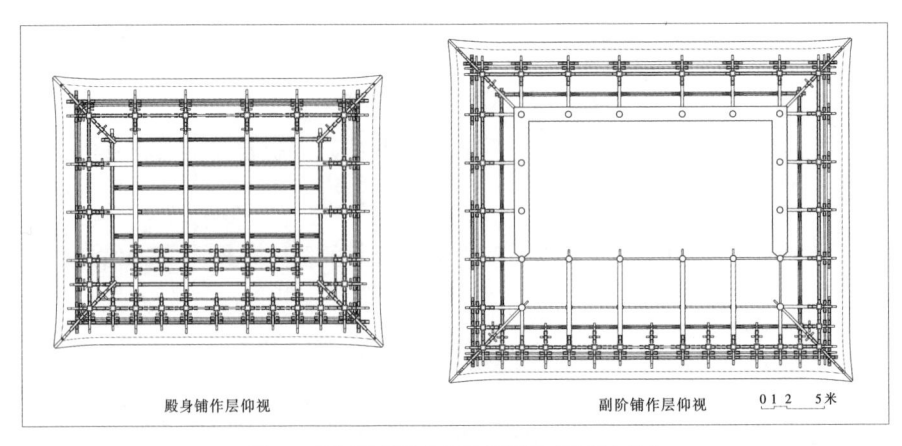

图12　晋祠圣母殿铺作层仰视图（作者自绘）

图13　晋祠圣母殿山面（作者自摄）

前檐与山面斗栱　　　　　　　　　后檐与山面斗栱
图14　汾阳太符观昊天上帝殿（作者自摄）

成为建筑群中的视觉中心，因此有必要强化建筑的两个山面及背面的斗栱构图。代表案例是晋祠献殿、太谷万安寺正殿、阳泉关王庙正殿、清源文庙大成殿，四面每间都用补间斗栱。[1]

由此可知，从建造晋祠圣母殿的北宋中期开始，补间斗栱的形制意义和审美意义提升，甚至居于结构意义之上了。地方建筑中只在主要观瞻面设补间斗栱的作法，凸显出均匀排布外檐斗栱成为立面形式构图中的新风尚，在非主要观瞻面不设补间斗栱则反映出民间匠作希望节省木材、降低功限的意图。

---

[1] 宋构昔阳离相寺、狐突庙后殿、太谷万安寺正殿四面当心间用补间斗栱，但目前无法探明原先是否曾为中殿。

## 五、结语

本文由晋祠圣母殿外檐斗栱配置现象出发，通过对晋中地区10—12世纪地方建筑斗栱配置方式的梳理，解答圣母殿斗栱配置方式的成因，并引发关于地方建筑中斗栱外跳形制趋同、补间斗栱的结构必要性等问题的讨论。长久以来，关于唐宋时期木构建筑研究一直被结构进化发展观念支配，结构合理性成为解释各种木作现象的基本理路。通过本研究发现，宋金时期的晋中地方建筑中补间斗栱逐渐开始普及，通过加设补间斗栱增强外檐斗栱的表现力，外檐斗栱均匀排布、外跳形制统一的习惯开始逐渐形成。自北宋以降，地方建筑中补间斗栱的使用并非结构进化的结果，可能是源自模仿官式建筑形制或其他地区流行形制，并与本地区原有结构体系融合的产物。晋祠圣母殿恰好是地方建筑开始广泛使用补间斗栱但尚未发展到斗栱外跳形制统一的过渡阶段的珍贵遗构，工匠通过将两种外跳形制进行交替排布，塑造了符合这一时期独特的外檐斗栱审美的形式。

（原载《建筑遗产》2021年第2期，第50—58页）

# 闽浙宋元建筑遗存所见的《营造法式》中若干特殊铺作

朱永春

铺作是《营造法式》（以下简称《法式》）大木作核心内容。《法式》大木作七卷中，铺作篇幅达三卷之多。[①]在《法式》颁行后大多数时间，北方在金朝控制下，铺作构造在金元发生较大变化。南宋版图中东南的浙、闽、苏、皖等地，则较多延续和传承了《法式》做法，使得在十分有限的宋元遗存中，能见到《法式》中若干特殊铺作的实物。本文拟从东南宋元建筑遗存的铺作分析入手，对《法式》若干特殊铺作的既有文献缺漏或者阐释未尽处，作进一步解读。

就铺作所在位置，可分为檐下铺作、横断面上铺作、纵向联系的铺作。当然，这只是粗略划分，檐下铺作并未脱离横断面，只是因其特殊而单独讨论。以下按此次第分析。

## 一、檐下铺作

### （一）上昂与挑斡

今浙江、江苏仅存的十余座宋元遗筑中，便多处出现上昂与挑斡，如金华天宁寺大殿中上昂与挑斡（图1）、武义延福寺中上昂（图2）、苏州玄妙观三清殿、虎丘云岩寺二山门等，并传承至明清。这与山西、河北等

---

[①] 《法式》在卷四中论述铺作制度，卷十七、卷十八定铺作功限，卷三十、卷三十一大木作制度图样中，也涉及铺作。

图1 金华天宁寺大殿昂尾挑斡（作者自摄） 　　图2 武义延福寺中上昂（作者自摄）

北方数百处宋元建筑中罕见上昂与挑斡，形成反差。

上昂与挑斡是较易混淆的构件。文献①从功能与位置关系，作了准确区分：

> 上昂与挑斡皆是施之于铺作里跳的斜挑构件，元代以后随着挑斡的变异，在一些场合，二者若仅依受力特点，似难以明确分别，而以功能与位置关系区分，二者的差异仍是相当分明的；上昂组合于铺作内，起简化铺作里跳的作用，其平衡依靠铺作自身，不与梁架下平槫直接相连；而挑斡则由铺作直抵梁架下平槫。②

本文进一步补充的是：从质的方面看，上昂是铺作中出跳的构件。从量的方面看，其尺度直接由材份制度确定。正是在"出跳"这一特征上的一致，"上昂"与"下昂"统称"飞昂"或"昂"。从量的方面看，《法式》规定"每跳之长，心不过三十分"。（《法式》卷四）③至于挑斡，《法式》曰：下昂"若屋内彻上明造，即用挑斡，或挑一枓，或挑一材两栔。（谓一拱上下皆有枓也。）若不出昂而用挑斡者，即骑束阑枋下昂桯。"④可见，挑斡有昂尾挑斡（图1）与不

图3 不出昂挑斡（作者自摄）

---

① ② 参见张十庆：《南方上昂与挑斡作法探析》，《建筑史论文集》2006年第6期。
③ ④ 〔北宋〕李诫：《营造法式》，中国书店2006年版。

出昂挑斡两种（图3），其共同点是落在下平槫上。从质的方面看，挑斡必须与下平槫相连，有学者以此定义挑斡。[①]从量的方面看，其尺度是由下平槫位置确定的，而不是材份。

在福建宋代遗存福州华林寺大殿、莆田三清殿中，昂形耍头具有杠杆功能。其中莆田三清殿昂形耍头尾落在下平槫（图4），据此可知亦是挑斡。可视作不出昂挑斡中另类。

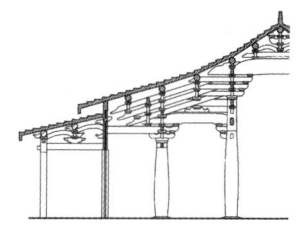

图4 莆田三清殿：昂形耍头挑斡绞栿栱（作者自绘）

### （二）绞栿栱

"绞"，亦作"交"。一组铺作插入梁（栿），称为绞栿栱。与梁（栿）相交的枓，称"绞栿枓"（图5），绞栿枓因插入的是梁栿，枓口大于交互枓。

文献[②]已对绞栿枓作诠释。本文仅补充两点：其一，绞栿枓可进一步分为"铺作"与"插栱"绞栿两类。如福州华林寺大殿（图5），同时存在"铺作"与"插栱"绞栿；其二，有一类绞栿栱并非始建时构造，在对主体加建廊、抱厦等时，抽取华栱后插以梁栿，成为绞栿栱。如莆田三清殿。（图4）

说明：1.绞栿栱；2.铺作交栿；3.插栱交栿；4.鸳鸯交手栱。
图5 福州华林寺大殿中的绞栿栱及鸳鸯交手栱（作者自摄）

### （三）铺作出跳不出耍头

铺作出跳不出耍头，准确说，是指檐下铺作外跳出跳不设耍头。里跳出跳以重栱承枋不设耍头实例并不鲜见。今外跳出跳不设耍头实例，主要见于浙江、江苏、皖南。浙江金华天宁寺大殿（图6）、武义延福寺大殿（图7），均以一枓三升枓栱承橑檐枋。

---

[①] 陈明达：《〈营造法式〉辞解》，天津大学出版社2010年版。
[②] 梁思成：《〈营造法式〉注释》，中国建筑工业出版社1983年版。

图6 铺作出跳不出耍头（金华天宁寺）（作者自摄）

图7 铺作出跳不出耍头（武义延福寺大殿）（作者自摄）

铺作出跳不出耍头，《法式》仅在大木作制度"栱"和"爵头"（即耍头）条目下，分别小注"亦有不出耍头者"和简短提及"或有不出耍头者"。从措辞"亦有"和"或有"看，《法式》刊行时，这种做法在北方已不多见。但这一做法在江浙传承至明清。

铺作出跳不出耍头是一种古老做法。汉代尚未发展到出跳斗栱时，是以梁挑一斗三升斗栱或重栱出挑的，不设耍头是汉唐间过渡做法。早期形象资料见于大雁塔门楣石刻。实物如日本唐招提寺金堂的铺作。

稍检金华天宁寺大殿、武义延福寺大殿，就可看出这两例均用了真昂。加之南方宋元木构中昂的倾角较大，如出耍头，遇昂受阻后势必很短。耍头的长度和与昂的交接面都不确定，不如齐心斗与橑檐枋交接直接。

## 二、横断面上的铺作

### （一）不设蜀柱

福建今存2座较完整的宋代遗构，福州华林寺大殿和莆田三清殿，平梁上均无蜀柱。陶唐五代至宋初，平梁上不设蜀柱应当并不鲜见。既有文献在述及五台山佛光寺大殿叉手下无蜀柱，常强调其为孤例，忽略仅2例唐代完整木构遗存中就有一例。

福州华林寺大殿，平梁上以3个斗出丁华抹颏栱，支撑脊槫（图8）。莆田三清殿，则横向为一斗三升斗栱出丁华抹颏栱，支撑脊槫。纵向有襻

图8　福州华林寺大殿平梁上不设蜀柱（作者自摄）

图9　莆田三清殿平梁上不设蜀柱（作者自摄）

间枓栱（襻间枓栱见下节）。（图9）

### （二）鸳鸯交手栱

《法式》中"鸳鸯交手栱"定义，出自大木作制度"栱"词条下的转角铺作部分，曰："凡栱至角相连长两跳者，则当心施枓，枓底两面相交，隐出栱头，谓之鸳鸯交手栱。"实物中，转角铺作几乎必有鸳鸯交手栱。

非转角铺作，也偶见鸳鸯交手栱。如福州华林寺大殿前廊（图5）。事实上，鸳鸯交手栱是两个栱之间无缝隙重合后的一种处理方式。福州华林寺大殿，本身只有中等殿堂的尺度，但相当于一等材，斗栱硕大，因而出现两栱重合现象。

横断面上尚有丁头栱、重丁头栱等做法，既有文献已详明，此不赘述。

## 三、纵向联系的铺作

### （一）纵向联系的额、枋与叠枓

增加若干纵向联系的额、枋，是东南大木结构的特征。以金华天宁寺大殿为例，外檐铺作，泥道栱之上的素枋，除由泥道栱直接承托的柱头枋，其上增加了2根素枋。内柱之间由插额连贯（图10）。就纵向联贯素枋的节点构造而言，闽地是以交互枓承托素枋，层层叠加，不妨称作"叠枓"。闽地现存的华林寺大殿、莆田三清殿、罗源陈太尉宫3处宋代遗构，均有此构造。（图11）

图10　金华天宁寺大殿内柱之间由插额连贯（作者自摄自测）　　图11　罗源陈太尉宫的叠枓（作者自摄自测）

## （二）襻间与襻间斗栱

### 1.何为襻间

襻，本义为古代服装中纽扣的套，引申为连接。间，木构的横截面构件组成的间架。狭义的襻间，即连接间架的木枋。其横截面为一材，长度随间广。梁思成诠释襻间："襻间是与各架槫平行，以联系各缝梁架的长木枋。"道出了襻间的原型。

但襻间又与斗栱关联甚密。《法式》中关于襻间，主要为卷五"大木作制度二""侏儒柱"条目下一段文字和卷三十图样中"槫缝襻间"图。其文字如下：

> 凡屋如彻上明造，即于蜀柱之上安枓。枓上安随间襻间。或一材，或两材；襻间广厚并如材，长随间广，出半栱在外，半栱连身对隐。若两材造，即每间各用一材，隔间上下相闪，令慢栱在上，瓜子栱在下。若一材造，只用令栱，隔间一材，如屋内遍用襻间一材或两材，并与梁头相交。（原注：或于两际随槫作头以乘替木。）凡襻间如在平棊上者，谓之草襻间，并用全条方。

这段文字，实际上给出5种襻间形式：

（1）两材隔间襻间，"出半栱在外，半栱连身对隐。若两材造，即每间各用一材，隔间上下相闪，令慢栱在上，瓜子栱在下"。即每间只用一根襻间，上下交错。襻间上隐刻枓栱，上为慢栱，下为瓜子栱。无襻间处出半栱。

（2）单材隔间襻间，"只用令栱，隔间一材"。即每间用一根襻间，襻间上隐刻令栱。无襻间处出半令栱。

（3）两材遍用襻间，两端出际处设半栱，上下襻间上均隐刻枓栱，上为慢栱，下为瓜子栱。

（4）一材遍用襻间，两端出际处设半栱，襻间上均隐刻令栱。

（5）草襻间，"用全条方"，应指襻间上不隐刻栱，不设半栱，接近素枋。

《法式》卷三十"槫缝襻间"图样中（图12），又补充了以下2种：

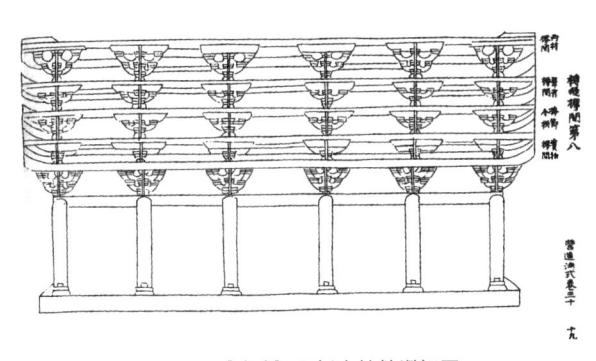

图12 《法式》图板中槫缝襻间图
（梁思成《营造法式注释》附图）

（6）实拍襻间，襻间截面仍然为一单材，采用（或隐刻）无枓的实拍栱上。

（7）捧节令栱，捧——"两手承也"（《广韵》），节——比喻槫在横截面处的节点。即以长72分的令栱承槫。

综上所述，宋代的襻间，是联系木构间架的纵向构件。它可以是隐刻栱的木枋与半栱的混合，木枋横截面为一单材或两单材；可以是不隐刻栱的"全条方"（草襻间）；亦可以是加强槫与间架联系的令栱（捧节令栱）。

2.关于槫缝襻间图

以下进一步解读《法式》卷三十图样中的"槫缝襻间"图。

槫缝襻间图中，所有襻间都承托槫，可见正如图名，这幅图是诠释襻间中一类"槫缝襻间"的。注意到其中的"捧节令栱"，只有在群体意义上，才能达到木构间架的纵向联系。由此可知图中的"襻间"，有狭义的理解。也有群体的观察：指襻间与槫、额、枋等的连接体。这类似于《法式》中"铺作"一词，既表示个体的枓栱，也表示群体的"铺作层"。笔者曾指出："槫缝襻间"图，是反映某一做法及局部构成形式及其与整体的关系。①

槫缝襻间图中，由两材襻间承托脊槫、单材襻间承托上平槫、捧节令栱承托中平槫、实拍襻间承托下平槫。这就有个问题，这是定则，还是一幅示意图。从《法式》大木作制度中对承托脊槫的襻间叙述曰"或一材，或两材"看，并非定则。既然不是定则，也未必要求图中所画四种襻间同时出现。

最后，应注意《法式》不同版本中槫缝襻间图并不完全一致。陶本②该图中只画有枓栱，如不是传抄过程中脱漏，可理解为图中两材和单材襻间为遍用襻间，隐刻枓栱。文献③所附《法式》图板中，两材襻间"上下交错"，应为隔间襻间的表达。

3.襻间枓栱

前已述及，东南宋元大木结构的特征之一，是增加了若干纵向联系的额、枋。为了强化纵向联系，常将纵向构件槫、额、枋之间，以枓栱连接，使其成为一整体。起连接作用的枓栱位置与襻间相近，可称之"襻间斗栱"。例如，金华天宁寺大殿，明间有两个襻间组合体：一为由插额、枋、上平槫和襻间枓栱组成，2层（图10），额与枋间的襻间斗栱相当于两材襻间，其上的枋与上平槫间的襻间枓栱相当于单材襻间（图13）。另

图13　金华天宁寺大殿明间襻间组合体
（作者自摄自测）

---

① 参见朱永春：《从〈营造法式〉图样对法式大木作制度几个关键概念的界定》，《2012中国建筑史学学会年会暨学术研讨会学术论文集》，辽宁科学技术出版社2012年版。
② 〔北宋〕李诫：《营造法式》，中国书店2006年版。
③ 梁思成：《〈营造法式〉注释》，中国建筑工业出版社1983年版。

一为由插额、枋、中平榑和襻间枓栱组成，亦为2层，但襻间枓栱均相当于单材襻间（图10）。再以莆田三清殿为例（图14），自下而上，由插额、2条素枋、中平榑和襻间枓栱组成3层襻间组合体。注意最下层插额和素枋间的襻间枓栱下垫有驼峰，这是因为闽地木构中的叠枓增加素枋与额的间距。第二层襻间枓栱相当于单材襻间，第三层素枋与中平榑间为实拍襻间。宁波保国寺大殿中的襻间，更为复杂。

图14　莆田三清殿襻间组合体（作者自摄）

襻间枓栱将榑、额、枋组合成的构件，除强化了纵向联系，还具有装饰性，常在明间重点部位使用。这种做法延续到明清，装饰也越发隆重。闽地俗称为"看架"。

（原载《宁波保国寺大殿建成1000周年学术研讨会暨中国建筑史学分会2013年会论文集》，暂未出版）

# 第二章 宋代建筑对日韩的影响

## 东亚建筑的技术源流与样式谱系

张十庆

### 一、东亚建筑大系

历史上东亚建筑的发展，因与中国建筑的密切关联而呈现出独特的面貌。东亚诸国间的交往可溯至远古时期，尤其是自南北朝以来中国佛教在东亚的传播，犹如一根文化纽带，将东亚诸国连成一体。在中国建筑文化传播与影响的基础上，形成了多样一体的东亚建筑文化圈。源于中国的木构建筑成为东亚共享的建筑技术体系，东亚古代建筑的发展表现出多样性和一体化的特色。所谓多样性，表现为各国和诸民族间个性特色的丰富性；所谓一体化，表现为东亚建筑技术的发展与中国建筑的整体相关性及联动性。以中国建筑为主体的东亚建筑大系，是一跨越国界和区界，并与中国本土保持关联的建筑体系。

始自南北朝时期中国佛教建筑的传播，中国木构建筑体系第一次完整地传入朝鲜半岛和日本列岛。相应地在朝鲜半岛形成高句丽、百济和新罗三国时代的佛教建筑，在日本列岛形成飞鸟时代的佛教建筑。其后，伴随着东亚诸国间的交往以及中国文化不同时期的传播和影响，在朝鲜半岛和日本列岛相继形成了受唐影响的韩国统一新罗时代建筑和日本奈良、平安时代建筑，受宋元影响的韩国高丽时代建筑和日本镰仓、室町时代建筑，受明清影响的韩国李朝时代建筑和日本江户时代建筑。若以整体视角和交流关系看待东亚古代建筑的状况和发展，大致可分作上述四个阶段，而正是这四个阶段的传承、交流和影响，构成了东亚建筑文化大系的主干。在东亚建筑大系这一背景之下，东亚诸国建筑体系的发展和演化，不再是孤立割裂的存在，而是相互关联的整体，而这一历史背景，也成为我们研究东亚建筑技术源流与样式谱系的认识基础。

## 二、样式的分立并存

东亚古代建筑史上，韩国与日本建筑样式的形成与发展过程有相当的相似性和可比性。韩、日古代建筑样式体系的形成，皆以大陆新技术的传入为标志，且两国新技术传入的背景相似而关联，在技术源流与样式体系上大致对应。具体而言有如下技术传播与相应样式：其一，源自中国南北朝建筑的朝鲜半岛三国样与日本飞鸟样；其二，源自中国北方唐代建筑的韩国统一新罗样与日本和样（统一新罗样或可称作韩样，与日本的和样对应）；其三，源自中国南方宋元建筑的韩国柱心包样与日本大佛样及禅宗样；其四，源自中国北方元明建筑的韩国多包样；其五，源自中国南方明清建筑的日本黄檗样。上述东亚建筑诸样式的分立并存，构成了东亚建筑样式谱系的基本结构。

分析并比较东亚朝鲜半岛与日本列岛建筑样式体系的形成与演化，可大致概括如下：朝鲜半岛建筑样式体系，有三国样、韩样、柱心包样、多包样；日本列岛建筑样式体系，有飞鸟样、和样、大佛样、禅宗样、黄檗样。

其中，朝鲜半岛的三国样式与日本列岛的飞鸟样式，时代最早，且源流复杂；而统一新罗样式，虽无具体木构实物可考，然根据历史背景的分析比较，推析在源流性质和具体样式上应与日本的和样近似，皆以盛唐样式为基础，故姑且称之为韩样，以与日本的和样对应。韩样与和样并为东亚韩国、日本建筑的古典样式。此外其他样式的背景性质和源地祖型也相对而言较为清晰，大致明确。值得指出的是，在韩、日建筑样式史上，诸样式之间并无直接的传承演化关系，而表现为并行独立的存在形式，这成为韩国与日本古代建筑样式体系发展上的一个重要特色。

新技术与新样式的传入，是朝鲜半岛与日本建筑技术与样式发展的主要推动力。不同时期和地域的中国建筑的传播与影响，形成了东亚韩、日建筑样式体系上新旧样式并行独立的状况，即其技术与样式的发展以非传承演化的形式出现；其样式的分立，源于中国各时期不同源地祖型之间的差异。也就是说，东亚诸样式间的区别，主要取决于祖型的地域性特征。

### 三、样式的源地祖型

时代性与地域性是建筑样式的两个基本属性。大致而言，体系的不同，表露的是地域性的变化；形态的演化，反映的是时代性的作用。东亚韩、日建筑样式特征，主要以其祖型的时代与地域特征为基础，且尤以地域属性最为重要。概观中国古代建筑的特色，尽管现象纷呈繁复，但大致可以认为建筑上所表现的独特性，主要根源于地域性。也就是说，由于地域间发展的不平衡性，使得时代因素相对而言较为次要，且随地域而变化，而地域因素的重要性远大于时代因素。相应地，作为影响东亚韩国和日本建筑样式的中土祖型，其地域性特征尤显重要。

从地域属性的角度分析东亚建筑谱系中的韩、日建筑样式，其源地祖型大致可分作三系：华北系、华南系与江南系。韩国和日本诸样式中，朝鲜半岛的三国样式以及日本的飞鸟样式，其祖型源地较为复杂，应交杂融合了南朝、北朝的样式做法；其他诸样则皆有较明确的祖型源地，概括地说即华北、华南及江南这三大祖型源地。具体见下列源地分析：

华北系：日本和样、韩国韩样（统一新罗样式）、韩国多包样；

华南系：日本大佛样、韩国柱心包样、日本黄檗样；

江南系：日本禅宗样。

同属一系的样式，应有大致相似的地域属性，并由此形成共同的样式基本特征，当然又有时代特征的差异。8世纪东亚建筑盛期，形成了以盛唐长安建筑为祖型的东亚古典建筑样式，在韩国和日本则相应表现为统一新罗样式（韩样）与天平样式（和样），二者应甚为相近类似，即同属盛唐中原样式影响的结果，或可称作中原唐样。

韩国两大样式柱心包样与多包样，主要形成于高丽时代（918—1392）。高丽时代470余年，跨两宋、元至明初，建筑发展主要受宋、元影响。其柱心包与多包这两大样式的区别，地域特色与时代特色并存。比照中土源地祖型，其地域特色反映的是南北之别，其时代特色则表现的是宋元之别。而韩国多包样与韩样（统一新罗样式）及和样相比，虽同属北系，然其间不仅有时代的差异，在源地属性上有可能亦分属北方大系中的不同支系，推析其源地上差异应是以唐代京城和元明京城为中心的两地间的差异。

在南方大系中，分作华南和江南两系。分析推测日本大佛样与韩国柱心包样不仅源地相近（福建地区），且时代亦同（南宋影响），二者十分相近，或可称作华南宋样。然二者的祖型源地，根据分析似还有细微的差别，即日本大佛样有可能属闽东宋样，韩国柱心包样属闽南宋样。而日本黄檗样虽与大佛样和柱心包样源地相同（福建地区），然而时代属性不同（明末清初影响）；同处南方大系中的日本禅宗样，虽与大佛样及柱心包样年代大致相同（南宋影响），然而其相互间技术与样式上的显著差异，正反映了南宋时期江南与华南地域做法的不同，在东亚样式谱系上则表现为江南宋样与华南宋样的区别。

就总体而言，决定东亚样式体系差异的因素中，祖型的地域因素大于时代因素。韩国柱心包与多包的并存以及日本和样与禅宗样的并存，对于作为祖型的中土而言，仿佛时空重叠；然对于韩国和日本而言，却是完全独立并行的样式体系，从而形成东亚韩国、日本建筑样式谱系的独特风貌。

## 四、样式分类的标准

东亚建筑样式的分类，应以祖型的地域属性为根本，祖型的地域特征是东亚诸样式最本质性的特征，进而辅以祖型的时代特征，东亚建筑样式谱系由此得以较为清晰地认识与把握。以下参照祖型的地域特征，讨论东亚建筑样式分类的标准。

### （一）补间铺作的意义

补间铺作的出现是中土自唐以来铺作发展的一个重要特色，其间经历了由雏形至成熟的渐进和连续的发展过程。宋以后补间铺作渐趋普遍，并对建筑技术及样式产生了相应的影响。南宋以后，补间铺作做法传入韩国与日本，韩、日建筑样式由此为之一变。补间铺作不仅成为韩、日新兴样式区别于传统样式的一个显著标志，而且也成为南宋时期分别传入韩国与日本的新兴样式间的重要差异。以现存遗构来看，韩国、日本的柱心包与大佛样为无补间铺作形式，多包与禅宗样则为有补间铺作形式。然从东亚整体的观念看待样式的分类，显然不宜强调补间铺作在样式分类上的意义。其原因是，一、导入南宋新样式之前的韩、日旧有样式（韩样与和样），应皆为无补间铺作形式；二、作为韩国柱心包与日本大佛样祖型的福建建筑，在南宋之前补间铺作早已成熟（如华林寺大殿），在福建地区，有无补间铺作只反映装饰等级或古制遗存的程度，而非样式体系上的根本差异。因此无补间铺作并非以福建建筑为祖型的韩国柱心包与日本大佛样的本质性特征。而宋元传入日本的禅宗样与传入韩国的多包样，虽皆为有补间铺作形式，然其祖型却分属南北两大不同的技术体系，二者祖型的地域差异极大，故有补间铺作亦非韩国多包样与日本禅宗样的本质性特征。然韩国和日本的建筑史研究，却均以补间铺作的有无这一表相特征，作为样式分类的决定性标准。这固然与韩、日两国样式形成的特殊背景相关，但却非合理和明晰的分类方法。概言之，以补间铺作有无为标准的分类方法虽较为直观，但却表面而不本质，片面而不全面。祖型独特的地域特征才是东亚样式分类的最本质的标准。

## （二）以祖型地域属性为标准

东亚建筑样式的分类，以东亚整体的视角并根据祖型的地域属性进行分类，应是一较合理和可取的方法。既然以祖型的地域属性为分类的主要标准，那么分析祖型独特的地域特征，即成为样式分类研究的基础工作。建筑地域特征可具体分作构架形制与样式做法这两大方面，首先是构架形制，然后才是样式做法。唐宋时期，中土南北构架形制上最重要的区别是所谓厅堂型与殿阁型之别，华南福建厅堂型又别具地域特色。以福州华林寺大殿比照韩国高丽时期柱心包建筑（浮石寺无量寿殿与修德寺大殿），二者构架形制相近类似，由此可见柱心包建筑的源流属性及构架特色，并显著区别于源于华北系的多包建筑的构架形制。同样，日本大佛样建筑亦承袭了华南福建抬梁式构架（净土寺净寺堂）与穿斗式构架（东大寺南大门）的梁架形制，显著区别于源于江南系的禅宗样建筑的构架形制。相比较而言，日本大佛样的穿斗结构成分要重于韩国的柱心包样，具体表现在插栱、串枋的大量运用上。

日本新兴的禅宗样技术较传统的和样技术最大的进步或变化，在整体构架上是江南厅堂型构架的出现，在结构技术上是"串"的运用，在建筑形象上是补间铺作的出现。日本禅宗样构架形式，以江南厅堂做法为基本，形成与其传统的和样殿式构架的显著区别。韩国虽早期柱心包建筑实例所存甚少，但浮石寺无量寿殿及修德寺大殿上仍可见典型的宋代福建厅堂构架做法，并显示出与江南厅堂构架形制的细微地域差别。

由分析比较可见，韩国现存遗构中最早的高丽时期凤停寺极乐殿，源流成分较为复杂，古制要素犹存，其构架的北系特征显著。推测其主体构架所传承的应是新罗末至高丽初的北系建筑样式，但也吸收了部分南系柱心包的样式手法。故在源流属性上，凤停寺极乐殿应与柱心包分属不同的祖型体系，或不应视作柱心包建筑的典型之例。

## （三）样式的分类比较

东亚建筑史上，风格特征与样式做法尽管在传播和发展过程中会有所变异，但无论如何其源地祖型的特质都会以不同的形式和程度呈现出来。

一致的整体构架形式及酷似的样式做法，都表现了韩国柱心包及日本大佛样与福建建筑相互间的密切关联。在样式做法上，通过与祖型的分析比较，大致可排列出如下较具典型意义的样式特征，并可依之建立相应的样式分类标准。以下为韩国柱心包与多包的样式特征比较：

| 柱心包：福建南宋样式 | 多包：华北元代样式 |
| --- | --- |
| 圆作月梁 | 扁作直梁 |
| 少用补间铺作 | 用补间铺作 |
| 用丁头栱 | 用楮头 |
| 斗栱偷心造 | 斗栱计心造 |
| 部分单栱造 | 全部重栱造 |
| 单材华栱 | 足材华栱 |
| 叠斗承檩 | 蜀柱抬梁 |
| 多用雕饰斗座华版 | 不用雕饰斗座华版 |
| 梁头特殊曲线 | 不用梁头曲线 |
| 不用普拍枋 | 用普拍枋 |
| 柱头铺作首跳插栱 | 不用外檐插栱 |
| 不用昂 | 用假昂 |
| 用葫芦栱 | 不用葫芦栱 |
| 用梭柱、皿斗 | 不用梭柱、皿斗 |

细部样式特征反映技术体系的源流。在建筑发展演变的过程中，独特的样式所表现的地域性特征，具有相当的稳定性和持续性，其既是区别不同地域建筑的主要形象特征，同时也是追溯和探寻建筑传播源流关系的可靠依据。以葫芦栱为例，其独特的栱形成为韩国柱心包建筑最普遍和统一的形象特征。从现存最早的浮石寺无量寿殿、修德寺大雄殿，至其后的成佛寺极乐殿、江陵客舍门及观龙寺药师殿，皆以此栱形为柱心包样式的典型特征。而多包样式则与之截然不同，完全不用葫芦栱，两大样式的细部特征分明而显著。

韩国的柱心包与日本的大佛样有相同的地域性及时代性，二者技术体系与样式做法上的相同类似是十分显著的，推析闽东南至闽南的沿海地区，应是韩国柱心包及日本大佛样的源地所在。若再以闽东与闽南建筑地域特征的细微差别作深入分析，并辅以宋元时期福建沿海地区文化交流的背景，似可以推测，韩国的柱心包建筑或更接近于以泉州为中心的闽南样式，而日本的大佛样或较近于以福州为中心的闽东样式。

韩国多包样与日本禅宗样，尽管都有补间铺作配置，然在梁架形制及样式做法上却大不相同，而此差异源于各自祖型的分属之别。日本禅宗样建筑的厅堂构架、月梁造、丁头栱、串构件、上昂挑斡做法、门窗形式等因素，都是南宋江南建筑的显著特征。日本禅宗样不仅显著区别于盛唐影响的传统和样，且亦与时代相近的韩国多包样分属不同的体系。

## 五、样式的演化与定型

### （一）样式的演化

东亚韩国与日本的建筑样式史上，样式形成并定型之后，便具有相当的稳定性与持续性，演化是次要的，守陈反成主要特色。诸样式基本上各自保持着自己的原初形态，并行独立地存在和发展，这一特色在日本建筑上尤为显著。

就样式演化而言，日本从奈良时代前期的白凤样式（药师寺东塔），发展至后期的天平样式（唐招提寺金堂），已逐渐趋于成熟和定型为"和样"，历中世至近世，几无多大改变。日本和样建筑技术与样式风格，大体上相当于中国盛唐建筑，日本平安时代后期（879—1185），是和样建筑的全盛时期。而反观中土建筑样式的演化，晚唐的佛光寺大殿上已看不到日本和样建筑所保存的盛唐古风，由此亦可想象日本中世以后并存的和样与禅宗样在时代与地域特征上的巨大差异。江南系禅宗样的传入为中世日本建筑带来新的活力和推动，并丰富了日本建筑的样式。禅宗样迥异于和样的形制特色，实质上反映的是相互间祖型的差异，也即反映由盛唐至南宋的技术演化以及南北不同的地域特色。

## (二）斗栱的定型

斗栱形式是建筑样式的重要标志，日本和样与禅宗样在各自的发展中逐渐趋于统一和定型，成熟、标准的和样与禅宗样的斗栱分别以"单栱偷心造双杪单下昂六铺作"和"重栱计心造单杪双下昂六铺作"为基本形式，二者在样式做法上形成显著的区别。

日本建筑样式史上，在禅宗样建筑上首次出现重栱计心造的斗栱形式，而这一斗栱形式的演进是通过移植南宋建筑技术而达到的。也就是说，若无外来技术的引领和推动，日本和样建筑上是不可能出现重栱计心造这样新的技术要素。通过移植南宋建筑技术，禅宗样显然较和样在斗栱演进上，一下跨越了近四百年的历程。这也正是东亚韩、日建筑技术发展的特殊性所在。

与日本相仿的是，韩国高丽中期以后分别导入南宋和元代的新技术，建筑风格为之一变，相应形成柱心包与多包建筑样式。随着这两大建筑样式在丽末鲜初的逐渐成熟与定型，终成高丽末期以来及李朝五百年建筑样式的主流。然相比较而言，韩国建筑在样式的定型上，其守陈程度似不及日本，斗栱形式也有相当的演化。

## （三）样式的折中

虽然韩、日建筑诸样式之间基本上保持着相互并行独立的状态，然样式之间的影响和相融亦有表现，以致形成折中样式。样式的折中在日本主要表现为禅宗样与和样之间的相互影响，在韩国则表现为多包样对柱心包样的侵蚀和影响。总体而言，越早期的建筑，其中所反映的源地特质越多，越往后期则较多地同化和混融。以韩国建筑而言，现存柱心包建筑中，早期的浮石寺无量寿殿、修德寺大殿以及江陵客舍门是最接近福建样式的；修德寺大殿在梁架形式及细部样式上，较浮石寺无量寿殿又有显著的发展，显示了柱心包建筑装饰化的发展趋势。后期柱心包建筑则受多包样式的影响，原始成分和精神愈趋淡化。

同一类型样式之间的细微差别，除了反映传播过程中的时代因素以外，更多表现的是小区域的特征。根据柱心包与大佛样细部样式的分析以及与源地祖型的比较，二者之间的细微差别，在一些方面似表现的是福建闽南与闽东地域做法的差别。又如日本禅宗样建筑在样式做法上，相互间存在有些许差异变化；排比分析禅宗样的做法特征，可将禅宗样分作两系，即分别以镰仓和京都为中心的镰仓系和京都系，进而与中土江南祖型分析对照，镰仓系与京都系禅宗样有可能分属江南大系下的宋元苏南样与浙东样。禅宗样斗栱中的挑斡及上昂变化，是上述镰仓系与京都系禅宗样的主要区别之一。

## 六、东亚建筑的研究方法

所谓东亚建筑研究，不仅只是对象范围的概念，而且也关系到研究的观念和方法。东亚建筑特殊的历史背景，决定了宏观、整体与比较研究的必要性。这正如郭湖生先生在东方建筑研究中所指出的那样：东方建筑研究必须越出国界和区界作宏观大系统的思考。从东亚建筑的整体观念来看，历史上东亚建筑的存在及其发展，不再是若干相互孤立的个体，而有其密切的渊源和关联。孤立、片面的观念和方法，不足以完整和全面地认识东亚建筑世界，也难以深入认识中国建筑自身。因而有必要探索建立东亚大背景下的建筑体系研究，以整体的观点和联系的方法研究东亚建筑。

东亚建筑的存在和发展，与历史上相应时期中国文化对东亚的传播与影响相关联。东亚背景与视野下的中、韩、日建筑史研究，将会带来新的认识与理解。以中国南方建筑研究为例，中国南方自古就与东亚邻邦文化交往密切，故东亚建筑背景下的南方建筑研究应是一重要的思路与途径。基于东亚整体的历史背景，韩国的柱心包以及日本的大佛样建筑均传自南宋东南沿海的福建，绝非偶然。宋以后中国东南的发达及海外交通的繁盛，促使了中国东南地区建筑的对外传播和影响。这一背景不仅对中国南方建筑研究，而且对东亚建筑研究，都具重要意义。东亚建筑研究上，有必要关注不同时期东亚建筑体系内的地域性现象。

东亚建筑的研究应重视历史上东亚建筑发展的特殊性以及其与祖型之间的关联性。如果我们承认东亚古代建筑的发展是以中国为核心的整体存在，那么对其中一个部分的研究，如若忽视了与整体的关联，就难免会有割裂和断章之感，并难以从整体和源流上认识和把握其内涵与实质。

东亚建筑体系的研究与样式谱系的建立，离不开对技术源流的追溯和把握，以传播关系及祖型特征作为样式分类的方法之一，有益于把握样式的本质特征和演化关系。孤立的样式体系分类，带来的是对历史发展的割裂以及见木不见林的片面认识。故在研究的观念和方法上，强调全面而非片面的、关联而非割裂的、整体而非孤立的研究方法。

在类型学以及比较研究上，任何样式特征上的相似性，皆源于如下三种情况：一是同源关系，二是影响关系，三是并行关系。东亚建筑样式在不同时期应分属于第一种和第二种，或间于两种之间，其相互间的整体关联性十分重要。或可以认为，东亚建筑样式间的相似性，大多不是独立和并行演化的结果，而多是基于同源及影响关系。对于中国建筑史研究而言，东亚建筑样式的文化意义在于其中所反映的技术传播、融合与变异，以及对祖型地域特征的认识。因此，中国建筑史的研究有必要放眼东亚，而东亚建筑史中的相关内容，也应视作中国建筑史研究的重要一环。

（原载《当代中国建筑史家十书·张十庆东亚建筑技术史文集》，辽宁美术出版社2013年版，第188—196页）

# 后 记

中国传统建筑根植于古代社会，是承载古代人类生产和生活的重要物质载体。其物质形态和空间环境，共同展现了人类社会文化、宗教、科技与经济等重要信息，成为我们在文字外认识历史的又一媒介。两宋是中国建筑规范化、模数化的成熟时期，在建筑史研究中有举足轻重的地位。因此应编辑诸舒鹏先生邀请，我负责"宋代研究文萃丛书"的"宋代之建筑"的汇编工作。

本书的编写由我大致确定内容提纲和各章选文方向，门下博士侯柯宇、刘云聪、顾国权、梁源根据不同主题，在征得作者或版权所有人同意的基础上，挑选20余篇文章、30余处实例与10余处图像史料作为备选。我们依照由制度至实例、由中心至地方的编选思路，采择可读性强的篇目和切实展现宋代建筑风貌的图像，又经编辑建议，对其中内容进行两轮增删，形成本书的最终样貌。书中除学界前辈、同侪论文之外，特别收录国内南北两宋建筑例图百余张。26处宋构的照片，均为北京大学考古文博学院文物建筑专业同学踏查实习所摄。该专业长期坚持在田野一线展开教学，积累、形成了庞大的中国境内传统建筑资料库，并基于此开展进一步的本体与文化研究，其成果协助地方部门鉴定了一批早期木构建筑，书中提到的万荣稷王庙即为一例。

我国有不可移动文物70余万处，其中大部分与建筑遗产相关。若要使我国文化遗产得以发挥效用、永续传承，不仅需要学界同辈的努力，也需要广大文史爱好者的了解、宣传，本书正是一种尝试。

感谢包伟民先生的邀请，使我们有幸加入"宋代研究文萃丛书"的编选工作，感谢书中作者分享自己的研究成果，感谢浙江人民出版社对文稿的编订、排版、校对付出的大量心力！

  在本书编选过程中，我们已尽力与所选文章的原作者或相关人士取得联系，并获得授权，但由于各种原因，部分工作或仍有不足之处，欢迎批评指正，我们和丛书编辑部将努力完善。

徐怡涛<br>2024 年 9 月